Les auteurs du guide

Annie Crouzet explore depuis une quinzaine d'années routes et pistes du Maroc, tant pour la rédaction de ce guide et de posts pour le blog Évasion qu'à l'occasion de divers reportages pour des magazines. Jamais rassasiée, elle retrouve avec le même plaisir la lumière de Tanger ou le parfum du jasmin, la dentelle des stucs d'une médersa ou les rythmes étourdissants des Gnaouas.

Nathalie Campodonico parcourt les routes du monde depuis plus de vingt ans pour exercer son métier d'auteure de livres de voyage et de guides touristiques. Une vocation qui s'est déclarée au Maroc où elle a vécu une douzaine d'années et où elle ne cesse, depuis, de retourner. Elle a une fois de plus sillonné la médina de Marrakech, les vallées du Haut Atlas, les pistes du Grand Sud pour y dénicher des sites d'exception, intimes ou spectaculaires.

MAROC

^ Détail de porte

SOMMAIRE

VISITER 42

CARTES ET PLANS

‹ Fès, zaouïa de Moulay Idriss

Chefchaouen

De *calle* (rue) en *calle*, on traque les 50 nuances de bleu de ses maisons chaulées. Quête inépuisable ! À en perdre ses repères : est-on au Maroc ? Dans les Cyclades ? Accrochée dans la pente de sa montagne dite « aux deux cornes », cette petite ville, envoûtante, ne semble guère avoir changé depuis sa fondation en 1471, autour de sa kasbah.

p .74

LA KASBAH DES OUDAYAS À RABAT

C'est une petite ville dans la ville. Le Rabat du XIIe s. et des sultans almohades, qui en ont fait leur base de conquête de l'Espagne. Laissez-vous charmer par ses ruelles enchevêtrées, ses maisons blanches et leurs bougainvilliers pourpres. Et prenez un thé au Café Maure, qui domine l'estuaire du Bouregreg.

p. 97

LES IN-CONTOURNABLES

La mosquée Hassan II à Casablanca

Construite en partie sur la mer, elle s'est voulue le nouveau « phare de l'islam » et ouverte aux non-musulmans, ce qui est rarissime au Maroc. Plus de 12 000 artisans ont travaillé cèdres, zelliges, marbres ou stucs sur ce qui fut un chantier gigantesque. Résultat ? Un pur chef-d'œuvre sur tous les plans !

p. 126

^ La mosquée Hassan II à Casablanca

Essaouira

À coup sûr, vous tomberez amoureux de cette cité qui est enveloppée dans ses murailles ocre. Musardez dans ses ruelles, arpentez la sqala de la Kasbah (une plate-forme d'artillerie), fouinez dans ses galeries d'art et succombez aux sortilèges de sa musique des Gnaouas. Avant de gagner la plage.

p. 140

FÈS EL-BALI

La médina de Fès est la plus grande au monde. Dans cet inextricable labyrinthe, à chaque pas ou presque, on déniche un trésor : une médersa qui abritait ses étudiants, une fontaine où le moindre centimètre carré a été travaillé, un ravissant souk au henné, un ancien caravansérail avec ses artisans. Et même des tanneries issues d'un autre âge. Fès est unique !

p. 162

Volubilis

Elle fut l'une des principales villes de la Maurétanie tingitane, province romaine. De ce passé glorieux, Volubilis a gardé de très beaux restes. Même un tremblement de terre n'a pas eu raison de ce site grandiose. Du forum aux thermes, d'un temple à une demeure luxueuse, vous découvrez la vie quotidienne de ses riches habitants.

p. 190

< Le festival Gnaoua à Essaouira

Épices au souk de Marrakech >

Marrakech

Commerçante, traditionnelle, à la pointe de la mode... Marrakech est tout cela ! Derrière ses hautes murailles, dans la fraîcheur de ses jardins ombragés et la pénombre de ses palais des *Mille et Une Nuits*, l'étourdissante « Perle du sud » cultive avec une même passion son art de vivre hérité des siècles passés, sa frénésie festive et sa créativité débridée et son bouillonnement populaire.

p. 206

LE KSAR DES AÏT BENHADDOU

Une cascade de maisons et de kasbahs de terre étagée à flanc de colline : tel est le magnifique village fortifié d'Aït Benhaddou. Dans ce décor de cinéma, les caravanes faisaient halte avant d'attaquer la traversée de la vallée de l'Ounila, une percée verte qui se fraye un passage dans un somptueux paysage de reliefs rouges et ocre.

p. 288

Les gorges du Dadès

En s'enfonçant dans l'Atlas, la vallée du Dadès multiplie les points de vue spectaculaires ! Des kasbahs se dressent, surplombant des éboulis de roche écarlate, tandis que la route grimpe à flanc de falaise, joue avec la rivière et se faufile à fleur d'eau entre les parois abruptes du défilé d'Imdiazen.

p. 315 et 317

^ L'erg Chebbi

LA PALMERAIE DE TINERHIR ET LES GORGES DU TODRA

L'oasis de Tinerhir *(Tinghir)* déroule son ruban verdoyant sur les rives du Todra *(Todgha)*, un oued capricieux alimenté par d'innombrables sources souterraines. Par la route ou par les sentiers pédestres qui sillonnent la palmeraie, on remonte jusqu'aux gorges de l'oued, estafilade acérée, tranchée à vif dans le calcaire rouge des falaises.

p. 319

Le cirque de Tafraoute

Ici, les maisons cubiques, rose saumon ou bordeaux, réussissent à trouver place entre les blocs de granit rose, qui jonchent le cirque dans un beau chaos. Les amandiers qui fleurissent en hiver, les arganiers et les oliviers apportent, dans ce tableau, une touche verte... Ne ratez pas le coucher de soleil, qui embrase tout. Une vraie splendeur.

p. 377

L'erg Chebbi

Un parfum de Sahara flotte sur ce massif de dunes qui atteint les 160 m de haut. On s'y perd comme dans un océan de sable aux courbes sensuelles et aux contours flottants, à dos de dromadaire, en quad ou en 4×4. Au lever et au coucher du soleil, ses ondulations passent par toutes les nuances de l'ocre, du rose doré au roux intense.

p. 340

˅ Tafraoute

< Le ksar des Aït Benhaddou

SI VOUS AIMEZ...

Le désert

Le Grand Sud marocain annonce le Sahara. Deux immenses cordons de dunes dorées, sans cesse modelées par le vent, se dressent au sud de Zagora et d'Erfoud, non loin de la frontière algérienne : l'**erg Chegaga**, long de 40 km, et l'**erg Chebbi**, qui culmine à 160 m d'altitude. Sans oublier les paysages désertiques d'**Agard Oudad** où ont été tournés de nombreux westerns, et ceux du désert de pierres d'**Agafay**, aux portes de Marrakech.

Agafay p. 270
Erg Chegaga p. 308
Erg Chebbi p. 340
Agard Oudad p. 379

Les paysages grandioses

Avec ses milliers de kilomètres de côte, ses quatre chaînes de montagnes, ses cinq sommets dépassant les 4000 m d'altitude, le Maroc n'est pas avare en paysages d'exception : fracas des **cascades d'Ouzoud** qui dévalent de 110 m de hauteur, canyons vertigineux des **gorges du Dadès** et **du Todra**, moutonnement de crêtes au **col du Tizi-n-Tichka**, arches cyclopéennes taillées dans les falaises corail de **Legzira**, chaos rocheux semé d'amandiers de **Tafraoute**, panorama sur la vallée du Drâa depuis le **Tizi-n-Tinififft**...

Cascades d'Ouzoud p. 262
Col du Tizi-n-Tichka p. 286
Tizi-n-Tinififft p. 303
Gorges du Dadès p. 317
Gorges du Todra p. 321
Falaises de Legzira p. 371
Tafraoute p. 377

‹ Les cascades d'Ouzoud

LA FRÉNÉSIE DES SOUKS

Les souks, c'est tout un monde ! Plein d'odeurs d'épices, de cris de portefaix qui taillent leur chemin dans la foule. Et d'images fulgurantes : vous flasherez sur les **tanneries Chouara** de Fès ou sur le **souk Sebbaghine (des teinturiers)** à Marrakech. Et comme ce sont les règles du jeu, vous marchanderez bien sûr la moindre poterie, le moindre *sabra* (étoffe). Et peut-être même un dromadaire au **souk de Guelmim**, dans le Grand Sud.

Tanneries Chouara p. 170
Souk Sebbaghine p. 220
Souk de Guelmim p. 372

LES SITES ARCHÉOLOGIQUES

Si Indiana Jones est votre héros favori, le Maroc, ancienne province romaine appelée alors Maurétanie tingitane, vous ouvre ses sites antiques : imposants, comme **Volubilis**, ou plus discrets, comme **Lixus**. Vous découvrirez que les Romains adoraient le garum (une sauce à base de poissons fermentés) et appréciaient l'huile d'olive de mille façons, et qu'ils étaient très superstitieux à en juger par les superbes mosaïques retrouvées.

Lixus p. 91
Volubilis p. 190

^ Le musée Yves Saint Laurent

L'ARCHITECTURE CONTEMPORAINE

Le Maroc, qui fut au début du XXe s. un vrai laboratoire architectural, continue à faire appel à des architectes stars. À Casablanca, Christian de Portzamparc est intervenu à la **CasArts** ! Avant sa disparition, Zaha Hadid a conçu le **Grand Théâtre** de Rabat. À Marrakech, le studio KO a réalisé, dans une dentelle de briques, le **musée Yves Saint Laurent**.

Grand Théâtre de Rabat p. 115
CasArts p. 120
Musée Yves Saint Laurent p. 248

La fraîcheur des palmeraies

Elles tapissent le fond des vallées, épousent les méandres des oueds et défient le désert qui menace sans relâche de les grignoter. Luxuriantes comme à **Skoura** et **Tinerhir**, étalées en longueur comme celles du **Drâa** ou du **Tafilalt**, elles sont parcourues de canaux d'irrigation, semées de cultures en damier, plantées d'arbres fruitiers, et se prêtent à merveille à la flânerie à vélo ou à pied.

Drâa p. 302
Skoura p. 315
Tinerhir p.320
Tafilalt p. 332

< Volubilis

Le jardin Majorelle >

Les décors des *Mille et Une Nuits*

Dentelles de stucs, compositions en étoiles de zelliges (mosaïques), sculptures en 3D sur bois de cèdre... Découvrez ce stupéfiant **art arabo-andalou**, digne des *Mille et Une Nuits* : il a traversé bien des siècles, de la **médersa Bou Inania** à Fès au **palais Dar Jamaï** à Meknès, en passant par les **tombeaux saâdiens** de Marrakech. Initialement réservé au domaine sacré, ce style a envahi la sphère profane.

Médersa Bou Inania p. 166
Palais Dar Jamaï p. 186
Tombeaux saâdiens p. 236
Art arabo-andalou p. 404

La médersa Bou Inania à Fès

L'exubérance des jardins

Ils jaillissent au cœur des villes ou en pleine campagne, racontent le miracle de l'eau et l'acharnement du labeur humain, comblent les âmes et les corps qui viennent y chercher refuge. Luxuriants tel celui du peintre **Jacques Majorelle**, poétiques comme le **jardin Anima**, ludiiques à l'instar du **Paradis du safran**, ces jardins témoignent de la merveilleuse prodigalité de la nature.

Jacques Majorelle p. 246
Jardin Anima p. 272
Paradis du safran p. 273

LA NUIT ET LA FÊTE

On peut venir à « Kech » – diminutif affectueux attribué à **Marrakech** par les clubbers – uniquement pour sa vie nocturne.
Vous y danserez jusqu'aux premières lueurs de l'aube sur les sets enflammés des DJ, les couche-tard se partageant entre de grosses machines, comme The TheatrO, et des établissements plus « intimes », comme Le Blokk. Mais **Casablanca** ou **Agadir** ne sont pas à la traîne.

Casablanca p. 116
Marrakech p. 206
Agadir p. 349

L'ARCHITECTURE DE TERRE

Elle fait partie de l'ADN berbère. De la simple maison rurale au palais du caïd, elle émaille les montagnes de l'Atlas et le sud du pays. Le grandiose chapelet des **kasbahs** débute à **Telouèt**, se poursuit à **Taourirt**, à Ouarzazate ainsi que dans les **vallées du Dadès**, des **Roses** et **du Drâa**. Côté villages fortifiés, l'aventure commence au **ksar des Aït Benhaddou** et se prolonge jusque dans les **palmeraies de Tinerhir**, de **Goulmima** et de **Rissani**, derrière de hautes murailles percées de portes monumentales.

Kasbahs à Telouèt p. 287
Ksar des Aït Benhaddou p. 288
Kasbahs de Taourirt p. 298
Vallée du Drâa p. 302
Vallée du Dadès p. 315
Vallée des Roses p. 317
Palmeraies de Tinerhir p. 320
Goulmima p. 334
Rissani p. 337

Le golf

Le Maroc s'est imposé comme destination golf, au point qu'il compte une quarantaine de parcours, signés ou non de grandes pointures comme Robert Trent Jones à **Rabat** ou Cabell B. Robinson à **Fès**. Dix sont situés dans un mouchoir de poche autour de **Marrakech**, six à **Agadir**, dont un centre d'entraînement. Celui de **Meknès** compte 9 trous où, l'été, on peut jouer en nocturne.

Robert Trent Jones à Rabat p. 112
Cabell B. Robinson à Fès p. 177
Meknès p. 183
Agadir p. 361

Le golf d'Agadir

Du street art

Il est arrivé que l'on « réquisitionne » tout un quartier de **Casablanca**, El-Hank en l'occurrence, pour le livrer à des graffeurs professionnels, le temps d'une opération street art. Résultat ? Sidérant ! Au royaume chérifien, l'art urbain est sorti de la clandestinité. Il a ses vedettes (Ed Oner, Rebel Spirit, Trick 54) et ses festivals, comme Jidar-Toiles de rue à **Rabat**.

Rabat p. 97
Casablanca p. 116

DES BAINS DE SABLE DANS LES DUNES

De mai à septembre, lorsque le mercure flirte allègrement avec les 50 °C, les **dunes de M'Hamid et de Merzouga** sont le théâtre d'un curieux rituel. En fin d'après-midi, des « baigneurs » viennent s'y faire ensevelir dans le sable brûlant. Une pratique ancestrale connue pour apaiser les douleurs rhumatismales, musculaires, arthritiques et autres.

Dunes de M'Hamid et de Merzouga p. 342

UN FESTIVAL DES MUSIQUES SACRÉES DU MONDE

En juin, **Fès** se métamorphose : neuf jours et huit nuits durant, l'ancienne capitale impériale redevient le carrefour culturel d'antan, une sorte de tour de Babel des **musiques liturgiques, mystiques et ésotériques**. Son air résonne d'incantations soufies, de percussions tribales, de gospels, de mélopées séfarades, symboles de dialogue entre les religions et les cultures.

Fès p. 158
Festival des musiques sacrées du monde p. 176

Des pistes de ski

Incroyable ? Pas tant que cela. Pays comportant plus d'un sommet à 2000 m d'altitude, le Maroc a découvert le ski dans les années 1930. Dans le Moyen Atlas d'abord, avec **Michlifen**, et rapidement ensuite à **Oukaïmeden**, aux portes de Marrakech. Avec 5 pistes pour l'une et 18 pour l'autre, cela reste un ski bon enfant sous le soleil d'Afrique.

Michlifen p. 202
Oukaïmeden p. 275

LE MAROC C'EST AUSSI...

Mur peint à Casablanca

Des oiseaux rares

À vos jumelles ! Il y a quelques oiseaux rares (et une foule d'autres) à surprendre en plein vol dans le ciel marocain. Un vautour comme le **gypaète barbu**, dans le Haut Atlas. Des **faucons d'Éléonore** quittant leur refuge des îles Purpuraires, au large d'Essaouira. Mais aussi d'attendrissants **ibis chauves** près de l'oued Massa, au sud d'Agadir.

Faucon d'Éléonore p.146
Gypaète barbu p. 277
Ibis chauve p. 357

< Ibis chauve

UNE STREET FOOD À SE LÉCHER LES DOIGTS

La gastronomie marocaine est chez elle partout, dans les cuisines des restaurants, mais aussi aux étals des **marchands ambulants** ou des **gargotes populaires**. Petits pains ronds *(kesra)* à peine sortis du four, soupe d'escargots, crêpes croustillantes *(msemen)*, sardines frites, méchoui fondant saupoudré de cumin, elle se déguste un peu partout, sommairement enveloppée dans des cornets de papier.

Marchands ambulants p. 215
Gargotes populaires p. 123 ou 350

Piles de *kesra* sur un étal de marché >

^ Cave à vin des Celliers de Meknès

DES VINS À DÉGUSTER

Fini, les « vins couscous », que seul le couscous réussissait à rendre buvables ! Aujourd'hui, une douzaine de domaines ont rendu au vignoble marocain ses lettres de noblesse. Ils sont concentrés principalement dans la **région de Meknès**, le Val d'Argan faisant exception près d'Essaouira. Le royaume a même un premier cru : Château Roslane.

Val d'Argan p. 149
Région de Meknès p. 187

Des soins de remise en forme

Dans les collines près de Fès, la station thermale de **Moulay Yâcoub** s'est offert une spectaculaire cure de jouvence, en lançant des soins exclusivement dédiés à la détente. **Agadir**, qui a quelques rivales sur la côte atlantique, reste néanmoins la capitale de la thalasso ; l'eau de mer y est chauffée pour des « cures » express, de un à six jours.

Moulay Yâcoub p. 173
Agadir p. 349

NOS PLAGES préférées

Retrouvez ces plages sur la carte en rabat avant.

Tanger et le rif occidental

Belyounech p. 70

Dans le nord du pays, en Méditerranée, près d'un village de pêcheurs, elle se niche dans une crique perdue au pied du jbel Moussa. Le cadre ? Sable blanc et galets ourlent une eau turquoise. Bref, un petit paradis. Et c'est l'un des rares sites au Maroc où l'on peut pratiquer la plongée.

Las Cuevas p. 88

Au sud d'Assilah, au bout d'une piste cahoteuse, la plage est suffisamment grande pour que chacun puisse s'isoler. Louer à la journée un transat pour lézarder, se régaler d'un poisson grillé à l'un de ses *chiringuintos* (paillotes) et attendre le coucher de soleil. Garanti flamboyant !

La côte de Rabat à Essaouira

Oualidia p. 135

Entre El-Jadida et Safi, Oualidia a sa lagune. Depuis la côte, des barques style vaporetto peuvent vous emmener sur le banc de sable qui ferme la baie. Entre océan et ciel, le site est inouï. Oualidia est aussi le meilleur spot pour faire vos débuts en surf.

Lalla Fatna p. 138

Au nord de Safi, c'est une petite plage encore sauvage, protégée par sa falaise. Rochers ocre, sable orangé… une beauté ! Vous pouvez avoir cette perle pour vous tout seul ou devoir la partager avec des familles qui s'abritent du soleil sous une tente. Surfeurs et amateurs de coucher de soleil la portent aux nues.

^ Plage de Legzira

Essaouira p. 146

Incontestablement, c'est l'une des plus belles plages du Maroc, qui s'étire à la sortie de la médina sur 6 km. Mais aussi l'une des plus ventées, ce qui fait la joie des kitesurfeurs. De son transat, on admirera le spectacle de toutes ces corolles dans le ciel.

Agadir et l'Anti-Atlas

Agadir p. 350

Adepte des sports nautiques, vous allez vous éclater sur cette plage de sable, immense, en plein centre-ville. Jet-ski, flyboard – le nouveau sport en vogue –, planche à voile, surf, ski nautique, etc. En soirée, vous aimerez l'ambiance festive du front de mer.

Legzira p. 371

À une dizaine de kilomètres de Sidi Ifni, cette plage est une merveille, avec ses arches forées par la houle dans les falaises de grès rouge. Au prix de quelques marches difficiles, on accède à cette vaste étendue de sable fin (8 km !) qui enchante surfeurs et rêveurs.

< Lalla Fatna

Plage Blanche p. 373

À l'orée du Sahara, entre océan et désert, c'est une longue, longue plage de sable blanc pour aventuriers… Quarante kilomètres sans rencontrer âme qui vive (ou presque). Si vous aimez les grands espaces, elle est faite pour vous.

v Kitesurf sur la plage d'Agadir

NOS ACTIVITÉS préférées

Créer son propre parfum

Ambre, musc, cèdre, santal, verveine, jasmin, ylang-ylang, etc., l'étendue de la palette d'essences mise à votre disposition par le **musée du Parfum**, à Marrakech, ne facilite pas la tâche ! Première mission pour créer votre fragrance sur mesure : en sélectionner cinq, dont au moins une de fond qui garantira la persistance de la note sur votre peau. Vous jouerez ensuite à l'apprenti sorcier en jonglant avec les pipettes pour repartir avec une combinaison à nulle autre pareille : votre nouveau parfum !

Musée du Parfum p. 229

Jouer les chefs

Un petit tour sur le marché pour se familiariser avec les épices et des légumes, tels les gombos. Et hop ! vous passez en cuisine avec une *dada* (une cuisinière). En 4 ou 5 h, on apprend à se débrouiller comme un chef pour réaliser un **repas 100 % marocain**, de l'entrée au dessert, comme un couscous aux sept légumes (Café Clock à Fès) ou un tajine aux citrons confits (MarrakChef à Marrakech). Et même des cornes de gazelle (l'Atelier Madada à Essaouira).

Atelier Madada à Essaouira p. 152
Café Clock à Fès p. 166
MarrakChef p. 223

La randonnée

Vallées perdues, sommets pelés, gorges encaissées, le Maroc est un formidable terrain de jeux pour amateurs de trekking. Ses guides de haute montagne, rodés à la pratique, élaborent des itinéraires sur mesure de quelques heures, d'une journée ou de plusieurs nuits. Alors, ne laissez pas vos chaussures de marche au placard : lancez-vous à la conquête du **Toubkal**, explorez la **vallée des Aït Bouguemez** ou celle des **Roses**, marchez dans les **gorges du Dadès** ou dans celles de **Sidi Boubkar**, ou baladez-vous au bord des lacs de Tislit et Isli sur le haut plateau d'Imilchil.

Vallée des Aït Bouguemez p. 263
Toubkal p. 277
Vallée des Roses p. 317
Gorges du Dadès p. 317
Gorges de Sidi Boubkar p. 318
Haut plateau d'Imilchil p. 323

Scruter les étoiles

Vous aimez les nuits étoilées ? Celles du **désert d'Agafay**, près de Marrakech, vous laisseront sans voix. La concentration d'étoiles y défie l'imagination. Résultat, le ciel resplendit littéralement de clarté ! Vous pourrez également explorer la voûte céleste au télescope en traquant planètes et constellations dans la **vallée du Drâa** qui a son **observatoire** près de Tamegroute.

Désert d'Agafay p. 270
Observatoire vallée du Drâa p. 312

Buller au hammam

Découvrez au hammam le bien-être à l'orientale, avec ses rituels : suer pour éliminer les toxines, se soumettre à un gommage plutôt énergique avant de fondre sous les mains expertes d'une masseuse. À la sortie, on se sent tout autre : rasséréné et requinqué. Offrez-vous cet intermède dans un hammam de quartier (une vraie expérience !), comme **Dar el-Bacha** à Marrakech. Ou pourquoi pas dans une version *Mille et Une Nuits*, à l'image du **Palais Faraj** à Fès ?

Palais Faraj à Fès p. 177
Dar el-Bacha à Marrakech p. 223

La glisse (en mer)

Ce n'est pas du vent ! Le Maroc s'est acquis une solide réputation parmi les amateurs de glisse. Pour les surfeurs confirmés, **Agadir** a ses vagues de folie (Dracula, Killer Point). En revanche, les débutants opteront plutôt pour la plage d'**Oualidia**, située entre El-Jadida et Safi. Quant à celle d'**Essaouira**, elle donne vraiment des ailes aux kitesurfeurs, qui peuvent tenter un *downwind* (descente avec le vent) jusqu'à la plage de **Sidi Kaouki**, à une vingtaine de kilomètres à vol d'oiseau. Cependant, il faut éviter de frôler les dromadaires qui sont sur la plage (ils n'aiment pas du tout ça !).

Oualidia p. 135
Essaouira p. 140
Sidi Kaouki p. 148
Agadir p. 349

Un atelier de cuisine MarrakChef à Marrakech

8 JOURS à Tanger et dans les villes impériales

On vous emmène dans le Maroc fastueux de ses sultans, qui ont couvert leurs capitales de médersas et de palais. Un circuit *Mille et Une Nuits* avec une parenthèse nature dans le parc national d'Ifrane.

La cité impériale de Meknès >

ɔur 1

TANGER

Arrivée à Tanger le matin.

Pour prendre le pouls de la ville, flânez dans **Tanja Marina Bay** pour y déjeuner léger, face à la Méditerranée. Grimpez ensuite par les ruelles et l'escalier de la médina jusqu'à la kasbah, où toute l'histoire de Tanger vous est contée au **musée la Kasbah des Cultures méditerranéennes**. Il est temps de vous plier au rite : un thé au café Hafa, yeux sur l'Espagne en face. Nuit à Tanger au Dar Nour dans la kasbah (p. 57).

Visite 1

ɔur 2

VOLUBILIS ET MEKNÈS

3h50 de route (265 km).

Partez tôt si vous voulez découvrir les murs peints de la très arty **Assilah**. Et surtout, arrivez de bonne heure sur le site grandiose de **Volubilis**.
Après une pause sandwich, direction **Meknès**. Balade romantique de rigueur en calèche pour sillonner la cité impériale de Moulay Ismaïl, claquemurée dans ses remparts. Dîner au Bistrot de l'Hôtel Transatlantique (p. 189). Nuit à Meknès.

Visites 4, 10 et 11

Jour 3

MEKNÈS ET AZROU

Plus d'1h de route (68 km).

Consacrez votre matinée à la **médina de Meknès** : vous pourrez découvrir le travail des artisans damasquineurs et surtout la **médersa Bou Inania**, fleuron de l'art arabo-andalou. L'après-midi, sur la route d'**Azrou**, lancez-vous dans un petit circuit œnotouristique (**Château Roslane**) avant d'aller saluer le cèdre Gouraud et les singes magots dans le **parc national d'Ifrane.** Nuit au Palais des Cerisiers à Azrou (p. 204).

Visites 10 et 12

our 4

AZROU ET FÈS

1h50 de route (110 km) en passant par Bhalil et Sefrou.

Les cinéphiles feront pèlerinage sur les lieux du tournage *Des hommes et des dieux* à **Tioumliline** ; les plus sportifs enfourcheront un VTT pour un circuit dans la cédraie ou autour des lacs du plateau ; les gourmands se réserveront pour une dégustation fromage ou une séance de cavage de la truffe. Clap de fin à **Fès**, sur la terrasse de l'hôtel Les Mérinides (p. 175), avec la ville à vos pieds. Nuit à Fès.

Visites 9 et 12

ours 5 et 6

FÈS

3h de route (240 km par autoroute) de Fès à Rabat.

Plongez dans le tourbillon de la médina, pour un festival d'art arabo-andalou (la **médersa Bou Inania**, etc.). Bien sûr, passage obligé par les terrasses surplombant les **tanneries Chouara**. Dîner gastronomique chez Darori (p. 175). Nuit à Fès. Le lendemain, programmez une incursion dans l'ancien **mellah** (quartier juif), avant une balade apéritive dans les allées du **parc Jnan Sbil**. Direction **Rabat**, où vous pourrez passer la nuit au Pietri Urban Hôtel (p. 109).

Visites 5 et 9

ours 7 et 8

RABAT

Le matin, découvrez la **kasbah des Oudayas**, avec un arrêt au Café Maure (encadré p. 98). Offrez-vous une balade rafraîchissante sur le Bouregreg, en barcasse. Tout Rabat défile devant vos yeux. Déjeunez au Petit Beur (p. 110) avant de rejoindre le **musée Mohammed VI d'Art moderne et contemporain**, puis la **nécropole du Chellah**. Nouvelle nuit à Rabat au Pietri (p. 109). Le lendemain, derniers achats, dernière balade sur le quai des Oudayas, avec une escale au Dhow (p. 111). Vol retour.

Visite 5

‹ Intérieur de la médersa Bou Inania de Fès

10 JOURS sur la côte atlantique

Ce circuit plein de soleil et d'embruns va d'une ville née avec le cinéma et l'automobile, Casablanca, aux anciens comptoirs portugais d'Essaouira et El-Jadida. Partout, vous retrouvez l'Atlantique et ses plages : immenses, ludiques (Essaouira, Agadir) ou secrètes (Sidi R'bat).

Jours 1 et 2

CASABLANCA

Arrivée le matin à Casablanca.

Commencez par le marché central, puis découvrez sur le bd Mohammed-V la folie de ce **« Casa » Art déco** des années 1930. Un taxi et hop, direction la **médina des Habous**, pour une séquence shopping. Le soir, optez pour la cuisine marocaine raffinée d'Al-Mounia (p. 129). Et terminez au Rick's Café (encadré p. 123), dans le décor du film *Casablanca*. Nuit sur place. Le lendemain, la **mosquée Hassan II** et sa démesure vous attendent. Restez sur la corniche : balade sur la plage, grimpette en haut du **phare El-Hank**. Dîner et nuit à Casablanca.

Visite 6

Jour 3

EL-JADIDA ET OUALIDIA

2h15 de route (178 km).

El-Jadida, ex-cité portugaise enserrée dans ses remparts, a un charme fou. Descendez dans la **citerne**, qui a fasciné Orson Welles, le temps d'un film *(Othello)*, avant de déjeuner à la Capitainerie (p. 139). Prochaine étape : **Oualidia**, pour une balade en vaporetto dans la lagune et un festin de fruits de mer à l'Araignée gourmande (p. 139). Nuit à Oualidia.

Visite 7

Jour 4

SAFI ET ESSAOUIRA

Plus de 2h30 de route (182 km).

Juste avant Safi, faites un détour par la superbe **plage de Lalla Fatna** pour un bain et un tajine aux moules. Vous voilà en forme pour affronter les ruelles escarpées de **Safi** et son passionnant **musée de la Céramique**. À **Essaouira**, installez-vous sur la terrasse haut perchée du Café Taros (p. 151), pour le coucher de soleil sur l'Atlantique. Nuit à Essaouira.

Visites 7 et 8

Jours 5 et 6

ESSAOUIRA ET ENVIRONS

Une bonne journée est nécessaire pour explorer cette ancienne cité portugaise, entre ses remparts et ses galeries d'art, son port de pêche et ses sqalas qui dominent l'océan. On termine à la plage, chez Beach and Friends (p. 151). Nuit à Essaouira. Le lendemain : une balade surprenante au milieu des arganiers. Qu'on peut prolonger, après un tajine aux boulettes de sardines, par une virée en quad jusqu'au palais englouti dans les sables de **Diabat**. Nuit à Essaouira.

Visite 8

Jours 7 et 8

AGADIR ET SES ENVIRONS

2h30 de route (173 km) d'Essaouira à Agadir. Circuit autour d'Agadir : 3h20 de route (234 km).

Direction **Agadir**. Montez jusqu'aux ruines de l'ancienne **kasbah** ; la vue y est magnifique. Flanez dans la ville, qui se refait un total look, et profitez de la plage : jet-ski, kitesurf ? Ou farniente ? Nuit à Agadir. Le lendemain, balade dans la **vallée du Paradis**. Poussez jusqu'à **Taroudannt**, enchâssée dans ses remparts. Nuit à Agadir.

Visite 23

^ L'oued Massa

our 9

AU SUD D'AGADIR

3h15 de route (227 km) d'Agadir à Tafraoute via Tiznit.

En chemin, faites un petit crochet par la **plage de Sidi R'bat** où le guide que vous aurez retenu vous aidera à pister les ibis chauves dans la réserve à l'**embouchure de l'oued Massa**. Pause déjeuner au Ksar Massa (p. 362). Plus loin, vous serez séduit par **Tiznit** et sa **source Bleue**, avant de vous engager dans les lacets de la vallée, où poussent les amandiers, jusqu'à **Tafraoute**. Vous aurez le temps de découvrir les **Rochers bleus** de Jean Verame, installés dans un chaos désertique à **Agard Oudad**. Nuit à Tafraoute.

Visites 23, 24 et 25

our 10

RETOUR À AGADIR

1h50 de route (135 km) de Tafraoute à l'aéroport d'Agadir.

À Tafraoute, une petite visite au **souk des babouches**, et puis il faut songer à rentrer. Ce sera par la **vallée des *igoudar*** (« greniers fortifiés »), dans l'**Anti-Atlas**. Vol retour.

Visite 25

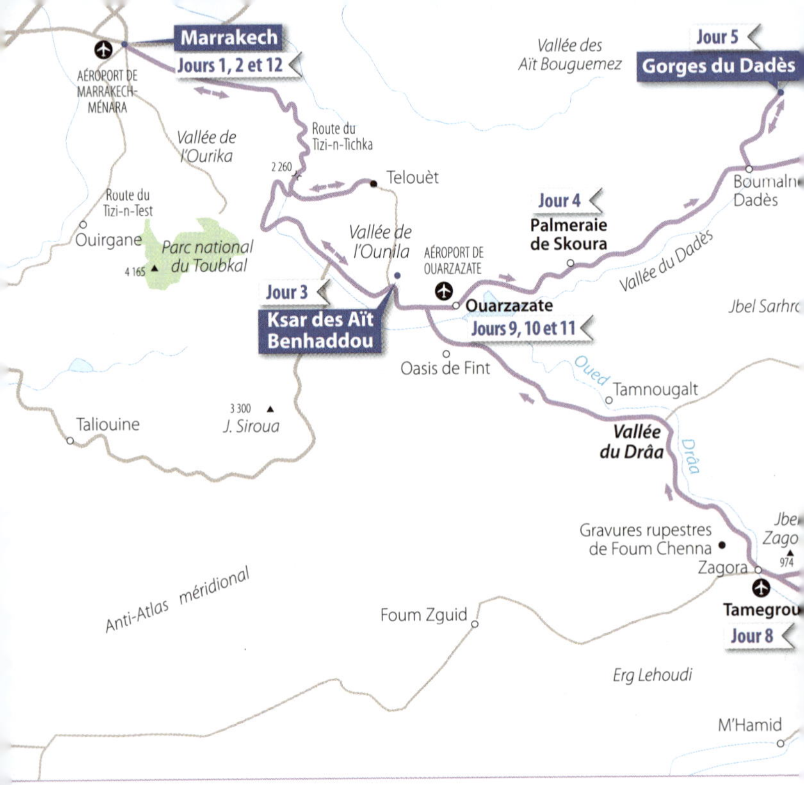

12 JOURS à Marrakech et dans le Sud

Entre montagne et désert, cet itinéraire franchit des cols vertigineux, se faufile au creux de gorges escarpées, sinue dans des vallées émaillées de kasbahs et de villages fortifiés, tout en vous laissant le temps d'arpenter la médina de Marrakech, de rêver sur grand écran à Ouarzazate et d'explorer les palmeraies à pied ou à vélo.

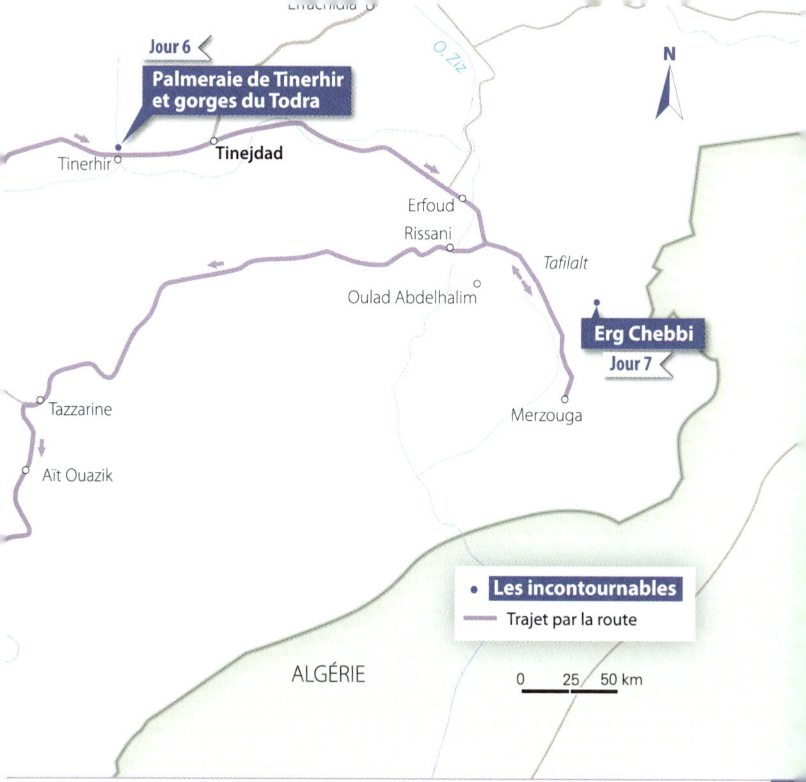

ours 1 et 2

MARRAKECH

15 min depuis l'aéroport.

Balade dans les souks et dans le **quartier Mouassine**. Pour l'apéritif, grimpez sur le toit du Café Arabe (p. 233) avant de prendre un bain de foule sur la **place Jemaâ el-Fna**. Nuit à Marrakech. Le lendemain, découverte du **quartier Ben Youssef** avec visite de la médersa et d'un musée au choix. Puis cap vers les **tombeaux saâdiens**. Nuit à Marrakech.

Visites 13, 14 et 15

our 3

VALLÉE DE L'OUNILA ET KSAR DES AÏT BENHADDOU

4h de route.

Flânez au **jardin Majorelle** à Marrakech (à l'ouverture). Puis prenez la **route du Tizi-n-Tichka** et bifurquez vers la **vallée de l'Ounila**. Halte à la **kasbah de Telouèt**, puis au **ksar des Aït Benhaddou**. Nuit sur place.

Visites 16 et 19

Jour 4

PALMERAIE DE SKOURA

2h de route.

Filez directement à **Skoura** poser vos valises au L'Ma Lodge (p. 326) et enfourchez des vélos pour une exploration de la **palmeraie** avec arrêt à la **kasbah d'Amerhidil**. Après-midi farniente au bord de la piscine. Nuit au L'Ma Lodge de Skoura.

Visite 21

Jour 5

GORGES DU DADÈS

2h30 de route.

Chaussez-vous bien pour une longue excursion guidée dans le chaos rocheux des **gorges du Dadès**. Dîner gourmand et nuit Chez Pierre (p. 324 et 325).

Visite 21

Jour 6

PALMERAIE DE TINERHIR ET GORGES DU TODRA

2h45 de route jusqu'à Tinejdad, détour des gorges du Todra inclus.

Direction **Tinerhir** pour une exploration de la **palmeraie**. Puis accès aux **gorges du Todra**, à pied pour les plus valeureux, en voiture pour les autres. Dans l'après-midi, route vers **Tinejdad** avec un arrêt au **musée des Sources de Lalla Mimouna**. Nuit au gîte El-Khorbat (p. 342), à Tinejdad.

Visites 21 et 22

Jour 7

ERG CHEBBI

3h de route jusqu'à Merzouga.

Découverte du **ksar el-Khorbat** le matin, puis route vers **Rissani**. Pause déjeuner au restaurant La Baraka (encadré p. 337). Puis petit tour dans le **souk** pour faire le plein de dattes, avant de filer à **Merzouga** : départ à 17h pour une nuit en bivouac dans l'**erg Chebbi**.

Visite 22

Jour 8

DE MERZOUGA À TAMEGROUTE

5h de route (324 km).

Retour de bivouac vers 9h-10h. Après la douche, direction **Tamegroute** via **Zagora**. Puis relaxation au spa du Stargazing Hôtel SaharaSky (p. 312) où vous passerez la nuit après avoir observé les étoiles.

Visite 20

Jour 9

VALLÉE DU DRÂA

3h de route (188 km) jusqu'à Ouarzazate.

Visite de Tamegroute, des **gravures rupestres de Foum Chenna** et du **ksar de Tamnougalt**. À l'arrivée, détente dans la piscine de l'Écolodge l'île de Ouarzazate (p. 312).

Visite 20

Jour 10

OUARZAZATE

Vous visiterez la **kasbah de Taourirt** et le vieux **ksar**, avant d'aller soulever le dolmen d'Astérix dans les studios de cinéma. Nuit à Ouarzazate.

Visite 20

Jour 11

ENVIRONS DE OUARZAZATE

5h de route jusqu'à Marrakech (N9).

Promenade au milieu des palmiers dans l'**oasis de Fint** avant de revenir à Marrakech. Dîner et nuit sur place.

Visite 20

Jour 12

MARRAKECH

Dernière matinée : séance shopping dans les **souks** ou au **Guéliz**, ou balade dans les ruelles du **mellah** (quartier juif) pour faire le plein d'épices. Vol retour.

Visites 13, 15 et 16

‹ Dans une ruelle du ksar el-Khorbat

3 SEMAINES pour tout voir (ou presque)

Par monts et par dunes, de la Méditerranée au Sahara en longeant l'Atlantique, une traversée époustouflante du Maroc.

Carte p. 36-37

Jour 1

TANGER

Arrivée à Tanger le matin.

Voir jour 1 p. 21. Nuit à Tanger.

Visite 1

Jour 2

TÉTOUAN ET CHEFCHAOUEN

2h de route (118 km).

Visite de **Tétouan** et de **Chefchaouen**, deux villes du Rif restées dans leur jus. Nuit à Chefchaouen au Dar Meziana Hôtel (p. 80).

Visites 2 et 3

⌄ L'ancien comptoir portugais d'El-Jadida

Jours 3 et 4

VOLUBILIS ET FÈS

4h de route (255 km).

Essayez d'arriver vers 10h à **Volubilis** pour visiter le site. Pour déjeuner, un sandwich *(batbout)* fera l'affaire. Puis direction **Fès**. Prenez la mesure de la ville aux **tombeaux des Mérinides**. À l'hôtel voisin, l'apéritif sera sans doute le bienvenu. Nuit à Fès. Le lendemain, voir jour 5 p. 23. Nuit à Fès.

Visites 9 et 11

Jour 5

MEKNÈS ET RABAT

2h30 de route (206 km dont 110 km d'autoroute).

À **Meknès**, passez la matinée entre la **Cité impériale** (en calèche) et la **médina** (à pied). Après un déjeuner au Riad Ritaj (p. 189), c'est parti pour **Rabat**, où une balade en barcasse sur le Bouregreg et la **nécropole du Chellah** vous combleront. Nuit à Rabat.

Visites 5 et 10

Jour 6

RABAT ET CASABLANCA

1h env. d'autoroute (91 km).

Le Rabat des sultans almohades est à vous : visitez la **kasbah des Oudayas** et l'esplanade de la **tour Hassan**. Puis direction **Casablanca** et son parcours Art déco. Nuit au Doge (p. 129).

Visites 5 et 6

Jour 7

CASABLANCA

Pour commencer, découvrez le « Casa » de toutes les audaces avec la **mosquée Hassan II**. Puis profitez d'une balade sur la **promenade maritime** et poursuivez jusqu'à la **médina des Habous**. Nuit à Casablanca.

Visite 6

Jour 8

LA CÔTE VERS ESSAOUIRA

4h30 de route (376 km) jusqu'à Essaouira via El-Jadida et Safi.

Au fil des étapes sur la côte atlantique, découvrez le Maroc des anciens comptoirs portugais, avec les visites d'**El-Jadida** et **Safi**. Arrivée à **Essaouira** et nuit à la Fontaine Bleue (p. 150).

Visites 7 et 8

Jour 9

ESSAOUIRA

Explorez Essaouira : le port, les sqalas qui dominent l'océan, la plage et ses multiples plaisirs. Nuit sur place.

Visite 8

Jour 10

TAFRAOUTE

4h40 de route (423 km).

Rejoignez **Tafraoute** et son chaos de rochers roses par la pittoresque **route des *igoudar***. Nuit à Tafraoute, près des **Rochers bleus** de Jean Verame, dans une néo-kasbah avec piscine, El Malara (p. 382).

Visite 25

Jours 11 et 12

OUARZAZATE

4h50 de route (353 km) en passant par Taliouine (R104-R106-N10 et P1509).

Une fois arrivé près du lac du **barrage d'El-Mansour Eddahbi**, détendez-vous dans la piscine de l'Écolodge l'île de Ouarzazate (p. 312) où vous passerez la nuit. Le lendemain, voir jour 10 p. 31. Nuit à Ouarzazate.

Visite 20

Jour 13

VALLÉE DU DRÂA

3h de route (188 km) jusqu'à Tamegroute.

Voir jour 9 p. 31. Puis, à **Tamegroute**, relaxation au spa et nuit au Stargazing Hôtel SaharaSky (p. 312) pour observer les étoiles.

Visite 20

Jour 14

ERG CHEBBI

4h de route jusqu'à Merzouga.

Au matin, cap sur **Merzouga** par la N12. Arrêt à **Rissani** pour explorer le souk et déjeuner à La Baraka (encadré p. 337). Rendez-vous au pied des dunes à 17h pour le départ vers le bivouac. Nuit en bivouac dans l'**erg Chebbi**.

Visite 22

Jour 15

TINEJDAD

2h30 de route jusqu'à Tinejdad.

Matinée de repos au retour du bivouac. Puis route vers **Tinejdad**, avec une étape pour visiter les ***khettaras***. Arrivée à destination, balade dans le **ksar el-Khorbat**. Nuit au gîte El-Khorbat (p. 342), à Tinejdad.

Visite 22

Jour 16

PALMERAIE DE TINERHIR ET GORGES DU TODRA

50 min de route jusqu'à Tinerhir.

Matinée au **musée des Sources de Lalla Mimouna**, puis journée d'excursion dans la **palmeraie de Tinerhir** jusqu'aux **gorges du Todra**. Nuit à Tinerhir.

Visites 21 et 22

Les gorges du Todra ›

Jour 17

GORGES DU DADÈS ET PALMERAIE DE SKOURA

3h30 de route jusqu'à Skoura, détour par les gorges du Todra inclus.

Découverte des **gorges du Dadès**, suivie d'une balade à vélo dans la **palmeraie de Skoura** avec visite de la **kasbah d'Amerhidil**. Nuit au L'Ma Lodge (p. 326) de Skoura.

Visite 21

Jour 18

AÏT BENHADDOU

2h15 de route jusqu'à Telouèt.

Le matin, exploration du **ksar des Aït Benhaddou**. Puis traversée de la **vallée de l'Ounila** et visite de la **kasbah de Telouèt**. Nuit à Telouèt.

Visite 19

Jours 19, 20 et 21

MARRAKECH

3h de route pour Marrakech.

Voir jours 1 et 2 p. 29.

Deux options pour la dernière matinée : flânerie au **jardin Majorelle** et shopping glamour dans la rue Yves Saint Laurent ; ou balade dans les ruelles du **mellah** (quartier juif) pour faire le plein d'épices. Vol retour.

Visites 13, 14 et 15

Les incontournables
Nos plages préférées
Trajet par la route
N
OCÉAN ATLANTIQUE
Jour 7
Mosquée Hassan II
Casablanca
Azemmour
El-Jadida
AÉROPORT MOHAMMED V
Kasba de Boulâouane
Plage d'Oualidia
Oualidia
La côte Atlantique
Plage de Lalla Fatna
Safi
O. Tensift
Jours 8 et 9
Essaouira
Plage d'Essaouira
AÉROPORT ESSAOUIRA-MOGADOR
Marrakech
AÉROPORT DE MARRAKECH-MÉNARA
Jours 19 à 21
Route du Tizi-n-Tichka
Vallée de l'Ourika
2 260
Telouèt
Vallée de l'Ounila
Ouirgane
Route du Tizi-n-Test
2 092
Ksar des Aït Benhaddou
Jour 18
Ouarzazate
Jours 11 et 12
Agadir
O. Sous
Taroudannt
Taliouine
3 300
J. Siroua
Plage d'Agadir
Parc national de Souss Massa
AÉROPORT AGADIR-MASSIRA
Igherm
Anti-Atlas méridional
Foum Zguid
Tiznit
Legzira
Tafraoute
Tata
Sidi Ifni
Cirque de Tafraoute
Jour 10
Oued Drâa

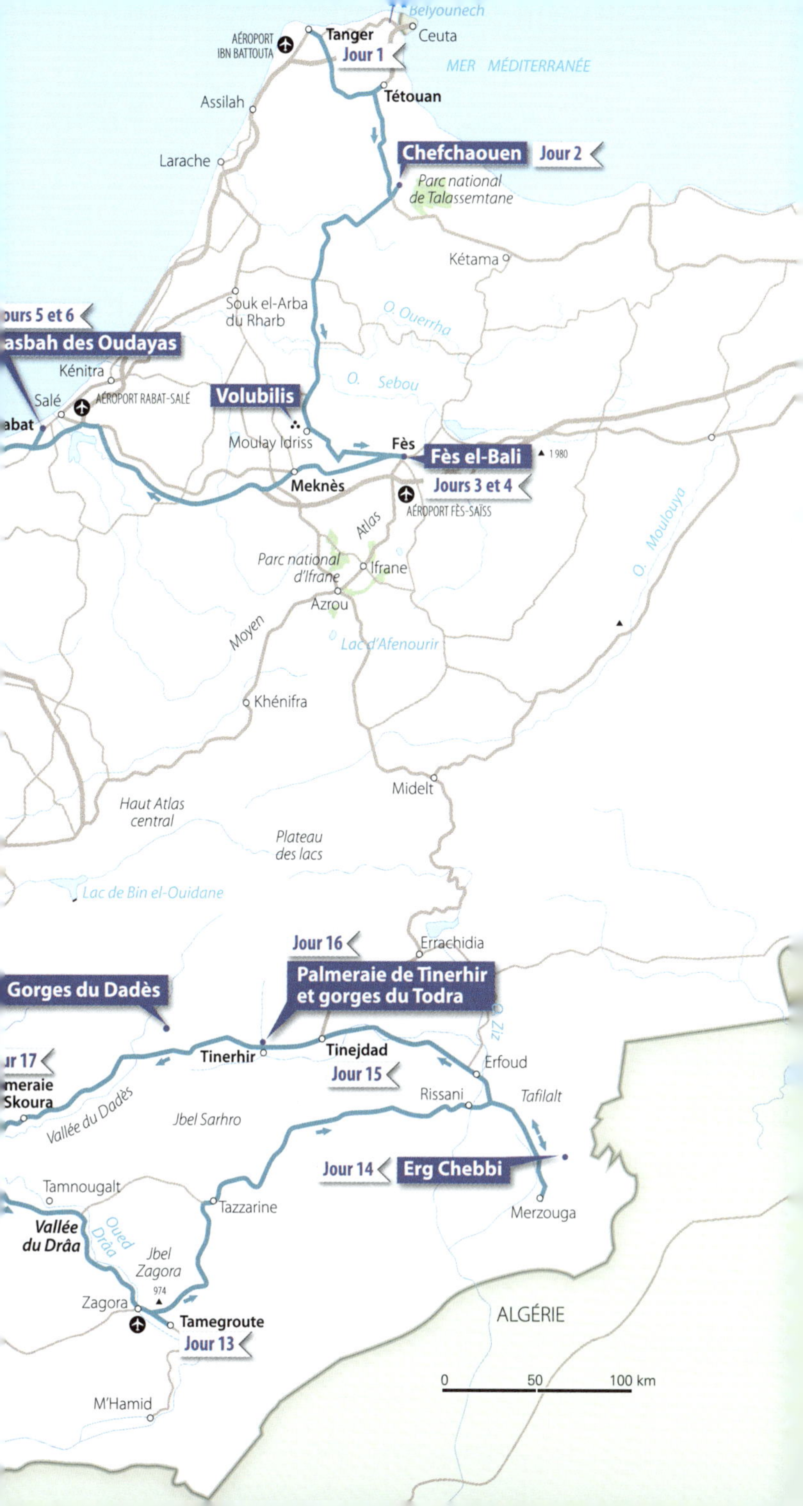

Belyounech
Tanger
Ceuta
AÉROPORT IBN BATTOUTA
Jour 1
MER MÉDITERRANÉE
Tétouan
Assilah
Chefchaouen
Jour 2
Larache
Parc national de Talassemtane
Kétama
Souk el-Arba du Rharb
O. Ouerrha
ours 5 et 6
asbah des Oudayas
Kénitra
O. Sebou
Salé
AÉROPORT RABAT-SALÉ
Volubilis
abat
Moulay Idriss
Fès
Fès el-Bali
1 980
Meknès
Jours 3 et 4
AÉROPORT FÈS-SAÏSS
Atlas
O. Moulouya
Parc national d'Ifrane
Ifrane
Azrou
Moyen
Lac d'Afenourir
Khénifra
Midelt
Haut Atlas central
Plateau des lacs
Lac de Bin el-Ouidane
Jour 16
Errachidia
Gorges du Dadès
Palmeraie de Tinerhir et gorges du Todra
O. Ziz
ur 17
Tinerhir
Tinejdad
Erfoud
Jour 15
meraie Skoura
Rissani
Tafilalt
Vallée du Dadès
Jbel Sarhro
Jour 14
Erg Chebbi
Tamnougalt
Tazzarine
Merzouga
Vallée du Drâa
Oued Drâa
Jbel Zagora
974
Zagora
Tamegroute
Jour 13
ALGÉRIE
0
50
100 km
M'Hamid

10 JOURS dans le Maroc des *foodies*

Dis-moi ce que tu manges, je te dirai qui tu es ! Entre « Casa » et « Kech » (le sobriquet de Marrakech), que de rencontres et de découvertes en mode slow, entre souks d'artisans, gargotes, vignes, belles tables et thés à la menthe...

Jour 1

CASABLANCA

Arrivée la veille ou le matin.

Dans le Casa Art déco, le marché central vous retiendra pour le bagout de ses marchands, ses couleurs et quelques **huîtres** (elles sont de Oualidia, plus au sud). Autre étape : l'ancienne médina, où le restaurant La Sqala (p. 129) affiche, le jeudi, un généreux ***rfissa* au poulet**, plat d'origine casablancaise. Nuit à Casa.

Visite 6 (à pied, tramway)

Jour 2

CASABLANCA

Au menu aujourd'hui : le quartier des Habous, la nouvelle médina... en réalité centenaire. Entre cuivres et poteries, débrouillez-vous pour dénicher le **marché aux olives** (p. 125), mais aussi Bennis (p. 124) et ses **cornes de gazelle**. En soirée, direction le Rick's Café (p. 123), qui fait son cinéma. Et un French 75 ! Nuit à Casa.

Visite 6 (à pied, petit taxi)

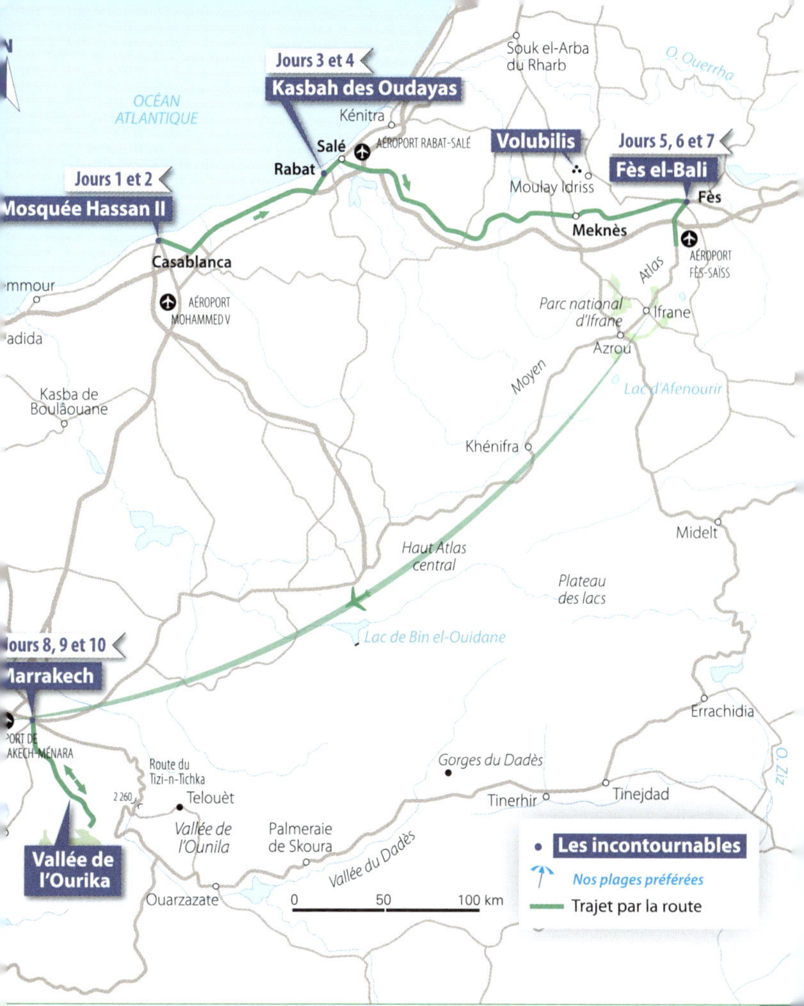

our 3

RABAT

Trajet en voiture ou en train LGV (54 min minimum).

Autre médina, autre atmosphère... Juste en face, la kasbah des Oudayas, a toujours son Café mythique (p. 98), qui offre, entre un **thé à la menthe et des pâtisseries** à se damner, un superbe panorama sur le Bouregreg. Charmeuse, la ville moderne a ses vendeurs ambulants d'**escargots cuits** (oserez-vous ?) et un restaurant comme Le Petit Beur (p. 110), qui propose un **couscous sept légumes** à la carte. Nuit à Rabat.

Visite 5 (à pied)

Jour 4

RABAT-SALÉ

Traversez le Bouregreg, qui a encore ses pêcheurs, sur l'un de ses barcassiers pour vous rendre à Salé, la ville jumelle de Rabat. Labyrinthique, le souk y est certainement l'un des plus authentiques. Prenez un petit taxi pour aller fureter dans le complexe aux **potiers d'Oulja**. Nuit à Rabat.

Visite 5 (à pied, tramway, petit taxi).

Jour 5

FÈS

Trajet par la route ou en train (2h47 minimum).

Sur le plan gastronomique, Fès l'arabo-andalouse s'est rendue célèbre par sa **pastilla au pigeon** (encadré p. 168), c'est dire ! Prenez vos marques en vous installant pour un verre sur la terrasse des Mérinides (p. 175). Et allez manger au café Clock (p. 166), où vous aurez déjà retenu une ***cooking class*** ou un cours de pâtisserie. Nuit à Fès chez l'habitant (p. 174).

Visite 9 (petit taxi)

Jour 6

FÈS

Hallucinante, la médina compte plus de 9 500 ruelles, où vous allez vous perdre et vous retrouver au milieu d'une vraie marée humaine et de bourricots ! Le **circuit Artisanat** (encadré p. 162) devrait particulièrement vous intéresser. Ou un ***food tour*** (p. 177) ? Prenez soin de réserver le soir au Fez Café ou à Darori (p. 175) pour leur cuisine raffinée. Nuit à Fès chez l'habitant.

Visite 9 (à pied, retour en petit taxi)

Jour 7

MEKNÈS

Trajet par la route ou en train (32 min minimum).

Avec un peu d'organisation (réservations, location de voiture avec ou sans chauffeur, etc.), on peut s'offrir une version... œnotouristique de Meknès. C'est la grande région viticole du Maroc (p. 187) : **Château Roslane**, **domaine de la Zouina**, **domaine de Baccari**. Retour pour la nuit à Fès.

Visite 10

Jour 8

MARRAKECH

Trajet Fès-Marrakech en avion (1h environ).

Allez prendre la température de la ville rouge sur la place Jemaâ-el-Fna. Un vrai théâtre ! Un **jus d'orange pressée** plus tard, vous finirez par manger dans l'une des **gargotes** de cette cantine à ciel ouvert (votre riad vous aura donné un numéro) ou sur un toit-terrasse, comme celui du Zeitoun (p. 221). Nuit à Marrakech.

Visite 13 (à pied, petit taxi)

^ Thé à la menthe et douceurs marocaines

our 9

MARRAKECH

Marrakech comme un chef… C'est la promesse des **ateliers cuisine** MarrakChef (p. 223). Après cela, vous verrez d'un autre œil les petits marchés rencontrés ici ou là dans la médina ou le mellah. Et pour finir en beauté, allez dîner chez Moha (p. 229), pour y commander LE plat marrakchi par excellence, une **tanjia** (p. 411).

Visite 13 et 15

our 10

VALLÉE DE L'OURIKA

Bus Alsa ligne 25.

La vallée de l'Ourika, c'est le jardin de Marrakech. Elle a son marché, haut en couleurs, à Tnine l'Ourika (le lundi, p. 273), sa **safranière** (p. 273), son **jardin bio-aromatique** (p. 274) qui organise des **ateliers pain**, ses **tajines mijotés** au bord de la route. Le Maroc des campagnes et des Marrakchis en mal de vert. Nuit à Marrakech.

Visite 18

Épices au souk de Guelmim

SOMMAIRE

MAROC

TANGER ET
le Rif occidental

Tanger s'est réveillée. Elle n'est plus cette pestiférée que le pouvoir central ignorait. Aujourd'hui, rien n'est trop beau pour elle : autoroutes et TGV la relient à Casablanca, et le plus grand port d'Afrique est à ses portes. De ses années interlopes dans la première moitié du XXe s., où son statut de ville internationale lui autorisait toutes les excentricités, elle a gardé son côté canaille. Au pied du Rif ou au bord de l'Atlantique, Tétouan, Chefchaouen, Assilah ou Larache, les plus andalouses des cités marocaines, observent, médusées, ce tourbillon et prennent, avec plus ou moins de succès, le train en marche. Entre Atlantique et Méditerranée, le nord du Maroc vous réserve aussi quelques belles plages. Quant au tourisme vert, il en est toujours à ses balbutiements, malgré des paysages sauvages de toute beauté, comme en témoigne le parc national de Talassemtane.

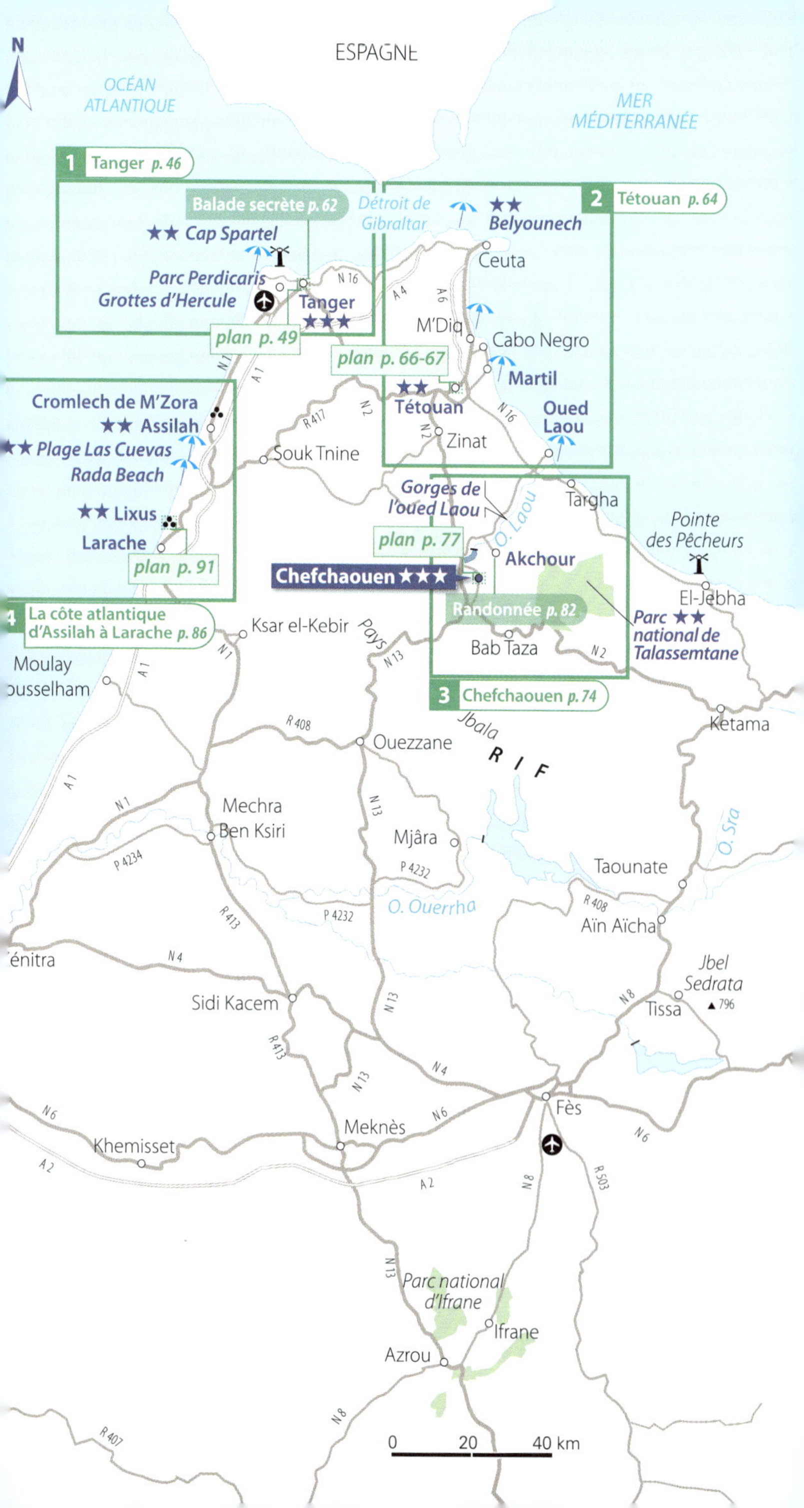
ESPAGNE
OCÉAN ATLANTIQUE
MER MÉDITERRANÉE
1 Tanger p. 46
Balade secrète p. 62
★★ Cap Spartel
Parc Perdicaris
Grottes d'Hercule
Tanger ★★★
plan p. 49
Détroit de Gibraltar
2 Tétouan p. 64
★★ Belyounech
Ceuta
M'Diq
Cabo Negro
Martil
plan p. 66-67
★★ Tétouan
Oued Laou
Zinat
Souk Tnine
Cromlech de M'Zora
★★ Assilah
★★ Plage Las Cuevas
Rada Beach
★★ Lixus
Larache
plan p. 91
4 La côte atlantique d'Assilah à Larache p. 86
Gorges de l'oued Laou
Targha
O. Laou
plan p. 77
Akchour
Chefchaouen ★★★
Randonnée p. 82
Pointe des Pêcheurs
El-Jebha
Parc ★★ national de Talassemtane
Bab Taza
3 Chefchaouen p. 74
Ksar el-Kebir
Pays Jbala
Moulay Bousselham
Ouezzane
RIF
Ketama
Mechra Ben Ksiri
Mjâra
O. Sra
Taounate
O. Ouerrha
Aïn Aïcha
Kénitra
Jbel Sedrata
796
Sidi Kacem
Tissa
Fès
Meknès
Khemisset
Parc national d'Ifrane
Ifrane
Azrou
0 20 40 km

1 TANGER ✧✧✧

Au creux d'une baie magnifique, Tanger la blanche a séduit et continue à fasciner nombre d'artistes, d'écrivains ou de cinéastes, comme Henri Matisse ou même Yves Saint Laurent, un temps infidèle à Marrakech. Aujourd'hui, entre Europe et Afrique, c'est une ville bouillonnante de projets et de nouveautés. On peut s'y baigner le matin dans la mer Méditerranée et l'après-midi dans l'océan Atlantique. Sans oublier un rite essentiel : siroter un thé à la menthe au mythique Café Hafa, qui surplombe le détroit de Gibraltar.

PRATIQUE

- **Plan p. 49**
- **Nos adresses p. 57**

Accès

En avion

L'aéroport Ibn Battouta (www.onda.ma) est à 12 km S-O de Tanger.

Pas de bus pour rejoindre le **centre-ville**. Il faut prendre un taxi (tarifs officiels : 100 Dh en journée, 150 Dh la nuit, soit entre 14 et 18 €).

En bateau

Les ferries en provenance de Tarifa (Espagne) débarquent dans le **port de Tanger** (plan B1). Pour rejoindre le **centre-ville** : à pied.

Les ferries de la compagnie **GNV** (www.gnv.it/fr) en provenance de Sète (via Barcelone) accostent au nouveau port de **Tanger-Med** (📞 05 39 33 71 55, www.tangermed-passagers.com) situé à 54 km E de Tanger par

Vue sur le détroit depuis le Café Hafa

L'ESSENTIEL

À ne pas manquer

La Kasbah de Tanger et son musée des Cultures méditerranéennes.

Expériences

Voir Tanger avec les yeux de Matisse ; buller au café Hafa ; se griser de jazz lors du festival Tanjazz en septembre.

Les plus belles plages

Ba Kacem, Achakar et Sidi Kacem.

UN PEU D'HISTOIRE

Selon la légende, Tanger aurait été fondée par le géant Antée, qui lui donna le nom de son épouse, Tingis. Entre Europe et Afrique, sa situation en fit l'objet de toutes les convoitises : Phéniciens, Carthaginois, Romains, Arabes, etc. ; plus tard, Portugais, Espagnols, Anglais.

Le sultan Moulay Ismaïl récupéra la ville en 1684, qui devint la capitale diplomatique du Maroc vers 1777. Dans un Maroc affaibli, elle se vit imposer en 1923 le statut de « ville internationale », sous lequel Tanger, entre milliardaires et trafiquants, connut son âge d'or *(encadré ci-dessous)*.

En 1956, à l'indépendance du Maroc, tout ce monde s'écroula. Tanger n'en continua pas moins de vivre au-dessus de ses moyens et de ses rêves, ébahie par les réceptions fastueuses données par Malcom Forbes, directeur de la revue *Fortune*.

l'autoroute. Pour rejoindre le **centre-ville** : il faut soit prendre un grand taxi (300 Dh en journée, 450 Dh la nuit), soit le bus n° 13 (www.alsa.ma ; toutes les 45 min de 7h15 à 21h, 7 Dh) jusqu'à la gare ferroviaire de Tanger-ville.

En train

La **gare ferroviaire de Tanger-ville** (☎ 22 55) se situe à l'E de Tanger, au bout de l'av. de France. Pour rejoindre le **centre-ville** : des arrêts de taxis et de bus sont à proximité.

En bus

La **gare routière CTM** (☎ 0.800 0900 30, www.ctm.ma) se trouve pl. Al-Jamia Al-Arabia, au S-E de Tanger. Elle est desservie par des bus en provenance de Marrakech (2 fois/j., 9h à 10h de trajet, 230 Dh) et de Casablanca (5 fois/j., 6h de trajet, 145 Dh minimum). Pour rejoindre le **centre-ville** : à pied ou en petit taxi.

→

Ville moderne ✧

Plan A3-4 – Parking : sur la corniche (souterrain, 3 Dh/h). Bus touristique : ligne 1 (« Tanger-ville »).

Prenez la mesure de la ville depuis la **place de Faro**, encore hérissée d'anciens **canons**. Elle offre une vue dégagée sur le port et la baie avec sa plage de plus de 7 km face au détroit de Gibraltar. Les Tangérois l'ont rebaptisée « Sour Al-Maâgazine », c'est-à-dire la « **terrasse** (ou le mur) **des Paresseux** », car c'est ici que les paysans descendant du Rif « soufflaient » avant de s'installer sur le marché du Grand Socco (p. 48).

HISTOIRE

Tanger et ses trafics

En 1923, même si elle reste territoire marocain, Tanger est placée « sous le régime de la neutralité permanente », politique et militaire avec, en prime, une liberté économique totale : pas de contrôle des changes, pas d'impôts, etc. Tanger est une **zone franche**, un paradis fiscal où tout est permis : affaires juteuses, trafics, aventures.

PLACE DE FRANCE ✧

Plan A3 – À l'O de la pl. de Faro.

Elle a conservé un parfum suave des années 1930 avec ses terrasses de café, où s'attardait l'écrivain Jean Genet. En face, le **consulat de France**, une élégante maison blanche, abrite la représentation française depuis 1924.

SOUK DES TISSERANDS ✧

Plan A3 – 32, rue El-Oualili. Depuis la place de France, empruntez la rue de la Liberté, puis bifurquez à dr. et descendez l'escalier Waller.

Installé à l'étage d'un ancien caravansérail, le souk des tisserands (fondouk Chajara), également appelé « marché des Pauvres », permet d'y voir les derniers **tisserands** de Tanger. Ils font encore preuve d'une créativité étonnante sur des métiers à tisser antédiluviens.

GRAND SOCCO OU PLACE DU 9-AVRIL-1947 ✧

Plan A2 – Pl. du 9-Avril-1947. Bus touristique : ligne 1 (« Tanger-ville »).

C'est sur cette vaste place, dominée par le minaret aux faïences polychromes de la **mosquée Sidi bou Abid** (1917), que, le 9 avril 1947, le futur Mohammed V évoqua pour la première fois à Tanger un Maroc unifié et indépendant, d'où son nom. Mais les Tangérois continuent à l'appeler le « Grand Socco » (le « grand souk »). Très animée, elle est grouillante les jours où a lieu le marché (jeu. et dim.), où vous trouverez de tout (épices, fruits, tissus, cuir, etc.). On y croise encore des Rifaines venues vendre leurs légumes ou leurs poulets faméliques et portant le costume traditionnel : le *fouta* (« jupe-châle » rouge à rayures blanches) et le *chachiya* (chapeau de paille large comme un parasol, à pompons de laine).

PRATIQUE (SUITE)

Se déplacer

La médina et la kasbah se parcourent à pied. Des circuits fléchés permettent de se repérer facilement *(encadré p. 51)*.

En bus touristiques

Fonctionnant toute l'année (avr.-oct. 9h à 18h et 17h nov.-mars), ils facilitent vos déplacements dans la ville moderne et en dehors de Tanger. À deux étages, découverts, ils circulent sur deux lignes : la **ligne 1** (dans la ville moderne, p. 48) ; la **ligne 2** permet de rejoindre le **cap Spartel** (p. 55) et les **grottes d'Hercule** (p. 56). Départ : le port. Entre 6 et 14 ans : 60 Dh ; adulte : 130 Dh (validité : 48h). Rens. 06 62 01 35 06, https://tanger.city-tour.com.

Tanger

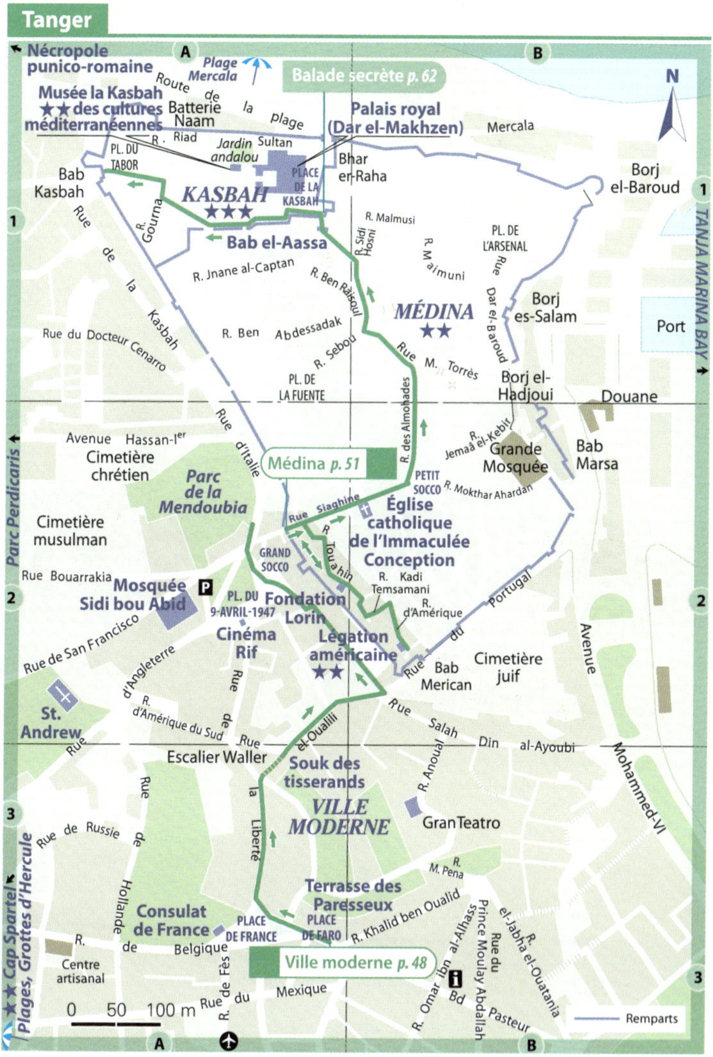

En taxi

Les **petits taxis** bicolores (bleus et jaunes) permettent de se déplacer en ville (entre 10 et 20 Dh), et les **grands taxis** de se rendre hors agglomération.

↓ Adresses utiles

Infos touristiques

Le Conseil régional du tourisme (www.visittanger.com) propose une application (gratuite) via www.visittanger.app (opérationnelle ensuite sans connexion) : vous y trouverez plans, visites, événements à venir.

^ Le Grand Socco

Cinéma Rif

Plan A2 – Au S de la pl. du 9-Avril-1947.

Avec son enseigne et sa façade Art déco, ce vieux cinéma datant de 1938 est aujourd'hui une cinémathèque à la programmation éclectique (p. 60). Dans le hall, des affiches des années 1940-1950 rendent hommage au passé cinématographique de la ville. Tanger est cinégénique ! Plus de 50 longs-métrages y ont été tournés depuis *Mektoub* de Jean Pichon et Daniel Quintin (1919). Les cinéastes se sont parfois contentés d'exploiter l'image interlope de la ville, nid d'espions et lieu de tous les trafics, comme dans *Spectre*, l'un des James Bond (2015) de Sam Mendes. D'autres, tels Bertolucci (*Un thé au Sahara*, 1990) ou André Téchiné (*Les Temps qui changent*, 2004), ont su jouer de son atmosphère magique.

Rue d'Angleterre (à 2 min à pied du cinéma), l'église anglicane **St. Andrew** (1894) est reconnaissable à son clocher en forme de... minaret !

Parc de la Mendoubia

Plan A2 – Au N-O de la pl. du 9-Avril-1947. Accès libre.

À l'entrée, vous pourrez y admirer un ficus multipliant (ou banyan) qui aurait près de huit siècles ! Les bâtiments, où le *mendoub* (représentant du sultan dans le Tanger « international ») avait ses bureaux, abritent aujourd'hui le tribunal de commerce.

Médina ✧✧

Plan AB-2 – Accès par Bab el-Fahs (un simple passage) qui donne sur la rue Siaghine (rue des Bijoutiers). Fléchage : circuit « Bni Idder » *(encadré ci-dessous)*.

Vous entrez dans la médina, avec ses rues-couloirs, ses rues-escaliers, ses impasses sombres et ses placettes rêveuses. Un vrai dédale.

FONDATION LORIN

Plan A2 – 44, rue Touahin. Tournez à dr. rue Kadi Temsamani, puis à dr. ☎ 05 39 93 03 06. Dim.-ven. 11h-13h et 15h30-19h30 (ou sur r.-v.). Entrée libre.

La mémoire photographique de Tanger, entre 1918 et 1958, est enfermée dans cette ancienne synagogue (1871). Plus de 350 documents nous plongent dans ce Tanger européen insouciant, qui courait d'un match de polo à un concert dirigé par Herbert von Karajan.

LÉGATION AMÉRICAINE ✧✧

Plan B2 – 8, rue d'Amérique. De la rue Touahin, tournez à g. rue Kadi Temsamani, puis à dr. ; accès possible par la rue du Portugal ☎ 05 39 93 53 17, www.legation.org. Lun.-ven. 10h-17h, sam. 10h-15h. F. j.f. Plein tarif : 20 Dh. Vis. guidée : 50 Dh.

De 1821 à 1956, ce fut le siège de la représentation diplomatique américaine au Maroc. Peu à peu agrandie, la modeste construction en pierre, offerte par le sultan Moulay Slimane, finit par compter plus de 40 pièces, avec cheminées en marbre, parquets, candélabres, etc., ainsi qu'un jardin. Géré par une fondation privée, le lieu est ouvert au public. Il possède près de 1000 gravures, aquarelles, lithographies ou huiles des XVIIIe et XIXe s., dont deux Delacroix (il ne s'agit pas d'Eugène, mais d'Auguste, son cousin !).

Paul Bowles, l'auteur d'*Un thé au Sahara*, y a sa propre salle, où ses valises attendent cet éternel nomade. Il s'installa à Tanger dès 1947 et y attira des écrivains de la Beat Generation, comme Jack Kerouac ou William S. Burroughs.

⌄ La légation américaine

PARCOURS *Suivez le guide !*

Pour faciliter votre découverte de la médina et de la kasbah, suivez les **flèches colorées** disposées sur les murs :

- **La kasbah** *(plan A1)* : de Bab Kasbah à Bah Haha (en marron).
- **Oued Aherdane** *(plan B2 à A1)* : du Petit Socco à Bab Haha (en vert).
- **Souk Dakhel** *(plan B2)* : départ et retour au Petit Socco (en bleu).
- **Dar Baroud** *(plan B1)* : du borj el-Hajoui au borj Dar Baroud (en violet).
- **Bni Idder** *(plan A2 à B2)* : du Grand Socco au Petit Socco (en jaune).
- **Les remparts** *(plan A1)* : départ de Bab Kasbah (en orange).

RUE SIAGHINE ✧

Plan AB-2.

Dégringolant tout droit vers la mer, elle abrite quelques bijoutiers. Au n° 51, l'**église catholique de l'Immaculée Conception**, aujourd'hui désaffectée, fut inaugurée en 1880 pour les Espagnols. Un peu plus bas, au n° 47, **Dar Niaba**, l'ancienne résidence du représentant du sultan entre 1860 et 1923, menace de tomber en ruine. Dans une autre vie, elle fut le siège de la légation française et reçut à ce titre la visite du peintre Eugène Delacroix en 1832. Jetez un coup d'œil, si c'est ouvert, à sa cour, plantée d'orangers.

La rue Siaghine était à l'époque romaine l'artère principale de la ville. Elle menait alors au forum, devenu de nos jours le Petit Socco.

PETIT SOCCO ✧

Place Souk Dakhel

Plan B2 – Fléchage : circuit « Souk Dakhel » *(encadré p. 51).*

Cette placette, dite aussi « du Souk Dakhel » (le « marché intérieur »), est bordée de pensions décaties et de cafés qui ne désemplissent pas. C'est le cœur bien fatigué du vieux Tanger, où se concentraient jusqu'en 1950 encore banques, postes et établissements consulaires, et où échouaient les laissés-pour-compte et trafiquants d'une ville broyeuse de rêves. Une faune que décrit avec une cruauté implacable William S. Burroughs dans *Interzone* (1988).

PAUSE

Pension Fuentès

Pour observer l'animation du Petit Socco tout en sirotant un délicieux thé à la menthe, installez-vous à la terrasse – perchée – du café situé à l'étage de la pension Fuentès. En des jours plus fastes, elle a accueilli Camille Saint-Saëns. Il y aurait composé la *Danse macabre* (1874).

> Petit Socco, au n° 9 (plan B2)
05 39 93 46 69.
T.l.j. 7h-minuit.

Dans la kasbah de Tanger

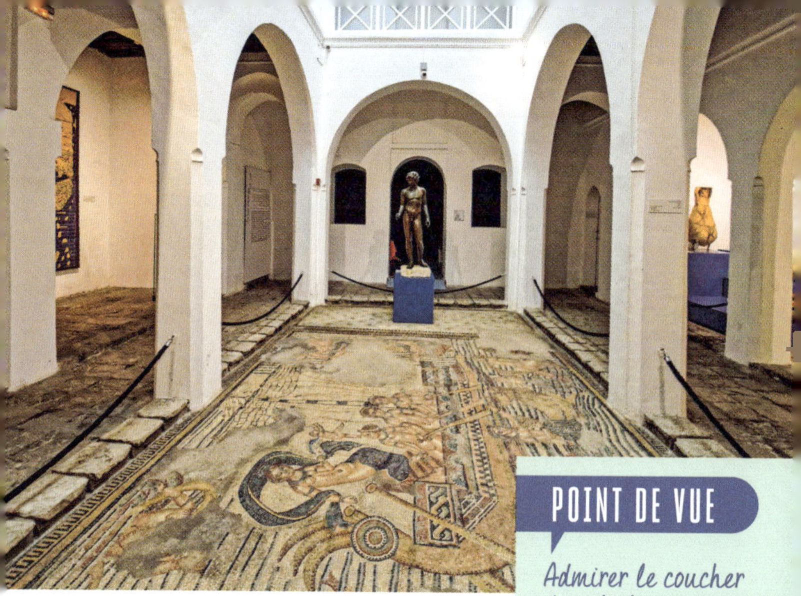

^ Musée la Kasbah des cultures méditerranéennes

POINT DE VUE

Admirer le coucher du soleil

Près du Café Hafa (p. 59), les Tangérois se retrouvent à la **nécropole punico-romaine**, véritable havre de paix. Dans la falaise, ces tombeaux creusés à même le rocher dateraient pour les plus anciens du Ve s. av. J.-C. Donnant sur la baie, face à l'Espagne, qui n'a jamais été aussi proche, ce lieu est d'une beauté magique au coucher du soleil.

> À 1 km env. de Bab Kasbah par l'av. Al-Haj Mohammed Tazi (hors plan par A1). Bus touristique : ligne 1 (« Tanger-ville »). Accès libre.

Aujourd'hui, des maisons d'hôtes comme le Palais Zahia (p. 58), installé dans l'ancien siège de la banque d'État du Maroc, amorcent la renaissance de ce quartier.

Kasbah ✧✧✧

Plan A1 – Fléchage : circuit « La kasbah » *(encadré p. 51).*

À l'abri de ses remparts, dont certains tronçons datent du Xe s., la kasbah hébergeait nombre de bâtiments civils, administratifs et religieux : la prison, le tribunal, la mosquée, etc. Elle fut le siège du gouvernement local, avec le palais du gouverneur (**Dar el-Makhzen**). C'est le Tanger du sultan Moulay Ismaïl qui évoquera à certains un tableau de Matisse.

> Lire aussi la balade secrète : Sur les pas de Matisse à Tanger (p. 62-63).

Depuis la médina, vous pouvez entrer dans la kasbah en empruntant **Bab el-Aassa**, appelée aussi « porte de la Bastonnade », en souvenir des châtiments réservés aux malfaiteurs après leur jugement au tribunal voisin.

Vous débouchez sur la grande **place de la Kasbah** (dite aussi « du Méchouar »), qui servait à la fois de cour d'honneur et de place d'armes. Au fond, sur la droite, une porte et une grille (**Bab Bhar**) vous laissent accéder à un passage-rue aménagé en sécurité dans la falaise : cette rue Bouknadel surplombe la mer et la route de la **plage Mercala**.

MUSÉE LA KASBAH DES CULTURES MÉDITERRANÉENNES ✧✧

Dar el-Makhzen

Plan A1 – Pl. de la Kasbah (à g., à l'entrée de la place) ☎ 05 39 33 44 81, www.fnm.ma. Lun.-dim. 10h-18h (f. le mar.). Plein tarif : 20 Dh. Expositions temporaires à côté de la « Trésorerie », à dr. de l'entrée (f. le dim.).

Après une longue restauration, le palais que fit construire au XVIIe s. le sultan Moulay Ismaïl après avoir repris Tanger aux Anglais a retrouvé toute sa splendeur. Il abrite une exposition retraçant l'histoire de Tanger à travers, notamment, des **collections archéologiques**. Ce parcours permet aussi d'admirer la beauté du lieu.

Patio central (1re section)

Avec ses colonnes galbées en marbre blanc et ses zelliges, ce patio est tel que l'a découvert Eugène Delacroix en 1832. Il est bordé par huit salles, chacune d'elles retrace les différentes périodes de l'histoire de Tanger : carthaginoise, romaine, arabe, portugaise, etc. La cité changea de camp sans changer de vocation : de tout temps, elle fut la plaque tournante du commerce en Méditerranée, le port par où transitaient or, esclaves, éléphants, ivoire, etc.

En face de la fontaine, la salle 4 renferme un joyau : une **coupole** en cèdre du XVIIe s., la koubba K'bira, avec son décor en « nid-d'abeilles », les *muqarnas* (p. 405). Un tel décor est rarissime dans un palais civil.

Salles 8 et 9 (2e et 3e sections)

Une exposition permanente met en lumière les relations entretenues, de façon continue, par Tanger avec l'ensemble du bassin méditerranéen. En témoigne l'une des plus belles **mosaïques** rescapées du site archéologique de Volubilis (p. 196), *La Navigation de Vénus*.

Dans la dernière salle, l'exposition se termine par un focus sur la religion et les rites funéraires. Impossible de ne pas s'émouvoir devant la sépulture d'un enfant inhumé dans une jarre.

PAUSE

Le plein de vitamines

Dès le lever du jour, Mohammed est à son poste dans le **parc Perdicaris**, avec sa belle réserve d'oranges. On peut déguster un jus frais tout juste pressé à son stand, où il adore discuter avec les habitués et les touristes de passage s'il en a le temps.

> *À l'entrée du parc, à dr. Grand verre de jus d'orange : 7 Dh.*

Le cap Spartel

Jardin

Vers le patio central ; escalier sur la dr.

Terminez ce voyage dans le temps par une pause parfumée dans le jardin andalou du palais. Une vraie oasis en plein centre-ville !

Tanja Marina Bay ✧

Hors plan par B1 – www.tanjamarinabay.ma/fr. Bus touristique : ligne 1 (« Tanger-ville »).

Des travaux pharaoniques ont complètement transformé la corniche de Tanger : l'avenue Mohammed-VI a ainsi été surélevée pour loger des parkings souterrains, et le nouveau port de plaisance, **Tanja Marina Bay**, a été inauguré en 2018. Niché dans la baie, il est devenu la promenade vespérale et familiale des Tangérois. On y guette le coucher du soleil, flamboyant, au milieu de bâtiments-conteneurs qui abritent restaurants et boutiques dont l'architecture originale est signée Jawad el-Mesmoudi, un Casablancais.

Les aménagements ne vont pas s'arrêter là : un téléphérique devrait voir le jour entre Tanja Marina Bay et la kasbah, soit près de 1900 m de longueur, 4 gares et 17 pylônes de 30 à 50 m de hauteur. Il devrait pouvoir transporter 2000 personnes à l'heure !

Aux environs de Tanger ✧

On peut se rendre facilement, en bus ou en voiture, sur la côte à l'ouest de Tanger. L'été, notamment le week-end, tout le monde se retrouve pour prendre le frais dans le parc Perdicaris ou sur les plages de l'Atlantique, laissant aux joggers la plage intra-muros de la ville qui offre, hélas, des eaux d'une qualité médiocre. De Tanger au cap Spartel, la route se tortille entre eucalyptus et villas princières.

PARC PERDICARIS ✧

Hors plan par A2 – À 6 km O de Tanger. Accès par la rue de la Montagne. Bus : n° 5, depuis la mosquée Sidi bou Abid (plan A2), en dir. de Medyouna (arrêt « Forêt R'milat »). Bus touristique : ligne 2 (« Port-cap Spartel »). Sur place : parkings, espace pique-nique, 3 sentiers balisés (santé, sportif, didactique). Entrée libre.

Pour accéder au parc, il faut emprunter une route large comme un boulevard, mais sinueuse, qui traverse la Montagne : ce quartier résidentiel aux luxueuses villas encloses à l'intérieur de hauts murs domine la ville et la baie. Le roi du Maroc y a même un pied-à-terre !

Puis, sur la droite, on découvre le parc Perdicaris, joliment aménagé. C'est le vrai poumon vert de la ville. Le domaine fut la propriété du milliardaire gréco-américain Ion Perdicaris, héros involontaire d'un fait divers retentissant. En 1904, il fut enlevé à son domicile de la Montagne par Raïssouni (p. 88). Le bandit exigea une rançon de 70 000 $! L'« incident » faillit déclencher un débarquement américain.

Sur 67 ha, tout au long de ses allées, le parc offre l'ombre de ses chênes zéens, chênes à feuilles caduques assez rares à cette altitude. Mais aussi le parfum de ses mimosas et la fraîcheur d'une source très appréciée.

À pied (1,5 km env. A/R), on peut rejoindre le **belvédère**, d'où la vue est magnifique sur le détroit de Gibraltar. Vue dont bénéficie le château Perdicaris devenu un Centre d'interprétation du patrimoine (mer.-lun. 10h-17h).

CAP SPARTEL ✧✧

Carte p. 45 – À env. 8 km O du parc Perdicaris, à 14 km de Tanger. Grand taxi depuis la station située vers l'église St. Andrew (plan p. 49 / A2). Bus touristique : ligne 2 (« Port-cap Spartel »).

Situé à l'extrémité nord-ouest du continent africain, là où se rejoignent la mer Méditerranée et l'océan Atlantique, ce site est de

^ Les grottes d'Hercule

toute beauté. Sur le promontoire (à 115 m de haut), le **phare**, construit en 1864, émerge d'une végétation luxuriante. Avis aux ornithologues amateurs : au cap, ils peuvent observer cigognes blanches, milans noirs et aigles bottés, qui y font escale en mars-avril et en octobre.

PLAGES

Carte p. 45 – À 2 km S du cap Spartel, à 16 km de Tanger pour la plage Ba Kacem. Parkings : privés, payants (5 Dh). Location de parasols et de transats sur place. Toilettes.

Plage Ba Kacem, **plage d'Achakar**, **plage de Sidi Kacem**, etc. Les plages s'égrènent le long du littoral atlantique. Les deux premières ont reçu en 2022 le label Pavillon bleu, qui récompense la qualité des eaux.

Un sentier (sans ombre) court d'une plage à l'autre (accès près du cap Spartel, au belvédère mer Méditerranée / océan Atlantique).

GROTTES D'HERCULE ✧

Carte p. 45 – À 4 km S du cap Spartel, à 18 km de Tanger. Bus touristique : ligne 2 (« Port-cap Spartel »). Parking : privé et payant (10 Dh). T.l.j. 9h jusqu'au coucher du soleil. Accès libre.

Selon la légende, Hercule, qui, pressé d'accomplir ses douze travaux, venait tout juste de séparer l'Afrique de l'Europe d'un mouvement d'épaule, aurait pris un peu de repos en ce lieu. Ulysse, lors de son retour laborieux vers Ithaque, y aurait été retenu prisonnier par le Cyclope Polyphème.

Ces grottes, habitées au Néolithique, représentent un trésor archéologique inestimable : en 1930, on y a retrouvé des figurines en terre cuite (d'où leur surnom de « grottes des Idoles »). Comme d'autres cavités voisines, elles ont servi de carrière à meules. Leur calcaire était très apprécié pour presser les olives. Quelques cercles concentriques creusés à même les parois prouvent l'existence de ces prélèvements jusqu'au début du XXe s. On y admire surtout la carte de l'Afrique, mais inversée, en fenêtre sur l'océan.

• NOS ADRESSES •

CAP SPARTEL

OÙ MANGER

Restaurant du Cap Spartel

En face du phare 05 39 93 37 22, caferesto-capspartel.com. T.l.j. 9h-23h. À la carte. Pas d'alcool. Autour de 15 € (160 Dh)

L'adresse est parfaite pour lézarder sur la terrasse avec en ligne de mire le phare, grignoter une salade, déguster une brochette d'espadon (120 Dh) ou descendre une friture de poissons (170 Dh pour 500 g).

SIDI KACEM (PLAGE DE)

OÙ MANGER

L'Océan

Après les grottes d'Hercule, en venant de Tanger 05 39 33 81 37 ou 06 21 41 28 84, oceanplagetanger.com. T.l.j. 10h-17h. À la carte. Plats : 160-220 Dh. Sert de l'alcool. Accès à la plage. Location de transat : 100 Dh la journée avec parasol. Autour de 30 € (300 Dh)

Une belle terrasse avec vue sur la mer, où l'on déguste une cuisine méditerranéenne : huîtres de Dakhla, filet de rouget à la plancha, pavé de thon rouge à l'espagnole, risotto crémeux aux fruits de mer, etc. Belle carte de vins marocains. Le plus ? La possibilité de louer des transats pour faire la sieste à la plage.

SPORTS ET LOISIRS

Kitesurf

Tanger Kite Surf Camps

Fév.-juin : plage Sol, à 6 km au N de la plage Sidi Kacem ; juillet-fin sept. plage Asilah 06 61 93 20 94, saysaywatersports.com. Fév.-oct. 8h-16h selon la météo et les saisons. À partir de 12 ans.

Avec Simo Say, vous pouvez louer des planches et une combinaison Néoprène (15 €/j.). Prendre aussi un cours privé de kitesurf (60 €/1h, pack à 540 €/10h) ou de surf (70 €/3h), matériel et combinaison inclus. Des cours en groupe (2 à 4 pers.) de kitesurf sont possibles : 40€/1h ou pack à 350 €/10h.

TANGER

OÙ DORMIR

Continental

Plan B1– 36, Dar el-Baroud (médina) 05 39 93 10 24, https://hotelcontinentaltanger.com-hotel.com. 53 ch. dont la moitié avec vue sur le port. Pas d'ascenseur (3 ét.). Parking payant. Autour de 45 € (500 Dh)

Une vraie institution ! Cet hôtel mythique a hébergé le peintre Edgar Degas et l'écrivain Paul Morand. Il a aussi servi (en partie) de cadre au film de Bernardo Bertolucci *Un thé au Sahara*. Les chambres biscornues ont été rénovées les unes après les autres. La terrasse, extraordinaire, aux premières loges du ballet des ferries espagnols, fait oublier la cuisine, quelconque.

Dar Nour

Plan A1 – 20, rue Gourna (kasbah) 06 62 11 27 24, www.darnour.com. 3 ch. et 7 suites. Restaurant au Salon bleu (voir ci-dessous). Parking : pl. du Tabor. Autour de 65 € (700 Dh)

La maison est un vrai labyrinthe, mais tout le monde trouve le chemin de la terrasse avec son panorama à 360° sur la médina et la mer. Ici, il se passe toujours quelque chose : un concert, une lecture, une expo, etc. Et vos hôtes vous ouvrent leur carnet d'adresses.

La Tangerina

Plan A1 – 19, rue Riad Sultan (kasbah) 05 39 94 77 31, www.latangerina.com. 5 ch. et 5 suites. Table d'hôtes : 250 Dh. 2 parkings à l'extérieur de la pl. de la Kasbah, payants (50 Dh/24h). Autour de 95 € (1000 Dh)

Située dans la kasbah, la maison est néanmoins accessible en voiture. Sur quatre niveaux, elle offre des chambres au style épuré. Le petit déjeuner peut être servi sur la terrasse, avec une vue somptueuse sur toute la baie de Tanger. Le hammam privé et *beldi* (« authentique », *encadré p. 232*) fait aussi le bonheur de cette adresse.

Palais Zahia

Plan B2 – 76, rue de la Marine (Petit Socco) 05 39 93 40 00, www.palais-zahia.com. 18 ch. Restaurant : à la carte, de 50 à 140 Dh. Cours de cuisine : 1000 Dh. Yoga. Parking payant à proximité. Autour de 95 € (1000 Dh)

Nul ne soupçonnerait que cet hôtel de charme, au décor digne d'un conte des *Mille et Une Nuits*, fut une ancienne banque ! Bien qu'en pleine médina, tous les bruits s'arrêtent à sa porte (où les taxis peuvent néanmoins arriver). On prend le petit déjeuner sur une belle terrasse. Réputé, le restaurant de cet établissement propose de la cuisine marocaine.

Dar Matisse

Plan A1 – Rue Ibn Abbou (kasbah) www.airbnb.fr/rooms/14974417. 2 ch. et 1 salle de bains réparties sur 4 niveaux. 3 nuits minimum. Pour 4 pers. Autour de 100 € (1100 Dh)

Juste en face du mausolée cher au peintre Matisse *(voir Balade secrète p. 62)*, cette maison de 95 m², rénovée par un architecte, est parfaitement équipée. Dotée d'une superbe terrasse, elle convient à un couple avec enfants. Mais les escaliers peuvent rebuter.

Tajine d'agneau aux abricots

Grand Hôtel Villa de France

Plan A2 – À l'angle des rues Hollande et d'Angleterre (ville nouvelle) 05 39 33 31 11, sur les sites de réservation. 58 ch. Piscine extérieure. Parking gratuit. Plus de 150 € (1590 Dh)

Dans la chambre 35, l'hôtel a accueilli en son temps Matisse, lors de ses séjours à Tanger : en single, vous pouvez en disposer ! Entièrement rénové, l'établissement a aussi d'autres atouts comme ses jardins et la terrasse où l'on dîne le soir en contemplant les lumières de la ville.

OÙ MANGER

Chez Hassan

Plan A1 – 8, rue de la Kasbah (médina) 06 13 76 92 93. T.l.j. midi et soir. Pas d'alcool. Moins de 10 € (110 Dh)

Cette gargote tient de la cuisine de rue. Vous y dégusterez brochettes (y compris de requin) et tajines sur des tables recouvertes d'une toile cirée. La personnalité du patron fait le reste.

Darna

Plan A2 – Maison communautaire des femmes, rue Jules-Cot. Accès par la pl. du 9-Avril-1947 (escaliers sur les côtés du cinéma Rif) 05 39 94 70 65, www.darnamaroc.com. Lun.-sam. 12h-15h30. F. en août. Pas d'alcool. Petit déjeuner : 45 Dh ; déjeuner : 70 Dh. Moins de 10 € (110 Dh).

Le rapport qualité-prix de cette adresse est imbattable ! Dans le patio, sous le figuier, le menu change chaque jour, à part le vendredi, où c'est couscous. Et on fait également une B.A. : cette association d'intérêt général réalise un travail remarquable en faveur des femmes en difficulté.

Le Salon bleu

Plan A1 – Pl. de la Kasbah (médina) 05 39 37 16 18. T.l.j. 10h-20h. F. mar. À la carte. Pas d'alcool. Autour de 15 € (160 Dh)

Dans ce pimpant salon de thé et restaurant, la carte est courte, classique, mais savoureuse comme les *briouates*, la soupe ou la salade du jour et le tajine de poulet aux citrons. L'établissement disposant d'une terrasse sur le toit très recherchée, il vaut mieux arriver tôt si vous souhaitez en profiter.

La Table du Marché (La Boutique)

Hors plan par B1 – Tanja Marina Bay ☎ 05 39 94 92 02. T.l.j. 8h-2h l'été (minuit l'hiver). Menu (entrée + plat) : 120 Dh. Et à la carte. Menu enf. : 70 Dh. Pas d'alcool. Autour de 15 € (170 Dh)

Au bout de la jetée, face à la mer, c'est un « snack chic ». On peut y déguster des salades, des burgers en tout genre (poisson, poulet, etc.) et des smoothies. Le restaurant gastronomique, quant à lui, est juste à côté.

Osky's

Hors plan par B2 – 41, av. de la Résistance ☎ 05 39 32 09 54 et 06 61 32 22 29, https://oskys-tanger.com. Lun.-sam. 18h-2h sur résa. À la carte. Plat principal : 200 Dh env. Sert de l'alcool. Autour de 25 € (270 Dh)

Oscar, Tanjaoui depuis une vingtaine d'années, a ouvert ce restaurant porté sur une cuisine bistronomique aux accents franco-marocains, voire ibériques. On se souvient de son moelleux au chocolat au cœur d'amlou.

Saveurs de poisson

Plan A3 – Escalier Waller n° 2 (ville moderne) ☎ 05 39 33 63 26. Sam.-jeu. 13h-17h et 19h-22h30. F. pendant le ramadan. Menu : 200 Dh. Pas d'alcool. Autour de 20 € (220 Dh)

Un menu unique où tout est à volonté : soupe d'orge aux fruits de mer, brochettes de requin aux épices, et « la boisson magique » à base de fruits (raisin, figue, coing, etc.). Un des lieux incontournables de Tanger.

El Tangerino

Plan B2 – 186, av. Mohammed-VI ☎ 05 39 94 39 73, tangerino-restaurant.com. À la carte. Sert de l'alcool. Autour de 20 € (220 Dh)

La décoration de la la salle, avec ses filets de pêche, est en accord avec les plats de poissons et de fruits de mer : calamars, sole, saint-pierre, espadon, etc., saisis à la plancha. Les tapas et la paëlla (340 Dh pour 2 personnes) impriment sa marque espagnole à la cuisine.

CAFÉ, THÉ, JUS DE FRUITS

Café Baba

Plan AB-1 – Rue Zaitouni, escalier Sidi Hosni (médina) ☎ 06 99 30 99 43. T.l.j. 10h-20h. Thé ou café : 15 Dh.

En montant de la médina vers la kasbah, vous croisez ce légendaire café, toujours aussi enfumé. Keith Richards y a laissé sa guitare et le passé s'y fige dans de nombreuses photos accrochées aux murs. C'était le temps des hippies « éclairés », comme les appelle le propriétaire des lieux.

Café de la Cinémathèque

Plan A2 – Pl. du 9-Avril-1947 (ville moderne) ☎ 05 39 93 46 83. Mar.-dim. 8h-23h30. Pas d'alcool. Thé : 12 Dh.

Dans un décor des années 1950, on vous propose thé, café. Et, en accompagnement uniquement, vous avez le choix parmi les soupes et tartes salées ou sucrées. En terrasse, on est aux premières loges pour regarder l'agitation au Grand Socco.

Café Hafa

Plan A1 – Dans une ruelle à dr. de l'av. Mohammed Tazi, en venant de la kasbah. T.l.j. 8 h-23h. F. en journée pendant le ramadan. Petit déj. : à partir de 10 Dh. Parking sur l'av.

♥ Créé en 1921 par Ba M'Hammad Allouch, il est toujours là, accroché aux falaises, avec ses terrasses en cascade qui regardent l'Espagne. Il résiste aux modes, aux caprices des stars. Un lieu culte où rêveurs, joueurs d'échecs et *people* de passage se retrouvent sur des chaises en plastique. On regrettera le mur qui ferme la perspective côté est.

BARS

Tous les hôtels ont leur bar lounge, piano-bar, bar-club. Autant d'endroits où vous pouvez passer une soirée agréable.

El Morocco Club

Plan A1 – Pl. du Tabor (kasbah) ☎ 05 39 94 81 39, elmoroccoclub.ma. Piano-bar : 19h30-1h. Cocktails : à partir de 120 Dh ; verres de vin : à partir de 80 Dh.

Ambiance feutrée (et enfumée) dans ce piano-bar au sous-sol de ce qui fut la maison d'un artiste, Stuart Church. Dans la semaine, c'est plutôt jazzy. Le week-end, les DJ prennent le relais.

The Tangerinn Pub

Plan B2 – Hôtel El-Muniria. 1, rue Magellan (non loin du bd Pasteur) ☎ 06 10 04 72 27. T.l.j. 20h-2h. F. dim. hors saison. Cocktails : 80 Dh.

C'est un lieu « décalé », à la fois kitsch et couru. Muet, le piano qui s'y trouve a laissé la place à la musique électro (ou latino, hip-hop selon le DJ du moment). Il est situé au pied de l'hôtel où séjournèrent les écrivains de la Beat Generation, William S. Burroughs (chambre n° 9), Paul Bowles (chambres n°s 1 et 2) et Jack Kerouac (chambre n° 4). Atmosphère !

FÊTES ET FESTIVALS

Tanjazz

En sept. Rens. : 06 07 77 77 59, www.tanjazz.org. Pass 3 j. : à partir de 900 Dh ; pass journalier : à partir de 400 Dh.

De grandes pointures font le déplacement lors de ce festival durant lequel le jazz investit la ville : la rue, le palais des Institutions italiennes (BMCI), l'auditorium et autres lieux magiques de Tanger. Certaines représentations peuvent être gratuites.

SHOPPING

Bougies

Rûmi

Plan A1 – 43, rue Amrah (kasbah) à 50 m du musée la Kasbah des cultures méditerranéennes, en passant par Bab el-Aassa 06 84 10 87 54, www.rumispirit.com. T.l.j. 9h-19h.

Dans cette boutique-atelier, vous ne trouverez que des bougies parfumées, coulées dans un verre à thé, emballées dans un tarbouche (le couvre-chef marocain en forme de cône tronqué). Vous aurez le choix parmi une vingtaine de fragrances : fleur d'oranger, santal, frangipanier, jasmin, etc.

Concept store

Las Chicas

Plan A1 – 52, rue Kacem Guennoun (porte de la kasbah) 05 39 37 45 10. Lun.-sam. 11h-18h30.

Un bon nombre de créateurs marocains, dans tous les domaines (bijoux, mode, accessoires, etc.), sont réunis dans ce concept store. On y trouve du beau et du nouveau.

Librairie

Librairie des Colonnes

Plan B3 – 54, bd Pasteur (centre-ville) 05 39 93 69 55, Facebook. Lun.-sam. 10h-20h.

Cette librairie (et maison d'édition), qui a appartenu à Pierre Bergé, est une véritable institution. On s'y rend quasiment en pèlerinage littéraire.

Marché aux puces

Casa Barata

Plan A3 – Av. Aboul el-Kacem Acharif Sebti (à l'O de la pl. Al-Maghrib, prendre l'av. Moulay Abdelhafid). T.l.j. horaires conseillés 11h-18h ; évitez le ven. Parking sur place.

Il faut passer des heures pour trouver son bonheur dans ce « souk des souks », en partie couvert. On trouve aussi bien de la friperie que des produits high-tech (dont l'origine est parfois inconnue), ainsi que des poteries et autres épices.

Antiquités

Boutique Majid

Plan B1 – 66, rue des Almohades 05 39 93 88 92, https://boutiquemajid.com. T.l.j. 10h-20h.

Arrivé jeune à Tanger en 1965, Majid – de son vrai nom Abdelmajid Rais El Fenni – a tout connu : Barbara Hutton, les Rolling Stones... Autant dire que c'est un personnage, éternellement coiffé de son fez rouge. Dans la médina, sa boutique est une vraie caverne d'Ali Baba (bijoux berbères, soieries...) Quand l'expression « plaisir des yeux » prend tout son sens. À visiter absolument.

SPORTS ET LOISIRS

Balade en ville

Planète Rif

05 39 93 76 74 www.rifplanete.com. Pour 1 à 5 pers. : 600 Dh. Durée : 3h30 à 4h à pied.

Une visite hors des sentiers battus de Tanger entre la médina, la kasbah et le quartier du Marshan. Les anecdotes fourmillent et les personnages défilent : Jean-Louis Scherrer, Pasteur, Franco, etc.

Cinéma

Cinémathèque Rif

Plan A2 – Pl. du 9-Avril-1947 05 39 93 46 83, www.cinemathequedetanger.com. F. lun. Plein tarif : 25 Dh.

C'est la seule cinémathèque du Maroc ! Elle affiche aussi bien une rétrospective de Nabil Ayouch, l'un des cinéastes en vogue de la nouvelle vague marocaine, que le dernier opus de Clint Eastwood.

Golf

Royal Country Club de Tanger

Hors plan par A2 – Route de Boubana, av. Habib-Bourguiba (à 5 km E de Tanger) 05 39 93 89 25, www.royalcountryclubtanger.com. Mar.-dim. 7h30-19h. Green fees : 400 Dh. Practice.

C'est un golf presque « alpestre », venteux, entre eucalyptus et sapins.

Quad

Tanger Quad

06 61 85 62 20, www.tanger-quad-maroc.com. De 600 Dh (conducteur seul) à 700 Dh (conducteur + passager). Sur résa.

Cette société organise des circuits accompagnés en quad de 3h dans la région tangéroise, entre plage et montagne, parmi les chênes-lièges et les mimosas (balade de 50 km env.). Les enfants sont admis à partir de 7 ans comme passager, le conducteur devant avoir plus de 16 ans. Le transfert est assuré.

ARTS

Galerie Delacroix

Plan A3 – 86, rue de la Liberté 05 39 93 21 34, https://if-maroc.org. Mar.-dim. 14h30-21h (13h30-21h l'été).

Au sein de l'Institut culturel français, cette galerie expose des œuvres d'art contemporain (peintures, sculptures, collages, etc.) qui font référence. Par ailleurs, l'Institut organise des débats autour d'un livre ainsi que des soirées électro.

BIEN-ÊTRE

Serenity Day Spa

Hors plan par A1 – Rue Adolfo Fessere, accès par la rue Bouarraquia (quartier California) 05 39 37 28 28, www.serenitydayspa.ma. Pour femmes uniquement. Hammam : mar.-sam. 10h-20h. Spa : lun. 16h-20h, mar.-sam. 11h-20h.

Le plus ancien spa de la ville offre une batterie de soins impressionnante. Pour un « simple » hammam (1h), suivi d'un petit massage, comptez 260 Dh.

Le cinéma Rif

Balade secrète

SUR LES PAS DE MATISSE À TANGER

En 1912 et 1913, le peintre Henri Matisse passe deux hivers à Tanger. À 43 ans, ce chef de file du fauvisme est en proie au doute. Ayant réussi à se réinventer, il revient du Maroc avec 23 toiles et 65 dessins, devenus pour certains des œuvres majeures. Suivez ce parcours et cinq lieux emblématiques qui ont inspiré l'artiste.

^ Lors de son séjour à Tanger, Matisse a peint le marabout de Sidi Ahmed Bouqouja.

LA BAIE DE TANGER

Dans sa célèbre toile *Vue sur la baie de Tanger*, les maisons d'un blanc bleuté dégringolent en cascade vers la mer, la plage forme un grand croissant doré et les bateaux dansent dans la baie. Pour bénéficier du même point de vue sublime que Matisse, vous pouvez vous rendre sur la terrasse d'une maison à louer, comme **Dar Matisse**, ou celle d'un restaurant, comme le **Salon Bleu**, situées dans la kasbah.

PRATIQUE

Dar Matisse : rue Ibn Abbou, dans la kasbah (plan A1) www.airbnb.fr/rooms/14974417.

Le Salon bleu : pl. de la Kasbah (plan A1) ☎ 05 39 37 16 18.

Grand Hôtel Villa de France : à l'angle des rues de Hollande et d'Angleterre (plan A2) ☎ 05 39 33 31 11. Nuit dans la chambre 35, comptez 1200 Dh.

Pour aller plus loin : le documentaire de Yves de Peretti « Une fenêtre à Tanger, le Maroc de Matisse » (27 min) est visible sur le site www.unesco.org.

Le marabout

Dans la rue Ibn Abbou, le marchand de souvenirs se fait le VRP de Matisse. Il vous arrête pour vous montrer la toile grandeur nature, juste en face de sa boutique, le marabout que le peintre a reproduit. C'est l'un de ses plus célèbres tableaux, où les bleus claquent. Hélas, aujourd'hui, les fils électriques défigurent en partie ce monument, d'un blanc étincelant, qui héberge toujours le tombeau d'un saint homme, **Sidi Ahmed Bouqouja**.

DAR EL-MAKHZEN

Coincée contre les remparts, l'étroite rue Ibn Abbou déboule sur la place de la Kasbah, où se trouve le Dar el-Makhzen. Matisse a crayonné ce **palais** achevé au XVIIIe s. et reconverti aujourd'hui en musée, dans une « simple » esquisse intitulée *Le Palais du sultan*.

Bab el-Aassa

De la kasbah, on plonge dans la médina par **Bab el-Aassa**, la « porte du Bâton », où les soldats du sultan s'en donnaient à cœur joie sur le dos des voleurs de poules et autres tristes larrons. On la retrouve dans *La Porte de la casbah* de Matisse, avec ses couleurs violentes, des bleus vibrants et un magenta qui se déroule comme un tapis.

PAYSAGE VU D'UNE FENÊTRE

Pendant ses séjours, Matisse est descendu à l'hôtel **Villa de France**, situé hors de la médina, mais pas très loin. Il était fidèle à la chambre 35, au deuxième étage. Après une longue restauration, l'hôtel a rouvert ses portes. Autant que faire se peut, la chambre-atelier du peintre est restée dans son jus. Interrupteur antédiluvien, meubles reproduits à l'identique, etc. On ouvre les volets. Émotion. On y retrouve *Paysage vu d'une fenêtre*, même si la végétation cache en partie le clocher de l'église St. Andrew et le minaret de la mosquée de Sidi bou Abid. Et impossible de déterminer quel café lui a inspiré son *Café maure* !

⌄ La baie de Tanger

2 TÉTOUAN ✧✧

Tétouan l'Andalouse... Dans son architecture, son mode de vie et jusqu'au nom des rues rédigé parfois en espagnol, cette ville blanche, accrochée au jbel Dersa (541 m d'alt.), a conservé une forte empreinte hispanique. En quelques pas, on fait un sacré saut dans le temps : cinq siècles, pas moins, de son quartier El-Ensanche (l'Extension), surgi sous le protectorat espagnol au XXe siècle, à sa médina du XVIe s., inscrite au patrimoine mondial de l'Unesco, parfaitement conservée et néanmoins bouillonnante de vie. Restera à trouver le chemin de la plage...

PRATIQUE

- Plan p. 66-67
- Nos adresses p. 71

Accès

Tétouan est à 63 km S-E de Tanger par la N2.

En avion

L'aéroport **Saniat R'mel** est à 3,4 km de la ville que l'on rejoint en petit taxi.

En bus

La **gare routière** se situe à l'angle des avenues du 9-Avril et de Meknès (hors plan par B3). Elle accueille toutes les compagnies y compris **CTM** (☎ 0800 0900 30, www.ctm.ma) et **Supratours** (www.supratours.ma). Elle est desservie par des bus en provenance de Tanger (5 fois/j., 45 min de trajet, 25-50 Dh), de Chefchaouen (jusqu'à 8 fois/j., 1h de trajet, 50-115 Dh) et de Larache (5 fois/j., 2h à 2h30 de trajet, 75-115 Dh).

Pour rejoindre le **centre-ville**, qui se situe

L'ESSENTIEL

À ne pas manquer
Le Musée archéologique.

Expériences
Se perdre dans la médina ; découvrir un samedi le marché rural de Oued Laou.

Les plus belles plages
Belyounech la discrète où l'on peut faire de la plongée.

El-Ensanche (quartier colonial) ✧✧

Plan A2 – Pl. Moulay el-Mehdi.

S'étendant sur une trentaine d'hectares, le quartier colonial, appelé aussi « El-Ensanche » (« l'Extension »), exhibe toujours les immeubles blancs immaculés, de cinq étages au maximum. Ils datent de l'époque où Tétouan était la capitale du protectorat espagnol instauré dans le nord du Maroc entre 1913 et 1956.

AVENUE MOHAMMED-V ✧✧

Plan AB-2.

Débutant sur la jolie place circulaire Moulay el-Mehdi, c'est l'artère principale du quartier colonial. Elle est bordée de beaux immeubles qui ont conservé une certaine exubérance architecturale espagnole avec leurs dentelles de ferronneries aux balcons et leurs loggias. Le soir à l'heure du ***paseo*** (« promenade », *encadré p. 90*), tout Tétouan se retrouve sur cette avenue piétonnière.

à 2 km : en taxi (10 Dh) ou en bus (ligne 14, 2 Dh).

Se déplacer

Vous pouvez laisser votre voiture au parking de Bab Tout (plan A2 ; 5 Dh/2h ou 10 Dh/4h à 5h).

La médina se découvre à pied. Des **circuits fléchés** devraient être proposés dans un proche avenir.

En bus

Les **bus** de la compagnie **Vitalis Transport** (📞 05 37 63 14 11, www.vitalistransport.ma) assurent des liaisons vers les plages de **Martil** (ligne 36, 2 Dh) et de **M'Diq** (ligne 34, 4 Dh), au départ du bd Rif, à l'O du centre-ville.

Pour se rendre à la station balnéaire de **Oued Laou** : ligne 21 (7 Dh), station de bus à côté du musée d'Art moderne (plan C3).

En grand taxi

Il vous permettra de rejoindre la **plage de Belyounech**.

^ Souk de Tétouan

MUSÉE ARCHÉOLOGIQUE ✧✧

Plan B2 – 2, av. Ben Hssain 📞 05 39 96 92 70, www.fnm.ma. Mer.-lun. 10h-18h. F. j.f. Plein tarif : 10 Dh.

Certes il est plutôt petit, mais ce musée mérite vraiment une visite car il abrite de très beaux objets provenant de fouilles archéologiques réalisées dans le nord du pays.

On y admirera plus particulièrement de magnifiques **mosaïques** mises au jour sur le site de l'antique colonie romaine de Lixus (p. 91). Une demi-douzaine d'entre elles ont été installées dans le charmant **jardin andalou,** que l'on découvre avant de se rendre dans les trois salles.

Les quatre plus belles mosaïques, dont ***Mars et Rhéa Silvia*** (datée du IIe s. apr. J.-C.) et ***Vénus et Adonis batifolant au milieu d'oiseaux et d'amours***, ont été mises à l'abri dans la salle 2, où elles bénéficient d'une mise en scène réussie.

Dans la salle 1 sont présentés des vestiges de la Préhistoire découverts dans la région, comme

en témoigne une **maquette du cromlech de M'Zora** (p. 89).

Dans la salle 3, on peut découvrir des objets provenant du site de Tamuda, l'antique Tétouan (détruite vers 40 apr. J.-C.), comme ces petits flacons en verre dans lesquels étaient conservées les larmes versées par les pleureuses officielles lors des funérailles.

Place Hassan-II ✧

Plan B2.

Faisant la jonction entre la ville moderne et la médina, cette vaste place est bordée de cafés, dont certains sont « perchés ». Elle est occupée en grande partie par le **palais royal** (ne se vis. pas). Quand le roi est là, des barrières en interdisent l'approche.

On y trouve également quatre lampadaires Art nouveau, signés d'un élève de Gaudí, Enrique Nieto y Nieto.

Médina ✧✧

Plan C2 – Accès par Bab Rouah.

Classée au patrimoine mondial de l'Unesco, la médina de Tétouan n'a pourtant rien d'un musée. Débordante de vie, elle a gardé ses petits métiers, ses placettes ombragées, ses fontaines et ses souks dédiés chacun à une activité particulière (cuir, bijoux, menuiserie). Les ruelles, couvertes pour certaines, dessinent un labyrinthe qui peut sembler parfois oppressant. Et au détour d'une venelle, on peut même tomber sur des chèvres égarées.

Enserrée dans une **muraille** de 5 km de long, percée de sept portes et bardée de tours de vigilance, cette médina était et reste une ville-forteresse. Quelques chiffres, qui donnent le tournis, illustrent sa richesse : elle compte 40 mosquées et zaouïas (édifices religieux consacrés à un saint, le plus ancien datant ici de 1594), 34 hammams avec leurs fours et 15 fondouks (caravansérails).

PAUSE SUCRÉE

Pâtisserie Rahmouni

La **pâtisserie Rahmouni** passe pour être la meilleure de Tétouan. On confirme. Goûtez à ses *pistiños*, des beignets au miel et aux graines de sésame, d'une douceur ravageuse. La recette est d'origine andalouse.

> 10, av. Youssef ben Tachfine (plan A2-3)
05 39 70 29 75. T.l.j. 7h-23h.
Comptez 130 Dh/kg.

Peintures murales dans les rues de Tétouan

VERS BAB MKABAR ✧✧

Plan B2 – Accès par la rue Haj Ahmed Torrès. Souks f. le ven. matin.

Large, la rue Haj Ahmed Torrès prend des allures de galerie marchande. C'est la **rue des bijoutiers** avec leurs vitrines scintillantes.

Au premier croisement, tournez rue Kasdanine. Pavée, obscure, elle débouche sur le **souk el-Fouki** (place au Pain), occupé entre autres par des vendeurs de ***kesra*** (petits pains ronds) et d'épices.

Partez sur la droite : vous traversez le quartier de la laine, celui des charbonniers et des menuisiers, avant d'atteindre les **tanneries**, qui dateraient de la fin du XVe s. ou du début du XVIe s. (à dr., près de Bab Mkabar). Tétouan s'est fait connaître à la fois par la couleur jaune citron de ses ***belgha*** (babouches pour hommes), par ses broderies sur cuir en fils d'or ou d'argent, et par tout un travail d'appliques en cuirs découpés qui composent des motifs géométriques ou floraux. On comptait encore il y a peu 25 tanneurs actifs et une soixantaine de « maroquiniers ». À retrouver au hasard des échoppes dans la médina ou à l'ensemble artisanal (p. 72).

La rue déboule ensuite sur **Bab Mkabar** (dite aussi « Bab Sebta »), la plus vieille porte de la ville, restaurée au milieu du XVIe s. Des vendeuses de buis y attendent ceux qui viennent se recueillir sur la tombe de leurs proches au cimetière musulman voisin. Celui-ci abrite le **mausolée de Sidi Ali Mandri** : ce réfugié de Grenade fut le refondateur de la ville à la fin du XVe s. Lui ou ses descendants eurent le temps de relever les fortifications de Tétouan. On leur doit aussi le réseau d'adduction, qui alimente encore une partie des fontaines publiques de la médina.

PAUSE THÉ

Palace Bouhlal

Dégustez un thé à la menthe dans un palais datant de 1802 et reconverti en salon de thé-restaurant. Cette pause vous donnera l'occasion de découvrir l'intérieur fastueux de la *casa* d'une grande famille de Tétouan, les Bouhlal, qui étaient des commerçants originaires de Fès.

> 48, Jamaa Kebir (plan C2), près de la Grande Mosquée ☎ 06 70 85 95 63. T.l.j. 9h-15h. Thé à la menthe avec pâtisseries : 20 Dh.

PLACE GHERSA EL-KEBIRA ✧

Plan B2.

Son nom signifie « le grand potager », mais aujourd'hui c'est un **marché aux puces** qu'elle héberge. Dans une incroyable débauche de couleurs, elle est aussi le domaine des marchands de tissus et de vêtements.

QUARTIER SOUIKA ✧

Plan C2.

Dans ce quartier paisible, l'un des plus anciens de la médina, on peut admirer quelques **peintures murales**, notamment rue Souika Sufla, qui débouche sur l'une des portes les mieux conservées de la médina, **Bab el-Oqla**, bien que construite dans la première partie du XVIe siècle.

MUSÉE BAB EL-OQLA (EX-ETHNOGRAPHIQUE) ✧

Plan C2 – 68, rue Sqala (près de la porte Bab el-Oqla) ☎ 05 39 99 31 21, www.fnm.ma. Mer.-lun. 10h-18h. F. mar. Plein tarif : 20 Dh.

Ce musée, logé dans un bastion construit en 1830-1831 par le sultan alaouite Moulay Abderrahmane, vous immerge dans l'histoire de la ville, avec ses us et coutumes, son artisanat.

C'est l'occasion d'en savoir plus sur son ***squndo***, son réseau de distribution d'eau, remontant à la fin du XVe s. et qui irrigue la ville. Bien sûr l'**artisanat** occupe une place de choix dans son histoire : la poterie rifaine

^ Belyounech

à usage culinaire, les babouches, ceintures et autres objets en cuir, mais aussi l'armement dans cette ancienne cité du *djihad* (« guerre sainte »).

Introduite au XVIIIe s., la **broderie** tétouanaise sur lin et soie a emprunté ses motifs floraux stylisés, notamment l'œillet, à sa voisine, l'Algérie, alors sous domination ottomane.

Aux environs de Tétouan ✧

La plage la plus proche de Tétouan est celle de **Martil** (à env. 10 km E). Malheureusement, toute la côte vers le nord, entre Martil et Ceuta, présente une vraie déferlante de béton. À une exception près : la plage de Belyounech. Vers le sud, Oued Laou est une station balnéaire prisée par les Tétouanais.

BELYOUNECH ✧✧

Carte p. 45 – À 50 km N de Tétouan (à 7 km O de Ceuta). Accès en grand taxi.

Entre les rochers, cette plage de sable et galets, accessible depuis un escalier, est connue de quelques initiés. Un petit paradis. Fait rarissime au Maroc : on peut y pratiquer la **plongée sous-marine** (p. 71), parmi des fonds d'une exceptionnelle richesse.

OUED LAOU ✧

Carte p. 45 – À 46 km S-E de Tétouan. Accès en grand taxi ou en bus (p. 47).

Au bout d'une route superbe, où la vue plonge sur des criques désertes et des îlots rocheux perdus, se profile Oued Laou : cette petite station, Pavillon bleu, est LA **station balnéaire** sans chichis des Tétouanais. Les parasols, mis à disposition gratuitement, s'installent entre les barques de pêche effilées.

> *De Oued Laou, la route 4105 mène à Chefchaouen en passant par les gorges de l'oued Laou (p. 79).*

• NOS ADRESSES •

BELYOUNECH

SPORTS ET LOISIRS

Plongée

Le Dauphin plongeur

À 50 km N de Tétouan. 06 18 85 36 85 (et page Facebook). Avr à oct. : t.l.j. 10h-16h. Baptême de plongée : 400 Dh. Exploration : 500 Dh. Matériel fourni.

C'est l'occasion, rarissime au Maroc, de faire de la plongée en bouteille. Les fonds sont riches en corail, poulpes, étoiles de mer, poissons. Le club est affilié à la Fédération marocaine de plongée et des activités subaquatiques.

OUED LAOU

SHOPPING

Marché

Samedi, c'est jour de marché à Oued Laou. Mais il est situé complètement à l'extérieur de la ville, quasiment au milieu de nulle part, sur la route de Chefchaouen. Sur place, on y trouve les poteries dites « de Oued Laou » *(encadré ci-contre)*, d'une beauté sans apprêt : braseros, tajines et autres plats. Derrière cet artisanat, il y a les femmes de tout un village, celui de Fran-Ali (ou Ifrane-Ali), qui se situe à 1h de marche dans la montagne.

TÉTOUAN

OÙ DORMIR

Hôtel Al-Mandari

Hors plan par A3 – 108, av. Moulay Abbas (quartier El-Ensanche) 05 39 70 27 10/11, hotelalmandari.ma. 32 ch. dont 2 suites. Parking dans la rue. Moins de 65 € (700 Dh)

Ce petit 3-étoiles clair et confortable ne manque pas de charme. Il est proche de la vieille ville à laquelle on accède à pied en quelques minutes. Bio, le petit déjeuner est servi dans une salle panoramique. En paiement anticipé, les offres sont vraiment intéressantes (50 € env.). Pas de restaurant, mais un café-snack.

Blanco Riad Hôtel

Plan B2 – 25, Zanqat Zawya Kadiriya (médina), rue à g. après la pl. Al-Jala en venant de l'av. Mohammed-V 05 39 70 42 02 ou 06 10 48 78 29, http://blancoriad.com/fr. 8 ch. et suites. Table d'hôtes : à la carte, voir « Où manger » ci-après. Parking à proximité. Entre 50 et 115 € (500-1200 Dh)

Dans une bâtisse datant du XVIIIe s., l'ancien consulat espagnol héberge cette maison d'hôtes, romantique, pleine de lumière et de paix. Chaque chambre, entre 12 et 60 m², porte un nom de femme. Des forfaits gastronomiques sont proposés (la table d'hôtes est réputée). Et des massages peuvent être commandés dans la chambre.

Poteries

Dans le Rif, la poterie est l'affaire des femmes, qui se passent de four et de tour. L'argile est lavée, malaxée et façonnée à la main selon la technique du colombin. L'objet est ensuite poli avec les moyens du bord (comme un galet), mis à sécher à l'air libre, enduit d'un engobe avant de passer en cuisson. Celle-ci se fait en meule ouverte, c'est-à-dire à même le sol, les poteries étant enfouies dans les broussailles. D'où leur teinte variant du rouge chamois au noir taché d'ocre.

OÙ MANGER

Blanco Riad

Plan B2 – Voir « Où dormir » ci-avant. 25, Zanqat Zawya Kadiriya 05 39 70 42 02. T.l.j. 13h-23h. Menu et à la carte. Plats : 80-120 Dh. Pas d'alcool. Entre 10 et 15 € (110 Dh et 160 Dh)

Sardines provenant du port de M'Diq (qui est proche), brochettes et couscous, sabayon marocain avec *amlou*, etc. Ici, la cuisine, locavore et marocaine, ne manque pas de raffinements. On pioche dans le menu-carte (deux plats + dessert), qui a de multiples propositions ; ou on choisit seulement un plat.

La Esquina del Pescado

Hors plan par A2-3 – 43, calle Chakib Arsalan (quartier El-Ensanche) 05 39 96 10 01. T.l.j. 12h30-22h. À la carte. Plats : 70-150 Dh. Pas d'alcool. Entre 10 et 15 € (110 Dh et 160 Dh)

Dans un décor mignon, tout en bleu de la nappe aux sièges emmaillotés, c'est un bon restaurant de poissons et fruits de mer, grillés à la plancha : merlan, petits calamars, langoustines. Avec bien sûr les incontournables tortilla (30 Dh) ou paëlla (150 Dh pour 2 pers.).

El Reducto

Plan B2 – 38, Zanqat Zawya Kadiriya, dans la rue à g. après la pl. Al-Jala en venant de l'av. Mohammed-V (médina) 05 39 96 81 20, elreducto.com. T.l.j. 8h-23h. À la carte. Plats : 100 Dh env. Sert de l'alcool. Entre 10 et 15 € (110 Dh et 160 Dh)

Sous le protectorat espagnol, ce fut la résidence du grand vizir. On y sert une cuisine aux accents marocains authentiques : *harira* (soupe marocaine), tajines y compris de poisson (l'une des spécialités de la maison), couscous, brochettes, etc.

Cuisine, l'école tétouanaise

La pastilla de Tétouan ne doit pas comporter d'amandes. Pourtant, d'une manière générale, la cuisine tétouanaise, picorant dans les traditions juive, andalouse ou rifaine, est très sucrée-salée : en atteste le poulet aux tomates caramélisées.

SHOPPING

Herboristerie

Secrets de plantes

Plan C2 – 11, Sueka Jamaa Jedida, à côté de la Grande Mosquée 06 62 37 69 30. T.l.j. 9h-20h (en principe). Ras el-hanout : 5 €/kg.

À côté des épices traditionnelles (gingembre, curcuma, etc.), vous trouverez ici à acheter le fameux *ras el-hanout*, un mélange d'épices. Mais aussi des parfums « naturels », comme le musc et l'ambre.

Maroquinerie

Ensemble artisanal

Plan B3 – Av. Hassan-II (ville nouvelle). Lun.-ven. 8h30-15h.

Vous pouvez voir travailler sur place les maroquiniers (et sans payer, contrairement à l'École des arts et métiers) qui réalisent sacs, tapis, objets en bois, etc. Vous pourrez les acheter. Les prix sont fixes.

SPORTS ET LOISIRS

Golf Beach Cabo Negro

Plage de Cabo Negro, à 14 km N-E de Tétouan 06 46 10 00 14, cabo@marogolf.ma. T.l.j. 7h jusqu'au coucher du soleil. Green fees : 400 Dh (9-trous) et 700 Dh (18-trous). Practice.

Au bord de la mer, ce golf a été ciselé dans les dunes par Cabell B. Robinson, une grande pointure en la matière.

Pause gastronomique à Tétouan

3 CHEFCHAOUEN ✧✧✧

Perchée à 600 m d'altitude, Chefchaouen est l'une des plus belles cités du Maroc. Les ruelles escarpées de sa médina et ses maisons aux nombreuses nuances de bleu ravissent l'œil. Et il suffit de quelques mesures de musique andalouse pour être complètement conquis. Longtemps réputée « ville sainte » et fermée à tout étranger chrétien, Chefchaouen compte de nombreuses mosquées et zaouïas. Dans l'arrière-pays, à la pointe du Rif, le parc national de Talassemtane permet de prendre un grand bol d'oxygène dans la montagne.

PRATIQUE

• Plan p. 77
• Nos adresses p. 80

Accès

Chefchaouen (Chaouen) est à 101 km S-E de Tanger et à 61 km S de Tétouan.

En bus

La **gare routière** se situe av. du Maghreb-Arabe, au bout de l'av. Mohammed-V (hors plan par A2). Elle est desservie par la compagnie **CTM** en provenance de Tanger (1 fois/j., 2h45 de trajet, 75 Dh) et de Tétouan (jusqu'à 8 fois/j., 1h à 2h15 de trajet, 40 Dh).

Pour rejoindre le **centre-ville** : à pied (un peu plus d'1 km) ou en petit taxi (10 Dh).

Se déplacer

Dans la médina, on ne peut que se déplacer à pied. Hors médina, les **petits taxis bleus** sont utiles et peu onéreux (10-12 Dh) : on

La médina de Chefchaouen

L'ESSENTIEL

À ne pas manquer

La médina pour tous ses bleus.

Expériences

Arpenter le souk géant des lundi et jeudi ; dormir à la campagne chez l'habitant ; randonner jusqu'au pont de Dieu dans le parc national de Talassemtane.

Médina ✧✧✧

Plan AB-1 – Accès par la pl. El-Makhzen. Parkings : dans la rue, sur les pl. Bab el-Souk et El-Makhzen (payants au gardien), ou parking couvert et privé situé av. Hassan-II, où l'on paie à la sortie (10 Dh pour moins de 3h).

Au pied du jbel ech-Chefchaouen (« les cornes » en amazigh), la vieille ville s'étage à flanc de coteau. Ses ruelles tortueuses forment des passages voûtés, bordés de maisons chaulées aux portes d'un joli bleu.

Pour éloigner les mouches et se protéger de la chaleur, les habitations sont repeintes plusieurs fois par an en blanc teint de bleu-violet, de bleu glacier ou de bleu indigo. Avec tous ces bleus, elle reflète véritablement l'influence andalouse.

L'atmosphère de cette médina est détendue : n'hésitez pas à vous perdre pour admirer ici une échoppe de tisserand, là un heurtoir, ailleurs un ancien fondouk (caravansérail). On retrouve toujours son chemin ! Certes, il y aura peut-être

les trouve notamment sur la pl. El-Makhzen (plan B1).

Pour découvrir les environs de Chefchaouen : en voiture de location ou en grand taxi. Le week-end, vous n'aurez aucune peine à en trouver un pour rejoindre Akchour (500 Dh pour 4 pers.). Beaucoup de grands taxis se trouvent pl. Mohammed-V (hors plan par A1-2).

Adresses utiles

Guide

Mouden Abdeslam coordonne une douzaine de guides pouvant vous organiser une visite de la médina avec déjeuner chez l'habitant ou des balades dans le **parc national de Talassemtane**, voire dans tout le Rif ☎ 06 61 46 39 05, rifwalks@gmail.com

Infos touristiques

www.chefchaouen.ma/frontoffice/pages/537. On peut ausi y télécharger le plan de la ville.

^ La place Hawta (ou Haouta)

quelques importuns, mais ils seront souvent plus désireux de vous vendre du kif *(encadré p. 77)* que de vous guider.

Si vous tenez à arpenter l'artère la plus touristique de « Chaouen », alors la rue Hassan-Ier, qui traverse de part en part la cité, de Bab el-Souk à Bab el-Onsar, est faite pour vous !

POINT DE VUE

Il faut contempler Chefchaouen depuis la **colline** qui la surplombe : à la tombée de la nuit, la ville claire apparaît tapie au creux des montagnes sombres. Peu à peu, les lumières s'allument, les contours se fondent, et il ne reste plus qu'une myriade de points lumineux. Au centre, l'éclairage souligne la forme circulaire de la place Mohammed-V. Savez-vous que l'on attribue au peintre Joan Miró la fontaine qui s'y trouve ?

PLACE OUTA HAMAM ✧✧

Plan AB-1.

Délicieusement ombragée, elle est entourée de cafés maures, très fréquentés, et de boutiques touristiques. Cette « place des Pigeons » doit son nom au marché qui s'y tenait dans les années 1970, et qui attirait ces volatiles. Elle est dominée par le minaret – octogonal comme dans tout le Maroc du Nord – de la **Grande Mosquée** datant du XVIe s. (interdite aux non-musulmans).

> Sur la place Outa Hamam, un escalier mène à l'entrée de la kasbah.

KASBAH ✧✧

Plan B2 – Pl. Outa Hamam ☎ 05 39 98 63 43 ou 05 39 98 67 61. T.l.j. 9h-18h, sf lors des fêtes religieuses. Plein tarif : 60 Dh.

De plan rectangulaire, cette kasbah fut élevée en 1471 par Moulay Ali ibn Rachid, le fondateur de Chefchaouen, qui souhaitait barrer la route de l'intérieur aux Portugais établis sur la côte.

Elle s'ouvre sur un joli jardin, planté de palmiers et de jasmin. À droite de l'entrée se trouve la tour la plus haute : ce **mirador** surveillait la cité. Aux murs, ses chaînes rouillées rappellent de sinistres souvenirs : elle servit de prison, notamment pour Abdelkrim el-Khattabi, président d'une éphémère République du Rif (1921-1926).

L'ascension de cette tour procure de beaux points de vue sur la ville. Au fil des étages, l'histoire de la ville vous est sommairement contée.

PLACE HAWTA (OU HAOUTA) ✧

Plan A1 – De la pl. Outa Hamam, prenez à dr. la rue Targhi qui grimpe puis tournez à g. au 1er embranchement.

Dans un quartier délaissé par les touristes, c'est une jolie placette avec sa fontaine.

> En sortant de la médina par Bab el-Aïn, vous pouvez rejoindre la ville moderne où se trouve le souk.

Souk ✧

Plan A2 – Dans la ville nouvelle. Av. Abdelkrim el-Khattabi. Accès par Bab el-Aïn, puis 200 m à pied. Souk : les lun. et jeu. 8h-18h.

Paysans berbères et artisans s'y rencontrent dans un mélange chavirant d'odeurs et de couleurs. Vous y trouverez le fameux *jben*, fromage de chèvre fabriqué localement de manière artisanale, et vous y croiserez des paysannes portant encore le *fouta* ou *mendil* (jupe-châle) en coton à rayures rouges et blanches noué autour de la taille.

Source Ras el-Ma ✧

Plan B1 – Accès par Bab el-Onsar, puis 150 m à pied.

Ce bel ensemble de **cascades** alimente en eau potable les fontaines de la ville et, en contrebas, les **lavoirs** où les lavandières s'activent encore. Mais elle ne fait plus tourner les anciens moulins à grains, qui tombent en ruine.

TRAFIC

Paradis artificiels

Avec le Rif, le Maroc se classe encore au premier rang mondial des producteurs de cannabis. Cela concernerait moins de 50 000 ha (estimation 2013) contre 134 000 ha en 2003. Une raison de se réjouir ? Mais les producteurs auraient introduit des variétés à haut rendement ! Ce « business » rapporterait 12 milliards d'euros, le kilo de cannabis étant payé entre 60 et 100 € aux paysans.

Chefchaouen

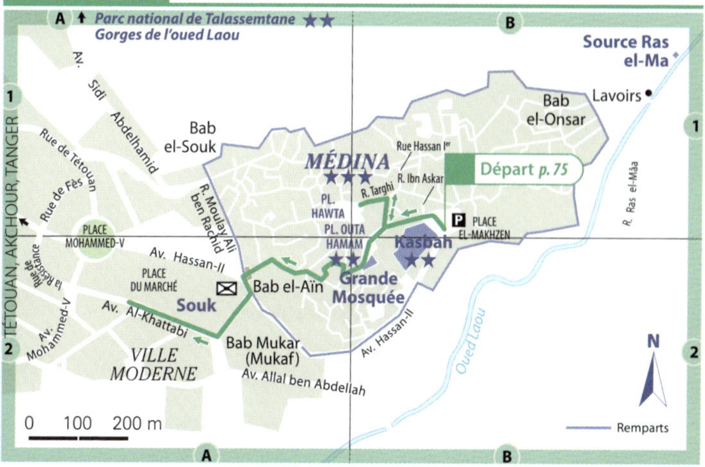

^ Le souk de Chefchaouen

PAUSE

La Lampe magique

Envie d'une soupe tout en ayant une vue imprenable sur la kasbah et la place ? Direction le restaurant en terrasses La Lampe magique, où vous pourrez commander une *baisara* (bissara), à base de fèves au cumin et autres épices. Cette soupe légendaire aurait constitué l'ordinaire des soldats d'Abdelkrim el-Khattabi pour se donner du courage durant la guerre du Rif (1921-1926) face aux troupes franco-espagnoles.

> Casa Aladdin. Rue Targhi (plan B1) ☎ 05 39 98 90 71 ou 06 65 40 64 64, https://aladinchefchaouen.com. T.l.j. 10h-minuit. Soupe : 25 Dh.

L'été, le Chefchaouen populaire s'y retrouve, pieds dans l'eau, autour de bars et gargotes de fortune.

Aux environs de Chefchaouen ✧

À la pointe du Rif *(encadré p. 79)*, l'arrière-pays de Chefchaouen, fait de crêtes pierreuses et de forêts clairsemées, et le parc national de Talassemtane et ses gorges encaissées raviront les amoureux de balades en pleine nature.

PARC NATIONAL DE TALASSEMTANE ✧✧

Carte p. 45 – Au N et à l'E de Chefchaouen. **Écomusée du parc national de Talassemtane** : à Chefchaouen, esplanade de Sidi Abdel Hmid. T.l.j. 9h-15h.

Chevauchant l'extrémité occidentale de la dorsale calcaire qui constitue le Rif, le **parc national de Talassemtane** s'étend sur près de 59 000 ha. Il peut se vanter de posséder les dernières sapinières peuplées d'une espèce endémique, l'*Abies maroccana* (le sapin du Maroc), qui peut atteindre 50 m de haut. Pins noirs, cèdres et pins maritimes sont aussi très présents. Trente-sept espèces de mammifères (le singe magot, la loutre, etc.) ont trouvé refuge ici. Dans le ciel, on surprend le vol majestueux d'un **gypaète barbu** (p. 391) ou d'un aigle royal.

Dans ce parc, le petit village d'**Akchour** (à 30 km de Chefchaouen en dir. de la station balnéaire Oued Laou), très prisé en été, est le point de départ pour de belles balades.

> Lire aussi la randonnée : Le pont de Dieu dans le parc national de Talassemtane (p. 82).

Gorges de l'oued Laou ✧

Carte p. 45 – À 54 km env. N-E de Chefchaouen sur la P4105, en dir. de la station balnéaire Oued Laou, soit 20 km après avoir quitté la N2.

Dans un paysage de collines tigrées, la route perchée suit l'oued, qui s'enfonce en canyon : si vous disposez de jumelles, vous apercevrez parfois en contrebas des **singes magots** (p. 389).

Les gorges se peignent d'ocre et de rouge, contrastant avec le gris et le bleu de l'oued. Elles sont réellement impressionnantes, avec des à-pics qui défient le vertige.

Elles constituent le rare terrain de jeu de quelques sportifs : escalade, canyoning, spéléologie. Mais rien n'est vraiment organisé : si l'aventure vous tente, il vaut mieux se rapprocher de l'Association Chefchaouen de spéléologie et activités de montagne (p. 81).

> En continuant sur la route P4105, vous atteindrez la station balnéaire de Oued Laou (p. 70).

⌄ Arrière-pays de Chefchaouen

HISTOIRE

Du rififi dans le Rif

Le Rif est la première barrière montagneuse que l'on rencontre en débarquant dans le nord du Maroc. Il s'étend sur 500 km jusqu'à la frontière algérienne. Les **Jbalas** habitent en grande partie le **Rif occidental** ou péninsule tingitane (Tanger, Tétouan, Chefchaouen). De tout temps, les populations berbères du Rif ont mené la vie dure au pouvoir central, quel qu'il soit. Sporadiquement, le Rif se soulève : en 1958 et en 1984, par exemple. De nouveau, en 2016-2017, la région, s'estimant toujours marginalisée, a connu d'importantes manifestations (p. 429).

• NOS ADRESSES •

CHEFCHAOUEN

OÙ DORMIR

Chaouen rural

Plan B1 – Pl. El-Makhzen, en face de l'hôtel Parador 05 39 98 93 30 ou 06 10 21 01 46, www.chaouenrural.org. at. Moins de 50 € (560 Dh)

Cette association travaille avec un réseau de maisons rurales (10 autour de Chefchaouen), qui peuvent vous héberger (300 Dh/pers. en demi-pension, 400 Dh en pension complète) et organiser sorties, ateliers *(voir « Sports et loisirs », p. 81)*. Cette adresse conviendra particulièrement aux amateurs d'authenticité.

Dar Meziana Hotel

Plan A1 – 7, rue Zagdud, vers Bab el-Souk 05 39 98 78 06, www.riadmeziana.com. 7 ch. Parking dans la rue, à Bab el-Souk. Entre 65 et 75 € (700 et 800 Dh)

Vous trouverez cette maison bleue, ravissante, au fond d'une impasse (et loin d'une mosquée à 400 m), donc tranquillité assurée. L'accueil est sympa, professionnel. Les chambres sont coquettes et lumineuses. Vous êtes à la bonne adresse pour découvrir Chaouen.

Hôtel Atlas Chaouen

Plan A1 – 2, av. Sidi Abdelhamid 05 39 98 62 65. 62 ch. et suites. Piscine extérieure. Parking gratuit. Entre 65 et 75 € (700 et 800 Dh)

Excentré, l'établissement, un peu vieillissant certes, bénéficie néanmoins d'une vue extraordinaire sur la ville, qu'il surplombe. À pied, on peut rejoindre la médina par des raccourcis (la remontée est ardue). L'hôtel a un bar et un restaurant (servant de l'alcool).

La place Mohammed-V à Chefchaouen

OÙ MANGER

Tissemlal

Plan B1 – Casa Hassan. 22, rue Targui 05 39 98 61 53, www.casahassan.com. T.l.j. 7h30-22h30. Menu : 95 Dh (service non compris). Pas d'alcool. Autour de 10 € (110 Dh)

Installé dans l'hôtel Casa Hassan, ce restaurant propose une cuisine marocaine classique et savoureuse avec la sacro-sainte triade : tajine-brochettes-couscous. Le fromage local, le *jben*, entre même dans la salade. L'été, la terrasse fait des heureux. L'hiver, dans le riad, le feu dans la cheminée est le bienvenu. Un conseil : optez pour le dîner aux chandelles.

SHOPPING

Coin Djebli

Plan B1 – Pl. Outa Hamam/rue Targui 06 49 08 99 56. T.l.j. 10h-14h et 16h-22h.

Tous les produits régionaux sont dans cette boutique : couscous d'orge, sel de montagne, miel, *amlou*, etc.

SPORTS ET LOISIRS

Balades et ateliers (cuisine, poterie)

Chaouen rural

Plan B1 – Voir « Où Dormir ? » p. 80. Sur r.-v. Atelier poterie : 80 Dh/pers., 8 pers. max.

Les maisons rurales de cette association accueillent des ateliers ponctuels de gastronomie (préparation de crêpes, couscous) et de poterie. Chaouen rural propose aussi de nombreuses balades, comme la découverte, fascinante, mais en été seulement, des salines de Zeradoun, à une quarantaine de kilomètres au sud de Chefchaouen.

Spéléo, escalade et canyoning

Association Chefchaouen de spéléologie et activités de montagne

06 63 06 01 90 (et page Facebook). À partir de 220 Dh/pers.

Contactez cette association, qui compte des guides parmi ses membres, si vous êtes tenté par des cours d'initiation en spéléo, escalade ou canyoning qui se déroulent notamment dans les gorges de l'oued Laou.

PARC NATIONAL DE TALASSEMTANE

OÙ DORMIR

Caiat Lounge Refuge

Km 12,8, sur la route des gorges de l'oued Laou (P4105), à 6 km O d'Akchour 06 66 28 87 15 ou 06 71 85 49 97, www.caiat.com. 25 lits. Possibilité d'accueil en demi-pension. Moins de 50 € (550 Dh)

À l'entrée du parc national de Talassemtane, c'est l'adresse nature par excellence. Dans cet écolodge, les bungalows sont disséminés à flanc de montagne (mais pas loin de la route). Tous sont pourvus d'une terrasse, panoramique pour certains, avec vue plongeante sur les gorges au loin. En hiver, ils sont chauffés (cheminée ou chauffage électrique). Caiat Lounge Refuge organise également des randonnées sur mesure, y compris au pont de Dieu *(voir Randonnée p. 82)* ; la plupart sont accessibles à des enfants à partir de 10 ans.

Randonnée

LE PONT DE DIEU dans le parc national de Talassemtane

À proximité de Chefchaouen, le parc national de Talassemtane vous offrira un grand bol d'oxygène. Près du barrage d'Akchour, une arche naturelle appelée le « pont de Dieu » peut représenter un but de randonnée, accessible au plus grand nombre. On la découvre dans un site sauvage, avec ses falaises rougeâtres taillées à vif par l'oued Farda.

ACCÈS

Départ et arrivée
Barrage d'Akchour (à 33 km N-E de Chefchaouen, sur la 4100). Parking payant en saison (20 Dh).

Durée
2-3h.

Balisage
Aucun.

Distance
4,5 km A/R.

Dénivel
162 m.

Difficulté
Moyenne. Formellement déconseillé en cas de pluie et quand le sol est encore humide.

Conseils
Prévoir de bonnes chaussures de marche, un chapeau et de l'eau. Au-delà du pont de Dieu, il faut être accompagné d'un guide (résa à Chefchaouen ☎ 06 61 46 39 05).

En savoir plus
Écomusée du parc national de Talassemtane (p. 78).

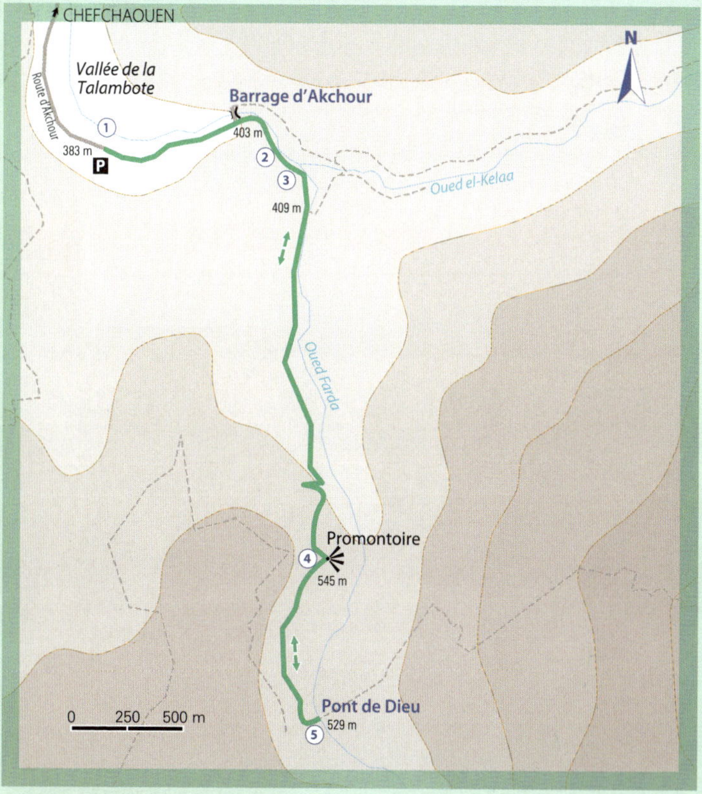

1 Entre le parking et le barrage (à 500 m), vous trouverez nombre de vendeurs ambulants ; si vous avez oublié votre chapeau, c'est le moment de vous procurer le couvre-chef en paille à pompons des Rifaines, le *chachiya* ! Les gargotes affichent sardines grillées (10 Dh), tajine de poulet (70 Dh), etc. Le sentier commence au petit **barrage d'Akchour** (403 m d'alt.), où se trouve une minicentrale hydraulique. Au barrage, restez sur la **rive gauche de l'oued Farda** ; empruntez l'escalier qui se faufile à main droite entre la paroi rocheuse et la retenue.

2 Le chemin, plutôt sableux, longe la rivière, l'**oued Farda**, en s'élevant doucement entre ses parois rocheuses rougeâtres. Le site est très fréquenté. Et le week-end, c'est un pique-nique géant ! Tables, chaises, parasols, etc. Les familles en goguette se sont installées sur les berges ombragées. Les enfants pataugent dans l'eau, peu profonde, qui trouve son chemin tant bien que mal entre les rochers.

3 Dix à quinze minutes plus tard, après la confluence avec l'oued el-Kelaa, le chemin devient un **sentier de chèvre**, rocailleux, qui s'élève à flanc de montagne sans être vertigineux. Cela sent bon le romarin. Nous sommes dans une végétation typique du parc national de Talassemtane : thuyas de Berbérie, arbousiers, lentisques, etc.

^ Le barrage d'Akchour

4 Enfin ! Aux trois quarts de la balade, au détour d'un lacet, le **pont de Dieu** surgit. Un petit **promontoire** (à 545 m de haut) offre un superbe point de vue sur cette arche naturelle, quelque peu engoncée dans une végétation touffue. Surplombant de 25 m l'oued en contrebas, elle relie les deux versants de la montagne, qui est comme cisaillée à cet endroit. C'est sans doute tout ce qui reste d'une galerie dont une partie du plafond s'est effondrée, sous l'action conjointe des eaux souterraines et des agents atmosphériques (pluie, vent).

^ Chemin de randonnée dans le parc

5 La **descente** un peu raide qui conduit au « pont » (529 m d'alt.) eut en rebuter plus d'un. lais dans les passages les plus ifficiles, un **escalier** en béton end l'exercice plus aisé. Vous ez jusqu'à l'**arche**, que urveillent quelques chênes ermès. Parfois, il s'y trouve une buvette » de fortune, bienvenue vous avez épuisé votre réserve eau. Sans guide, vous en esterez là. Ne cherchez pas rentrer par l'autre rive, très scarpée ; faites demi-tour.

Le pont de Dieu >

4 LA CÔTE ATLANTIQUE d'Assilah à Larache ✧✧

Dans ce Maroc hispanisé, qui fit partie du protectorat espagnol au XXe s., vous succomberez au charme d'Assilah. Tous les étés, cette cité arty confie ses murs à des artistes de tout bord. L'Histoire vous embarque aussi dans ses méandres : nul n'a réussi encore à percer les mystères du cromlech néolithique de M'Zora. En continuant vers le sud, Larache ne manque pas de charme, notamment à l'heure du *paseo*. À deux pas, l'antique Lixus était, entre autres, le plus grand site industriel romain au Maroc : c'est là que se fabriquait le garum, une sauce dont les Romains raffolaient.

PRATIQUE

- Carte p. 45
- Nos adresses p. 93

Accès

Assilah est à 46 km au S de Tanger par la A5, **Larache** à 49 km au S d'Assilah.

En bus

Assilah : la **gare routière** se situe sur la route Tanger-Rabat, près de la station Shell. Elle est desservie par des bus en provenance de Tanger (16 fois/j.) de la compagnie des bus urbains de Tanger, **Alsa Bus Tanger** (alsa.ma).

Larache : la **gare CTM** est dans le centre-ville, rue Ibn Khaldoun. Elle assure des liaisons avec Tanger, Tétouan, Rabat, Casablanca, Agadir et Marrakech.

Pour les autres compagnies, la gare

Assilah

L'ESSENTIEL

À ne pas manquer
Les remparts d'Assilah et le site archéologique de Lixus.

Expériences
Ne plus savoir où donner du clic au Moussem d'Assilah quand le street art est roi ; dénicher le cromlech de M'Zora.

Les plus belles plages
Las Cuevas et Rada Beach et leurs paillottes.

Assilah ✧✧

À 49 km S de Tanger, à 100 km O de Tétouan, à 135 km N-O de Chefchaouen. Souk : le jeu.

Petit port de pêche, Assilah prend, l'été, des allures de station balnéaire fréquentée. De fin juin à fin juillet, elle accueille un **festival**, le **Moussem culturel international**, attirant ainsi beaucoup de monde : artistes, écrivains et intellectuels participent à des colloques, des expositions, des concerts, etc. Le Moussem donne aussi carte blanche à des plasticiens venus parfois du Japon, en leur offrant pour toile les murs d'Assilah. La cité devient alors une vraie galerie d'art à ciel ouvert !

MÉDINA ✧✧

Corsetée dans ses murailles ocre construites par les Portugais au XVe s., la médina a un charme indéniable, avec ses maisons toutes blanches, aux fenêtres protégées par des moucharabiehs en fer forgé et ses volets bleus ou verts.

routière se trouve av. Al-Mam Malek ben Anas, en périphérie. Elle est notamment desservie par des bus **STB Tours** (☎ 06 51 30 61 06, www.lagare.ma/fr) en provenance d'Assilah (45 min de trajet, 10 Dh).
Pour rejoindre le **centre-ville** : en taxi (15-20 Dh).

En train
Assilah : la gare ferroviaire se situe av. Khalid ibn Oualid (sur la RN1), à plus de 2 km au N de la ville.
Pour rejoindre le **centre-ville** : en taxi (15-20 Dh).

Se déplacer
Pour se rendre au cromlech de **M'Zora** et au **site archéologique de Lixus** : en voiture ou en grand taxi.

Conseil
L'été, le **festival d'Assilah** attire de nombreux visiteurs. Réservez votre logement très en avance.

^ Un mur peint à Assilah

Si certains apprécieront le calme et la simplicité qui s'en dégagent, d'autres regretteront que sa restauration lui ait donné un côté un peu trop léché, voire sophistiqué.

Borj el-Khomra ✧

À l'entrée de la médina. Accès par Bab el-Bhar (« porte de la Mer »).

Plusieurs bastions et tours (*borj*) sont situés sur les remparts, dont le borj el-Khomra (ou « Torre de Menagem »). À l'allure imposante avec sa forme carrée, il fut édifié par les Portugais, quelque temps après qu'ils eurent mis la main sur le site en 1471.

Centre Hassan II des Rencontres internationales ✧

Pl. Sidi Abdellah Guennoun, à g. après avoir franchi Bab el-Bahr ☎ 05 39 41 70 65, www.c-assilah.com. T.l.j. 8h30-12h30 et 14h30-17h. F. lun. et ven.

Lors du Moussem (p. 93), ce bâtiment accueille des colloques de haute volée, où peuvent se côtoyer un président de la République du Sénégal et un secrétaire général de l'ONU. Il héberge à l'année des expositions.

Palais de la Culture ✧✧

Suivez les remparts par la rue Ibn Khaldoun. Accès par un passage couvert. Ouv. lors d'événements temporaires : expos, concerts et pour le Moussem.

Ce joyau architectural de style arabo-andalou s'accommode d'audaces, comme ses extraordinaires baies vitrées ouvrant sur le large. Il abrite un centre culturel utilisé lors d'événements, en particulier à l'occasion du Moussem (p. 93), pour recevoir des personnalités en résidence ou accueillir des concerts, des défilés de mode, etc.

Ce luxueux palais a été édifié en 1910 par un personnage légendaire, Ahmed Raïssouni, surtout connu pour avoir fait son fonds de commerce de l'enlèvement d'étrangers, libérés contre rançon. Parmi ses victimes, un journaliste du *Times*, Walter Harris, et un riche Américain, Ion Perdicaris (p. 55).

Borj Krikiya ✧✧

Le long des remparts au bout de la rue Sidi Ahmed ben Mansour. Grille donnant accès à des escaliers.

Sur ce petit bastion qui s'avance dans la mer, les amoureux attendent le coucher du soleil. La vue sur la médina et sur la côte est somptueuse.

En contrebas, le **marabout de Sidi Ahmed ben Mansour** et le petit **cimetière marin** apportent une note mélancolique.

Aux environs d'Assilah ✧

Les **plages** d'Assilah sont situées au sud de la ville : elles sont plus ou moins sauvages, plus ou moins éloignées, plus ou moins accessibles.

LAS CUEVAS ✧✧

Carte p. 45 – À 5 km env. S d'Assilah, par une piste carrossable. Accès en voiture, en taxi ou en calèche.

C'est l'une de nos plages préférées (qui répond aussi aux noms de « Paradise Beach » ou de « Kaf Lahman »), et l'une des plus proches d'Assilah, si bien que l'on peut, si on aime la marche dans les embruns, s'y rendre à pied. Les romantiques s'y feront conduire en calèche, que l'on trouve à l'entrée de la médina, près de Bab el-Bahr. Sable fin, eaux cristallines, transats en location et quelques paillotes en saison : pas belle la vie ?

RADA BEACH ✧

À 14 km S d'Assilah (au-delà de Sidi Mghayet) dont 7 km de piste. Accès en 4×4, grand taxi ou quad. Demandez Chez Mounir *(encadré ci-contre)* pour y arriver.

C'est la plage la plus éloignée et la plus secrète d'Assilah, restée un peu sauvage.

Cromlech de M'Zora ✧

À 31 km S-E d'Assilah. À la sortie (Sidi Yamani) de l'autoroute Rabat-Tanger, prenez la dir. Tétouan ; 4 km plus loin, tournez à g. devant la station-service Afriquia ; continuez sur 3 km jusqu'à Souk Tnine de Sidi el-Yamani, où vous tournerez à g. ; poursuivez sur 6 km, puis, devant le panneau « Had Gharba », empruntez à dr. la route goudronnée. Rétribution à prévoir pour le gardien des lieux.

Ce cromlech (un ensemble de menhirs disposés en cercle) daterait de la période **néolithique** (IIIe-IVe millénaire av. J.-C.). Même dégradé et envahi par les herbes, il reste imposant : le cercle de 55 m de diamètre comporte 176 monolithes de grès local, dont le plus haut, baptisé « El-Outed » (« le piquet »,

PAUSE PAILLOTE

Chez Mounir

L'été, Assilah retrouve ses paillotes (*chiringuitos* en espagnol) sur les plages au sud de la ville, comme à Rada Beach. C'est alors le prétexte à robinsonnade autour d'un poisson grillé chez Mounir.

> ☎ *06 96 34 60 58. Mi-mai-sept. : le midi. Poisson grillé : 120-380 Dh. Sur résa.*

˅ Le borj Sidi Maimoun et, derrière, le palais de la Culture

« l'indicateur »), mesure 5 m. Il n'a pas d'équivalent dans toute l'Afrique du Nord.

Sous ce tertre reposerait le fondateur de Tanger, le géant Antée, terrassé par Hercule. Libre à vous de croire la légende ! Il s'agit plus vraisemblablement de la sépulture d'un personnage important.

N'hésitez pas à faire le tour du cromlech : vous surprendrez peut-être les femmes du village en train de cuire le pain dans un four d'argile.

Larache ✧

À 43 km S d'Assilah, à 85 km S de Tanger.

À l'embouchure du fleuve Loukos et face à l'océan, Larache fut, entre le XVIe et le XIXe s., un repaire de pirates.

Si elle a longtemps cultivé un petit air désuet, la belle endormie se réveille : elle s'est dotée d'une gare routière flambant neuve, d'un grand centre culturel, et ses façades ont été reblanchies à la chaux.

VILLE MODERNE ✧

Accès par l'av. Mohammed-V.

Elle date de l'occupation espagnole (début du XXe s.). et s'étend des deux côtés de l'avenue Mohammed-V, bordée de majestueux palmiers, qui mène à la **place de la Libération**, de forme ovale : les terrasses des cafés y sont installées à l'ombre des arcades.

> De la place de la Libération, continuez tout droit, rue d'Espagne, pour rejoindre la promenade des Anglais.

CULTURE

Le paseo

Rite typiquement espagnol, le *paseo* ne se raconte pas, il se vit. Certains dictionnaires donnent pour équivalent à ce terme le sens de « promenade ». C'est très réducteur ! À **Larache**, le *paseo* débute à l'heure où le soleil se couche et irise la mer, et où il est urgent de remettre au lendemain tous les impératifs du jour. Jusque tard dans la nuit, on échange en flânant, en sirotant un thé à la menthe ou en grignotant des *churros* (beignets) sur un banc.

> Sur la promenade des Anglais.

La promenade des Anglais à Larache

PROMENADE DES ANGLAIS ✧✧

Sur la corniche.

C'est le surnom donné à la corniche, perchée sur une falaise, qui s'étire de la vieille kasbah en ruine jusqu'à l'avenue Moulay Ismaïl. Magnifique ! Tout Larache se retrouve en soirée sur cette promenade, à l'heure du ***paseo*** *(encadré ci-contre)*.

CIMETIÈRE MARIN ✧

Av. Moulay Ismaïl. Sur la dr. S'il est fermé, le gardien fait passer par sa maison (pourboire à prévoir).

Jean Genet a été enterré dans ce petit cimetière marin. C'est entre Rabat et Larache, où vivait son dernier compagnon, qu'il a écrit *Un captif amoureux*, après un très long silence littéraire. Près de la mer, la tombe de l'écrivain ne comporte que son nom et deux dates : 19 décembre 1910 et 13-14 avril 1986. Difficile de faire plus sobre !

Site archéologique de Lixus

Site archéologique de Lixus ✧✧

À 5 km N-E de Larache. Entrée sur la route menant à la station balnéaire de Port-Lixus ☎ 06 72 28 91 33. T.l.j. 9h-19h mars-oct. (18h nov.-fév.). Plein tarif : 60 Dh. Parcours aménagé et fléché.

Classée au patrimoine mondial de l'humanité, Lixus était, selon Pline l'Ancien, la plus ancienne colonie phénicienne en Méditerranée occidentale, ce qui ferait remonter sa fondation au XIIe s. av. J.-C. Mais sur le terrain, les fouilles archéologiques n'ont rien exhumé qui soit antérieur au VIIIe s. av. J.-C. Cela dit, les zones explorées ne concernent que 10 % du site, qui couvre 60 ha : Lixus est loin d'avoir livré tous ses mystères.

Phénicienne, puis carthaginoise, Lixus fut élevée au rang de colonie romaine dès 42 par l'empereur Claude. Elle connut une prospérité sans précédent en raison de sa position privilégiée à l'embouchure du fleuve Loukos, près des marais salants. C'était une véritable métropole, la plus grande ville de Maurétanie tingitane.

Elle déclina à la fin du IIIe s. : en témoigne la construction d'un rempart tardif, réduisant de moitié la superficie de la ville.

USINES DE SALAISON

Dans la ville basse.

Du sentier, on voit en contrebas une centaine de **bassins**, où était préparé à une échelle industrielle le **garum**, sauce à base de poisson fermenté, de thon notamment, dont les Romains étaient friands. Ils s'en servaient pour assaisonner presque tous leurs plats. Le site avait une capacité d'un million de litres, ce qui en faisait l'unité de production la plus importante de la Maurétanie tingitane – province romaine – et de la Méditerranée occidentale.

^ Le théâtre romain de Lixus

THÉÂTRE-AMPHITHÉÂTRE ✧

Au milieu des oliviers, engagez-vous dans le sentier de chèvre qui grimpe dans la garrigue. Il se trouve dans les ruines, à dr.

Cette arène circulaire à double fonction (théâtre et amphithéâtre) est la seule au Maroc qui ait accueilli des jeux du cirque. Les gradins, adossés à la colline, pouvaient recevoir 300 personnes. En contrebas, des **thermes** furent construits plus tardivement (IIIe s.). La **mosaïque** avec la tête du dieu Océan, découverte dans les années 1960, a été malheureusement vandalisée. Depuis, elle est dite pudiquement « en restauration ». Une simple photographie en est proposée dans le Centre d'interprétation.

PALAIS DE JUBA II ET PTOLÉMÉE

Continuez toujours sur le sentier.

On a longtemps défini cette zone comme le quartier des temples. Si l'existence de temples, dont on ignore la divinité honorée, est bien avérée, les dernières fouilles conduites par une équipe de Sienne (Italie) ont révélé l'existence d'un complexe palatial, attribué à Juba II (p. 425) et à son fils Ptolémée.

QUARTIER DES VILLAS ✧✧

Continuez le sentier jusqu'au sommet de la colline.

Depuis le sommet de la colline, la vue sur les méandres du Loukos et sur Larache en face est superbe. Vous entrez dans un quartier de villas luxueuses des IIe et IIIe s.

L'une des plus belles maisons est celle connue sous le nom de « **maison de Mars et Rhéa Silvia** » : elle fut baptisée ainsi d'après l'une de ses plus célèbres mosaïques illustrant la rencontre entre les géniteurs de Remus et Romulus, les jumeaux fondateurs de Rome.

Toute une salle du Musée archéologique de Tétouan (p. 66) est d'ailleurs consacrée aux mosaïques de cette résidence.

• NOS ADRESSES •

ASSILAH

OÙ DORMIR

En raison du Moussem *(voir ci-dessous)*, il est vivement conseillé de réserver très en avance pour tout séjour en été.

Hôtel Patio de la Luna

12, pl. Zellaka, à l'entrée N de la médina, juste en face de Bab el-Bhar 05 39 41 60 74. F. janv.-fév. 7 ch. Pas de petit déj. N'accepte pas les cartes bancaires. Parking dans la rue, payant. Autour de 45 € (500 Dh)

Tenu par des Espagnols, ce petit établissement, charmant, tient plus de la pension que de l'hôtel. On apprécie le patio et la terrasse sur le toit.

Villazila

48, rue Sidi Tayeb (médina) 06 34 75 12 82 (Maroc) ou 06 58 52 68 15 (France), www.villazila.com. 5 ch. et suites. Parking fermé à proximité, payant. Autour de 65 € (700 Dh)

Une maison sur l'océan! Vous en rêviez sans doute, Vanessa la propriétaire l'a fait : elle a restauré en pleine médina une « ruine ». Le design épuré des chambres met en valeur l'artisanat marocain qui y a trouvé sa place. Le petit déjeuner peut être servi sur la terrasse, d'où l'on a une vue imprenable sur le borj Krikiya et l'océan.

Berbari

À Medchar Ghanem, à env. 8 km S d'Assilah dont 1 km de piste carrossable 06 60 29 54 54 ou 06 62 58 80 13, www.berbari.com. 7 ch. et suites. Table d'hôtes : 125-250 Dh. Parking gratuit. Autour de 65 € (700 Dh)

On est en pleine campagne, dans un lieu « atypique et écologique », selon sa propriétaire Rachida Youdra. Dans cette ancienne ferme de caïd, elle y a élevé le recyclage à la hauteur d'un art. Avec claquement de becs de cigogne en prime.

OÙ MANGER

Port XIV

Av. Moulay Hassan ben Mehdi (à l'ext. de la médina), sur le front de mer en dir. de Tanger 05 39 41 66 77, www.portxiv.com. T.l.j. 12h-16h et 20h-23h (minuit le w.-e.). F. janv. À la carte. Plats : 100-180 Dh. Sert de l'alcool. Autour de 20 € (220 Dh)

Brochette de lotte, sole à la plancha, filet de saint-pierre, etc. Ce restaurant de poissons, à l'allure contemporaine, possède sa propre ferme, d'où sont issus légumes, salades et huile d'olive. Plus locavore, c'est difficile.

FÊTES ET FESTIVALS

Moussem, Festival culturel international

Fin juin à fin juil. Rens. : Facebook/assilah-arts. Accès libre.

Créé en 1978 par deux zaïlachis, natifs d'Assilah, l'un diplomate (Mohammed Benaïssa), l'autre peintre (Mohammed Melehi), ce festival dont le nom renvoie à une tradition religieuse n'en est pas moins profane. Au début de l'été, ce port de pêche offre ses murs comme toiles à des artistes de renom. Ce sont des créations éphémères, hautes en couleur, à fixer sur pixels.

LARACHE

OÙ MANGER

Loukous

Port de Larache 05 39 91 46 40. T.l.j. 12h-22h. F. pendant le ramadan. Sert de l'alcool. Autour de 10 € (110 Dh)

Jamais, on ne se douterait, en voyant sa façade, que la salle de ce restaurant surplombe la mer et le port de pêche! Les surprises continuent avec la cuisine et ses prix tout doux : comptez 30 Dh une salade ou une soupe de poisson, 70 Dh pour un plat avec de l'espadon et 90 Dh pour une friture. Et en plus, c'est bon et de première fraîcheur!

LA CÔTE DE RABAT à Essaouira

Le Maroc pourrait passer pour un pays à deux têtes : Rabat, la capitale politique ; et Casablanca, la capitale économique. Tout semble les opposer. Rabat, trop bourgeoise, est un peu… rabat-joie ! « Casa », quant à elle, frime et vit à deux cents à l'heure ; elle est née avec l'automobile, l'avion et le cinéma.

Aujourd'hui, ces deux-là se complètent à merveille. Avec la mosquée Hassan II, Casablanca s'est trouvé une âme. Et Rabat, l'ancienne cité des corsaires, a pris à l'abordage le XXIe s. : les aménagements de son fleuve, le Bouregreg, ont changé radicalement sa physionomie.

Au sud de ces deux villes, la côte atlantique n'est pas avare de beauté ni de sites historiques au cachet certain, tels les anciens comptoirs portugais d'El-Jadida, d'Essaouira ou de Safi, corsetés encore dans leurs remparts. Mais Essaouira l'ensorceleuse fut aussi la ville rêvée par un sultan.

N
OCÉAN ATLANTIQUE
Larache
Rabat et Salé p. 97
5
plan p. 106
plan p. 99
Kénitra
Kasbah des Oudayas ★★★
Salé
Forêt de la Maâmora
Rabat ★★
Skhirat
Balade secrète p. 114
Casablanca p. 116
6
plan p. 118-119
El-Hank
Aïn Diab
Casablanca ★★
Mosquée Hassan II ★★★
AÉROPORT MOHAMMED V
★★ El-Jadida
Sidi Bouzid
Moulay Abdallah
Azemmour
Kasbah de le Boulâouane
Pays Doukkala
★★ Plage
Oualidia ★★
Cap Beddouza
Safi
★★ Plage de Lalla Fatna
7
D'El-Jadida à Safi p. 132
plan p. 143
★★★ Essaouira
O. Tensift
Had Drâa
Ounagha
Diabat
Sidi Kaouki
Balade secrète p. 154
Marrakech
AÉROPORT DE MARRAKECH-MÉNARA
Lac de Bin el-Ouidane
Route du Tizi-n-Tichka
2 260
Telouèt
AÉROPORT DE OUARZAZATE
Essaouira p. 140
Ouirgane
Parc national du Toubkal
4 165
2 092
Ouarzazate
Taroudannt
J. Siroua
3 300
Oued Sous
Talioiune
Vallée du Drâa
AÉROPORT AGADIR-MASSIRA
Igherm
Zagora
Anti-Atlas méridional
Foum Zguid
Tafraoute
Tata
Oued Drâa
Amtoudi
Aït Ouabelli
ALGÉRIE
0
50
100 km

5 RABAT ET SALÉ ✧✧

Ce sont des sœurs jumelles, que sépare juste un fleuve, le Bouregreg. Classée au patrimoine de l'Unesco, Rabat a longtemps fait figure d'une ville de fonctionnaires, ennuyeuse, à mille lieues de renvoyer l'image conquérante d'une capitale moderne, malgré ses belles avenues bordées de palmiers. Quant à Salé, sa mauvaise réputation faisait office de repoussoir. Aujourd'hui, toutes deux sont en pleine mutation : port pouvant accueillir des bateaux de croisière, tramway, marina, théâtre signé Zaha Hadid, plages aménagées, etc.

PRATIQUE

• **Plans p. 99, 101 et 106**
• **Nos adresses p. 109**

Accès

En avion

L'aéroport Rabat-Salé (☎ 05 37 80 80 89, www.onda.ma) est à 10 km N-E de Rabat.

Pour rejoindre le **centre-ville** : en voiture de location, le chemin le plus court et le moins embouteillé est la rocade 2, qui débouche au S du Chellah (hors plan p. 99 par B3) ; en taxi (officiellement 150 Dh en journée et 200 Dh la nuit). Bon à savoir : les compagnies Ryanair et TUIfly ont leurs propres navettes.

En bus

Selon la compagnie choisie, la **gare routière** de **Kamra** et **CTM** (☎ 0800 0900 30, www.ctm.ma)

La rue des Consuls dans la médina de Rabat

L'ESSENTIEL

À ne pas manquer
À Rabat, la kasbah des Oudayas et le musée Mohammed VI d'Art moderne et contemporain ; À Salé, la médersa

Expériences
Se balader sur le Bouregreg en barcasse

Les plus belles plages
Skhirat

Rabat ✧✧

Avec près de 580 000 habitants, Rabat est une ville coquette et attachante en dépit de ses origines austères.

UN PEU D'HISTOIRE

Décidé à envahir l'Espagne, le premier souverain almohade Abd el-Moumen fait bâtir vers 1150 une forteresse à l'embouchure du fleuve Bouregreg, sur la rive gauche. Il la baptise « Ribat el-Fath » (« le camp de la victoire »), d'où Rabat va tirer son nom. Son petit-fils, **Yacoub el-Mansour**, veut même y établir sa capitale. Il entreprend la construction d'une vaste mosquée, dont le minaret (la tour Hassan aujourd'hui) ne sera même pas achevé.

Rabat eut aussi son heure de gloire, avec ses corsaires, qui ont écumé les mers au XVIIe s. *(encadré p. 105)*.

En 1912, enfin, sous le protectorat français, elle devient la **capitale du Maroc**. Et le reste.

KASBAH DES OUDAYAS ✧✧✧

Plan II / AB-1 – Accès par la grande porte des Oudayas (en haut de l'escalier) ou par la « petite porte », un peu plus bas, donnant accès au jardin andalou. Parking en surface : « Oued Bouregreg » (plan B2), payant (5 Dh la journée ; 15 Dh la nuit à partir de 21h).

s'échelonnent sur 550 m sur la N1 : l'une au croisement du bd Hassan-II et l'autre au croisement de l'av. El-Fadila. Pour les deux gares : liaisons avec Casablanca, Tanger, Marrakech et les grandes villes marocaines.

Pour rejoindre le **centre-ville** : la station de tramway (ligne 1) la plus proche des deux gares est à 1,3 et 1,5 km env., sur l'av. Ibn Rochd.

En train

La **gare ferroviaire Rabat-Ville** (☎ 22 55, www.oncf-voyages.ma) se situe av. Mohammed-V (plan p. 99 / A2). Liaisons avec Casablanca et Kénitra (navettes rapides).

Pour rejoindre le **centre-ville** : en tramway (ligne 1) ou en petit taxi.

La **gare Rabat Agdal**, av. El-Hadj Ahmed Charkaoui, est desservie par la Al-Boraq (la **LGV**, ligne à grande vitesse).

Pour rejoindre le **centre-ville** : en navettes rapides ferroviaires (3 min →

PAUSE

Le Café Maure

Rebaptisé le Café des Oudayas, le Café Maure est incontournable pour déguster des cornes de gazelle (gâteaux emblématiques), tout en admirant la belle vue sur le fleuve Bouregreg ! On en oublie qu'il fut rasé puis reconstruit à l'identique !

> Dans la kasbah des Oudayas (plan I / B1). 40, rue Bazo (près du musée du Caftan et de la Parure, p. 100) 06 58 31 71 81. En sem. 8h30-20h, w.-e. 8h30-21h. Gâteaux : 10 Dh pièce. Thé à la menthe : 11 Dh.

Quel enchantement ! Elle a su garder tout son charme : ruelles en escaliers, atmosphère pleine de nonchalance, murs blancs chaulés aux soubassements bleus, cascades de bougainvilliers, etc. Sans compter son luxuriant **jardin andalou**, où les orangers croulent sous leurs fruits.

Édifiée au XIIe s. sur l'ancien ribat, la forteresse fut dotée d'un palais et d'une mosquée. Elle tire son nom d'une tribu belliqueuse qui se vit confier au XVIIe s., par Moulay Ismaïl notamment, la protection de Rabat. Mais une grande partie de son enceinte est bien antérieure : haute de 8 à 10 m et percée de cinq portes, elle est de facture almohade (XIIe s.).

Grande porte des Oudayas ✧✧

Plan II / A1 – Entrée à dr. dans la kasbah par un passage en chicane. Vis. à l'étage : 10 Dh. T.l.j. 8h-16h30. F. pendant le ramadan.

En pierres ocre rouge, cette majestueuse porte fut construite aux alentours de 1195, sous Yacoub el-Mansour, désireux de compléter l'enceinte érigée par son grand-père Abd el-Moumen.

Ouvrage plus décoratif que réellement défensif, bien qu'elle ait abrité une garde et une prison, elle traduit surtout la virtuosité des architectes almohades.

Rue Jamaâ

Plan II / B1.

Dans cette rue, qui traverse la kasbah, vous risquez de passer à côté de la **mosquée el-Atiqa** (à g.) sans la voir. C'est la doyenne des mosquées de Rabat : elle a été construite vers 1150 (son minaret, lui, a été restauré au XVIIIe s.).

À droite, n'hésitez pas à jeter un coup d'œil à la **galerie-librairie-café littéraire** du peintre-photographe Miloudi Nouiga.

> Après un coude, la rue Jamaâ débouche sur la plate-forme du sémaphore.

Autour de la plate-forme du sémaphore ✧✧✧

Plan II / B1.

La **vue** sur le fleuve Bouregreg et Salé depuis cette plate-forme est superbe.

> Lire aussi la balade secrète : Au fil du Bouregreg (p. 114).

PRATIQUE (SUITE)

de trajet, 11-27 Dh) ou en taxi (15-20 Dh).

Se rendre à Salé depuis Rabat

Il existe différents moyens de se rendre à Salé depuis Rabat : par **barcasse** (2,50 Dh, voir p. 114) sur le fleuve Bouregreg ; par **tramway** (T1 et T2, tram-way.ma, 6 Dh) ; en grand taxi (ils sont blancs ; 10-15 Dh ; attention, les **petits taxis n'ont pas le droit de se rendre à Salé**) ; en **voiture** par le pont Hassan II ; ou à **pied** (30 min).

Se déplacer

Les **taxis** (bleus à Rabat, jaunes à Salé) restent une bonne option pour se déplacer dans ces deux villes. Mais Rabat vous

Plan I : plan général de Rabat

offre d'autres moyens de transport : le **tramway** (tram-way.ma ; 6 Dh le ticket), qui parcourt la ville nouvelle ; les nouveaux bus d'Alsa City (www.alsa.ma, 5 Dh) ; ainsi qu'un service (payant) de **vélos-taxis** à assistance électrique, qui permettent de sillonner sans effort la médina.

Pour se rendre à la **plage de Skhirat** : en train (8 fois/j., 20 min de trajet, 16-27 Dh) depuis la gare de Rabat Ville. Mais il vous faudra ensuite prendre un taxi ou marcher pour rejoindre la plage (à 3 km env.).

Adresses utiles

Infos touristiques et culturelles

Conseil régional du tourisme (CRT) : www.visitrabat.com.

Pour découvrir l'emplacement des œuvres du **street art** dans Rabat : www.jidar.ma/carte.

RENDEZ-VOUS

Promenade du Bouregreg

À Rabat, en fin d'après-midi et surtout le week-end, tout le monde se retrouve au bord du Bouregreg sur la promenade aménagée, longue de 1,5 km : barbe à papa, jus de grenade, bol d'escargots, manèges, cerfs-volants dans le ciel, musique, etc., tout y est! Pour boire un verre, ce sera le Dhow (p. 111), sur le bateau amarré à quai.

> *Promenade du Bouregreg, quai des Oudayas (plan II/B1-2).*

Le sémaphore, installé par les Français pour communiquer avec les bateaux, n'existe plus.

De la plate-forme, une volée de marches vous emmène en contrebas jusqu'à un fortin circulaire, qui fait aujourd'hui le bonheur des amoureux et des pêcheurs. En remontant, la rue Lâalami (à g. quand on est au dos au fleuve) vous conduit jusqu'à la **tour des Pirates**. En embuscade, elle se dissimule presque au ras de l'eau, dominant d'une vingtaine de mètres seulement le fleuve. Ses canons tiraient sur tout bateau ennemi entrant dans l'estuaire.

Nul ne sait si elle fut construite au temps de la République du Bouregreg (1627-1668). Cette dernière fut fondée par les morisques, avides de revanche après leur expulsion de la très catholique Espagne, bien que ces descendants de musulmans soient officiellement chrétiens.

MUSÉE DU CAFTAN ET DE LA PARURE ✧

Plan II / B1 – Accès par la rue Bazo, quasiment en face du Café Maure *(encadré p. 98)* 📞05 30 67 60 81, www.fnm.ma. F. pour rénovation.

En restauration, ce musée, qui devrait prendre le nom de **musée des Oudayas**, a pris ses quartiers dans un magnifique petit **palais** datant du XVIIe s, le sultan Moulay Ismail l'ayant adopté comme résidence secondaire. Divers dons l'ont considérablement enrichi, principalement en bijoux. On a pu voir par le passé des pièces de toute beauté, notamment les *lebba* de la mariée marocaine, colliers d'or, d'émaux et de pierres précieuses.

MÉDINA ✧✧

Plan II / AB-1 – Accès par la grande porte des Oudayas. Tramway : ligne 2, arrêts « Bab Chellah » (plan B2) ou « Médina Rabat » (plan A2). Parking en surface : Oued Bouregreg (plan B1), payant.

Même si la médina de Rabat est moins fascinante que celles de Fès (p. 162), avec son côté plus « léché », elle mérite que l'on s'aventure dans ses ruelles.

Sur une soixantaine d'hectares, son plan, assez « carré », est d'une régularité peu commune au Maroc. Au sud, elle est fermée par la **muraille des Andalous**, construite au XVIIe s. par les morisques (musulmans expulsés d'Andalousie) : ils considéraient que le territoire situé à l'intérieur de l'enceinte almohade était trop vaste, et donc difficile à défendre.

Place des Oudayas

Plan II / AB-1.

Dans cette « ville corsaire » *(encadré p. 105)*, c'est sur cette place que les prisonniers chrétiens étaient « présentés » à d'éventuels acquéreurs aux XVIe s. et XVIIe s. ; c'est donc ici que les consuls venaient « négocier » leur libération.

Jusqu'en 1920 s'y tenait un marché de la laine où les fileuses venaient vendre leurs écheveaux.

Au sud de la place, aventurez-vous dans la **rue Hadj Daoui** qui zigzague (un panneau sens interdit vous en signale l'entrée). Vous y verrez de

Plan II : la kasbah et la médina de Rabat

nombreuses demeures, qui datent de l'installation des morisques (XVIIe s.). Elles sont reconnaissables à leurs portes, dotées d'un arc en plein cintre souligné de jolies moulures ocre-jaune inspirées de la Renaissance espagnole.

Rue des Consuls ✧✧

Plan II / B1-2.

Elle est recouverte en partie par une élégante **verrière** soutenue par une armature, vraie dentelle en fer forgé.

Le jeudi (10h-12h), c'est le jour de la vente à la criée pour les tapis : la rue des Consuls est en pleine effervescence. Belle vitrine de la médina, elle cache aussi dans ses impasses et ses anciens fondouks des ateliers, où des **artisans**, payés à la pièce, triment pour des salaires de misère.

Jusqu'au protectorat, elle abritait les légations étrangères, notamment le **consulat de France** (au fond d'une impasse, à g. en descendant à la hauteur de la grande fontaine), que plus rien n'identifie.

VILLE IMPÉRIALE ✧✧

Plan I / B1 – Tramway : lignes 1 et 2, arrêt « place 16-Novembre ». Parking souterrain : pl. Moulay Hassan (plan CD-2), 6 Dh/h.

Il est difficile de s'imaginer la ville rêvée par Yacoub el-Mansour (p. 97) faisant office de capitale pour un empire qui s'étendait sur les deux rives de la Méditerranée. Jusqu'au début du XXe s., en dehors de la médina construite

‹ À l'intérieur du mausolée de Mohammed V

par les morisques, on ne trouvait intra-muros que des jardins potagers et des vergers, sur lesquels s'est édifiée la ville moderne.

De cette ville mort-née, il ne reste que les **remparts**, quelques portes sublimes comme **Bab er-Rouah** (plan I / A2-3), la « porte du vent », aux couleurs fauves, et... la tour Hassan, qui n'est autre que le minaret d'une mosquée inachevée.

Tour Hassan ✧✧

Plan I / B1 – Bd Mohammed Lyazidi. Tramway : lignes 1 et 2, arrêt « place 16-Novembre ». Ne se vis. pas.

Seule au milieu d'une vaste esplanade dont la limite semble être la ligne infinie de l'océan, la tour Hassan projette son ombre majestueuse sur un champ de colonnes tronquées. Son ocre chaude et la sobriété de la décoration compensent l'aspect massif de ce **minaret** inachevé.

La mosquée de Yacoub el-Mansour (XIIe s.) ne fut en effet jamais terminée. Abandonné, le monument, qui aurait dû compter 324 colonnes formant 21 travées, tomba en ruine, d'autant que les R'batis prirent l'habitude d'y prélever les matériaux dont ils avaient besoin. Le tremblement de terre en 1755, qui ravagea aussi Lisbonne, acheva l'œuvre du temps et des pillards. Il ne reste plus que le minaret, haut de 44 m (il aurait dû en mesurer 80, dit-on). Ses murs ont 2,50 m d'épaisseur et la décoration, classique, diffère sur chaque façade.

DÉTOUR AU VERT

Le Jardin d'essais botaniques

Rabat intra-muros compte 230 ha d'espaces verts, dont le Jardin d'essais botaniques. Avec ses 17 ha, ce jardin abrite près de 650 espèces ornementales et fruitières. Rénové, il a conservé ses magnifiques nénuphars et son aménagement en terrasses, où la mer s'invite dans le panorama.

> Av. An-Nasr, dite aussi « de la Victoire » (hors plan I par A3). Tramway T1 : arrêt « Bibliothèque nationale ». Mar.-dim. 9h-17h30. Accès libre.

Mausolée de Mohammed V ✧

Plan I / B1 – Face à la tour Hassan 05 37 73 03 38. En sem. 8h-18h, w.-e. 8h-17h45. Entrée libre.

Depuis 1971, le père de l'indépendance marocaine repose dans ce mausolée, gardé en permanence par des gardes royaux en grande tenue. Tradition, raffinement et luxe ont guidé sa conception, confiée à l'architecte Eric Vo Toàn. Presque 10 ans et 400 artisans marocains ont été nécessaires à la réalisation de ce chef-d'œuvre d'académisme.

Après en avoir gravi les marches, on accède à une galerie qui surplombe la salle funéraire, où le **sarcophage** en onyx blanc de Mohammed V est posé sur un sol de granit bleu. Dans les angles de la pièce ont été installés les **tombeaux** du prince Moulay Abdallah et de Hassan II, les fils de Mohammed V. Remarquez la **coupole** d'acajou et de cèdre sculptés, rehaussée de feuilles d'or, ainsi que les zelliges.

Adjacente au mausolée, une belle **mosquée** (ne se vis. pas) fut construite en même temps. En marbre blanc, chapeautée d'un toit en tuiles vertes, elle émerge de la forêt de colonnes de l'esplanade.

VILLE MODERNE ✧

Plan I / A1 – Tramway : ligne 2, arrêt « Bab Chellah ». Parking souterrain : « Marché central », payant (5 Dh/h).

À peine nommé résident général en 1912, Lyautey confie le soin à l'urbaniste Henri Prost de concevoir à Rabat une ville nouvelle, une ville coloniale, qui ne toucherait pas à la médina, la « ville indigène ». Bref, un cadre digne de son nouveau rang de capitale. Prost va tailler notamment l'avenue Mohammed-V, et la poste sera le premier bâtiment public construit. Suivront la gare et le palais de justice – aujourd'hui le Parlement –, tous confiés à l'architecte Adrien Laforgue.

Avenue Mohammed-V ✧

Plan I / A1-2.

De jour comme de nuit, les R'batis déambulent sur cette artère, à l'abri des arcades (jusqu'à la poste) ou des palmiers. S'étirant sur plus de deux kilomètres entre la médina et la **Grande Mosquée**, elle concentre des restaurants, des boutiques, etc. Avec ses façades d'un blanc éblouissant, elle offre une belle unité architecturale, dans un style hésitant entre néo-mauresque, Art nouveau et Art déco.

Dans la cure de beauté que s'est offerte récemment Rabat, l'avenue Mohammed-V a eu plus que sa part : fontaines, promenades, lampadaires « en fonte de Paris », etc.

> **PAUSE**
>
> ### La Renaissance
>
> La Renaissance est à la fois un cinéma, une salle de spectacles et un café-snack (à l'étage) de style Art déco. Du balcon-terrasse du café, on se retrouve aux premières loges pour observer l'animation qui se déroule en bas, dans la rue.
>
> *> 360, av. Mohammed-V (plan I/A2) ☎ 05 37 72 22 45, www.renaissance.ma. T.l.j. 7h-1h30. Jam-sessions : les lun.*

Musée Mohammed VI d'Art moderne et contemporain ✧✧

Plan I / A2 – 2, av. Moulay Hassan. Tramway : ligne 1, arrêt « Gare de Rabat » ☎ 05 37 76 90 47, www.fnm.ma. Mer.-lun. 10h-18h. Adulte : 20 Dh ; plus de 6 ans : 10 Dh , gratuit pour les moins de 6 ans.

L'architecture de ce musée, signée Karim Chakor, décoiffe ! Chapeauté par une frise d'Inox découpée au laser, le bâtiment est d'inspiration arabo-mauresque, tout en étant profondément moderne. Les colonnes de son vaste atrium sont habillées de maillechort dont les motifs ont été ciselés à la main par des artisans de Fès.

On peut y voir des expositions de haut vol. Au fil des prêts et des dépôts, un fonds « semi-permanent » accueille les plus illustres peintres marocains, tant figuratifs qu'abstraits.

Le musée se laisse aussi admirer de nuit. Ses façades, qui affichent des œuvres singulières de l'artiste ivoirien Mederic Turay, s'animent.

Musée de l'Histoire et des Civilisations ✧✧

Plan I / A2 – 23, rue El-Brihi ☎ 05 37 20 03 98, www.fnm.ma. Tramway : ligne 1, arrêt « Gare de Rabat ». Mer.-lun. 10h-18h (16h pendant le ramadan). Plein tarif : 20 Dh.

Abrité dans un bâtiment construit dans les années 1930, ce petit musée expose des objets issus notamment des fouilles de Volubilis (p. 190) et de Lixus (p. 91). Retraçant la Préhistoire et l'histoire du Maroc, ils sont mis en valeur grâce à une nouvelle scénographie, percutante, qui recourt aussi à des écrans interactifs.

C'est dans la **salle des Bronzes** que vous verrez les véritables trésors : le *Chien attaquant* (Ier-IIe s.), l'*Éphèbe couronné de lierre* (début de l'époque impériale), ou encore le *Buste de Juba II* (roi de Maurétanie), réalisé à l'occasion de son mariage en 25 av. J.-C. Autant de chefs-d'œuvre, d'un réalisme étonnant.

> Pour se rendre à la nécropole du Chellah, il vaut mieux emprunter un petit taxi.

NÉCROPOLE DU CHELLAH ✧✧

Plan I / B3 – Accès en petit taxi ou en voiture (parking sur l'esplanade, payant au gardien : 3-5 Dh). T.l.j. 8h30 jusqu'au coucher du soleil. Plein tarif : 70 Dh.

C'est sur ce site, celui de l'ancienne cité romaine de **Sala**, que le premier sultan de la dynastie mérinide, Abou Youssef Yacoub, choisit de se faire enterrer, à la fin du XIIIe s. Ses successeurs l'imitèrent.

S'il ne reste que des ruines, il règne sur les lieux une atmosphère prenante, notamment en fin d'après-midi. De l'extérieur, rien ne permet d'anticiper la magie qui se cache derrière ses remparts et ses tours. De 6 à 10 m de hauteur, sa muraille, d'une belle couleur ocre, est bien postérieure (1339) à l'enceinte almohade.

Porte d'entrée ✧✧

En venant du centre-ville, vous franchirez cette porte, l'une des trois qui donnaient accès à la nécropole. C'est la plus monumentale. En pierres de taille, flanquée de deux tours, sa façade offre un décor végétal et pointilliste d'entrelacs. Un bandeau en écriture coufique signale aux arabophones qu'Abou el-Hassan a achevé la construction de ces remparts.

Cité des morts ✧✧

Une fois la porte franchie, on découvre un **jardin en terrasses** à la végétation luxuriante (figuiers, palmiers, etc.) sur un site en forte pente. Au loin serpente le Bouregreg.

En contrebas, un **minaret** gracile se dresse parmi les buissons et les arbres. Un tableau idyllique. Même les cigognes perchées en haut du lanternon, qui ont trouvé là un refuge, semblent poser pour la postérité !

Parmi les vestiges de la nécropole se trouve la tombe du dernier sultan mérinide, Abou el-Hassan (1331-1351), inhumé au Chellah. Elle ne comprend plus aujourd'hui qu'une bordure de briques. À ses côtés reposent l'un de ses fils et, sous une plaque ornée de zelliges, sa femme, Chams el-Doha, une chrétienne qui reçut le nom de « Soleil du matin » en se convertissant à l'islam.

‹ Un minaret dans la nécropole du Chellah

Outre la **mosquée** construite par Abou Youssef Yacoub, dont les arcatures soutiennent désormais… le ciel, le sanctuaire comprend une **médersa** (école coranique), reconnaissable à son bassin aux ablutions.

Bassin aux Anguilles ✧

À l'écart du sanctuaire, ce fameux bassin fait partie des légendes et des mystères de la nécropole. Les femmes en mal d'enfant viennent s'y recueillir, mais pas seulement : tout le monde y va de son vœu, y jetant une piécette. Le bassin est alimenté par une source donnée comme miraculeuse, la source des Canons. Les anguilles s'y font cependant rares.

Cité romaine ✧✧

Non loin de la nécropole, dans la même enceinte, surgissent les vestiges de **Sala Colonia**, avec ses colonnes tronquées renversées à terre. Ce fut une vraie ville au temps de la Maurétanie tingitane (p. 425) avec son forum, ses temples, sa basilique, ses thermes et son hammam. La voie principale, le *decumanus maximus*, descendait jusqu'au Bouregreg.

Jardin des Tours ✧

Le Chellah compte aussi un délicieux jardin en contrebas de la nécropole et de la cité romaine. Il embaume le jasmin et comporte plus de 80 espèces de fleurs et d'arbustes : bégonias, jacarandas, etc. Ses allées ombragées sont pavées de galets.

Salé ✧

Plan p. 106 – Accès depuis Rabat : infos pratiques p. 98.

À seulement 3 km de Rabat, de l'autre côté du Bouregreg, Salé a longtemps été la ville oubliée. Elle a pourtant une histoire très riche. Au XIIIe s., les sultans mérinides la dotèrent de remparts, d'un aqueduc, encore visible sur la route de Kénitra, et d'une médersa. Aujourd'hui partiellement enterrée, Bab el-Mrisa (ou Bab Lamrissa), c'est-à-dire « la porte de la Mer », construite vers 1260, enjambait un canal qui reliait l'oued Bouregreg au port et à l'arsenal intra-muros.

Il y eut même au XVIIe s. une République de Rabat-Salé ou de Bouregreg, gérée par ses pirates *(encadré ci-contre)*. La création d'Essaouira, en 1764, amorça son déclin. Pire : au XXe s., on cessa de draguer le Bouregreg, qui se transforma en cloaque. Face à Rabat, Salé devint un simple faubourg de la capitale.

Avec sa récente marina, telle une nouvelle façade sur le Bouregreg, et un tramway la reliant à Rabat, Salé voit peut-être enfin l'avenir s'ouvrir devant elle.

HISTOIRE

Un trafic juteux

Au XVIIe s., la **piraterie** est la principale industrie de Rabat-Salé. Rien qu'entre 1618 et 1628, ses corsaires auraient fait 6000 prisonniers chrétiens et raflé un butin estimé à 15 millions de livres. Cette flotte qui semait la terreur dans l'océan Atlantique, avec la bénédiction des personnages les plus pieux de la ville, se composait de 30 à 40 bateaux.

MARINA ✧

Hors plan III par A2 – Tramway (lignes 1 et 2) : arrêt « Bab Lamrissa ».

Au pied de l'impérieux pont Hassan II (2011), un nouveau quartier a surgi sur les friches de la rive droite du Bouregreg. Branché, voire outrecuidant, diront certains. Tout y est : une marina, des immeubles résidentiels de haut standing et un hôtel cinq étoiles ont vu le jour, ainsi que des restaurants et food trucks, et même une Cité des arts et des métiers

La médina de Salé

conçue par le prestigieux cabinet Foster + Partners.

Le soir venu, R'batis et Slaouis aisés viennent y prendre le frais, profitant de la vue imprenable sur Rabat et sa kasbah des Oudayas ou sur sa tour Hassan.

MÉDINA ✧

Plan p. 106 / A1 – Tramway : lignes 1 et 2, arrêt « Bab Lamrissa ». Il est plus facile de s'orienter en partant de l'une des portes N-O de la médina, que l'on rejoint en suivant les remparts, depuis Bab Lamrissa.

Elle est encerclée par des **remparts** qui s'étirent sur un peu plus de 3,5 km. Construite au XIIIe s., cette muraille, bien restaurée, est flanquée d'une cinquantaine de tours et de bastions, tel le Borj Adoumoue (t.l.j. 10h-16h. Entrée plein tarif : 40 Dh). Il fut érigé en 1261, à l'endroit même où les troupes castillannes débarquèrent un an plus tôt pour mettre à feu et à sang la ville, d'où son surnom la « tour des Larmes ».

Sur l'avenue Hassan-II, en tournant le dos au cimetière musulman, se dressent le toit pyramidal du **mausolée de Sidi Abdallah ben Hassoun** et le **minaret de la Grande Mosquée**. Datant du XIe s. à l'origine, mais reconstruite au XIXe s., cette dernière a bien mérité son nom : c'est la troisième mosquée du royaume par sa superficie (5 000 m^{2}).

Mausolée de Sidi Abdallah ben Hassoun ✧

Plan p. 106 / A1 – Rue Sidi Abdallah ben Hassoun. Le mausolée est au début de la rue sur la g. Ne se vis. pas.

Ce saint homme, décédé en 1604, est le patron de Salé, de ses barcassiers et des voyageurs. À travers les fenêtres grillagées du mausolée, on aperçoit l'un des fameux « cierges ». Il s'agit de lanternes extravagantes, tapissées de milliers de motifs multicolores en cire, collés sur des structures en bois représentant un minaret. Leur réalisation demande un bon mois ! La veille du Mouloud (ou *Mawlid*), c'est-à-dire de l'anniversaire du Prophète, elles sont promenées dans toute la ville, suivies par les Slaouis et les barcassiers en tenue d'apparat. Cette fête mobile est connue aussi sous le nom de « **moussem des Cierges** »(prochaines dates : 15 septembre en 2024, 4 septembre en 2025). Le plus beau cierge reste suspendu toute l'année au centre de la coupole dominant le catafalque du saint.

Médersa ✧✧

Plan p. 106 / A1 – Akba de la médersa. Au bout de la rue Sidi Abdallah ben Hassoun, un coude à g. contourne la Grande Mosquée, puis 1re rue à dr. Lun.-sam. 9h30-18h (16h pendant le ramadan) avec interruption pour le déj. Plein tarif : 40 Dh.

Récemment restaurée, cette médersa mérinide, construite par le sultan Abou el-Hassan et achevée vers 1341, est une pure splendeur !

Passez la porte, magnifique : remarquez le **tympan** en pierre sculptée, surmonté par un auvent de cèdre. Vous débouchez sur une petite cour de proportions modestes, mais qui n'en est pas moins un bijou. La blancheur

⌄ La médersa de Salé

retrouvée des stucs ciselés, le cèdre, patiné à en être noir, les zelliges noir, blanc et vert composent un tableau raffiné.

Un escalier raide et étroit mène aux étages, où étaient aménagées 24 chambrettes pour les étudiants. De rares fenêtres offrent quelques échappées sur Salé.

Souks ✧

Plan p. 106 / A1 – Rue Ras Chajra. Évitez le ven. : beaucoup de commerces sont fermés ou languissants.

Authentiques… c'est certainement l'adjectif qui colle le mieux aux souks de la médina de Salé. Dans un dédale ahurissant de ruelles, couvertes parfois de bois de thuya, c'est un marché quotidien plein de vie : petits pois qu'on écosse, poulets qu'on plume, poissons qu'on écaille, etc. La **rue Souk Laghzel** est une ruelle-marché particulièrement animée. Tout à côté, la **kissaria des bijoux** ruisselle d'or et d'argent.

Aux environs de Rabat ✧

De Rabat, on peut facilement s'évader le week-end pour s'oxygéner dans la forêt de la Maâmora. Ou bien prendre un bain de soleil sur les plages qui s'égrènent tout au sud de la capitale, et en particulier celle de Skhirat.

FORÊT DE LA MAÂMORA ✧

Carte p. 95 – À 13 km au N, entre Rabat et Kénitra. Accès par la N1 (en voiture ou en grand taxi).

Aux portes de la capitale, dont c'est le poumon vert, direction la Maâmora, l'une des plus grandes **forêts de chênes-lièges** de la Méditerranée (65 000 ha). Ses rendements sont toutefois bien inférieurs à celles du Portugal.

Le week-end, R'batis et Slaouis viennent s'y promener, pique-niquer, y acheter du miel d'eucalyptus (la grande production locale) ou des ***ballouts***, glands doux très appréciés des locaux, qui les consomment crus ou grillés dans les braises à la manière des châtaignes. Au printemps (en mars-avril), les étrangers, eux, se verront proposer au bord de la route des ***terfass***, des « truffes des sables » dites « roses ».

PLAGE DE SKHIRAT ✧

Carte p. 95 – À 24 km au S de Rabat. Accès en voiture par la route côtière (R 322) ou en train (p. 99).

C'est l'une des rares plages à être créditée régulièrement du Pavillon bleu pour la qualité de ses eaux. Skhirat est devenue une station balnéaire huppée, où la famille royale possède l'une de ses résidences, c'est dire ! On a du mal à imaginer que c'est ici qu'eut lieu la première tentative de coup d'État militaire en 1971 contre Hassan II.

‹ Les chênes-lièges de la forêt de Maâmora

• NOS ADRESSES •

RABAT

OÙ DORMIR

Onomo Hôtel Rabat médina

Plan I/A2 – 2, rue Gandhi, entre la rue du Caire et la rue Al-Mansour Ad Dhabi (ville nouvelle) 05 37 70 30 74. Parking à proximité, payant. Autour de 65 € (700 Dh)

Ce 3-étoiles est très central et l'on apprécie le double vitrage de ses chambres, bien entretenues, voire avec vue pour certaines sur le jardin Nouzhat Hassan.

Le Pietri Urban Hôtel

Plan I/A2 – 4, rue Tobrouk, entre la rue Abou Inane et l'av. Moulay Hassan (ville nouvelle) 05 37 70 78 20, www.lepietri.com. 32 ch. Autour de 85 € (900 Dh)

Dans une rue tranquille, un petit hôtel de charme, où même certaines chambres ont une terrasse de poche. Il a décroché le label Clef verte pour ses efforts en matière de développement durable (double vitrage, eau chaude par énergie solaire, etc.). La décoration est contemporaine, la cuisine style bistrot.

L'Alcazar

Plan II/A2 – 4, impasse ben Abdellah, Bab Laalou (près de l'av. Mohammed-V) 05 37 73 69 06, www.lalcazar.com. 8 ch. et suites. Hammam. Parking : av. Laalou, payant. Autour de 100-110 € (1100-1200 Dh)

Très proche de l'avenue Laalou, c'est un amour de riad bien restauré, où le client est un peu chouchouté comme un coq en pâte (peignoirs épais, oreiller en plume d'oie, petit frigo dans la chambre). Rénové, un hammam (payant) est aussi à sa disposition.

Dar el-Kebira

Plan II/B1 – 1, impasse Belghazi. Accès par la rue des Consuls : tournez dans cette rue avant la fontaine en venant de la kasbah 05 37 72 49 06 ou 06 66 94 93 36, www.darelkebira.com. 10 ch. dont 2 suites. Hammam : 260 Dh. Table d'hôtes : 250-320 Dh. Terrasse. Parking à proximité, payant. Autour de 100-110 € (1100-1200 Dh)

Cette ancienne maison de notables du début du XXe s. est un petit bijou de l'art arabo-andalou. Il possède un hammam dans la pure tradition, la séance pouvant être suivie d'un massage à l'huile d'argan. Il vit néanmoins avec son temps : toutes les chambres bénéficient du chauffage et de la climatisation.

OÙ MANGER

El-Bahia

Plan II/A2 – 4, bd Hassan-II (médina) 05 37 73 45 04. T.l.j. 7h30-minuit (service en continu). À la carte. Pas d'alcool. Moins de 10 € (110 Dh)

Près du jardin Nouzhat Hassan, ce restaurant au cadre désuet est encastré dans la muraille des Andalous. On y déguste du (bon) classique : *briouates*, tajine poulet-citrons confits, etc.

Pause Gourmet

Plan I/A2 – 467, av. Mohammed-V (ville nouvelle) 05 37 72 26 72, http://pausegourmet.eresto.net. Lun.-ven. 9h-19h, sam.-dim. 11h-19h30. À la carte. Plats : 65-120 Dh. Pas d'alcool. Entre 10 et 15 € (110 et 160 Dh)

En haut de l'avenue Mohammed-V (près de la place Jemaâ es-Sounna), dans un renfoncement, on peut faire une pause très agréable. Délicieuses galettes au blé noir (méditerranéenne, forestière, etc.), pastilla au poulet ou filet de saint-pierre, il y en a pour tous les appétits !

Radio Balima

À Rabat, sur l'avenue Mohammed-V, le **Balima**, un hôtel des années 1930, s'octroie une phénoménale et longue cure de jouvence (en travaux encore pendant l'été 2022). Il fut un temps le QG de tout ce que Rabat comptait de barbouzes ! Joséphine Baker, Pierre Mendès France et même Che Guevara, « assigné » momentanément dans une suite, ont néanmoins compté parmi ses clients. Sa vaste terrasse, surnommée « Radio Balima », où circulaient tous les potins, va retrouver sa fonction !

> 283, av. Mohammed-V, dans la ville nouvelle (plan I/A2).

Le Petit Beur

Plan I / A2 – 8, rue Damas, derrière l'hôtel Balima (ville nouvelle) 05 37 73 13 22, page Facebook. Lun.-ven. 11h30-14h30 et 19h-23h, sam. 18h30-22h30. F. dim et en août. Menu à midi : 150 Dh (dessert, eau ou soda compris). À la carte. Sert de l'alcool. Entre 10 et 15 € (110 et 160 Dh)

Amusante, l'enseigne donne le ton pour cet établissement qui sert une cuisine marocaine « d'aujourd'hui » : *briouates*, tajines, pastillas. Spécialités : le *seksou* (couscous berbère) aux sept légumes (100 Dh) et une pastilla à la crème anglaise (55 Dh). Musique live (*oud* – un type de luth – et *darbouka*) le soir.

Le Bistrot du Pietri

Plan I / A2 – Le Pietri Urban Hôtel, voir « Où dormir ? » p. 109. T.l.j. 12h-15h et 19h30-23h30. Au déj. en sem. formules entrée + plat ou plat + dessert : 140-150 Dh ; plat du jour : 90 Dh. Le soir, à la carte, plats entre 160 et 190 Dh. Soirées piano : le mar. à 20h30. Soirées jazz : les ven.-sam. à 21h30. Café littéraire : le dernier jeu. du mois à 18h30. Autour de 25 € (270 Dh)

On s'y régale d'une cuisine moderne, plutôt fusion. Avec quelques (rares) accents marocains : une salade de chèvre au miel d'Imouzzèr, un tajine de poulet aux olives.

Le Goéland

Plan I / A2 – 9, rue Moulay Ali Chérif (ville nouvelle), près de la place du même nom 05 37 76 88 85 ou 06 71 04 91 89 (pour les soirées). Lun.-ven. et sam. soir 11h-15h et 19h45-22h30. F. sam. midi, dim. et pendant le ramadan. À la carte. Plats : 150-170 Dh. Sert de l'alcool. Terrasse. Autour de 25 € (270 Dh)

Dans un cadre très épuré, on y sert une cuisine élaborée et inventive à base de produits de la mer : poisson en croûte de sel, papillotes de loup avec tagliatelles de légumes, etc. Mais les carnivores y trouvent aussi leur bonheur. Le lieu organise également des soirées animées : vernissage d'une expo, musique par un DJ.

Restaurant Borj Eddar

Plan II / A1 – Plage de Rabat (ville nouvelle), à l'O de la kasbah des Oudayas, à la sortie du tunnel des Oudayas 05 37 70 15 00 ou 06 61 73 28 32, www.borjeddar.com. T.l.j. 12h-22h (service en continu). F. pendant le ramadan. Sert de l'alcool. Autour de 25 € (270 Dh)

Le restaurant, qui surplombe la mer et ses déferlantes, sert le poisson dans tous ses états : en friture, en tajine, en brochette (110 Dh). Entier, il peut être grillé, en croûte de sel, en papillote ou à la marocaine. Selon les arrivages, huîtres (180 Dh la douzaine) et fruits de mer. L'établissement a le bon goût de bien séparer groupes et individuels. Bémol : un service tout en longueur.

Le Ziryab

Plan II / B1-2 – Impasse Ennajar (médina), accès par la rue des Consuls. En venant de la kasbah, tournez à dr. devant la fontaine, puis suivez à g. l'indication « Mosquée » 05 37 73 36 36,

www.restaurantlezyriab.com. T.l.j. du petit déj. (servi sur la terrasse) au dîner. À la carte. Plat principal autour de 200 Dh. Sert de l'alcool. Autour de 45 € (500 Dh)

Si vous voulez vous offrir une séquence *Mille et Une Nuits*, vous êtes à la bonne adresse. Dans la maison du pacha (XIXe s.), somptueusement restaurée, on dîne en musique (luth, violon, *darbouka* et chanteuse) et le chef pousse la cuisine dans tous ses raffinements. Prenez l'apéritif sur la terrasse pour contempler les lumières de la ville.

BOULANGERIE-PÂTISSERIE

Majestic

Plan I/A1-2 – 14, av. Allal ben Abdellah ☎ 05 37 20 71 86. T.l.j. 6h-21h.

Une institution. La terrasse ombragée de ce café vous permet de siroter un thé à la menthe, un café ou un jus de fruits frais. Il y a une ribambelle de gâteaux marocains et même des cornes de gazelle. Les R'batis y commandent des gâteaux d'anniversaire extravagants !

BARS

À quelques exceptions près, comme le Bistrot du Pietri *(voir ci-contre, p. 110)* avec ses soirées jazz, les noctambules ne trouveront pas leur bonheur dans le centre-ville. Ils devront se rabattre à l'ouest sur l'Agdal et Hay Riad, le nouveau quartier aisé des affaires.

The Dhow

Plan II/B1 – Av. El-Marsa, quai du Bouregreg ☎ 05 37 70 23 02 ou 06 61 55 87 50 (pour le lounge), www.ledhow.com. Lun.-mer. 11h-2h., jeu.-dim. 11h-4h. Happy hours : t.l.j. 19h-21h. Musique live (soirées spéciales). Cocktails avec alcool : à partir de 80 Dh.

On ne peut pas rater ce grand bateau mâté à quai, qui fait office de restaurant-bar. Un espace lounge a pris ses quartiers sur le pont inférieur, dans la cale. Insolite : un méga mojito à partager (320 Dh).

‹ La tour Hassan

The Cedar

Hors plan I par A3 – The View Hôtel. Av. Annakhil (qui traverse Hay Riad), accès par l'av. de la Victoire (An Nasr) ☎ 05 38 00 07 77, www.theviewhotelrabat.com. T.l.j. 10h-23h. Cocktails avec alcool : 135 Dh.

Au 14e étage d'un hôtel qui porte bien son nom (View Hôtel), la vue est à couper le souffle sur tout Rabat. La carte, fournie, de cocktails présente tous les classiques : mojito, cosmopolitan, piña colada, tequila sunrise, etc.

FÊTES ET FESTIVALS

Festival Mawazine

Fin juin. Rens. : ☎ 0802.000.303, page Facebook. Une grande partie des spectacles sont gratuits à l'exception des espaces réservés devant la scène (entre 100 Dh et 1400 Dh).

Huit jours de folie à Rabat durant ce festival musical ! Le concept ? Rythmes du monde, qu'ils soient arabes, africains ou internationaux. Le plateau réparti entre une demi-douzaine de scènes (le Chellah, le Théâtre national Mohammed V, etc.) fait néanmoins la part belle aux artistes marocains, comme Nass el-Ghiwane et H-Kayne.

Jidar-Toiles de rue

Fin juil. Rens. : www.jidar.ma. En accès libre.

Ce jeune festival de street art fait chanter les murs de Rabat ! Chaque année, une dizaine d'artistes internationaux et marocains sont invités pour réaliser, chacun, une fresque géante. On peut les suivre à l'œuvre, dans leurs nacelles. Profitez-en pour découvrir dans la ville un parcours artistique, en commençant par les façades du musée Mohammed VI d'Art contemporain. Les emplacements des œuvres du street art sont à découvrir sur le site Internet du festival.

SHOPPING

Univers du Tapis

Plan II/B1 – 11, rue des Consuls ☎ 05 37 73 01 83. T.l.j. 8h30-20h.

Son propriétaire, Mohammed el-Alami, défend le vrai tapis rbati, qui nécessite un à deux mois de travail, mais rudement concurrencé par les tapis réalisés à la machine *(encadré p. 112)*.

Des jardins-tapis

D'inspiration orientale, les **tapis de Rabat** sont fabriqués depuis le XVIIIe s. On parle de « jardins-tapis », comme s'ils reproduisaient le jardin d'Éden. Le motif central serait une vasque, entourée de parterres constellés de motifs variés (fleurs, fruits, paons, etc.). Traditionnellement, sept couleurs sont utilisées pour leur réalisation. Plus le point est serré (entre 90 000 et 160 000 points au m^2), plus le tapis est résistant et... cher. Le prix dépend également des matériaux employés (laine-coton ou 100 % laine).

> *Comptez env. 600 à 1300 Dh le m^2 (55-120 €) pour un tapis rbati.*

SPORTS ET LOISIRS

Golf

Royal Golf Club de Dar es-Salam

Hors plan I par B3 – Km 9, av. Mohammed-VI, sur la route des Zaers (accès par Bab Zaer) 05 37 75 46 92/93, www.royalgolfdaressalam.com. Lun.-sam. 8h-18h. 9 trous : 300 Dh. 18 trous : 850 Dh.

Sur 45 ha arborés, au cœur d'une forêt de chênes-lièges, ce golf de légende comporte 3 parcours, le bleu ayant été dessiné par le champion Robert Trent Jones. Entre lac et nénuphars, le trou n° 9 du parcours rouge est particulièrement redouté !

Sports nautiques

Rabat Surf Club

Plan II / A1 – Plage des Oudayas 06 61 65 43 62. T.l.j. 10h jusqu'au coucher du soleil. Forfaits : 250-850 Dh. F. pendant le ramadan. Une seule séance : 150 Dh.

Dans ce club, vous pourrez notamment prendre des cours de surf et de bodyboard. Les forfaits « Découvertes »(2 séances) et « Première mousse » (10 séances) incluent le prêt du matériel, de la combinaison ainsi que l'encadrement.

SALÉ

OÙ DORMIR

The Repose

Plan p. 106 / A1 – 17, Zankat Talaa, Ras Chejra (médina), près de la médersa 05 37 88 29 58 ou 06 78 48 62 58/06 61 54 77 38, www.therepose.com. 7 ch. et suites. Table d'hôtes : 200 Dh. Cours de cuisine : 400 Dh/pers., 2 pers. minimum. Hammam à proximité : 15 Dh à l'entrée. Entre 45 et 75 € (500-800 Dh)

Un riad mignon comme un cœur en pleine médina. Rassurez-vous : vous trouverez sur place un interlocuteur francophone, à même de vous orienter sur tous les trésors de Salé.

SHOPPING

Le complexe des potiers

Hors plan p. 106 par B2 – À Oulja, à 3,5 km S-E de Salé. Suivez la dir. de l'aéroport Salé, puis zone artisanale sur la dr., le long du Bouregreg, au-delà du palais des congrès. Cours de poterie avec Marylin Bottero : 06 61 22 42 68, page Facebook, 300 Dh/2h.

Si vous aimez la poterie, Salé est, avec Fès *(encadré p. 177)* et Safi (p. 136), l'un des principaux centres de production. L'argile d'Oulja est réputée pour sa plasticité. Le complexe des potiers ne se résume pas au seul bâtiment où s'arrêtent les cars de touristes ; la zone artisanale s'étend derrière. Vous y trouverez tajines et services de table.

Baignade dans le Bouregreg depuis la Kasbah des Oudayas

Balade secrète

AU FIL DU BOUREGREG

Objet d'aménagements pharaoniques, le fleuve Bouregreg, qui arrose les cités jumelles de Rabat-Salé, a bien changé. Mais il a conservé ses **barcassiers**. À la rame, ils vous font traverser ce fleuve chargé d'histoire. Ou ils vous embarquent pour une petite balade, superbe, au fil de l'eau.

POUR 2,50 DH

Au ponton, on rencontre Aïcha, qui emprunte chaque jour l'une de ces barcasses, barques à fond plat. Habitant Salé, elle rejoint son travail à Rabat par ce moyen de transport insolite. Entre les deux villes, le tramway se joue pourtant des embouteillages qui engorgent le nouveau pont Hassan II. Mais il est plus onéreux. À 2,50 Dh l'aller simple – même pas 25 centimes d'euro –, le bac est imbattable. Et puis Aïcha retrouve chaque matin des habitués ainsi que son barcassier préféré.

De père en fils

Officiellement, ils sont 72 barcassiers, qui organisent leur journée comme ils l'entendent et respectent le tour de chacun. Le travail est dur physiquement. Par tout temps, pluie ou canicule, marée haute ou marée basse, il faut assurer. Président de la corporation, Mohammed Elhaimer ne souhaite pas que son fils prenne sa succession. Lui a commencé pourtant avec son père : « J'avais 20 ans et cela fait 40 ans que je fais ce métier. » Le métier attire néanmoins des jeunes comme Norreddine, 25 ans : une vingtaine d'entre eux sont sur une liste d'attente pour décrocher leur immatriculation.

Au fil de l'eau

Entre Rabat et Salé, la traversée ne dure que cinq minutes. Mais vous pouvez « embaucher » le premier barcassier venu pour une balade au plus long cours. Par beau temps, c'est superbe. Rabat défile lentement sous vos yeux : les murailles de la kasbah des Oudayas, la tour Hassan, plus altière que jamais...

On passe sous le pont Hassan II, à l'architecture éthérée (même pas 13 m de hauteur). Le **Grand Théâtre de Zaha Hadid** (1950-2016) a pris enfin corps après beaucoup de retard. Les bruits de la ville vous parviennent par ricochets, étouffés. Debout, le barcassier vous tend parfois les rames, qu'on lâche vite, entre fous rires et souffle court.

LE FLEUVE ET SES OISEAUX

Le Bouregreg a conservé, côté Salé, toute une partie sauvage, zone humide et saumâtre. Ces vasières herbeuses font le bonheur en grand nombre d'**aigrettes garzettes**, repérables à leur bec noir qui est une véritable dague. Mais les ornithologues identifieront aussi des goélands bruns, des hérons cendrés, des mouettes rieuses, des balbuzards pêcheurs, etc. Inattendu dans ce milieu urbain.

< Sur de petites embarcations, des barcassiers assurent la traversée entre les deux rives du Bouregreg, qui sépare Rabat de Salé.

PRATIQUE

Accès

Sur les quais, côté Rabat et Salé (il y a deux pontons sur chaque rive).

Bon à savoir

Les vieux barcassiers s'expriment parfois difficilement en français. Sur les barcasses, 6 places sont autorisées.

Budget

2,50 Dh/pers. la traversée simple. Petite balade le long du fleuve : de 30 à 120 Dh (pour la barcasse entière). Pour la journée : 300 Dh (hiver) ou 600 Dh (été). Le tarif dépend de la longueur du circuit souhaité, de la saison (forte demande en juil.-août), de l'heure (les marées peuvent rendre le travail du barcassier plus difficile) et de votre envie de négocier.

6 CASABLANCA ✧✧

Atmosphère, atmosphère... Pour beaucoup, Casablanca reste un film, tourné en studio qui plus est ! Dans cette capitale économique et financière du Maroc, le luxe est plus voyant qu'ailleurs, et la misère plus choquante. La « Ville blanche » a poussé trop vite et n'importe comment. Le mot « bidonville » a même été inventé à « Casa », c'est dire ! Circulez, il n'y aurait rien à voir ? Erreur ! Cette ville blanc orgeat possède un patrimoine architectural exceptionnel, Art déco, de la première moitié du XXe s., qui pourrait lui valoir un jour son classement au patrimoine de l'Unesco.

PRATIQUE

- **Plans p. 118-119 et 121**
- **Nos adresses p. 128**

Accès

Casablanca est à 87 km au S de Rabat par la A1.

En avion

L'**aéroport Mohammed V** (05 22 43 58 58 ou 0801 000 224, www.onda.ma) est à 30 km S de Casablanca.

Pour rejoindre le **centre-ville**, deux possibilités : en train jusque Casa-Port (voir ci-après ; aérogare au sous-sol du terminal 1 ; un départ/heure, entre 6h32 et 21h32, 43 Dh) ; ou en taxi (environ 250 Dh en journée, 300 Dh la nuit).

En train

La **gare ferroviaire de Casa-Port** (plan I/C2) se situe bd des Almohades.

Pour rejoindre le **centre-ville** : à pied ou en petit taxi.

Le boulevard Mohammed-V

L'ESSENTIEL

À ne pas manquer
Le Casa Art déco ; la mosquée Hassan II.

Expériences
Faire son footing le matin sur la Corniche, son shopping dans la médina des Habous et achever la nuit à Aïn Diab.

Les plus belles plages
Plages de la Corniche .

Ville moderne (Casa Art déco) ✧✧

Plan I / B3 – Pl. Mohammed-V. Vis. guidée avec Casamémoire selon les disponibilités (p. 121).

Au début du XXe s., pendant la période du protectorat, Lyautey (p. 426), résident général, souhaite créer une ville nouvelle à l'écart de la médina pour éviter de la « déformer » et de la « dénaturer ». Il fait appel à de nombreux architectes bourrés de talent, frais émoulus ou non des Beaux-Arts de Paris, la tête pleine du style « nouille » (Art nouveau) ou des théories du Bauhaus. Casablanca devient alors un vrai laboratoire architectural.

On peut découvrir ces bâtiments Art déco dans la ville moderne.

AUTOUR DE LA PLACE MOHAMMED-V ✧✧

Plan I / B3 – Tramway : T1, arrêt « Mohammed-V ». Parkings souterrains : pl. Mohammed-V (accès devant le palais de justice) et bd Rachidi, 5 Dh/h.

La place Mohammed-V illustre bien la « ville nouvelle » dont rêvait le résident général Lyautey, qui a voulu du « néo-marocain », débarrassé de ses exubérances. Son jeu d'arcatures, ses façades blanches soulignées de pierres blondes en font un ensemble harmonieux. Les ficus, les palmiers et

La **gare de Casa-Voyageurs** se trouve au bout du bd Mohammed-VI (hors plan I par D4). Elle accueille Al-Boraq (la **LGV**, ligne à grande vitesse).

Pour rejoindre le **centre-ville** : en petit taxi ou en tramway (T1, 6 Dh).

En bus

La **gare routière CTM** (✆ 0800 0900 30) se situe 23, rue Léon-l'Africain (plan I / C2). Elle est desservie par les grandes villes (Agadir, Fès, Marrakech, Ouarzazate, Rabat, Tanger, etc.), mais aussi les principales villes européennes.

Pour rejoindre le **centre-ville** : en tramway (T1, 6 Dh), la station la plus proche étant bd Mohammed-V (près du marché central, plan I / C2-3), à 6 min à pied de la gare ; ou en petit taxi.

Les gares des autres compagnies s'échelonnent sur la route des Ouled Ziane (plan I / D3).

→

Plan I : plan général de Casablanca

C
D
Port
Gare maritime
Môle du Commerce
Môle des Agrumes
Jetée des Phosphates
N
1
2
3
4
Koubba de Sidi Bou Smara
Grande Mosquée
Boigny
Casa-Port
Centre 2000
Douane
RABAT, A3
Bd Moulay Abderrahmane
R. Zaïd ou Hmad
(FAR)
Av. de l'Armée Royale
PLACE ZELLAGA
PLACE AL-ISTIQLAL
Avenue Pasteur
R. A. ben Abdallah
Seghir
Rue
Marché central
Boulevard Mohammed-V ★★
ROND-POINT GÉNÉRAL PATTON
Résistance
Bd Mohammed-V
PLACE AL YASSIR
Houmane el-Fétouaki
R. Chaouia
Hassan
M. Smiha
Rue M. Diouri
PL. DE BANDOENG
PL. DU 20-AOÛT
Bd de la Résistance
Bd Émile Zola
RABAT
Bd du 11-Janvier
Av. Lalla Yacout
el-Maani
Mostafa
PLACE DE LA VICTOIRE
Bd de Khouribga
Bd Ibn Tachfine
Rahal el-Meskini
Bd
Strasbourg
Boulevard
R. de Libourne
R. Bachir Ibrahimi
Boulevard Lahcen ou Ider
Hadj
Résistance
Bd de la Gironde
Rue
Bd Mohammed-VI
PLACE LEMAIGRE DUBREUIL
Amar
RD-PT DE L'EUROPE
Bd de la
Notre-Dame-de-Lourdes
Bd de Londres
el-Idrissi
Omar
R. Ahmed el-Figuigui
Palais royal
Riffi
Bd V. Hugo
Av. du 2-Mars
Bd
OUED ZEM, MARRAKECH, A3
Mahakma du pacha

^ Un immeuble Art déco

les pelouses apportent une bouffée de fraîcheur dans cette ville au rythme trépidant, malgré la présence de nombreux pigeons ! La nuit tombée, la **fontaine musicale** (2017) apporte une touche magique à la scène.

Beaucoup d'administrations sont concentrées sur cette place, comme la préfecture et le palais de justice.

Préfecture ✧

Wilaya

Plan I / B3 – Au S de la pl. Mohammed-V. Lun.-ven. 9h-16h30. Entrée libre.

Sa construction date de 1937 et fut confiée au prolifique Marius Boyer. Il abritait l'hôtel de ville.

L'ascenseur menant en haut de la tour-horloge (50 m env.) est hélas interdit aux visiteurs de passage, les privant d'une vue imprenable sur la ville nouvelle.

Consulat de France

Plan I / C3 – À l'E de la pl. Mohammed-V. Ne se vis. pas.

Conçu par Albert Laprade en 1922, le consulat de France se glisse entre le palais de justice et la préfecture. La **statue équestre** du maréchal Lyautey, qui campait sous le protectorat en plein centre de la place, a trouvé refuge dans sa cour d'honneur, côté place Mohammed-V. Elle fut sculptée par François Cogné, à qui l'on doit le Clemenceau près des Champs-Élysées à Paris.

Grand Théâtre ou CasArts ✧✧

Plan I / B3 – À l'O de la pl. Mohammed-V ☎ 05 22 01 02 00.

C'est un vrai ovni en matière architecturale ! Ce récent bâtiment (2019) a fait le pari de l'audace, avec les architectes Christian de Portzamparc, Casablancais d'origine, et Rachid Andaloussi. Il héberge une salle de spectacles, un théâtre et une salle de musique.

PRATIQUE (SUITE)

La première est celle de **SAT**, où les bus nos 10, 11 et 23 permettent de rejoindre le centre-ville (av. des FAR, plan I / B2). La dernière est la **gare de Ouled Ziane** à 4 km env. (hors plan I par D3) ; elle est également desservie par les bus nos 10, 11 et 23.

Se déplacer

En tramway

Les deux lignes, la **T1** (Sidi Moumen-Lissasfa) et la **T2** (Aïn Diab-Sidi Bernoussi), desservent la gare Casa-Voyageurs, le bd Mohammed-V et la pl. des Nations-Unies. Ticket : 6 Dh (+2 Dh le support), valable pour 2 trajets.

En petit taxi

Ils sont de couleur rouge. Petite course dans la ville : comptez 10 Dh env. Bon à

Plan II : Casablanca Art déco

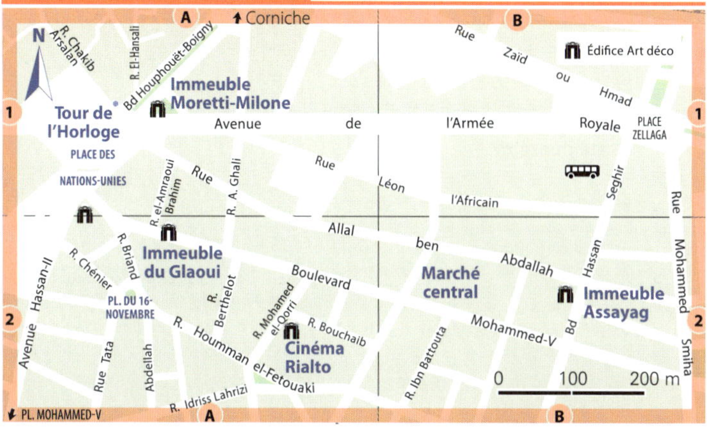

PARC DE LA LIGUE ARABE ✧

Plan I / B3-4 – Av. Hassan-II. Tramway : T1, arrêt « Mohammed-V ». Accès libre. Jeux pour enfants, skatepark.

C'est le seul grand parc (30 ha) de Casablanca, ville qui manque cruellement d'espaces verts. Dessiné au début du XXe s. par Albert Laprade, il a bénéficié d'une récente réhabilitation spectaculaire. Avec ses allées de palmiers ou de ficus, ses fontaines Laprade reconstituées à l'identique, sa séguia (canal) qui le traverse et ses nouveaux cafés, c'est une bulle de sérénité, où l'on oublie l'agitation de la ville.

Au nord-ouest du parc, l'**ancienne cathédrale du Sacré-Cœur** (à l'angle de la rue d'Alger et du bd Rachidi) émerge, toute blanche. Conçue en béton armé, achevée en 1952, désacralisée à l'indépendance, elle héberge un centre culturel (ouv. prévue en 2022).

VILLA DES ARTS ✧

Plan I / A4 – 30, bd Brahim Roudani ☎ 05 22 29 50 87/94, www.fondationona.ma. Mar.-dim. 9h-19h. F. j.f. Entrée libre (sf pendant les spectacles). Vis. guidée (sur résa).

PAUSE

Antic Palais

Avec ses boiseries et ses miroirs, le temps semble s'être figé à l'Antic Palais (p. 130), bien caché au premier étage de l'immeuble La Princière, chapeauté par sa couronne monumentale. On y commandera un *noss-noss*, qui comprend moitié café-moitié lait (12 Dh).

> 57, rue Idriss Lahrizi (plan I / C3) ☎ 05 22 27 34 05. T.l.j. 7h-21h.

savoir : n'hésitez pas à héler un taxi même occupé, car ils se partagent.

En voiture

Parkings souterrains utiles : pl. Mohammed-V (plan I / B3) et bd Rachidi vers CasArts (plan I / A1-2).

Bon à savoir

Les guides bénévoles de l'association **Casamémoire** (voir ci-contre) proposent des balades du Casablanca des Années folles.

En mai, à l'occasion des **Journées du patrimoine,** nombre de bâtiments inaccessibles ouvrent leurs portes gratuitement lors de visites guidées : www.journeesdupatrimoine.ma.

Adresse utile

Association de sauvegarde du patrimoine du XXe s. au Maroc – Casamémoire : 29, av. Lalla Yacout, 5e ét. (plan I / B2) ☎ 05 22 47 43 33, www.casamemoire.org.

La villa fut conçue en 1933 par Diego Jimenez pour la famille Toledano, d'origine juive. Restaurée dans les années 1990, elle s'est transformée en musée-galerie qui accueille des expositions d'**art contemporain**.

Vous découvrirez également son grand jardin avec ses pelouses veloutées, ainsi que sa magnifique montée d'escalier en marbre blanc que soulignent les volutes noires de la rampe en fer forgé.

VERS LE BOULEVARD MOHAMMED-V ✧

Plan I/C2-3 – Tramway : T1, arrêt « Hassan-II ».

Ici, les monuments dignes de votre attention ne sont pas des palais, mais des banques, des cinémas, un marché et également des « immeubles de rapport », qui portent souvent le nom de leur commanditaire.

Le béton libéra bien des audaces, « Casa » se rêvant alors en New York de l'Afrique. Dans les années 1930, la ville était même à la pointe de la modernité, certaines constructions intégrant tout le confort possible à l'époque : ascenseurs, chauffage central, salle de bains avec eau courante, vide-ordures, garage... Autant de commodités largement inconnues en France à la même époque !

Poste centrale ✧

Plan I/B3 – Angle des bd de Paris et Hassan-II ☎ 05 22 22 36 35. Lun.-ven. 8h-16h15 (9h-15h pendant le ramadan), sam. 8h-11h30.

En 1920, ce fut le premier bâtiment public de la ville nouvelle. Il fut confié à Adrien Laforgue.

À l'extérieur, les zelliges en frise et les tuiles vernissées vertes de l'auvent évoquent le décor des médersas mérinides. Mais sous la coupole de la grande salle, vous retrouvez le langage plus géométrique et plus sec de l'Art déco, qui en est alors à ses balbutiements.

Place du 16-Novembre

Plan II/A2.

Elle est Art déco pur sucre, avec les immeubles Baille (1931) et Benarosh (1932) que couve l'œuvre contemporaine du sculpteur Abdelhaq Sijelmassi, placée en son centre : une fontaine au débit très intermittent.

Cinéma Rialto ✧

Plan II/A2 – 35, rue Mohammed el-Qorri ☎ 06 34 75 09 83.

Art déco, ce cinéma datant de 1929 porte la signature de Pierre Jabin. Doté d'un toit ouvrant, il offrait 1300 places, programmait les films en même temps que Paris et accueillait Joséphine Baker ou encore Maurice Chevalier. Et c'est toujours un cinéma (p. 130) mais à l'avenir incertain (on l'annonce régulièrement vendu).

BOULEVARD MOHAMMED-V ✧✧

Plan II/AB-2 – Le tramway (T1) emprunte ce boulevard rendu aux piétons (station « Marché central »).

Ce boulevard offre une revue d'architecture des années 1920-1930. Tous les styles sont représentés : néo-marocain (ou néo-mauresque), néo-classique mâtiné d'Art nouveau et Art déco bien sûr. Il faut se promener nez au vent, se dévisser le cou pour scruter une corniche ou un fronton, laisser dériver son regard sur une frise ou un chapiteau.

Immeuble du Glaoui ✧

Plan II/A2 – À l'angle du bd Mohammed-V et de la rue El-Amroui Brahim. Ne se vis. pas.

Datant de 1922 et conçu par Marius Boyer, l'immeuble a un côté flamboyant qui cadrait bien avec la personnalité de son propriétaire, le pacha de Marrakech (p. 230). Sous les tourelles, des zelliges bleus et dorés encadrent les fenêtres.

Pour l'anecdote, sachez qu'Antoine de Saint-Exupéry, alors pilote de l'Aéropostale, y a séjourné.

Marché central ✧

Plan II / B2 – 171-173, bd Mohammed-V. T.l.j. 6h-17h. F. j.f. Gargotes à l'intérieur.

Sa porte d'entrée reprend les codes architecturaux des portes monumentales de Fès ou de Meknès. Dans ce marché semi-couvert datant de 1917, dû à l'architecte Pierre Bousquet, le chaland appréciera le tableau haut en couleur offert par les étals de fruits ou par les gerbes de fleurs, les glaïeuls émergeant entre les roses et les arums. Le secteur poissons et coquillages mérite le détour. Vous pouvez y déguster des huîtres sur le pouce (8 à 10 Dh l'unité) ou déjeuner à l'arrière dans l'une des **gargotes** du marché. Derrière ses arcades blanches se profilent les tourelles élégantes de l'immeuble Assayag.

^ La place des Nations unies

Immeuble Assayag

Plan II / B2 – Rue Hassan Seghir, à l'angle des rues Allal ben Abdallah et Sitou Ahmed. Ne se vis. pas.

Encore un immeuble qui porte la patte de Marius Boyer, et c'est sans doute son œuvre majeure. Datant de 1930, il a des allures de grand paquebot blanc avec ses quatre tourelles.

Ancienne médina ✧

Plan I / BC-2 – Parking souterrain : pl. Mohammed-V, payant.

Autrefois ceinte de remparts, dont seule une partie subsiste, l'ancienne médina longe la côte sur près de 1 km. Elle abrite les plus anciens bâtiments de la ville, qui fut ravagée par un tremblement de terre en 1755. Le sultan alaouite Sidi Mohammed ben Abdallah décida alors de la relever de ses ruines, la baptisant « **Dar el-Beïda** » (Maison la Blanche). Ce que les Espagnols, ayant obtenu le monopole du commerce, se contentèrent de traduire par *casa blanca* (« maison blanche »).

Des quatre portes d'origine, deux seulement ont survécu : **Bab Marrakech** (au S) et **Bab el-Marsa** (au N). On identifie mal le mellah (quartier juif) : il fut en partie détruit lors de l'aménagement de la place de France, actuelle place des Nations-Unies.

PLACE DES NATIONS UNIES

Plan I / BC-2 – Tramway : T1.

Elle a porté aussi le nom de « place de l'Horloge ». Au centre, une coupole, ***Le Globe***, œuvre de Jean-François Zevaco, essaie de faire bonne figure au milieu

PAUSE CULTE

Rick's Café

En 2004, en bordure de l'ancienne médina, une Américaine, Kathy Kriger (aujourd'hui décédée), a recréé le café du film *Casablanca*. Il y a bien sûr un pianiste pour se refaire la séquence culte, celle où Ingrid Bergman murmure « Play it again, Sam ». Jolie carte de cocktails, dont le French 75, gin-champagne que prenait Humphrey Bogart.

> 248, bd Sour Jdid, pl. du Jardin-Public (plan I / B1) ☎ 05 22 27 42 07/08, www.rickscafe.ma. 12h-15h et 18h30-00h30.

du flot de véhicules. Elle chapeaute le souterrain que les piétons sont invités à emprunter.

Au N-E de la place, la **tour de l'Horloge**, construite en 1910, démolie en 1948, reconstruite à l'identique en 1992, mais déplacée, se retrouve encastrée dans les remparts de la médina. Elle est tout un symbole : celui d'un « minaret laïque », qui imposait l'heure et… l'ordre français.

Juste en face se dressent les 11 étages de l'**immeuble Moretti-Milone**, conçu en 1934 par l'architecte Pierre Jabin.

VIEILLE VILLE

Plan I / B1-2 – Accès au pied de la tour de l'Horloge.

L'ancienne médina demeure imprégnée de l'atmosphère des vieilles villes musulmanes. Flânez dans le dédale de ses souks grouillant de vie et de petits commerces. Elle comporte encore de nombreuses maisons juives ou européennes du XIXe s. ou du début du XXe s., car c'est ici que s'implantèrent les consulats.

Poussez jusqu'à la **sqala** (« échelle », « escale » dans le langage des marins). Donnant sur le boulevard des Almohades, elle est installée dans un fortin de 1769 : ses canons pointent encore vers le large.

À proximité, dans le quartier Tnaker, vous trouverez le **marabout de Sidi Allal el-Kairouani** : le sanctuaire, repérable aux trois boules de cuivre qui surmontent la koubba, abrite la sépulture du patron des pêcheurs. Au XIVe s., il y fut enterré avec sa fille Lalla Beïda, réputée pour la blancheur de sa peau. C'est en son honneur que la cité prit le nom de « Dar el-Beïda ».

PAUSE SUCRÉE

Chez Bennis

Dattes ou macarons aux amandes, cornes de gazelle, croquants au sésame, etc. Autant de délices à déguster Chez Bennis, une légende ! Depuis trois générations, c'est la meilleure pâtisserie de Casablanca, voire du Maroc !

> 2, rue Fkih el-Gabbas, en allant de la pl. Moulay Youssef à la pl. de la Mosquée, accès par la rue Ibn Khaldoun et petite rue à dr. (hors plan I par D4) 05 22 30 30 25. T.l.j. 9h-14h et 15h-20h30.

Nouvelle médina (quartier des Habous) ✧✧

Plan I / B4 – En voiture : de la pl. Mohammed-V, prenez l'av. Mers Sultan, puis l'av. du 2-Mars avant de tourner à g. au bd Victor Hugo, après le parc Murdoch. Parking : devant la Mahakma du pacha, payant (horodateurs). En taxi, comptez 10 Dh env. depuis le centre-ville. Attention, si vous demandez la Mahakma, précisez au taxi qu'il s'agit de la préfecture d'arrondissement actuelle. Évitez le ven. : de nombreuses boutiques sont fermées.

À côté du **palais royal** (ne se vis. pas), la nouvelle médina est construite sur des **terrains habous**, c'est-à-dire sur des biens de mainmorte non transmissibles. Entre 1917 et 1922, elle fut conçue par Albert Laprade, qui a minutieusement décortiqué le plan des villes traditionnelles pour s'en inspirer. Avec le désir, non dissimulé, d'y cantonner les « indigènes », qui n'iraient pas « encombrer la ville européenne ». Elle offrait tout : mosquées, fondouks, marchés, hammams, etc.

Aujourd'hui, c'est un **vrai village dans la ville**, avec une population enracinée qui ne voudrait déménager pour rien au monde. Elle est même devenue une étape incontournable. Et comble de tout, elle paraît même plus authentique que l'ancienne médina ! Dans les **souks**, les chineurs amateurs d'Art déco pourront trouver leur bonheur. On appréciera l'absence de harcèlement « commercial », le moindre renseignement étant fourni sans contrepartie !

MAHAKMA DU PACHA ✧

Hors plan I par D4 – 5, bd Victor Hugo
📞 05 37 67 40 13. Lun.-ven. 9h-16h.
Vis. avec Casamémoire (p. 121) ou un guide agréé.

Se déployant sur plus de 6 000 m², cet **ancien tribunal** du pacha de Casablanca, achevé en 1952 par Auguste Cadet dans un style néo-mauresque, héberge aujourd'hui l'une des huit préfectures d'arrondissement du Grand Casablanca. Rien ne fut trop beau pour les 64 pièces qu'il comporte : des marbres, du bois de cèdre, etc.

AUTOUR DE LA PLACE MOULAY YOUSSEF ✧✧

Hors plan I par D4 – De la préfecture, partez à dr. en sortant et descendez la rue du Palais-Royal, qui débouche sur la place.

Ce ne sont pas les nombreuses librairies du quartier des Habous qui attirent l'étranger sous les arcades en pierre de taille de la médina, mais les nombreuses échoppes autour de la place Moulay Youssef où il y a de tout : objets en cuivre, tapis, babouches, sarouels, etc.

MARCHÉ AUX OLIVES ✧

Hors plan I par D4 – 50, Souk Jdid. Depuis la pl. Moulay Youssef, remontez la rue. À main g. Stand 13.

Vous trouverez dans ce marché, installé dans un ancien fondouk, des olives (à partir de 20 Dh/kg) – citronnées, pimentées, aromatisées à l'ail, etc. – et du miel de cactus.

Vers la Corniche ✧

Plan I / B1 – À pied par l'ancienne médina (pl. des Nations-Unies) et le bd Sour Jdid. En voiture, par le port et le bd des Almohades ; parking payant sous la mosquée Hassan II. En bus, depuis le centre-ville : les lignes 10 et 139 (terminus « Hôpital Sofi ») s'en rapprochent.

Complètement métamorphosé, le boulevard de la Corniche, prolongé par le boulevard de l'Atlantique, s'étire depuis la mosquée Hassan II jusqu'au marabout de Sidi Abderrahmane, longeant Anfa et ses villas-paquebots. Il égrène son chapelet de **plages** privées ou publiques, de piscines d'eau de mer creusées à coups de dynamite dans les rochers, de restaurants, de bars à tapas, de cinémas, de pubs, de discothèques branchées, etc. Quand « Casa » se prend pour Copacabana !

CASABLANCA MARINA

Plan I / B1 – Bd Sidi Mohammed ben Abdallah, entre l'ancienne médina et la mosquée Hassan II.

Le projet de la marina a pris un retard considérable depuis son lancement officiel en 2006. Si les tours résidentielles et nombre de bureaux ont bien été livrés, l'aquarium, le port de plaisance, le palais des congrès et les hôtels de luxe sont en stand-by.

⌄ Quartier des Habous

HISTOIRE

Des chiffres à donner le tournis

Résultat de la collaboration de l'architecte français Michel Pinseau et du maître d'œuvre Bouygues, la **construction de la mosquée Hassan II** a employé 2500 ouvriers, des centaines d'ingénieurs et plus de 12500 artisans, ce qui représente quelque 50 millions d'heures de travail. Ils ont taillé 250000 m² de marbre, granit ou travertin, sculpté 10000 m² de zelliges, 53000 m² de cèdre, 67000 m² de plâtre. Le roi a lancé une souscription nationale « obligatoire » pour financer une partie du projet, qui aurait coûté près de 4 milliards de dirhams.

MOSQUÉE HASSAN II ✧✧✧

Plan I / A1 – 05 22 48 28 86/89, www.fmh2.ma. Vis. guidées : sam.-jeu. 9h, 10h, 11h, 12h et 15h (+16h en été) ; ven. 9h, 10h, 15h (+16h en été). Pendant le ramadan, vis. limitées à 9h, 10h, 11h et 14h (seulement 9h, 10h et 14h le ven.). Plein tarif : 130 Dh. Musée : 9h-13h et 15h-17h (ramadan : 9h-15h) ; 30 Dh.

Dans un site battu par les embruns, cette mosquée a été inaugurée le 30 août 1993, jour anniversaire de la naissance du Prophète, après sept ans de travaux gigantesques *(encadré ci-contre)*. Le roi du Maroc, commandeur des croyants, a offert à la communauté de musulmans un « nouveau phare de l'Islam », dans une ville qui semblait avoir l'argent pour seul culte.

Le monument, construit sur un terrain de 9 ha, pour les deux tiers gagnés sur l'océan Atlantique, semble flotter sur la mer, qu'il domine d'une dizaine de mètres. La mosquée possède le plus haut **minaret** du monde (200 m). Il est équipé d'un rayon laser indiquant la direction de La Mecque sur une portée de 30 km. Elle peut accueillir 105000 personnes, dont 25000 dans la salle de prière.

À l'intérieur, la salle de prière, haute de 60 m, large de 100 m, longue de 200 m, est d'une pureté aérienne malgré la profusion de sa décoration. Elle est surmontée d'un toit coulissant de 1100 t. En dépit de son jeune âge, la mosquée semble souffrir d'un vieillissement prématuré, ce qui nécessite régulièrement des travaux d'endiguement

< La mosquée Hassan II

et de rénovation. Elle est aussi un complexe culturel comportant une médiathèque et un musée.

PROMENADE MARITIME ✧✧

Plan I / A1 – Bd de la Corniche.

Inaugurée en 2019, cette superbe promenade au bord de l'océan, un « baladoir », relie sur 1500 m la mosquée Hassan II au phare d'El-Hank. Des jardins biofiltrants recyclent même les eaux usées. Aires de jeux pour enfants, espaces sportifs, etc., y ont été programmés.

PHARE D'EL-HANK ✧

Hors plan I par A1 – Bd de la Corniche. Vis. avec le gardien (pourboire à prévoir).

Il a été dessiné en 1916 par Albert Laprade, l'homme du quartier des Habous (p. 124). Haut de 51 m, automatisé, c'est le plus haut phare du Maroc parmi les 36 que compte le pays. Deux gardiens se relaient et ne sont pas avares d'explications lors de la visite « informelle ». Ils vous accompagneront jusqu'à la **plateforme** supérieure (256 marches à monter), d'où la vue est hallucinante.

Le quartier entier d'El-Hank est aussi un « phare » du **street art** : en 2018, **Casamouja**, un jeune festival, l'a réquisitionné en offrant ses murs à sept graffeurs, marocains comme Majid El Bahar et Iramo, ou internationaux. On pourra y découvrir **neuf fresques géantes**.

PLAGES DE LA CORNICHE

Hors plan I par A1 – Bd de la Corniche.

Chacun trouvera son petit bonheur parmi les plages qui défilent après le phare. La plus proche est sans aucun doute celle de **Lalla Meryem** (près du phare d'El-Hank), très populaire. Il y a aussi les « piscines », installées à l'arrière de plages privatisées, où l'on vous réclame un droit d'entrée (100-300 Dh, selon le jour et la saison) pour bénéficier de transats et de parasols.

AÏN DIAB

Hors plan I par A1 – Bd de l'Océan-Atlantique (dans la continuité du bd de la Corniche). Bus depuis Casa-Port : ligne 9, arrêts « Megarama », « parc Sindibad » et « Morocco Mall ». Tramway : T2, terminus.

Là aussi, en 2018, le front de mer a fait l'objet d'un lifting, le second du genre, entre l'hôtel Suisse et le Morocco Mall (vaste centre commercial). Tapageuse, cette **station balnéaire** concentre nombre d'attractions (cinéma Megarama p. 130, parc Sidinbad, entre autres). C'est ici que vous entamerez ou terminerez la nuit. Côté plage, la houle peut être forte dans ce secteur : elle est plutôt fréquentée par les surfeurs.

MARABOUT DE SIDI ABDERRAHMANE

Hors plan I par A1 – Au bout du bd de l'Océan-Atlantique.

Dans la mer, sur un **îlot rocheux**, vous remarquerez ce marabout, objet d'un pèlerinage fervent. Seuls les musulmans y ont accès ; ils peuvent le rejoindre à marée basse. Le sanctuaire est entouré d'échoppes.

• NOS ADRESSES •

CASABLANCA

OÙ DORMIR

Hôtel Point du Jour

Plan I/C3 – 10, rue du Lieutenant-Berger 05 22 27 92 07, www.hotelpointdujour.ma. 17 ch. Petit déj. non compris en principe (30 Dh). Parking très limité dans la rue. Autour de 45 € (500 Dh)

Une affaire que ce 2-étoiles, vu sa position centrale, à l'arrière du parc de la Ligue arabe (côté avenue Hassan-II). Il a été refait de fond en comble : on a même trouvé le moyen d'y insérer un ascenseur. Les chambres sont spacieuses.

Odyssée Boutique-Hôtel

Plan I/C2 – Rue Kamal Mohamed (vers le bd des FAR) 05 20 48 38 00, www.odysseecenter.com. 138 ch. Restaurant et bar. Petit déj. : 165 Dh si non inclus. Parking gratuit. Navette aéroport : 400 Dh (1 à 3 pers.). À partir de 90 € (985 Dh)

Près de tout (la gare, le quartier Art déco, etc.), une nouvelle génération d'hôtels, modernes, qui a toutefois du style. On y appréciera les services offerts.

JM Suites & Spa Hôtel

Plan I/B3 – 161, bd Rachidi, à l'angle avec le bd Hassan-Ier 05 22 26 06 66, www.jmsuiteshotel.com. 36 suites. Étages non fumeurs. Wifi. Bar Le Jame's en rooftop (6e ét.). Parking gratuit. Entre 85 et 110 € (900 et 1200 Dh)

À deux pas du parc de la Ligue arabe, cet hôtel ultra-contemporain, et équipé des dernières technologies, offre des chambres spacieuses (38 m² minimum) avec kitchenette. Il propose également beaucoup de services (salle de gym, sauna, massages, etc.). Son restaurant, La Esquina, est de style bar à tapas, avec soirées flamenco ou salsa (régulièrement les mercredis ou jeudis et les vendredis).

La cathédrale de Casablanca

Festival de musique à Casablanca

Depuis presque vingt ans, **L'Boulevard** est un festival de musique urbaine (hip-hop, rap, rock, metal, fusion) qui a servi de tremplin à de jeunes groupes marocains. Il a révélé, entre autres, des artistes comme H-Kayne et Amiral. Au fil des éditions, il a intégré de nouvelles expressions artistiques comme le cirque et le théâtre.

> Fin sept. Au stade du R.U.C, accès par le bd Brahim Roudani (hors plan I par A4). Entrée gratuite. En savoir plus : boulevard.ma.

Le Doge

Plan I / B3 – 9, rue du Dr-Veyre, derrière le bd Rachidi, vers la rue du Parc 05 22 46 78 00, http://hotelledoge.com. 16 ch. Petit déj. buffet : 180 Dh. Autour de 140 € (1500 Dh)

Dans une petite rue tranquille, les chambres ont été aménagées dans une villa datant des années 1930. Le mobilier est raccord, de style Art déco. Et avec la salle de bains en marbre, tout est calme et volupté ! En paiement anticipé, cet hôtel de grand charme peut devenir abordable.

OÙ MANGER

On peut également se restaurer dans l'une des gargotes du marché central (p. 123) ou au bord des piscines du club Miami Plage (p. 131).

Parc Dar Kachon

Plan I / C2-3 – Bd Mohammed-V. Marché central : stand n° 3. Lun.-sam. 9h-18h30. F. j.f. Moins 10 € (110 Dh)

Au marché central, entre deux « Ma chérie » de Zoubida, vous choisissez huîtres, moules, palourdes, crabes, etc., et votre commande peut vous suivre à une table du marché. Vous pouvez aussi vous « contenter » de déguster sur le pouce une demi-douzaine d'huîtres (entre 8 et 15 Dh pièce) qu'on ouvrira devant vous.

Chez Paul Casa Anfa

Hors plan I par A3 – À l'angle du bd Anfa et du bd Moulay Rachid 05 22 36 60 00, http://paul-maroc.com (et page Facebook). T.l.j. 7h-22h. À la carte et 2 menus « légèreté » ou pizza : 110 Dh. Menu planches : 95 Dh. Brunch : 129 Dh. Pas d'alcool. Autour de 15 € (160 Dh)

Certes, une enseigne internationale au Maroc n'est pas forcément tentante. Mais ici, le cadre est sublime : un jardin et la villa Papillon signée Jean-François Zevaco (1949). Allez- y pour le brunch, c'est une institution. Sinon, la cuisine proposée est de style brasserie.

Al-Mounia

Plan I / C3 – 95, rue du Prince Moulay Abdallah 05 22 22 26 69. T.l.j. 12h30-23h. À la carte. Plats : 150-180 Dh. Sert de l'alcool. Autour de 25 € (270 Dh)

Dans une demeure traditionnelle tout en zelliges, la table offre une cuisine marocaine raffinée : poulet aux amandes, couscous, tajines, méchoui au feu de bois (sur commande), pastilla au pigeon. Quand c'est possible, le dîner se déroule dans le patio-jardin, sous les arbres : c'est alors un véritable enchantement !

La Sqala Café Maure

Plan p. 84-85 / B1 – Bd des Almohades (ancienne médina) 05 22 26 09 60, https://sqala.ma. T.l.j. 8h-23h. À la carte. Plats : 70-170 Dh. Pas d'alcool. Terrasse. Autour de 25 € (270 Dh)

Le restaurant se love dans les remparts. Savoureuse, la cuisine est marocaine et « fusion » : tajines en tout genre, de chevreau, de lotte, etc., et fabuleux desserts comme une pastilla au lait ou une glace à la fleur d'oranger. Mais on peut s'y rendre simplement pour un goûter gourmand ou la spécialité du jour (rfissa le jeu. à base de crêpes à 170 Dh).

Ostrea

Plan I / B1 – Au port, à dr. en entrant 05 22 44 13 91. T.l.j. 12h-23h (service en continu). À la carte. Plats : de 110 Dh (friture) à 240 Dh (turbot). Sert de l'alcool. Autour de 25 € (270 Dh)

Les huîtres viennent d'Oualidia (p. 135), près de Safi : on peut les déguster avec de la ciboulette, du fromage (c'est assez insolite) ou en soupière. Les poissons et crustacés sont de première fraîcheur : salade d'araignée, fricassée de lotte, filet de saint-pierre en sauce.

Le Petit Rocher

Plan I / A1 – Bd de la Corniche, près du phare d'El-Hank ☎ 05 22 36 26 26, page Facebook. T.l.j. midi-minuit (service en continu). À la carte. Sert de l'alcool. Parking sur place. Autour de 35 € (380 Dh)

Du restaurant gastronomique, on a une vue magnifique sur la mosquée Hassan II. On y déguste une cuisine subtile, essentiellement de la mer, aux accents méditerranéens : salade de chèvre fermier, dos d'espadon, filet de saint-pierre grillé dans son émulsion de coquillage. La parillada (450 Dh), qui propose une généreuse variété de poissons et de crustacés, se partage. Belle carte de vins marocains, comme ceux du Château Roslane (p. 187).

CAFÉ, THÉ

Antic Palais

Plan I / C3 – 57, rue Idriss Lahrizi ☎ 05 22 27 34 05. T.l.j. 7h-21h.

Voir pause p. 121.

BARS

Voir aussi pause p. 123. Toute la vie nocturne se concentre en grande majorité dans les hôtels, comme sur le rooftop du JM Suites & Spa Hôtel (p. 128), ou à Aïn Diab (la corniche). Allez-y au feeling ; ici, les modes se font et se défont à la vitesse de la lumière ! Attention, tenue correcte exigée (les videurs sont intraitables).

Le Cabestan-Océan View

Hors plan I par A1 – 90, bd de la Corniche (sous le phare El-Hank). ☎ 05 22 39 11 90, www.le-cabstan.com. T.l.j. 12h-1h. Vin au verre : 85-130 Dh. Cocktails.

Cette institution (née en 1926 !) a bénéficié d'un relooking total côté restaurants et bar. La vue sur l'océan est toujours aussi incroyable (y compris des toilettes !). Et l'ambiance, après 21h30, au rendez-vous avec DJ résidents ou invités. Programmation sur Facebook.

Mandaloun

Hors plan I par A1 – 11, rue de la Mer Noire, Aïn Diab ☎ 06 60 30 73 07, page Facebook. T.l.j. 20h30-2h.

C'est d'abord un restaurant de cuisine libanaise, mais c'est aussi un lieu où vous pourrez entendre quelques stars du chaabi (musique populaire arabe). Sachez qu'il a des soirées « ramadanesques » (lors du ramadan). Le lieu est enfin réputé pour être « le » bar à chicha. Bref, ambiance orientale assurée sur tous les plans.

SHOPPING

Dans le quartier des Habous, vous pourrez effectuer des achats dans le marché aux olives (p. 125) ainsi que dans les souks (p. 124) où vous ferez des affaires (babouches, céramiques, savons, épices, etc.) en toute tranquillité et sans harcèlement.

Centre commercial

Morocco Mall

Hors plan I par A1 – À Aïn Diab, au bout du bd de l'Océan-Atlantique ☎ 0801.001.230 (n° vert), www.moroccomall.ma. Dim.-jeu. 10h-21h, ven.-sam. 10h-22h.

Architecture, conçue par l'Italien Davide Padoa, qui en fait un ovni… Mais au dernier niveau, le plus grand centre commercial d'Afrique (350 boutiques !) a reconstitué et réinterprété un petit souk (700 m²) dans son enceinte. Bijoux, parfums, artisanat.

SPORTS ET LOISIRS

Cinéma

Megarama

Hors plan I par A1 – Bd de la Corniche ☎ 05 22 79 88 88, casablanca.megarama.ma. Jusqu'à 7 séances le dim. Séances tardives (0h45) certains soirs. Prix des places : entre 50 Dh (lun.) et 65 Dh (w.-e.).

Il se veut le cinéma du XXIe s. au Maroc, d'où sa programmation : superproductions hollywoodiennes, films en hindi et même le dernier film de Jeanne Herry ou de Steve McQueen (le réalisateur). Mais les conditions, folkloriques, dans lesquelles se déroulent certaines projections (absence de climatisation, bruits dans la salle, etc.) peuvent dérouter plus d'un spectateur.

Le Rialto

Plan II / A2 – 35, rue Mohammed el-Qorri 05 22 26 26 32. 3 séances/j. : 14h, 16h et 18h. Prix des places : 30 Dh (à l'orchestre) et 50 Dh (au balcon).

C'est un petit joyau Art déco (p. 122) pour ce cinéma culte. Certains films peuvent être en français. Il accueille aussi des concerts ou des pièces de théâtre.

Club piscine

Miami Plage

Hors plan I par A1 – À Aïn Diab. 11, bd de la Corniche 05 22 79 71 33, http://miamifitnessclubcasa.ma. Mai-sept. T.l.j. 9h-18h. Entrée piscine-plage : 100 Dh (adul.) et 50 Dh (enf.) ; en hiver, cela se négocie !

La vague des « plages privées », aux noms tous plus exotiques les uns que les autres, a déferlé à « Casa ». Celle-ci offre, outre la baie (10 000 m²!), 10 bassins, 4 terrains de sport, pédalos et autres attractions. À l'année, seule la piscine intérieure (200 Dh l'entrée pour la journée, réservée aux adultes) dans le fitness club est chauffée. Petite restauration sur place.

Golf

Royal Golf d'Anfa

Hors plan I par A3 – À l'intérieur de l'hippodrome d'Anfa (accès par le bd d'Anfa) 05 22 36 10 26 ou 06 62 31 93 83, www.rgam.ma/rgam-site-anfa. T.l.j. 7h-19h (en principe). Green fees : 500 Dh.

Son principal atout est d'être en pleine ville avec la mosquée Hassan II en arrière-plan. Il offre un 9-trous très technique.

Parc d'attractions

Parc Sindibad

Hors plan I par A1 – À Aïn Diab. Bd de l'Océan-Atlantique 05 22 79 68 62, http://parcsindibad.ma. T.l.j. sf lun. 11h-20h. Entrée (hors attractions) : 25 Dh, gratuit pour les enfants mesurant moins de 80 cm. Ensuite, forfait bracelets : « fun » à 75 Dh (17 attractions), « extra fun » à 140 Dh ou VIP à 270 Dh. Possibilité de payer à l'unité. Parking : 10 Dh/j.

Montées d'adrénaline assurées avec des loopings à 70 km/h dans « Le serpent » ou lors de glissades folles en radeau dans un toboggan géant. Mais le parc peut s'apprécier aussi en famille, avec des activités plus tranquilles, aquatiques ou non.

Terrasse de restaurant sur la corniche

7 D'EL-JADIDA à Safi ✧✧

Sur cette partie de la côte atlantique, vous allez faire connaissance avec ce qu'on appelait les *fronteiras*, les confettis d'un éphémère empire portugais au XVIe s. : El-Jadida la discrète, Safi l'industrieuse et ses potiers. Leurs murs s'effritaient, leur charme se diluait dans la nostalgie. Leur réhabilitation est programmée ou déjà bien entamée, tandis que s'est installée à Mazagan une station balnéaire nouvelle génération. Autre station balnéaire au « menu » : Oualidia, célèbre autant pour ses huîtres que pour le surf pratiqué dans sa baie comme dans « une piscine à vagues ».

PRATIQUE

- **Plan p. 95**
- **Nos adresses p. 138**

Accès

Depuis Casablanca, par la N1, **El-Jadida** est à 110 km (1h20), et **Safi** à 240 km (2h30).

En train

El-Jadida : la **gare ferroviaire** (☎ 22 55, www.oncf-voyages.ma) est à 4 km S de la ville. Elle est desservie par des trains en provenance de Casablanca (Casa-Port ou Casa-Voyageurs, 8 fois/j., 1h23 minimum de trajet, 37-53 Dh selon la classe). Pour rejoindre le **centre-ville** : en petit taxi.

Safi : la **gare ferroviaire** (☎ 022 55) se situe av. Sidi Ouassel, à 2 km S de la ville. Elle est desservie par des trains en provenance de Marrakech via Benguerir (2 fois/j., près de 4h de trajet, 73-107 Dh) et de Casablanca (2 fois/j., 4h20 de trajet, 87-140 Dh).

Des céramiques colorées réalisées à Safi

L'ESSENTIEL

À ne pas manquer
La vieille cité d'El-Jadida ; le musée national de la Céramique à Safi.

Expériences
Rendre visite aux potiers de Safi, explorer la lagune d'Oualidia en bateau, en paddle.

Les plus belles plages
Lalla Fatna et Sidi Bouzid.

El-Jadida ✧✧

Parkings : près des remparts, autour de la pl. Abdelkrim el-Khattabi ou av. de Suez, payants. Souk quotidien : face à la cité portugaise.

Son climat doux et son sable fin ont pu la faire surnommer le « Deauville marocain ». Ce qui est bien exagéré !

CITÉ PORTUGAISE ✧✧

Inscrite au patrimoine de l'Unesco, la cité fortifiée, qui est restée portugaise jusqu'en 1769, a la forme d'une étoile à quatre branches. Autrefois, elle était totalement isolée de la terre ferme par un fossé assez profond, dans lequel s'engouffrait la marée : il est visible encore au sud.

El-Jadida, dite « la nouvelle », qui s'est remise à vivre plus de 50 ans après le départ forcé des Portugais, a conservé murailles, canons et sa légendaire citerne dans la rue principale. Une rue bordée d'échoppes et de vieilles maisons au cachet certain.

Pour rejoindre le **centre-ville** : en petit taxi (10-15 Dh).

En bus

El-Jadida : les **gares routières** se trouvent av. Mohammed-V, aussi bien pour **CTM** que pour les autres compagnies. Elles sont desservies par les bus en provenance de Casablanca (avec CTM, 1h40 de trajet, 45 Dh).

Safi : la **gare routière** est située av. du Président-Kennedy. Elle est desservie par les bus en provenance de Casablanca (avec CTM, 4h de trajet, 105 Dh).

Se déplacer

En voiture

D'El-Jadida à Safi, le mieux est d'emprunter l'autoroute El-Jadida/Safi jusqu'à Oualidia Est (péage 35 Dh, voiture catégorie 1), puis d'emprunter la route côtière, qui est pittoresque. Attention aux **excès de vitesse** !

→

< La citerne portugaise

Remparts ✧✧

T.l.j. 9h-18h. Accès libre. Vous pouvez vous contenter d'un « demi-tour » : au N et à l'O, les bastions Saint-Sébastien et Saint-Antoine sont dégradés, le chemin de ronde est envahi par les herbes folles.

Après avoir franchi l'enceinte par l'une des deux portes, percées au XXe s., tournez à droite : vous accédez au sommet des **remparts** par un escalier sous voûte (à dr.). Le **bastion du Saint-Esprit**, l'un des quatre bastions de la cité, domine le marché.

Suivez le chemin de ronde, très large, pour découvrir la vue sur l'océan et le port : les barques colorées des pêcheurs qui clapotent dans l'eau, les aigrettes qui cherchent leur pitance, les ramasseurs de coquillages à marée basse, etc.

Du **bastion de l'Ange** (à 250 m du bastion du Saint-Esprit), qui forme une avancée dans la mer, vous pourrez repérer les symboles des trois religions qui ont cohabité en harmonie à El-Jadida. Vous réussirez sans peine à identifier les clochers de **Saint-Antoine-de-Padoue** et de **Notre-Dame-de-l'Assomption**, deux églises désaffectées (la première est devenue un hôtel, l'Iglesia, p. 138, la seconde un théâtre). Vous débusquerez facilement aussi le **minaret pentagonal** de la mosquée Jamaa Abdelahak, qui servit un temps de phare. L'ancienne **synagogue**, près du **bastion Saint-Sébastien**, vous donnera peut-être plus de fil à retordre.

Citerne portugaise ✧✧

Rua da Carreira. T.l.j. 9h-13h et 15h-18h. Plein tarif : 60 Dh. Fermée temporairement « dans le cadre d'un projet de restauration ».

PAUSE

Pain bénit

Tout à côté de la **porte de la Mer** (à g.), vous êtes irrésistiblement attiré par l'odeur du pain frais. Eh oui ! C'est une boulangerie, plus exactement, un **four collectif**, où tout le monde vient apporter sa pâte, puis récupérer le pain une fois cuit. À la sortie, quelques pêcheurs font griller des sardines sur la braise. Demandez à acheter l'un de ces petits pains ronds (*kesra*) sortis du four. Un régal !

> *La porte de la Mer se situe au bout de la rua da Carreira, côté océan.*

PRATIQUE (SUITE)

Méfiez-vous des longues lignes droites, notamment à la sortie d'El-Jadida, où la maréchaussée attend en embuscade.

↓ Conseil

Il vaut mieux éviter Oualidia en juillet-août : elle est alors très (trop) prisée.

↓ Adresses utiles

Infos touristiques

El-Jadida : www.ot-eljadida.com.

Safi : www.safi-ville.com.

Ce bel édifice du XVIe s. fut construit pour abriter une salle d'armes et/ou un grenier, selon des versions divergentes. Sa vaste salle de 34 m de côté aux voûtes en pierre servit ensuite de **citerne** dans laquelle l'eau douce était recueillie par le toit, en vue de soutenir un éventuel siège. Sa capacité serait de deux millions de litres ! Oublié pendant plus d'un siècle, puis redécouvert par hasard en 1916, le lieu a conservé sa magie. La lumière sommitale et des éclairages d'appoint jouent avec quelques centimètres d'eau, où se reflètent les 25 colonnes massives qui soutiennent le plafond. Ajoutez le bruit des gouttes...

Le site a séduit Orson Welles, qui y a tourné en 1949 une partie de son *Othello*. Avant que le toit menace de s'effondrer, on y donna des concerts, l'acoustique étant excellente !

D'El-Jadida à Safi par la route côtière ✧

La route file droit dans le **pays Doukkala**. Des plateaux où broutent chèvres et dromadaires alternent avec des cultures maraîchères. En contrebas, des langues de sable s'étirent sur des kilomètres.

À l'abri de cordons dunaires, des **marais salants** miroitent. L'été, vous y remarquerez sans doute des familles entières, qui se livrent à la cueillette d'algues rouges, destinées à la production d'agar-agar (gélifiant) pour l'industrie agroalimentaire.

SIDI BOUZID ✧

À 5 km S-O d'El-Jadida. Bus local depuis El-Jadida : départ rue Ahfir, ligne 13, www.equinoxtransport.ma, arrivée à la mosquée de Sidi Bouzid.

Avec ses villas et ses résidences secondaires, cette station balnéaire est très fréquentée l'été. Sa **plage** de sable doré, qui s'étire sur 1,2 km, est belle. Mais les informations sur la qualité des eaux sont données avec un an de retard !

MOULAY ABDALLAH ✧

À 10 km S d'El-Jadida.

Cette petite ville conserve quelques vestiges de son passé, à l'époque où son site fut le *ribat* (forteresse-couvent) de Tît, comme en témoigne son **grand minaret** datant du XIIe s. En été, elle accueille l'un des plus importants moussems du pays *(encadré ci-contre)*.

OUALIDIA ✧✧

À 76 km S-O d'El-Jadida. Souk : le sam.

La station est prisée des Marrakchis, et l'autoroute A1

FÊTE

Le moussem des Mille Cavaliers

Début août, à Moulay Abdallah, le *mehrek* (enceinte aménagée au bord de l'océan) reçoit jusqu'à un million de visiteurs. Pendant une semaine, un camp de toile bigarré (plus de 20 000 tentes !) surgit sur la mer. Les fantasias font le spectacle de ce **moussem des Mille Cavaliers** (en 2022, 2 000 cavaliers étaient attendus). Les derniers fauconniers du pays Doukkala s'y produisent.

> *Rens. : www.moulayabdellah.ma.*

Plage de Sidi Bouzid ›

PAUSE HUÎTRES

Ostréa II

À Oualidia, à l'extérieur du restaurant Ostréa II, vous pouvez déguster toute l'année une assiette d'huîtres, que l'on ouvre devant vous. Les puristes regretteront juste l'absence d'une rondelle de citron.

> À l'entrée d'Oualidia, en arrivant d'El-Jadida, petite route à dr. vers la mer ☎ 06 64 49 12 76, page Facebook. Comptez 70 Dh la douzaine (n° 3) et 80 Dh (n° 2). Pour 50 huîtres : 275 Dh (n° 2).

(Casablanca-Rabat-Safi), qui passe tout près (à 14 km env.), draine aussi les surfeurs de la capitale. L'été, sa population grimpe jusqu'à 40 000 habitants pour 9 000 résidents permanents.

L'un des atouts d'Oualidia est sa **lagune**, qui s'étend sur près de 8 km : fascinante avec ses eaux bleu marine ou vert turquoise, elle communique avec l'océan par une passe permanente. En **surf,** on peut y faire toute l'année ses débuts, mais en restant prudent. Les moins sportifs préféreront la balade en « **vaporetto** », bigrement coloré, sur ladite lagune pour approcher parcs à huîtres et grottes ou accoster sur une plage de sable fin qui borde l'océan.

La découverte d'Oualidia se termine forcément devant une assiette d'**huîtres**, charnues à souhait. Dans les années 1950, un Français originaire de Vendée a lancé l'élevage de *Crassostrea giga* (dites « huîtres du Pacifique » ou « huîtres japonaises »). Sur place, l'ostréiculture compte désormais sept fermes.

> Entre Oualidia et Safi, la route tantôt se rapproche, tantôt s'écarte d'une côte rectiligne aux plages de sable fin magnifiques et désertes, souvent dangereuses. Les cultures occupent la moindre parcelle de terre arable, tandis que le plateau est un vrai désert de pierres. Au cap Beddouza, où le phare (1916) domine une petite station balnéaire, la route vire à gauche et surplombe une côte rocheuse et sauvage.

Safi ✧

À 132 km S d'El-Jadida par la route côtière (148 km par l'autoroute Casa-Safi). Parking : pl. de l'Indépendance, payant. L'été, lignes saisonnières de bus vers la plage de Safi-Ville au N (ligne 1, 12 km A/R). Départ du circuit intra-muros : pl. de la Douane.

Cette ancienne capitale mondiale de la sardine, dans les années 1960, se présente sous un jour peu engageant avec son **port industriel** très actif (exportation des phosphates, conserveries, etc.). Ouvert en 2019, le nouveau port, à 15 km au sud de la ville, n'accueille pour l'instant que les vraquiers de charbon pour la centrale thermique.

Pour autant, Safi s'est redécouvert une vocation touristique. Il est vrai qu'elle a gardé de beaux restes de sa période portugaise (1508-1541) et qu'elle mérite la visite, d'autant que sa **poterie** est réputée.

‹ Le château de la Mer

CHÂTEAU DE LA MER ✧

Qsar el-Bahr

Accès par souterrain depuis la pl. de la Douane.
F. pour restauration, réouverture indéterminée.

Face à l'océan se dresse le château de la Mer, citadelle portugaise de 60 m de côté édifiée vers 1508 pour protéger l'ancien port côté nord.

Du chemin de ronde ou de la plate-forme, d'où les canons ont déménagé, la **vue panoramique** sur la ville est somptueuse. Et cela, sur fond de vagues qui se fracassent en contrebas.

MÉDINA ✧

Accès par pl. de la Douane, en face du château de la Mer.

Très pimpante, la **rue du Souk**, la plus effervescente de la médina, est flanquée de boutiques. De nombreux panneaux – ici une librairie, là une ancienne agence commerciale anglaise – illustrent la riche histoire de la ville aux XIXe et XXe s.

À droite, après la **Grande Mosquée**, le passage El-Bouiba mène à ce qu'on appelle la « **Chapelle portugaise** », en pierre taillée (en principe t.l.j. 9h-18h ; plein tarif : 50 Dh). C'est tout ce qui reste du chœur et d'une chapelle latérale de l'ancienne cathédrale de Safi. De style gothique manuélin – rarissime en Afrique –, elle fut construite en 1519. En 1541, lorsque les Portugais évacuèrent la ville, le roi auJean III ordonna sa destruction pour qu'elle ne tombe pas aux mains de musulmans. La chapelle fut néanmoins transformée en hammam.

SOUK DES POTIERS ✧

Au N-E de la médina, dans le quartier de Bab Chââba. Faites-vous indiquer le chemin pour l'atelier de Mohammed Sentil Rbati ou celui d'un Serghini.

Les boutiques des **artisans** sont regroupées autour de Bab Chââba, dont celle du plus illustre d'entre eux, maître Ahmed Serghini, héritier de sept générations de potiers et « fournisseur » du roi Mohammed VI.

Si vous voulez voir des artisans à l'œuvre, grimpez sur la colline des potiers (en face de Bab Chââba) ou poussez jusqu'à la vallée Chââba (par la rue des Forgerons à dr. de Bab Chââba). Laissez-vous guider par les maigres panaches de fumées qui montent dans le ciel. Des visites et initiation sont même possibles, mais la crise sanitaire a porté un coup dur à cet artisanat.

KECHLA ✧

Accès par un escalier dans la rue des Forgerons. Mer.-lun. 9h-18h en principe. Accès libre.

Badigeonnée de blanc, la Kechla, c'est-à-dire la « caserne », bien que d'origine almohade (XIIe s.), arbore les armoiries de Manuel Ier, roi du Portugal (1495-1521). Le fils du sultan Sidi Mohammed ben Abdallah l'a transformée en résidence (XVIIIe s.), d'où son autre surnom, « Dar es-Soltan ».

Reste la **vue prodigieuse sur la médina et la mer**, qui s'offre de la plate-forme du bastion nord-ouest, hérissée de canons (à dr. de l'entrée) : elle vaut tous les dédommagements.

POINT DE VUE

La Belle Vue

À Safi, la place de l'Indépendance reste un pôle animé le soir. Prenez un peu de hauteur en réservant une table à **La Belle Vue**, qui a bien mérité son enseigne : le regard plonge sur le château de la Mer. Au loin, les falaises se détachent. Plat principal côté poissons : 80-90 Dh. Pas d'alcool.

> Dans l'Hôtel Riad Asfi (au 5e et dernier étage), 11, pl. de l'Indépendance ☎ 05 24 46 46 95. T.l.j. 12h-14h et 20h-23h.

PLAGE

Lalla Fatna

À Lalla Fatna, le tableau est de toute beauté : des **falaises** ocre, une **plage** de sable orangé en contrebas et les rouleaux (traîtres, la prudence est de rigueur) d'une mer au bleu étincelant. Ajoutez la présence d'un petit café sans prétention qui propose un bon tajine aux moules.

> À 18 km N de Safi (R301), panneau indicateur. Plus 2 km d'une descente raide (bétonnée néanmoins). Parking payant l'été (5 Dh). Café Lalla Fatna 📞 06 29 46 70 51. Tajine de poisson : 80-120 Dh.

MUSÉE NATIONAL DE LA CÉRAMIQUE ✧✧

Dans la Cité des Arts, à l'angle de l'av. Idriss-Ier et de la rue Al-Madina Mounawara 📞 05 24 46 39 67, www.fnm.ma. Mer.-lun. 10h-18h. F. j.f. Plein tarif : 20 Dh.

La céramique marocaine a enfin le musée qu'elle méritait. Passionnant, interactif. Et avec des pièces inestimables. Dans une scénographie tonique, on passe en revue l'histoire de cet artisanat, de la Préhistoire (8 000 ans av. J.-C.) à aujourd'hui. À la sortie, vous ne confondrez plus la poterie de Tamegroute (dans le Sud, près de Zagora) avec celle du Rif, et les décors zoomorphes de Fès n'auront plus de secrets pour vous : les « mille-pattes », la tortue, etc.

Vous deviendrez incollable sur Safi, où l'arrivée en 1918 d'un maître formé à Sèvres, Boudjemâa Lamali, a complètement modifié la donne : nouveaux coloris et motifs, techniques anciennes retrouvées, etc. Les potiers de Safi, qui compteraient encore plus d'une centaine de maîtres artisans, sont les héritiers de ce *mâalem*.

PLACE MOHAMMED-V

De passage à Safi, le selfie est presque de rigueur devant le plus grand tajine (contenant) au monde, qui trône au milieu de la place Mohammed-V. Œuvre évidemment des potiers de Safi ! Son seul couvercle mesure 6,30 m de diamètre et 4,5 m de hauteur.

Sur cette même place, impossible aussi de rater les œuvres – c'est du street art – de Millo, qui s'affichent en grand sur les façades.

• NOS ADRESSES •

EL-JADIDA

OÙ DORMIR

La Villa & Spa

4, av. Moulay Abdelhafid (près de la Cité portugaise) 📞 05 23 34 44 23 ou 06 23 36 79 57, http://riadlavillaspa.com. 5 ch. et 1 suite. Massages sur demande : 400 Dh. Hammam à l'extérieur, proche, où l'on vous accompagne (100 Dh). Jacuzzi extérieur (f. hiver). Table d'hôtes : 240 Dh. Parking dans la rue. Autour de 75 € (800 Dh)

Dans l'ancien quartier juif (mellah), à deux pas de la Cité portugaise, cette grande villa offre des chambres lumineuses, zen, design, chauffées ou climatisées.

Hôtel L'Iglesia

Ancienne église espagnole (dans la Cité portugaise) 📞 05 23 37 34 00, www.liglesia.com. 13 ch. Nombreuses activités organisées sur demande : quad, surf, etc. Prêt de bicyclettes. Parking à l'extérieur de la Cité portugaise. Entre de 140 et175 € (1500-1900 Dh)

Une adresse divinement belle. Le salon se love dans l'ancienne nef de l'église (XVIIIe s.). Quelques cellules du couvent se sont reconverties en chambres raffinées, où les sols d'époque ont été conservés. Le tout dans un mélange très réussi de meubles style Art déco et contemporains.

OÙ MANGER

La Capitainerie

Cité portugaise (près de la porte de la Mer) 05 23 37 34 00. T.l.j. 8h30-23h. Menus : 230-290 Dh. Et à la carte. Sert de l'alcool. Autour de 20 € (220 Dh)

On peut manger dans la cour, ce qui est un plaisir sans pareil. Sinon, à l'intérieur, dans les appartements, chics, de l'ancien consul américain de la ville. Cuisine rafraîchissante : sardines marinées, loup à la plancha, pastèque.

Le Restaurant du Port

Dans le port 05 23 34 25 79. Lun.-dim. midi 12h-17h et 19h-minuit. F. pendant le ramadan. À la carte. Plats : 90-130 Dh. Sert de l'alcool. Autour de 20 € (220 Dh)

Dans ce restaurant, on mange en salle vitrée (dommage), qui donne sur le port et son ballet de barques de pêcheurs. Et, bien évidemment, la cuisine est à base de poissons.

OUALIDIA

OÙ DORMIR

Hôtel L'Hippocampe

2, rue du Palais (face à la passe) 05 23 36 60 09, hippocampeoualidia.com. 23 ch. dont 2 suites. Accès direct à la plage. Piscine d'eau de mer. Spa. Location de paddle, quad, kayak. L'hôtel dispose aussi de 4 appart. à louer. Restaurant : plat principal entre 120-170 Dh, sert de l'alcool. Autour de 130 € (1400 Dh)

Les jardins fleuris et la vue sur la lagune de la terrasse au petit déjeuner font le charme de cet hôtel rénové.

OÙ MANGER

Voir aussi pause p. 136. Vous avez aussi la possibilité d'un « barbecue » sur la plage en achetant aux pêcheurs leurs prises. Ils vous installeront sous un parasol.

À l'Araignée gourmande

Plage d'Oualidia 05 23 36 64 47, www.araignee-gourmande.com. T.l.j. 12h-16h30 et 19h-22h. Menus : 170-360 Dh. Et à la carte. Sert de l'alcool. À partir de 15 € (160 Dh)

Excellent restaurant de fruits de mer (homards, araignées, huîtres) à l'accueil exceptionnellement chaleureux. Les repas ont lieu près de la cheminée l'hiver, ou sur la terrasse l'été face à la lagune d'Oualidia.

SPORTS ET LOISIRS

Balade dans la lagune

Quai près de Ostréa II (voir pause p. 136) ou près de l'hôtel La Fontana 06 79 98 31 25. Comptez 200 Dh pour une demi-heure ou 400 Dh pour 1h pour tout le bateau (de 2 à 8 pers.).

Pour vous offrir une belle balade dans la lagune d'Oualidia. On regrette que parfois elle soit un peu bâclée.

Sports nautiques

Surfland Surfcamp

06 61 14 64 61, laurentsurfland@hotmail.com. À l'année. À partir de 8 ans.

Cours de surf (250 Dh) et paddle (400 DH) pour tous les niveaux, allant de l'initiation au perfectionnement.

SAFI

OÙ DORMIR

Ryad du Pêcheur

1, rue des Crêtes 05 24 61 02 91, www.ryaddupecheur.com. 11 ch. dont 5 suites. Stages de poterie. Restaurant : t.l.j. 7h-minuit (service en continu), plats entre 60 et 120 Dh, pas d'alcool. Autour de 45 € (550 Dh)

Une halte très agréable qui vous attend dans cet établissement, perché, appartenant à la planète Serghini, une famille de potiers installée à Safi depuis 1836. Vous organiser un stage de poterie ne devrait pas poser de gros problème !

OÙ MANGER

Chez Hosni

7 bis, rue des Forgerons 06 60 05 23 23. T.l.j. 11h-23h sf ven. Plats : 50-150 Dh. Pas d'alcool. Autour de 10 € (110 Dh)

Quelques tables dans la rue et en salle, devant vous, Hosni s'active, surveillant deux ou trois tajines à la fois (boulette de sardines, dorade royale, lotte, etc.). Il y a même un tajine de fruits (à ne pas rater) ! L'adresse étant située dans le quartier des potiers, on est servi, bien évidemment, dans de la poterie de Safi.

8 ESSAOUIRA ✧✧✧

Blanches les maisons, bleues les barques qui dansent dans le port et ocre les remparts qui enserrent la ville… Essaouira, c'est une ville-palette, une ville-souk, une ville-spectacle, une ville-musée ! Pas étonnant qu'elle ait inspiré toute une génération de peintres. Blottie sur une presqu'île rocheuse dont l'avancée abrite une belle plage de sable doré, Essaouira a d'autres sortilèges. La chaleur n'est jamais accablante dans cette cité des alizés où souffle le taros, un vent qui balaie la baie et fait le bonheur des véliplanchistes, des surfeurs et des kitesurfeurs.

PRATIQUE

- **Plan p. 143**
- **Nos adresses p. 150**

Accès

En avion

L'aéroport d'Essaouira-Mogador (www.onda.ma) se situe à 16 km S-E de la ville.

Pour rejoindre le **centre-ville : taxi** (tarif « conseillé » : 150 Dh) ou bus de la compagnie **Lima Bus** (toutes les 2h env., 7 Dh).

En bus

La **gare routière principale** se situe av. du 2-Mars, près de Bab Doukkala (plan B1). Liaisons avec Marrakech, Safi et Agadir via Supratours et avec Agadir-Inezgane, Tiznit par la **CTM**. La compagnie **Pullman du Sud** relie aussi Casablanca, Safi à Essaouira.

Pour rejoindre le **centre-ville** : en petit taxi.

Essaouira

L'ESSENTIEL

À ne pas manquer
La médina et la Sqala de la Kasbah.

Expériences
Percer, lors d'une randonnée, les secrets des arganiers et ceux de l'huile d'argan ; déguster les vins du Val d'Argan.

Les plus belles plages
Plage d'Essaouira ou Sidi Kaouki pour le surf et le kitesurf.

UN PEU D'HISTOIRE

Dans la foulée des grandes expéditions maritimes, les Portugais qui débarquent sur le site au début du XVIe s. le fortifient. Ils le baptisent « **Mogador** ». Cette occupation ne dure que six ans.

En 1764, le sultan alaouite Sidi Mohammed ben Abdallah décide d'y fonder un **port** pour rivaliser avec Agadir, qui lui résiste. Une partie des plans de la ville est confiée à un ingénieur français, Théodore Cornut, un élève de Vauban. Il conçoit des rues coupe-vent, des rues larges et rectilignes se croisant à angle droit, ce qui est inhabituel pour une cité musulmane. C'est de là que proviendrait le nom d'**Essaouira**, As-Sawiram, « la Bien Dessinée ».

Port ✧✧

Plan A2.

Chaque matin, une nuée de mouettes précède l'arrivée des bateaux. Commence alors sur le port le défilé des mareyeurs, restaurateurs et autres clients venus marchander sardines, maquereaux, saumonettes, raies, requins, murènes, etc. Sur les quais se trouvent encore les chantiers navals, où des charpentiers construisent, selon des méthodes ancestrales, des chalutiers ventrus capables d'affronter l'Atlantique.

Se déplacer
Tous les modes de transport sont envisageables (hors vieille ville, où la marche à pied est de rigueur) : **calèche** (encore utilisée comme un taxi par les locaux sur l'av. El-Aqaba) ; **bicyclette** (120 Dh env./j.) ; **scooter** (300 Dh env./j.) ; et **dromadaire, cheval, buggy, quad** dans les dunes !

En bus

La compagnie **Lima Bus** (✆ 06 84 00 01 43) permet de se rendre à **Sidi Kaouki** (6 fois/j., 40 min de trajet, 7 Dh), **Ounagha** (25 km, 30 à 35 min de trajet, 5 Dh) et à **Had Drâa** (6 fois/j., 30 km, 30 à 40 min de trajet, 5 Dh le dim., 7 Dh en sem.). Départ : Bab Doukkala (plan B1) et un arrêt av. El-Aqaba (plan B2).

Bon à savoir
Les tarifs des **parkings** sont affichés sur un panneau : 5 Dh la nuit, 2 Dh la journée. Cela vous fournira une base

^ La sqala du port

PORTE DE LA MARINE ET SQALA DU PORT ✧✧

Bab el-Marsa

Plan A2 – Sqala du port : t.l.j. 9h-17h. Plein tarif : 60 Dh.

Comme nous l'apprend le cartouche incrusté dans le fronton, la **porte de la Marine**, en belles pierres de taille, fut construite en 1769 par un Anglais converti à l'islam, Ahmed el-Alj.

Derrière la porte, un escalier mène à la muraille de la **sqala du port**. Sur ce bastion, une plate-forme hérissée de canons permet d'avoir une belle vue sur la médina et les îles Purpuraires (p. 146). En contrebas, sur le port, s'amoncellent les filets multicolores démêlés et réparés par les pêcheurs à leurs heures perdues.

PLACE MOULAY HASSAN ✧

Plan B1.

Les cafés ne désemplissent pas sur cette place ! Des groupes de musiciens donnent l'aubade, moyennant quelques dirhams. De son toit-terrasse, le Taros, l'un des cafés mythiques d'Essaouira, domine cette agitation (p. 151).

À gauche de la place (dos au port), dans une ruelle voûtée, la rue Khalid ibn el-Oualid, vous dénicherez une **coopérative de marqueteurs sur bois** de thuya (p. 152), que vous observerez à l'œuvre, fasciné. C'est l'artisanat emblématique d'Essaouira ; 6 000 personnes en vivraient. Le **thuya de Berbérie** (ou *aarar*) conserve longtemps une senteur entêtante et a le pouvoir de développer des excroissances près du collet : c'est la fameuse loupe, dense, qui est appréciée pour son côté veiné, moucheté et flammé. Coffrets, boîtes, plateaux et autres objets sont rehaussés d'incrustations : cèdre, ébène « local » (c'est-à-dire parfois du citronnier trempé dans l'huile de friture !), acajou, nacre, fils d'argent.

PRATIQUE (SUITE)

de discussion avec le gardien.
Si vous avez choisi un hébergement dans la médina, Essaouira a ses porteurs avec *carrossas* (« petites carrioles »). Ils sont disponibles près des parkings de la médina.

Adresse utile

Infos touristiques

Vivre Essaouira : https://visitessaouira.com.

Essaouira

Médina ✧✧✧

Plan B2 – Accès par pl. Moulay Hassan. Parkings : au S du jardin Orson Welles (plan A2), à Bab Marrakech (plan B2) et sur le bd Mohammed-V (plan B2), payants.

Inscrite au patrimoine mondial de l'Unesco, la médina d'Essaouira offre une remarquable architecture fortifiée, à l'atmosphère envoûtante.

Son artère centrale, l'avenue Oqba ibn Nafii, est plantée d'araucarias et de palmiers. Dans sa formule traditionnelle, c'est ici que, le troisième week-end de juin, s'ouvre le **festival Gnaoua et Musiques du monde** *(encadré p. 144)*, qui met en transe toute une ville, réunissant jusqu'à 300 000 spectateurs : accompagnés par leurs *maâlems* (maîtres de cérémonie), des choristes et des percussionnistes défilent au rythme des tambours et des *qraqeb* (crotales ou castagnettes en métal). Depuis 2019, l'art gnaoua est inscrit au patrimoine culturel immatériel de l'humanité par l'Unesco.

PAUSE

Déjeuner dans une gargote

Le port a ses gargotes, pimpantes, repeintes en bleu et blanc. Le **poisson** y est vendu au poids, exception faite de l'assiette de sardines *(20 Dh)*. La langouste s'affiche ainsi à 400 Dh/kg. Crevettes, soles, oursins, etc. Parfois, on trouve un menu à 90 Dh. Bon, les tauliers ont tendance à lester l'addition. Surveillez la balance !

> Entre le port et la pl. Moulay Hassan (plan A2). T.l.j. à partir de 10h.

FÊTE

Les maîtres du désordre

Descendants d'esclaves noirs, les **Gnaouas** sont à l'origine des musiciens-guérisseurs. « Maîtres du désordre », ils sont encore appelés auprès de malades pour exorciser les démons responsables de leur maladie. Mélopées, *qraqeb* (crotales), *tbel* (tambours), *guembri* (luth à trois cordes) mettent en transe les participants lors de ces cérémonies nocturnes *(lila)*. Créé à Essaouira en 1988, le **festival Gnaoua et Musiques du monde** a popularisé cette musique tant méprisée autrefois.

> *3e w.-e. de juin, https://festival-gnaoua.net/fr.*

Sqala de la Kasbah ✧✧✧

Plan A1 – Accès par la porte principale au bout de la rue de la Sqala, contre les remparts, puis rampe d'accès. Accès libre.

Cette longue **plate-forme d'artillerie** bordée par un mur crénelé surplombe l'océan. Une vingtaine de canons en bronze luisants, fondus pour la plupart à Séville ou Barcelone au XVIIIe s., reposent toujours sur leurs affûts, braqués vers le large. Embruns qui fouettent le visage, piaillements des mouettes, roulis des vagues, etc. : le spectacle est de toute beauté et inspirant. D'ailleurs, Orson Welles a choisi ce décor pour quelques scènes d'*Othello*. Et *Game of Thrones* y a planté aussi ses caméras *(encadré p. 145)*.

Au-dessous de la plate-forme, les anciennes casemates hébergent des **boutiques-ateliers**, mais les vrais artisans se font rares.

Musée Sidi Mohammed ben Abdallah ✧

Plan A1 – À l'angle du derb Laalouj et de la rue Ibn Toumert 📞 05 24 47 53 00. Mer.-lun. 9h-17h. Plein tarif : 60 Dh.

Restauré et établi dans une maison de marchands du XIXe s, ce musée retrace l'histoire et les traditions locales.

Sur deux niveaux, et sans réelle scénographie, on survole un peu tout : les **Gnaouas** *(encadré ci-dessus)*, les bijoux en filigrane, sans oublier la marqueterie de thuya et le travail du bois peint.

Maison de la Mémoire

Bayt al-Dakyra

Plan A1 – À l'angle des rues Derb Laalouj et Derb ben Ateyah 📞 05 24 47 46 38. T.l.j. 9h30-18h30. Accès libre.

Installée dans l'ancienne synagogue Simon Attia (XIXe s.) restaurée, cette maison de la Mémoire veut rendre hommage et justice au passé judéo-musulman d'Essaouira. Le sectarisme en est absent : ici, tout plaide pour le vivre-ensemble.

La cité a hébergé jusqu'à 47 synagogues et 10 000 habitants de confession israélite. Aujourd'hui, la communauté juive compte à peine 70 membres.

Mellah (quartier juif) ✧

Plan B1 – Accès par la rue Sidi Mohammed ben Abdallah.

Il faut accepter de se perdre, de s'écarter des axes principaux (comme la rue Sidi Mohammed ben Abdallah et l'avenue de l'Istiqlal) et pousser plus au nord-est pour arriver jusqu'au mellah, l'ancien quartier juif. On découvre alors de **belles portes** en pierre surmontées de l'étoile de David à six branches ou de la **rose de Mogador**. Mais on ne peut s'empêcher d'avoir le cœur serré devant le nombre d'immeubles qui semblent à l'abandon et le site en pleine restructuration. Sous vos yeux, tout un monde est en train de disparaître.

Herbes et épices au souk >

Souks ✧

Plan B1 – Le long de la rue Mohammed Zerktouni.

De chaque côté de la rue Mohammed Zerktouni, les souks sont rassemblés par spécialité : poissons, épices, vêtements ou encore herboristes qui proposent des remèdes de bonne femme, des ersatz de Viagra, des poudres pour maigrir, grossir ou… sourire ! Flânez au gré de vos envies, c'est dans cette joyeuse animation que bat le cœur de la médina.

Au bout de l'avenue de l'Istiqlal, le **souk des bijoutiers** se niche dans une galerie adossée à la mosquée Sidi Ahmed. Avec les orfèvres juifs, la bijouterie, où revenait comme motif récurrent la rose de Mogador, fut l'un des fleurons d'Essaouira.

À quelques mètres, dans une portion de rue enfermée entre deux portes monumentales, le **souk Jdid** abrite à gauche le marché aux poissons ainsi que des échoppes d'herboristes.

À l'opposé, à droite, vous découvrirez la **Jouteya**, un marché aux puces qui s'anime de manière fébrile en fin d'après-midi. Tout à côté, la jolie **place du Marché aux Grains** est envahie aujourd'hui par les cafés-restaurants.

HISTOIRE

Oh my GOT !

Essaouira a servi de décor à la 3e saison de la série *Game of Thrones* (GOT pour les initiés), dans laquelle elle porte le nom d'Astapor. Avec Daenerys, la « Mère des Dragons », on découvre la « Cité rouge » de la série. La **sqala de la kasbah** est reconvertie en promenade des Châtiments, où les esclaves désobéissants sont crucifiés. Pour le tournage, les canons, ne pouvant être déplacés, ont disparu sous un coffrage.

TOUR DE L'HORLOGE ✧✧

Magana

Plan A1-2 – Av. Oqba ibn Nafia.

Elle est un peu le Big Ben d'Essaouira ! Installée en 1928, selon le souhait des colonisateurs, l'horloge a connu quinze années de repos forcé – le temps d'une réparation compliquée – avant de reprendre du service.

À son pied se cache la **place Chefchaouani**, la plus ravissante des placettes d'Essaouira, ombragée sous les ficus : entre les tapis colorés qui pendent aux murs, les chats qui font la sieste et les cafés sympas où prendre le thé, comme Saha Kfé, le charme opère.

GALERIE DAMGAARD

Plan A2 – Av. Oqba ibn Nafia ☎ 05 24 78 44 46, T.l.j. 9h-13h et 15h-19h. Entrée libre.

Un lieu iconique à Essaouira ! Danois d'origine, Frederic Damgaard a ouvert cette galerie en 1988, la première du genre. Il a hissé sur la scène internationale nombre de peintres souiris, à la fois artistes et maçons, pêcheurs ou mécaniciens, tel **Mohamed Tabal**. Dans sa peinture

PAUSE

Love by Caravane

Dans la médina d'Essaouira, Didier Spindler, qui se revendique comme un « passeur de bonheur », a ouvert Love by Caravane, petit frère jumeau de son Caravane Café (p. 151). On y fera une pause pour une glace, des briouates ou un cocktail à la Rhumerie (70-120 Dh) sur la terrasse en rooftop.

> 5, rue Cadi Ayad (plan A1) ☎ 06 76 21 83 67, page Facebook. T.l.j. 12h30-23h.

exubérante, hypercolorée, qui relève de l'art brut, ressurgit la part africaine de la cité des alizés.

La galerie est aujourd'hui tenue de main de maître par Alain Graffe et Claude Jadot.

BAB EL-MENZEH ✧

Plan A2 – Av. Oqba ibn Nafia. Ne se vis. pas.

Datant du XVIIIe s., Bab el-Menzeh est une **porte** monumentale, percée de trois arches et couverte d'un toit en tuiles vertes. C'est tout ce qu'il resterait de l'ancien Dar el-Makzen, l'ancien palais du gouverneur.

La Corniche ✧✧

Plan B1 – À faire à pied, à vélo ou en calèche. Parkings payants.

Essaouira a aménagé son **front de mer** : la corniche. Des fontaines, quelques espaces verts, des bancs publics, une piste cyclable, des terrains de jeux... En journée, en soirée, tout le monde s'y retrouve : familles en balade, romantiques en quête de coucher de soleil, noctambules à la recherche d'une adresse où faire la fête comme Beach and Friends (p. 151).

Pour les fans d'Antoine de Saint-Exupéry : un banc (devant l'hôtel La Médina), en forme de livre ouvert, lui est dédié. D'ailleurs, un code QR à scanner sur son Smartphone permet de découvrir « des auteurs d'ici et d'ailleurs ».

PLAGE D'ESSAOUIRA ✧✧

Plan B1 – Accès par le bd Mohammed-V.

La plage de sable s'étire à la sortie de la médina sur plus de 6 km ; c'est l'une des plus belles du Maroc, mais aussi l'une des plus ventées.

Attention, des courants violents rendent la baignade dangereuse. On peut néanmoins y faire trempette et pratiquer avec bonheur le kitesurf ou la planche à voile.

ÎLES PURPURAIRES

Plan A1-2 – Seules les vis. à caractère scientifique sont autorisées.

Ces îles abritent aujourd'hui une **réserve ornithologique** qui protège les **faucons d'Éléonore** *(Falco eleonorae)*. Selon une estimation, 700 couples viennent s'y reproduire entre avril et octobre, avant de regagner Madagascar. Ces rapaces, qui viennent faire leur toilette et s'abreuver dans l'oued Ksob, sont capables de piqués spectaculaires, leurs ailes grises collées à leur corps fauve. À vos jumelles !

Les îles tirent leur nom d'une fabrique de pourpre, construite par le roi Juba II de Maurétanie au début de notre ère (p. 425). Ce colorant, prisé des Romains car symbole de puissance et de richesse, était obtenu à partir d'un coquillage, le **murex**, abondant ici. Mais c'est seulement à la fin du Ier s. que la plus importante des îles, celle de Mogador (30 ha), fut habitée de façon permanente. Elle eut même tardivement sa prison (fin du XIXe s.) : on aperçoit les ruines de cet Alcatraz souiri.

Vers Diabat et la Nouvelle Mogador ✧

Hors plan par B2 – À 4 km S d'Essaouira en dir. d'Agadir. Au 2e rond-point, prenez la 1re sortie à dr. vers la plage. Accès : par la plage, à pied, à dos de dromadaire (ils se trouvent derrière les dunes), en quad ; ou en voiture par la piste carrossable.

À la sortie d'Essaouira, la route laisse de côté **Barakat Mohammed**, une sculpture monumentale d'Houssein Miloudi datant de 1977 : une inscription dans un cartouche carré appelle la bénédiction du Prophète sur la cité. À votre droite, les dunes dissimulent la « base », où dromadaires et chameliers attendent le client. À hauteur du phare qui domine le **mausolée de Sidi Magdoul**, le saint patron de la ville, partez sur la droite. Une piste longue de 500 m vous emmène jusqu'au pont qui franchit l'oued Ksob.

DAR SOLTAN ✧

Hors plan par B2 – En contrebas du pont, sur la rive g. de l'oued Ksob. Accès à pied par une piste sablonneuse.

La silhouette mélancolique de ce **palais** en ruine se dresse, à moitié immergée dans le sable. Le Dar Soltan date de la fin du XVIIIe s. Le fondateur d'Essaouira, le sultan Sidi Mohammed ben Abdallah, qui en avait fait sa résidence d'été, y effectuait de fréquents séjours. Entouré autrefois d'étangs et de tamaris, il comprenait cinq pavillons, de type andalou, dont un seul subsiste.

DIABAT

Hors plan par B2 – À 5 km S d'Essaouira.

Ce village est connu pour avoir attiré de nombreux hippies dans les années 1970, dont Jimi Hendrix. C'est ici qu'il aurait composé *Castles Made of Sand*, ayant sous les yeux les ruines de **Dar Soltan** *(ci-contre)*. Or, si la chanson fut écrite en 1967, le chanteur n'a séjourné dans la région qu'en 1969, et seulement 11 jours. Il aurait peut-être aimé les peintures d'**Hassani Majid**, qui irradient les murs du café-restaurant, baptisé « Jimi Hendrix ». Of course!

Le Dar Soltan

^ La plage de Sidi Kaouki

NOUVELLE MOGADOR

Hors plan par B2 – À 6 km S d'Essaouira.

Inaugurée en 2011, cette **station balnéaire** se veut « chic et nature ». Et plus respectueuse de l'environnement que ses aînées, créées avant elle par le plan Azur (p. 399). Elle s'est dotée par exemple de jardins filtrants, qui permettent de traiter et de récupérer les eaux usées afin d'irriguer le domaine et les golfs sans puiser dans les réserves en eau potable.

Aux environs d'Essaouira ✧

Entre oliviers et arganiers, forêts de thuyas et plateau semi-aride, l'arrière-pays d'Essaouira ne manque pas de charme avec les *douars* (villages) qui le ponctuent et ses petites routes truffées de dos-d'âne. Chacun y trouvera son petit bonheur : surfeurs du côté de Sidi Kaouki, amateurs de marché à Had Drâa, etc. Et cerise sur le goulot : les chais du Domaine de Val d'Argan ont de quoi mettre les papilles en joie.

> *Lire aussi la balade secrète : Au milieu des arganiers (p. 154).*

PLAGE DE SIDI KAOUKI ✧

Carte p. 95 – À 21 km S d'Essaouira (dir. Agadir). Accès en bus : ligne n° 2 (p. 141). Accès aussi en randonnée pédestre ou chamelière depuis Essaouira.

Immense et déserte, elle est belle, mais, hélas, mal entretenue. C'est en tout cas l'un des meilleurs spots de **surf** au Maroc. On peut également y pratiquer le kitesurf et la planche à voile. Ou, plus simplement, faire une balade en dromadaire ou à cheval. À moins que vous ne préfériez jouer les Robinson, presque seul au monde, chez La Mouette et les Dromadaires (p. 153), à l'écart de tout.

Sur la plage, face à l'océan, se dresse le **marabout** (tombe) de

Sidi Kaouki, un saint guérisseur de chèvres, qui auraient été atteintes de la peste. Le village de pêcheurs a pris son nom.

DOMAINE DU VAL D'ARGAN ✧

Carte p. 95 – À 24 km E d'Essaouira en dir. de Marrakech. Sur la N1, tournez à g. à Ounagha, puis à dr. 700 m plus loin (fléchage). Accès en bus : lignes n°s 5 et 6 (p. 141) ☎ 05 24 78 34 67, www.valdargan.com. Lun.-sam. 11h-16h30.

Ici, en 1994, Charles Mélia, né au Maroc, a créé *ex nihilo* le Domaine du Val d'Argan, 50 ha aujourd'hui et original à plus d'un titre.

C'est sans doute le **vignoble** le plus méridional de tout le Maroc, vignoble qui doit affronter des étés terriblement secs. Les cépages ? Uniquement ceux de la vallée du Rhône, où la famille possède un autre domaine à Châteauneuf-du-Pape (Vaucluse) : grenache, syrah, mourvèdre, etc., pour les rouges ; et clairette, roussanne, viognier, etc., pour les blancs. Enfin, fait encore rarissime au Maroc, le domaine est certifié agriculture biologique.

La production annuelle est de l'ordre de 165 000 bouteilles, sauf si le chergui, un vent desséchant, s'en mêle. Les vins « signature », vinifiés en barriques, les cuvées Orian, font un tabac sur les grandes tables marocaines. Vous pouvez profiter de votre visite pour faire une **halte dégustation** (50-130 Dh, selon le nombre de vins et la gamme choisis). Ou opter pour le déjeuner (330 Dh incluant vin à volonté), qui vous permettra d'accéder à la piscine.

MARCHÉ DE HAD DRÂA ✧

Carte p. 95 – À 29 km N-E d'Essaouira en dir. de Marrakech. Sur la N1, tournez à g. à Ounagha. Accès en bus : lignes n°s 5 et 6 (p. 141).

Haut en couleur, c'est l'un des plus grands marchés du Sud marocain. Un conseil : arrivez très tôt sur place si vous voulez assister aux marchandages serrés entre vendeurs et acheteurs potentiels de vaches, dromadaires, chevaux, ânes ou chèvres. Ça brait, ça bêle, ça hennit... Dans un autre secteur, fruits et légumes s'entassent sur une toile cirée ou un carton à même le sol. Le coin des barbiers en amusera aussi plus d'un. Ce marché a aussi ses **artisans**, qui travaillent le bois, le fer forgé. Il possède également ses « cafés berbères » installés sous des tentes de fortune où l'on peut déguster un thé à la menthe.

Au printemps, Had Drâa est l'une des 44 étapes du **circuit** *(daour)* **des Regraga** autour d'Essaouira. Pendant 39 jours, à pied ou à dos d'âne, les pèlerins « tournent sur les saints », vont de marabout en marabout (tombeau). Ce qui représente quand même 450 à 500 km... Mais chacun est libre de faire tout ou partie du pèlerinage. En chemin, les Regraga distribuent la *baraka*, la « grâce divine ». Dans leur sillage : ferveur, souk marchand et... fête foraine ! Pour certains Marocains, le *daour* remplace le pèlerinage à La Mecque.

• NOS ADRESSES •

DIABAT

SPORTS ET LOISIRS

Ranch de Diabat

05 24 47 63 82 ou 06 62 29 72 03, www.ranchdediabat.com. Quad : à partir de 300 Dh/h. Balade à cheval : 150 Dh/h.

En 1h de quad, vous aurez le temps de découvrir Dar Soltan, le palais englouti du sultan, la « maison » de Jimi Hendrix, la forêt, etc. En 2h, vous pousserez jusqu'aux grandes dunes du cap Sim, le Sahara souiri. Le ranch propose également de belles balades à cheval (ce qui était sa vocation première) dans les environs d'Essaouira (de 1h à 3h).

ESSAOUIRA

OÙ DORMIR

La Maison du vent

Plan B2 – 25, rue Morrabitine (médina), accès par la Petite Porte de Marrakech 06 10 01 37 94 ou 05 24 47 38 19, www.maisonduvent.com. 6 ch. et 3 suites familiales. Wifi dans les parties communes. Autour de 45 € (500 Dh)

Au cœur de la médina, la maison a un cachet fou avec ses murs en Tadelakt, son plafond en thuya ou genévrier, ses colonnettes réalisées en pierre d'Essaouira, etc. Elle cache pourtant bien son jeune âge : c'est en fait une « reconstitution » dans les règles de l'art. La maison joue aussi les galeries en exposant des artistes souiris.

Hôtel Vent des Dunes

Hors plan par B3 – Villa n° 20 (quartier des Dunes) 05 24 47 53 91, www.ventdesdunes.com. 13 ch. et un appart. de 7 pers. max. Autour de 45 € (500 Dh)

À quelques pas de la plage, une adresse sympa, jolie et calme. Les chambres sont claires, aérées, certaines disposant même d'une petite terrasse.

Riad La Fontaine Bleue

Plan B1 – Rue d'Oujda (médina) 05 24 78 52 07 (en France)ou 06 18 21 09 49, www.fontaine-bleue.com. 7 ch. Table d'hôtes : 130-250 Dh. Parking : Bab Marrakech, payant (50 Dh/24h). Entre 70 et 90 € (765-985 Dh)

♥ C'est une adresse adorable, avec une vue inouïe sur la mer de la terrasse où l'on prend le petit déjeuner. La directrice, Hafida, bonne cuisinière qui plus est, est d'une gentillesse absolue. N'hésitez pas à demander la chambre Bahia, au 3e étage, si elle est disponible : vous apprécierez sa décoration design et sa cheminée.

Riad Watier

Plan AB-1 – 16, rue Ceuta (médina) 05 24 47 62 04 ou 06 61 34 68 18, www.ryad-watier-maroc.com. 2 ch. familiales et 6 ch. double. Séjour de 2 nuits minimum. Table d'hôtes le soir : 220 Dh. Parking : Bab Marrakech, payant (50 Dh/24h). Entre 120 et 155 € (1300-1700 Dh)

Dans une ancienne école, entièrement reconstruite, ce riad superbement aménagé rend hommage à un certain M. Watier. Cet inspecteur des eaux

Pêcheur sur le port d'Essaouira

et forêts sauva Essaouira de l'ensablement en fixant ses dunes.

Villa Maroc

Plan A2 – 10, rue Abdellah ben Yassine, près de Bab Magana (médina) 05 24 47 61 47, www.villa-maroc.com. 21 ch. dont 8 suites. Hammam et soins. Table d'hôtes : 250 Dh. Entre 90 et 340 € (1000 et 3700 Dh)

C'est un petit bijou, blanc et bleu, plein de recoins et de tableaux souiris. Le petit déjeuner peut être pris en terrasse, d'où l'on jouit d'une vue fabuleuse sur la baie. Le dîner, lui, est servi à la lueur des chandelles dans des petits salons, qui protègent l'intimité des convives.

OÙ MANGER

La Tolérance

Plan A2 – 8, rue Attarine 06 61 60 14 64, restaurantlatolerance.com. T.l.j. 8h30-23h30. Menus : 85 Dh et 130 Dh. Et à la carte. Pas d'alcool (on peut apporter sa bouteille). Musique live : le sam. Moins de 15 € (160 Dh)

Les tables colorées débordent dans la rue. Ici, les grands classiques figurent à la carte, comme la *harira* (la soupe marocaine), les sardines farcies (40 Dh) et le filet de poisson du jour (80 Dh). Sans oublier le couscous, qui est à tomber.

Les Alizés

Plan A1 – 26, rue Sqala (médina) 05 24 47 68 19 ou 06 61 34 70 32. T.l.j. 12h-16h et 18h30-1h. Menu : 139 Dh. Et à la carte. Pas d'alcool. Moins de 15 € (160 Dh)

Sous les voûtes d'un vieux riad, le tajine de boulettes de sardines (85 Dh), la spécialité ici, est un régal. On vient aussi pour le couscous sucré-salé, le fameux *seffa*, au poulet avec cannelle.

Umia

Plan A1 – 22, rue Sqala (médina) 05 24 78 33 95. Mer.-lun. 18h-minuit (dern. commande). À la carte. Plats : 160-180 Dh. Sert de l'alcool. Plus de 20 € (220 Dh)

Les suggestions du jour ainsi que la carte, très courte, sont inventives et les produits locaux sont mis à l'honneur. On garde un souvenir attendri d'un couscous d'orge aux coquillages d'Oualidia ou d'une assiette de fromage de chèvre frais de Meskala (c'est du cru), avec confit d'oignons.

Chalet de la Plage (chez Jeannot)

Plan C2 – Av. Mohammed-V (ville nouvelle) 05 24 47 59 72, www.lechaletdelaplage.com. T.l.j. 12h-15h et 18h30-22h. À la carte. Plats : 100-200 Dh. Sert de l'alcool. Terrasse (chauffée en hiver) avec vue sur la mer. Plus de 20 € (220 Dh)

Jeannot et ses bacchantes sont connus comme le loup blanc à Essaouira. Cet établissement, qu'on jurerait avoir toujours connu, dispose d'une vue imprenable sur la sqala du port. Les connaisseurs commandent ici un tajine souiri (huîtres) ou aux boulettes de sardines, voire une langouste !

BARS

Beach and Friends

Hors plan par C3 – Corniche sud, au bout de l'av. Mohammed-V (ville nouvelle) 05 24 47 45 58 (et page Facebook). T.l.j. 12h-23h (service en continu). Musique live : tous les soirs à partir de 21h. Cocktails : 70-90 Dh.

Sur la plage, les pieds dans le sable ou allongé dans un canapé, on savourera un cocktail dans un décor de carte postale au soleil couchant, qui tombe dans la mer.

Caravane Café

Plan B1 – 2 bis, rue Qadi Ayad, près de l'av. de l'Istiqlal, rue à dr. en venant du port (médina) 05 24 78 31 11 ou 06 76 21 83 67. T.l.j. 11h-23h. F. lun. et déb. déc. Cocktails avec alcool : 80-120 Dh. Outre les classiques, il y a toujours un cocktail du jour. Sangria : 180 Dh/litre.

Didier Spindler, le propriétaire de ce café-restaurant et néanmoins artiste dans l'âme, est l'homme à suivre. Dans ce qui ressemble à la caverne d'Ali Baba, on dîne ou on prend un verre entre magiciens et cracheurs de feu.

Café Taros

Plan A1 – Pl. Moulay Hassan (médina) 06 75 62 95 99 ou 06 50 06 06 54. T.l.j. 11h-2h30. Musique live : t.l.j. à partir de 19h30. Cocktails avec alcool : 90-110 Dh.

Au bout d'un escalier interminable, wow ! La terrasse, la plus belle de tout Essaouira, domine le port et la place. Dans ce café mythique, qui a pris le nom d'un vent local, il y a régulièrement des soirées gnaouas.

^ Travail de marqueterie pour des plateaux de tables

SHOPPING

Chez Makki

Plan B1 – 221, souk Jdid (accès par la rue Jbala) 05 24 47 30 90. T.l.j. 9h30-20h.

On trouve tout dans cette échoppe, où Mohammed ne pousse pas à la consommation : huile d'argan, épices, miel de la forêt d'arganier, etc. Il fournit, en plus sans compter, des explications sur la manière de reconnaître le vrai du faux safran, sur les différences entre huile alimentaire et huile cosmétique.

Rafia Craft

Plan B2 – 82, rue d'Agadir 05 24 78 36 32. T.l.j. 10h-20h.

À Essaouira en particulier, le rafia est un matériau superstar, qu'on emploie, mixé avec le cuir, pour réaliser des chaussures légères, aérées (ballerines, sandales, babouches, etc.). Rafia Craft est la boutique d'un créateur souiri, Miro, que chacun s'est empressé d'imiter dans la médina. Mieux vaut préférer l'original à des copies pas toujours solides ou réussies.

Marqueterie

Coopérative artisanale des marqueteurs

Plan A1 – 6, rue Khalid ibn Oualid (accès par la pl. Moulay Hassan) 05 24 47 56 76. T.l.j. 10h-19h.

La scierie est juste à côté de la boutique dans cette rue voûtée que l'on prendrait à tort pour un coupe-gorge. Vous aurez l'occasion de voir travailler ces artisans (ils sont 70 environ dans la coopérative), et vous pourrez même vous initier à ce véritable art (contribution laissée à votre appréciation).

SPORTS ET LOISIRS

Cours de cuisine

Atelier Madada

Plan A2 – Rue Mohammed ben Messaoud 07 00 18 90 17, www.lateliermadada.com. Ateliers culinaires : 500 Dh ; cours de pâtisserie : 220 Dh.

Si vous voulez mettre la main à la pâte (pastilla au poulet, tajines et couscous, etc.), les ateliers culinaires se déroulent entre 10h et 15h. Les cours de pâtisserie ont lieu entre 15h30 et 17h. Bien sûr, à la fin, on déguste ce que l'on a cuisiné.

Kitesurf

Océan Vagabond (Ion Club)

Plan B3 – Bd Mohammed-V 05 24 78 39 34, www.oceanvagabond.com. Cours : 440 Dh/2h, 4 pers. max, à partir de 15 ans. Meilleure période : avr.-oct.

Vous trouverez ici à louer ailes et planches. Et des moniteurs pour vous initier au kitesurf, qui est devenu le sport le plus dans le vent, dans tous les sens du terme, à Essaouira !
On n'en oubliera pas pour autant d'autres activités comme la planche à voile ou le SUP (Stand Up Paddle).

Randonnées

Berberlands Écotourisme

Plan B1 – Rens. chez Au petit bonhomme la chance : 30, rue Laalouj (médina) 06 62 61

66 78. Demi-journée : 300 Dh. Journée : 500 Dh. À partir de 4 ans.

À la journée ou à la demi-journée, Claudia a « monté » une bonne douzaine de balades et randonnées, centrées sur un thème, comme les arganiers (voir Balade secrète p. 154) ou le marché de Had Drâa (p. 149) avec dégustation. C'est malin, documenté et surtout passionnant.

SIDI KAOUKI

OÙ MANGER

Café-resto La Mouette et les Dromadaires

Sur la plage de Sidi Kaouki 06 78 44 92 12, www.lamouetteetlesdromadaires.com. T.l.j. sf mar. 10h-18h ; en été apéro 17h-20h. F. en janv. À la carte. Sert de l'alcool. Autour de 15 € (160 Dh)

À une vingtaine de kilomètres au sud d'Essaouira, au bout d'une courte, mais méchante piste (accessible quand même aux voitures de tourisme), Robinson tient son rêve. Le programme ? Huîtres de la baie de Dakhla et poissons grillés (sardines, dorades, etc.), chaise longue et plage déserte pour tout horizon. Le bonheur ! Et si vous n'avez plus envie de repartir, la maison propose désormais quatre chambres avec vue sur la mer, mais sans wifi (comptez 1200 Dh la nuit pour 2 personnes, petit dej. inclus).

La tour de l'horloge à Essaouira

Balade secrète
AU MILIEU DES ARGANIERS

Au menu de cette balade proche d'Essaouira : l'arganier, qui est l'**arbre emblématique** de la région. Mais aussi les ruines d'un vrai complexe industriel, celles d'une sucrerie. Un thé chez l'habitant plus tard, une coopérative d'huile d'argan nous ouvre ses portes.

Une demi-journée pour partir à la découverte des arganiers et de ceux qui en vivent.

9h30. Les stratégies de survie de l'arganier

Départ pour une balade de 3h (env. 6 km de marche) dans l'arganeraie, verger plus que forêt. Le chemin est caillouteux, et l'ombre chiche. Troncs tourmentés et toutes épines dehors, les arganiers sont capables de vivre 300 à 350 ans, d'enfoncer leurs racines jusqu'à une trentaine de mètres dans le sol pour trouver l'eau et aussi de se débarrasser de leur feuillage pour résister à la sécheresse. On apprécie son fruit, dont on tire l'**huile d'argan** (ou argane), à usage alimentaire et cosmétique.

^ Extraction de l'huile d'argan à partir des amandons.

10H30. LE MARABOUT

Des maisons sont regroupées autour d'un puits et d'un marabout. Avec sa coupole *(koubba)* d'une blancheur aveuglante, c'est le tombeau d'un saint, Mohammed ben Abdallah. Au Maroc, et surtout chez les Berbères, le culte des saints est particulièrement vivace. Étant désignés par la voix populaire (nulle autorité ne les consacre), ils sont une myriade. Les fidèles se rendent sur leur tombeau pour implorer leur intercession : ils possèdent la « faveur divine » et, par conséquent, le don d'opérer des miracles.

Vers 11h. Une raffinerie de sucre

Incroyable : dans ce désert de caillasse, on a cultivé la canne à sucre, sous le sultan Ahmed el-Mansour (1578-1603). Devant nos yeux ébahis s'élèvent les ruines d'un vrai complexe industriel au lieu-dit Ibachrane : une raffinerie de sucre ! C'était l'une des 14 « usines », qui se répartissaient entre le Souss (près de Taroudannt), Chichaoua (entre Marrakech et Essaouira) et le Tensift (près de Marrakech). Une partie de l'aqueduc en pisé qui l'alimentait en eau est encore visible. Cela fit la richesse des sultans saâdiens, qui payaient le fameux marbre de Carrare en sucre, mais le malheur de nombreux esclaves noirs, arrachés à leur pays.

Vers 11h30. La cérémonie du thé

Avec ce soleil qui cogne, la pause thé dans une famille berbère est la bienvenue. Tout est prêt dans une petite pièce autour du patio. On ne verra pas la maîtresse de maison, mère de neuf enfants. La famille vit chichement : quelques chèvres, une vache, des arganiers…

12H. UNE COOPÉRATIVE D'HUILE D'ARGAN

Étape finale : près d'Ida Ougourd, cette coopérative, antenne de la coopérative Marjana (https://coopmarjana.ma) « emploie » entre 35 et 40 femmes. Vous apprendrez comment les amandons sont extraits et la différence entre l'huile alimentaire, légèrement torréfiée, et l'huile cosmétique.

PRATIQUE

Accès
À env. 20 km au S-E d'Essaouira, près d'Ida Ougourd, à l'écart de la N1 Essaouira-Agadir, accès par P2212.

Visite
Balade guidée avec Claudiaet Naima de Berberlands Écotourisme (p. 153).
Ou renseignements auprès d'Au petit bonhomme la chance : 30, derb Laalouj (plan p. 143/A1).

Budget
Plein tarif 300 Dh, incluant l'A/R Essaouira.

FÈS ET
le Moyen Atlas

Cette région vaut tout un voyage ! Fascinantes chacune à leur manière, les deux cités impériales, Fès et Meknès, cultivent leurs différences. Fès, qui a fêté son 1200e anniversaire, est une ville effervescente : derrière les portes sans âge de sa médina se cachent de sublimissimes palais, tandis que des bars *trendy* surgissent à l'ombre des minarets. Meknès, dont les murs furent cimentés, dit-on, par le sang, est hantée par ses fantômes ; notamment, par celui de Moulay Ismaïl, sultan d'une rare cruauté. Non loin de là, les ruines de Volubilis en imposent, bien que cette cité romaine n'ait pas révélé tous ses secrets. Le Moyen Atlas et le parc national d'Ifrane sont les autres atouts de la destination : entre cèdres, singes magots et lacs, c'est une grande bouffée d'oxygène qui s'offre à vous, été comme hiver, aussi bien à pied, à vélo qu'à... ski !

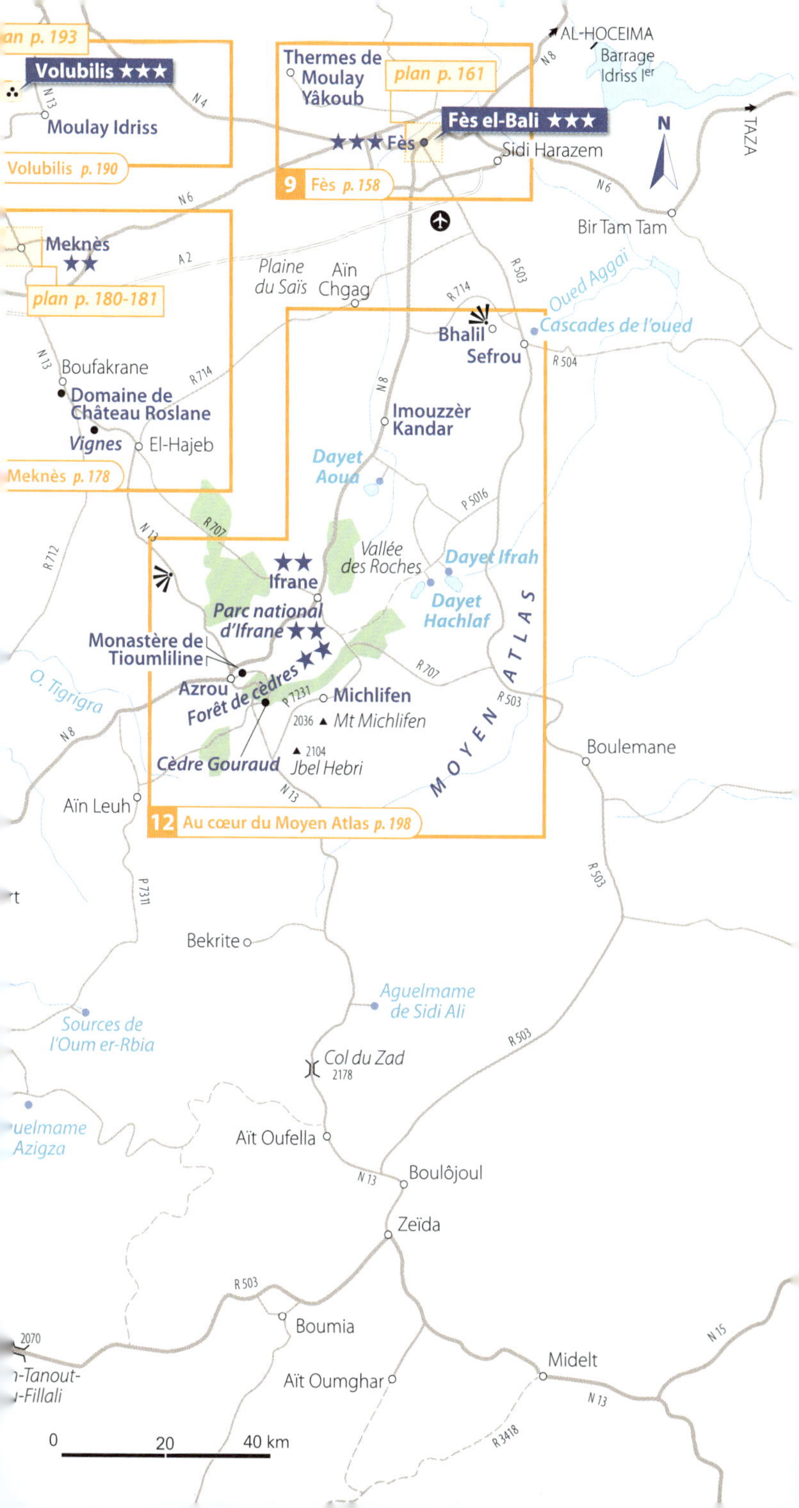
AL-HOCEIMA
Barrage Idriss Ier
TAZA
N
Volubilis ★★★
Moulay Idriss
Volubilis p. 190
Thermes de Moulay Yâkoub
plan p. 161
Fès el-Bali ★★★
★★★ Fès
Sidi Harazem
9 Fès p. 158
Bir Tam Tam
Meknès ★★
plan p. 180-181
Plaine du Saïs
Aïn Chgag
Oued Aggaï
Cascades de l'oued
Bhalil
Sefrou
Boufakrane
Domaine de Château Roslane
Vignes
El-Hajeb
Meknès p. 178
Imouzzèr Kandar
Dayet Aoua
Vallée des Roches
Dayet Ifrah
Dayet Hachlaf
★★ Ifrane
Parc national d'Ifrane ★★
Monastère de Tioumliline
Azrou
Forêt de cèdres ★★
Michlifen
2036 Mt Michlifen
2104 Jbel Hebri
Cèdre Gouraud
O. Tigrigra
MOYEN ATLAS
Boulemane
Aïn Leuh
12 Au cœur du Moyen Atlas p. 198
Bekrite
Aguelmame de Sidi Ali
Sources de l'Oum er-Rbia
Col du Zad 2178
Aït Oufella
Boulôjoul
Zeïda
Boumia
Aït Oumghar
Midelt
2070
0 20 40 km

9

FÈS ✧✧✧

« La plus impériale des cités impériales » : pour se présenter, Fès ne lésine pas sur les superlatifs ! Elle fut choisie comme capitale par deux dynasties, les Idrissides et les Mérinides. Sa médina regorge de palais, de mosquées et de médersas. On plonge dans un hallucinant labyrinthe de ruelles et de venelles où tout un peuple laborieux d'artisans – tanneurs, dinandiers, ébénistes, etc. – continue à s'affairer sous vos yeux. Dans cette cité millénaire, on appréciera aussi une cuisine raffinée et la parenthèse détente qu'elle offre au jardin ou au hammam.

PRATIQUE

• Plans p. 161, 164 et 172
• Nos adresses p. 174

Accès

En avion

L'aéroport international Fès-Saïss (📞 05 22 43 58 58 ou 0801 000 224, www.onda.ma) est à 15 km au S de Fès sur la route d'Ifrane. Pour rejoindre le **centre-ville** : en bus avec la ligne 16 de la compagnie City Bus (t.l.j. 6h-22h, 25 min de trajet, 4 Dh) jusqu'à la gare ferroviaire (plan I / A2) ; en taxi (en journée, 150 Dh pour aller dans la médina et 120 Dh dans la ville nouvelle). Bon à savoir : Ryanair et Air Arabia proposent désormais à leurs passagers des navettes (payantes, résa sur leur site).

En train

La **gare ferroviaire ONCF** (📞 22 55, www.oncf-

La médersa Attarine

L'ESSENTIEL

À ne pas manquer

Les tombeaux mérinides pour le point de vue ; la médina et ses circuits ; les tanneries Chouara.

Expériences

Mettre la main à la pâte lors d'un cours de cuisine ; savourer sans retenue la cuisine fassie lors de Fès Gourmet ; découvrir les musiques soufies.

UN PEU D'HISTOIRE

Fondée vers 789 par le premier des sultans Idrissides, Fès a toujours été une ville refuge, accueillant musulmans expulsés de Cordoue ou Arabes chassés de Kairouan (Tunisie actuelle) au IXe s. Ce sont les Kairouanais qui ont financé la première université au monde, la **Qaraouiyine**.

La cité connaît son âge d'or sous les Mérinides (1269-1465), qui s'y installent, édifiant même une ville nouvelle, Fès el-Jdid. Plaque tournante d'un commerce international, ses fondouks accueillent les caravanes venues de Chine ou de Perse. Fès devient la capitale intellectuelle de tout le monde musulman, où affluent historiens, lettrés et savants.

Aujourd'hui, la ville a conservé un rayonnement certain.

voyages.ma) se trouve av. des Almohades (plan I/A2). Elle est desservie par des trains en provenance de Tanger (3 liaisons directes/j., 4h35 à 4h45 de trajet, à partir de 100 Dh), de Casablanca (gare Casa-Voyageurs) via Rabat (plus d'une liaison/h, 3h20 à 4h de trajet, à partir de 92 Dh) et de Marrakech (7 fois/j., 6h39 de trajet, à partir de 156 Dh).

Pour rejoindre le **centre-ville** : arrêts de bus à proximité de la gare.

En bus

La **gare CTM** (📞 0800 0900 30, www.ctm.ma) se situe dans la ville nouvelle, dans le quartier Atlas, rue Saiidia, en face du tribunal de grande instance.

Autres compagnies : **gare routière Bab Mahrouk**, tout près de Bab Boujloud (plan I/A1) ; nombreuses liaisons quotidiennes avec Casablanca (4h15 à 5h de trajet, 95 Dh minimum), Rabat (2h45 à 4h de trajet, 80 Dh minimum), Tanger (6h à 7h30 de trajet, 115 Dh) →

Le long des remparts ✧

Plan I / A1 – À pied : circuit fléché *(encadré p. 162)* « Murailles et fortifications » (orange). En bus : ligne 27, arrêt « place Batha R'Cif ». À effectuer de préférence en voiture ou en taxi.

La promenade autour de l'**enceinte** protégeant à la fois Fès el-Bali (p. 162) et Fès el-Jdid (p. 171) permet d'admirer les jeux de lumière qui caressent la pierre ocre des remparts et font miroiter les toits de tuiles vertes. Le tour complet fait plus de 15 km.

À l'origine, 11 ***borjs*** (bastions) ceinturaient la médina de Fès. Cinq subsistent, dont deux, les *borjs* Nord et Sud ont été superbement restaurés. C'est justement entre ces deux borjs, à l'ouest, que se situe la partie la plus intéressante.

TOMBEAUX MÉRINIDES ✧✧

Plan I / B1 – Av. des Mérinides. Accès libre.

Entre cimetière et oliviers, la route s'élève dans les collines jusqu'aux tombeaux mérinides. Dans cette **nécropole** datant du XIVe s. auraient été enterrés plusieurs sultans. De ces ruines modestes, mais romantiques et envoûtantes, la **vue**, réellement splendide, s'étend sur la ville entière : la médina avec la Qaraouiyine, Fès el-Jdid avec le palais royal, et la ville nouvelle avec ses avenues taillées au cordeau.

BORJ NORD (MUSÉE DES ARMES) ✧

Plan I / B1 – Av. des Mérinides. Parking : dans l'enceinte du musée, gratuit. Bus : ligne 20 (départ pl. Yacoub el-Mansour, plan A2 ; arrivée à la porte du musée). **Musée des Armes** : ☎ 05 35 64 75 66. T.l.j. sf lun. et ven. 9h-13h et 14h-17h. Plein tarif : 10 Dh (+audioguide 10 Dh).

Bâtie au XVIe s. sur les hauteurs de Fès el-Bali, cette **forteresse** comprend un noyau carré flanqué de quatre bastions en pierre de taille formant des angles très aigus : une architecture empruntée à l'Italie. Le chantier employa des captifs portugais faits prisonniers lors de la bataille des Trois Rois (1578). Sur l'esplanade, à l'entrée, campe d'ailleurs un canon de 12 t ayant participé à cette bataille, reconstituée à l'intérieur du **musée des Armes** par un film (9 min).

Ce musée, qui possède une riche collection d'armes, haches, hallebardes, lances, sabres (au total plus de 1000 pièces), vous promène dans 13 salles de l'âge de pierre au XXe s. On découvre ainsi que Fès eut sa fabrique d'armes et de munitions, la **Makina** (p. 172), créée au XIXe s.

N'oubliez pas de grimper sur le toit-terrasse, qui offre une vue à 360° sur la ville.

KASBAH DES CHRARDAS

Plan I / A1 – Ne se vis. pas. Bus : ligne 20, départ pl. Yacoub el-Mansour (plan A2).

La route contourne ensuite la kasbah des Chrardas, qui date du XVIIe s. : elle mesure 550 m de long

PRATIQUE (SUITE)

et les grandes villes (Agadir, Marrakech, etc.).

En voiture

Si vous venez d'une autre ville du Maroc, et que vous souhaitez-vous rendre dans la médina (Fès el-Bali), programmez votre **GPS** sur « Fès » et non sur « Fès el-Bali » qui est également une ville bien plus au nord.

↓ Se déplacer

En bus

Bondés aux heures de pointe, mais dotés du wifi, les bus de **City Bus** (☎ 05 35 64 34 87, www.citybustransport.ma) circulent entre 6h et 22h (2,50-4 Dh). Nombreux arrêts pl. Bab Boujloud (plan I / A1).

Deux lignes utiles : **bus 9**, de la pl. Batha (plan I/ B1) à la ville nouvelle (plan I / A2), et **bus 10**, de la gare ferroviaire (plan I / A2) à Bab Sidi Boujida (plan I / B1)

Plan I : plan général de Fès

sur 400 m de large. Aujourd'hui, elle abrite, entre autres, un hôpital.

PALAIS ROYAL

Plan I / A1 – Photos interdites.

Vous longez les murailles interminables du **palais royal** (sur la g.), construites en pisé (mélange de terre, de chaux et de pierre) selon la technique de la *tabiya* : on en repère les trous caractéristiques, laissés par les coffrages amovibles en bois après leur retrait.

en passant par Bab Boujloud.

En petit taxi

Ils sont rouges et la course est modique (20 Dh max.).

À pied

Six **circuits touristiques** balisent la médina : www.fescity.com/circuits-touristiques *(encadré p. 162)*. Carte et guide à télécharger.

En voiture

Plusieurs **parkings** se trouvent aux portes de la médina, notamment à Bab Boujloud (plan I / A1) et place R'Cif (plan I / B1). Comptez 2 Dh en journée et 5 Dh la nuit.

Adresse utile

Infos touristiques : www.visitefes.com.

BORJ SUD ✧

Plan I / B1-2 – Sur le bd Allal al-Fassi, une petite route sur la dr. grimpe au borj. Parking gratuit.

Il a été construit au XVIe s., comme le borj Nord, par le sultan saâdien Ahmed el-Mansour, soucieux de consolider son pouvoir après sa victoire sur les Portugais.

Des fortifications, on découvre un superbe **panorama** sur la ville, avec un vrai boulevard, qui couvre l'oued Boukhareb et entaille la médina jusqu'à la porte Bab R'Cif.

Fès el-Bali (médina) ✧✧✧

Plan II / A2 – Accès par Bab Boujloud. Parking près de la pl. Boujloud.

« Balek, balek ! » Le voyageur, même brouillé avec les langues étrangères, a vite fait de traduire : « Attention ! » Il acquiert le réflexe de s'aplatir contre le mur pour laisser passer un bourricot chargé comme une mule. Il y a des jours et des heures où Fès ressemble à un tourbillon. Et mieux vaut se laisser porter par cette véritable vague humaine, bigarrée, qui submerge ruelles, venelles et passages. Dans cet invraisemblable labyrinthe, long, dit-on, de 90 km, où le soleil ruisselle entre les canisses, il y aura toujours une âme charitable ou… intéressée pour vous remettre dans le droit chemin. *Inch Allah !*

Sachez néanmoins qu'un gros effort d'information a été fait : outre **six circuits balisés** *(encadré ci-dessous)*, des **panneaux** ont été placés aux points stratégiques de la médina afin d'expliquer l'histoire d'une place, d'une médersa ou d'une corporation. La médina englobe 11 médersas,83 mausolées et zaouïas, 176 mosquées, 40 hammams, 70 km de réseaux hydrauliques et 11000 bâtisses historiques. Un projet de réhabilitation ambitieux a été mis en place afin de restaurer une centaine de fondouks, ateliers ou souks. Mais aussi l'arsenal de la Makina à Fès el-Jdid (p. 171), l'horloge à eau de Talâa Kbira (p. 163) et le répartiteur d'eau de Boujloud (ci-après).

AUTOUR DE BAB BOUJLOUD ✧✧

Plan II / A3 – Parking aux alentours de la pl. Boujloud. À proximité, arrêt de bus ligne 10. Circuits fléchés *(encadré ci-dessus)* : « Palais et jardins andalous » (vert) et « Artisanat » (rouge).

Fès rêve de faire de la place Boujloud la petite sœur de Jemaâ el-Fna à Marrakech. Son esplanade est d'ailleurs l'une des scènes du Festival des Musiques sacrées (p. 176).

Bab Boujloud est l'une des 26 portes d'accès à la médina que compte aujourd'hui la ville. Elle offre un double visage : d'un côté

PARCOURS *Médina, mode d'emploi*

Au-dessus de vos têtes, dans la médina, des panneaux double face proposent des **circuits thématiques.** Pour chaque circuit, les départ et arrivée sont indiqués, la flèche au sommet signalant la direction prise. Les numéros des panneaux donnent votre progression. Pas facile toutefois de terminer un circuit sans s'être perdu avant !

> **Murailles et fortifications** *(en orange)* : du borj Nord au borj Sud (plan I / B1 à B1-2).

> **Monuments et souks** *(en marron)* : de Bab Boujloud à Bab R'Cif (plan II / A3 à C2-3).

> **Artisanat** *(en rouge)* : de la pl. Boujloud à la pl. Lalla Yeddouna (plan II / A3 à C2).

> **Connaissances et savoir-faire** *(en bleu)* : de la mosquée Al-Anouar à Bab Guissa (plan II / CD-2 à B1).

> **Palais et jardins andalous** *(en vert)* : du parc Jnan Sbil à Aïn Azliten (plan II / A3-4 à A2).

> **Fès Jdid** *(en violet)* : de la porte du palais royal à Bab Sagma (plan I / A1).

^ Bab Boujloud et la rue Talâa Kbira

un décor émaillé bleu du bleu de Fès, de l'autre une dominante de vert (couleur de l'islam). À droite de la porte se situe le **répartiteur d'eau** (restauration en cours), qui distribuait par des canalisations l'eau de l'oued Fès aux maisons, mosquées et jardins. Un système vieux de près de 1000 ans !

Musée Batha des arts de l'Islam ✧✧

Plan II / A3 – Pl. Batha (entrée dans la rue du musée) 📞 05 35 63 89 56, www.fnm.ma. Mer.-lun. 9h-17h. F. pour travaux.

En cours de rénovation, ce musée est dédié aux arts de l'Islam. Dans la douzaine de salles disposées tout autour de la cour se déploient des manuscrits rarissimes, des céramiques, etc. Batha peut s'enorgueillir de posséder notamment le dossier de *minbar* (chaire réservée au prône de la grande prière du vendredi) de la mosquée des Andalous (plan II / C2) : ce pur joyau, en cèdre, sculpté, gravé, tourné, date du Xe s.

La visite se prolonge avec grand plaisir dans le magnifique **jardin andalou**, à l'ombre de son chêne vert centenaire et des jacarandas, palmiers ou tilleuls argentés. On respire alors l'odeur suave des fleurs d'oranger et du jasmin. Créé en 1915, il porte la signature du paysagiste Jean-Claude Nicolas Forestier, une référence.

Le **palais** qui sert d'écrin au musée fut construit à la toute fin du XIXe s. dans un style arabo-andalou. C'est ici (ou au palais Mnebhi p. 175) que fut signé le protectorat de 1912, mais aucun texte ne permet de l'affirmer avec certitude.

TALÂA KBIRA ✧

Plan II / A2-3 – Circuit fléché : « Monuments et souks » (marron).

Très longue, Talâa Kbira (« grande montée ») est l'une des **principales artères de la médina**. Elle représente pour le flâneur une source inépuisable d'émerveillement avec ses mosquées, ses échoppes, ses fondouks, ses fontaines.

Plan II : Fès el-Bali

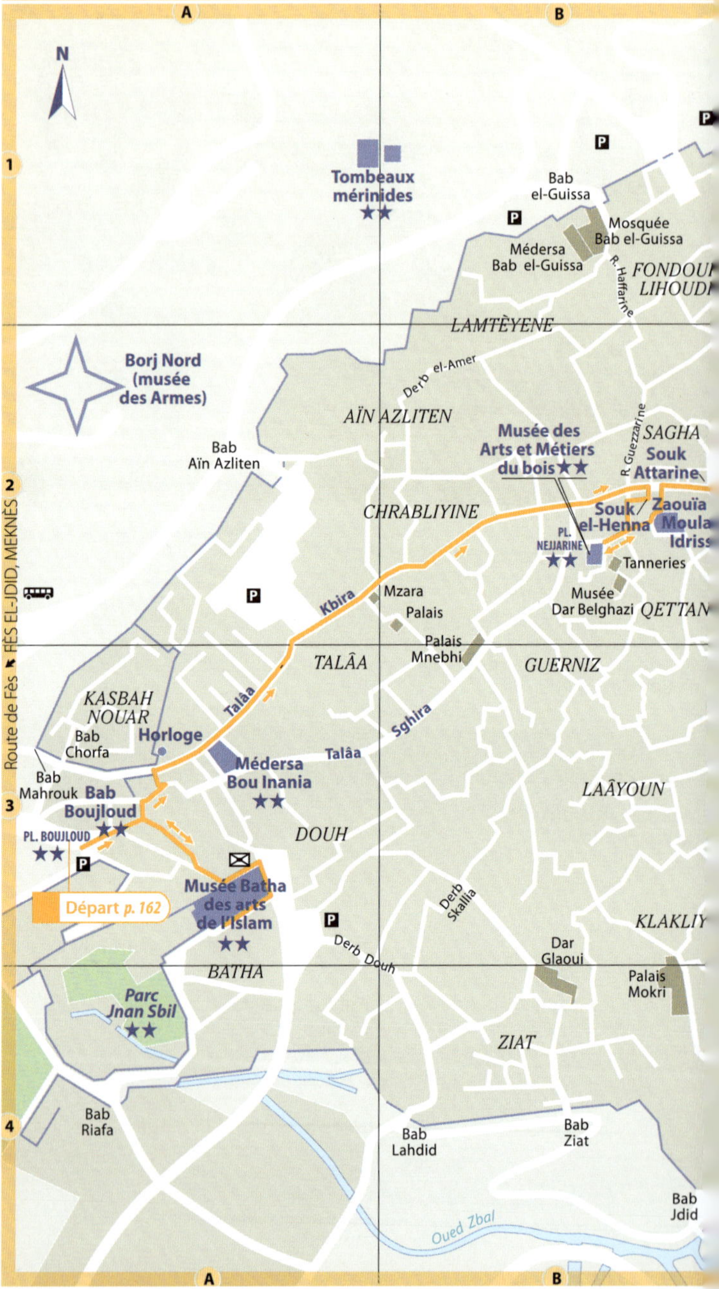

C
D
Remparts
1
2
3
4
ZENJFOR
Oued Boukhrareb
Bab Sidi Boujida
usolée Ahmed jani
IDA
Tanneries Chouara ★★
RMILA
KEDDANE
PL. LALLA YEDDOUNA
GUERWAWA
ersa rine ★★
squée ouiyine ★
ibliothèque
Bab Khokha
Quartier des Potiers
Mosquée Anouar
P
LAKWASS
Médersa Seffarine
Mosquée des Andalous
Mosquée el-Fekharine
FEKHARINE
Mosquée Al-Oued
Médersa Sahrij
Bab R'Cif
uée if
GZIRA
SID LAAOUAD
OUED ZITOUN
Rue Sidi bou Ghaleb
Bab Hamra
Bab Ftouh
MAKHFIYA
Bd Ahmed ben Mohammed el - Alaoui
Cimetière Bab Hamra
Cimetière de Bab Ftouh
Oued Masmouda
0
100
200 m
Borj Sud

PAUSE

Café Clock

Au **Café Clock**, doté d'un rooftop qui tutoie la médersa Bou Inania, prenez le temps de boire un thé ou un jus de fruits, ou de manger un *camel burger*, à base de viande de dromadaire. Vous pourrez aussi vous initier à l'*oud* (le luth marocain), ou apprendre à vous débrouiller comme un chef fassi en cuisine (p. 176) ! Ambiance sympa, festive le soir venu.

> 7, derb el-Magana (plan II / A3) 📞 05 35 63 78 55, www.cafeclock.com. T.l.j. 9h-23h. Burger : 95 Dh.

À partir de la percée d'Aïn Azliten, la rue change régulièrement de nom, selon l'activité de ses commerçants (tresseurs de paniers, épiciers, etc.). Plus rarement, elle prend le nom d'une source, comme Aïn Allou.

Médersa Bou Inania ✧✧

Plan II / A3 – Talâa Kbira. T.l.j. 9h-18h (horaires variables). F. pendant les prières. Plein tarif : 20 Dh.

Cette imposante médersa est un petit chef-d'œuvre mérinide. C'est la seule médersa qui soit dotée d'une mosquée intérieure, minaret compris : sa salle de prière, en face de l'entrée, rassemble quotidiennement les fidèles.

Dans l'entrée, remarquez la coupole de bois sculpté et peint, qui forme des *muqarnas* (« stalactites », p. 405). L'édifice, à un étage, est agencé autour d'une cour dallée de marbre et entourée sur trois côtés d'une galerie partiellement fermée par des claustras de bois *(iwans)*. Les piliers sont ornés jusqu'à hauteur d'homme de magnifiques zelliges (marqueterie de céramiques). Du sol au plafond, c'est tout le répertoire **arabo-andalou** qui se déploie.

Au rez-de-chaussée, deux salles de cours se font face (à g. et à dr. de l'entrée).

Les étudiants dormaient dans une cinquantaine de cellules, qui se répartissent entre ce rez-de-chaussée et l'étage. Elles ne sont malheureusement plus accessibles à la visite.

Horloge ✧

Magana

Plan II / A3 – Talâa Kbira.

Sur le mur opposé à la médersa Bou Inania, fonctionnait autrefois une horloge à eau au mécanisme compliqué, la Magana. Cette clepsydre à carillons de 1357 donnait précisément les heures en lâchant des poids. La restauration de cette horloge qui comporte 12 fenêtres est programmée.

AUTOUR DE LA PLACE NEJJARINE ✧✧

Plan II / B2 – Circuits fléchés *(encadré p. 162)* : « Artisanat » (rouge), « Connaissances et savoir-faire » (bleu) et « Monuments et souks » (marron).

Vous pénétrez dans l'ancien royaume des **menuisiers** et **ébénistes** *(nejjarine)*. Tout ou presque vous ramène au bois autour de cette jolie place. Le quartier est comme imprégné par l'odeur persistante du cèdre.

Dans le **souk Nejjarine**, contigu à la place, vous verrez la fabrication des rutilantes *amariya*, sorte de chaises à porteurs dans lesquelles on promène les mariés.

Souk el-Henna ✧

Plan II / B2 – Accès (fléché) depuis Talâa Kbira (p. 163). Entrée à g., rue Fakharine.

Sur cette placette mignonne comme un cœur, ombragée par deux platanes centenaires et pavée en galets d'oued, on y trouve bien sûr du henné, dont les feuilles ont été réduites en poudre. Sur les étals aussi :

du *ghassoul*, une argile de l'Atlas à usage capillaire, du *saboun* (savon noir), du khôl et de plus en plus de poteries. Dans un coin de la place, un panneau signale l'emplacement de ce qui fut un hôpital : créé vers 1286, le *maristan* Sidi Frej, où l'explorateur Léon l'Africain travailla lorsqu'il était étudiant au XVIe s., a fonctionné jusqu'en 1944. Au temps de sa splendeur, on y pratiquait la musicothérapie pour apaiser une clientèle d'aliénés !

Fontaine Nejjarine ✧✧

Plan II / B2 – Pl. Nejjarine. Ressortir du souk el-Henna (ci-avant), partir à g. dans la rue Fakharine, puis 2e ruelle à dr.

Datant du XIXe s., c'est l'une des plus belles fontaines de la médina. Le travail du bois, la dentelle des stucs et les 1000 étoiles des zelliges en font une merveille. Fès ne compte pas moins de 69 fontaines publiques monumentales, sans parler des fontaines privées qui approvisionnent mosquées, palais, riads et jardins.

Musée des Arts et Métiers du bois (musée Nejjarine) ✧✧

Plan II / B2 – Pl. Nejjarine ☎ 05 35 74 05 80, www.nejjarine.co.ma. T.l.j. 10h-17h. Plein tarif : 20 Dh.

Dès l'entrée, on s'extasie devant l'impressionnante **porte en cèdre** de cet ancien caravansérail du XVIIIe s., superbement restauré par un ancien Premier ministre du roi Hassan II. Il abrite un musée privé. Sur trois niveaux, on y admire le **bois** dans tous ses états. Cette thématique, *a priori* réductrice, permet pourtant d'aborder nombre de facettes de la civilisation marocaine. Ainsi, on apprend que le bois fut le premier support des contrats de mariage, ou l'auxiliaire de l'apprentissage du Coran, copié sur des tablettes recouvertes d'argile.

Des modestes objets de la vie quotidienne (rouet, marteau à sucre, moule à babouche, etc.) aux somptueux coffres de mariée en passant par un Stradivarius de 1711, le musée possède de vrais trésors.

Pour terminer la visite, offrez-vous un thé sur la terrasse, pour sa vue impressionnante sur la médina et la coupole pyramidale du mausolée de Moulay Idriss (p. 168).

AUTOUR DE LA MOSQUÉE QARAOUIYINE ✧✧✧

Plan II / BC-2 – Accès par Talâa Kbira. Circuit fléché *(encadré p. 162)* : « Monuments et souks » (marron).

De la place Nejjarine à la mosquée Qaraouiyine s'étend ce que l'on appelle le « Triangle d'or », car il abrite les trois sanctuaires de la ville : le mausolée de Moulay Idriss, la mosquée Qaraouiyine et le mausolée de Sidi Ahmed Tijani (plan C1), saint homme fondateur d'une confrérie soufie (un courant

˅ Le musée des Arts et Métiers du bois (musée Nejjarine)

SPÉCIALITÉ

Pastilla au pigeon

Fès possède une cuisine très raffinée. Et l'un de ses plats les plus emblématiques est la **pastilla au pigeon**, où l'on retrouve entre amandes, orange et autres épices, la cannelle. Rarissime à trouver sur la carte d'un restaurant, ce mets délicat demande 48h de préparation. Dans la médina, passez-en commande à **The Ruined Garden**, une adresse follement romantique.

> The Ruined Garden : 15, derb Idrissy, Sidi Ahmed Chaoui, accès par Talâa Sghira (plan II/B2) ☎ 06 49 19 14 10, page Facebook. Pas d'alcool.

mystique de l'islam) qui a encore de nombreux adeptes en Afrique de l'Ouest.

Mausolée (zaouïa) de Moulay Idriss ✧

Plan II/B2 – Entrée rue Bab Moulay Idriss (presque en face de la pl. Nejjarine). Accès interdit aux non-musulmans.

Même si l'intérieur ne se visite pas, vous pouvez vous approcher de ce mausolée dont les ruelles attenantes sont barrées par une solive en bois installée à hauteur d'épaule : elle interdit l'accès aux bêtes de somme, mulets et ânes, et vous oblige à vous incliner. Vous entrez dans un **espace sacré**, le *horm*. Une foule bigarrée se presse à l'intérieur de ses limites. Elle vient s'y recueillir, espérant s'attirer la *baraka* (« bénédiction ») du saint patron et véritable fondateur de la ville, Idriss II (732-828). Par la porte, entrouverte, mais gardée, on devine plus qu'on ne l'aperçoit (à dr.) le **tombeau du saint**, recouvert d'une *keswa*, une somptueuse pièce d'étoffe en soie qui est renouvelée à intervalles réguliers.

Tout autour du mausolée gravitent marchands de cierges, de nougats et autres objets porteurs de *baraka*.

Souk Attarine

Plan II/B1-2 – Devant le mausolée de Moulay Idriss, partez à g. ; ou à dr. et traversez les kissariat. Attention, des portes en bois en ferment l'accès le soir et ven. matin.

Long de 600 m environ, ce souk des épiciers – c'est l'explication de son nom – alimentait autrefois l'hôpital voisin, le *maristan* Sidi Frej (p. 167). Aujourd'hui, seuls quelques herboristes font encore de la résistance au milieu de boutiques « à l'occidentale ». Il reste pourtant plein de couleurs et de parfums.

Médersa Attarine ✧✧

Plan II/C1-2 – Au bout du souk Attarine. T.l.j. 8h-18h. Plein tarif : 20 Dh.

Cette médersa « des marchands d'épices » est de proportion bien plus modeste (480 m^2) que la Bou Inania (p. 166). Sa construction, au XIVe s., fut ordonnée par le sultan mérinide Abou Saïd Othman pour héberger les étudiants de la mosquée Qaraouiyine (p. 169).

Ses vantaux cachent une vraie splendeur. Dès que l'on pénètre dans la **cour** tapissée de zelliges, dont la vasque de marbre blanc était réservée aux ablutions, on est ébloui par cette perfection. Est-elle due à la taille de l'édifice ou aux colonnes graciles situées aux quatre coins et qui allègent l'ensemble ? Zelliges, stucs ciselés, frise où courent des versets du Coran, bois de cèdre sculpté, etc. L'émotion est au rendez-vous. Dans la salle de prière, on jaugera le poids du lustre en bronze : 1400 kg !

Mosquée Qaraouiyine ✧✧✧

Plan II/C2 – Rue Boutouil. Tournez à dr. devant la médersa Attarine, puis tout de suite à g. Accès interdit aux non-musulmans. Le ven., les portes restent ouvertes. À bon entendeur...

De la rue Boutouil, si la porte principale est ouverte, vous apercevrez la **cour** de cette « mosquée des Kairouanais » et sa vasque centrale taillée dans un seul bloc de marbre. À droite et à gauche, les deux pavillons fontaines de l'époque saâdienne évoquent la cour des Lions de l'Alhambra de Grenade, en Espagne. C'est absolument superbe!

Fondée en 859 par Fatima el-Fihria, originaire de Kairouan (Tunisie actuelle), qui y consacra sa fortune, la mosquée Qaraouiyine atteignit ses dimensions actuelles (17000 m²) en 1135, sous les Almoravides. Mais toutes les dynasties eurent à cœur de l'embellir. Elle peut accueillir 20000 fidèles (une capacité néanmoins inférieure à celle de la mosquée Hassan II de Casablanca). Deux autres chiffres qui donnent le vertige : 50000 zelliges pavent la cour et 270 piliers soutiennent le toit de la salle des prière.

La Qaraouiyine est aussi la doyenne de toutes les universités dans le monde : on y étudiait le Coran, mais aussi le droit, les mathématiques, l'astronomie, etc. Elle est toujours considérée comme **l'un des centres spirituels et intellectuels de l'Islam**.

Place Seffarine ✧

Plan II / C2 – Accès par la rue Boutouil.

Impossible, au bruit, de s'y tromper : vous êtes ici dans le fief des **dinandiers**, qui travaillent le cuivre jaune, le laiton ou le fer-blanc. Au pied d'un énorme platane s'entassent chaudrons et bassines, énormes couscoussiers et autres marmites qui peuvent se louer. Mais, pollution sonore oblige, une grande partie de ces artisans a dû déménager vers Aïn Nobki, à l'extérieur de la ville.

Sur cette place se trouve l'entrée de la **bibliothèque de l'université Qaraouiyine**, qui compte des manuscrits rarissimes sur peau de gazelle. Jetez un œil discret, si le garde de service ou quelque professeur vous y autorise, sur la salle de lecture, complètement restaurée, comme tout le bâtiment, par Aziza Chaouni, une élève fassie de Renzo Piano. Silence, on travaille!

^ La mosquée Qaraouiyine

Juste en face, la **médersa Seffarine** (ne se vis. pas) est la doyenne des médersas de Fès. Fondée en 1276, elle accueille en cours ou héberge environ 200 étudiants en théologie.

AUTOUR DE L'OUED BOUKHRAREB ✧

Plan II / C1 – Circuits fléchés (*encadré p. 162*) : « Connaissances et savoir-faire » (bleu) et « Artisanat » (rouge).

On longe l'oued Boukhrareb qui traverse la ville du nord-est au sud-ouest, la partageant en deux.

Aujourd'hui, ses **berges** commencent à être aménagées en promenade. Tout ce quartier, dans lequel des artisans travaillaient récemment dans des conditions dantesques, est en plein chambardement.

^ Les tanneries Chouara

Place Lalla Yeddouna

Plan II / C2 – Accès par la rue Méchatène : en sortant de la bibliothèque, tournez à g. dans la rue qui longe la médersa Seffarine.

L'aménagement de cette vaste place, lieu de passage quasi obligé entre les deux « rives » de Fès, a fait l'objet d'un concours international très disputé. Entre 175 projets, Mossessian & Partners (Londres) et Yassir Khalil Studio (Casablanca) ont remporté le marché. Ces architectes ont fait entrer Fès dans le XXIe s., faisant côtoyer un pont médiéval avec des maisons-cubes modernes couleur sable.

Tanneries Chouara ✧✧

Plan II / C2 – Accès par la rue Méchatène.

Ces tanneries, c'est l'image emblématique de Fès. Vieilles de plus de 900 ans, elles s'étalent sur plus de 7000 m² et emploient environ 400 personnes. Leur récente restauration n'a rien enlevé à leur « pittoresque ». Pour la photo, impossible d'y couper : il vous faudra monter sur l'une des terrasses d'un vendeur de babouches ou de tapis, qui vous expliquera avec force détails le processus en cours sous vos yeux.

Les peaux – de dromadaire, de vache, de chèvre ou de mouton – sont mises à macérer dans des bains de chaux avec de la fiente de pigeon, afin de les débarrasser des poils et des adhérences de chair qui restent encore. C'est ce qu'on appelle le « travail de rivière », qui nécessite aussi un déchaulage pour éliminer la chaux, un « confitage » pour dissoudre les graisses, etc.

Le **travail de tannage** proprement dit commence avec les peaux dites « en tripe », car elles en ont l'aspect lisse et gluant. Il fait appel à des tannants naturels (écorce de chêne, par exemple) et, de plus en

plus, à des tannants chimiques (tel le chrome), qui rendent la peau imputrescible.

La **teinture** est évidemment l'étape la plus spectaculaire. Vous voyez les ouvriers s'activer, jambes nues, dans des cuves colorées par l'indigo qui donne le bleu, le henné pour l'orange, etc. À en croire les guides, ces produits naturels sont encore utilisés pour pigmenter le cuir. *Dar Dbagh, Dar Dhab*, dit l'adage. Traduisez : « La tannerie, c'est de l'or. » Vraiment ?

Fès el-Jdid ✧

Plan III / A2 – Parking près de la pl. des Alaouites. Arrêt de bus : « Hôtel de ville ». Circuit fléché *(encadré p. 162)* : « Fès Jdid » (violet).

« Fès la Nouvelle »... Attention ! Il s'agit de la **nouvelle cité mérinide**, créée en 1276 par le sultan Abou Youssef pour y installer palais, administration et garnison. Jetez un œil, sans trop d'ostentation, aux portes monumentales du **palais royal** (Dar el-Makhzen, ne se vis. pas) ; ses vantaux en bronze, qui brillent comme de l'or, défendent l'accès d'un domaine de 80 ha.

MELLAH (QUARTIER JUIF) ✧

Plan III / AB-2 – Autour de la rue des Mérinides.

Créé au XIVe s., c'est le tout premier quartier où les Juifs vécurent, presque en totale autarcie, sous la protection rapprochée du sultan. C'était au bord de l'oued el-Maleh, d'où le nom *mellah* donné ensuite à tous les quartiers juifs du Maroc.

Fenêtres et balcons en bois ouvragé rythment les façades, notamment boulevard Boukhsissat, l'une des plus belles artères du quartier : le contraste est saisissant avec la médina et ses murs aveugles.

Synagogue Ibn Danan ✧✧

Plan III / A2 – Derb el-Ferrane Ta'hti. Accès par la rue des Mérinides. T.l.j. sf sam. 9h-19h. Plein tarif : 25 Dh.

Elle se terre au fond d'une impasse et rien, à part un panneau au-dessus de la porte, ne la distingue des maisons voisines. Construite au XVIIe s., cette synagogue a bénéficié d'une restauration soigneuse, après avoir connu bien des outrages : elle fut utilisée comme atelier de fabrication de tapis, salle de sports, prison, etc. La pièce maîtresse, les **rouleaux de la Torah**, un parchemin en peau de gazelle de plus de 50 m de long, a retrouvé sa place dans l'armoire *(hehkal)*.

De la terrasse, on a une vue sur le cimetière juif en contrebas.

VERS LE PARC JNAN SBIL

Plan III / B1 – Accès par l'av. Fès-Jdid (ou av. Moulay Slimane).

Enserrée entre Bab Semmarine et Bab Dkaken, l'**avenue Fès Jdid**, commerçante et très animée en soirée, n'en est pas à une mosquée près. En dépit de son nom, la **mosquée Al-Hamra** (XVe s.) n'a rien de rouge.

Plan III : Fès el-Jdid

Ancien méchouar

Plan III / B1 – Accès par Bab Draken. Restauration en cours.

Passée Bab Draken, vous pénétrez sur la place Moulay Hassan, tout en longueur et aveuglée de murailles : c'est l'ancien méchouar du palais royal, place d'armes où se déroulaient les cérémonies officielles.

À main gauche se trouve la **Makina**, l'ancienne manufacture d'armes, qui affiche la date de sa création (1886). C'est l'oued Fès qui fournissait à cette « machine » de guerre sa force motrice. Selon les mauvaises langues, le rendement n'y fut jamais très important !

Parc Jnan Sbil ✧✧

Plan III / B1 – Mar.-dim. 8h-19h30. Accès libre à dr. de Bab Dkaken.

Respirez ! Cet écrin de verdure luxuriant offre un refuge et une bouffée d'air frais, en particulier en été quand le soleil cogne.

Aménagé au XVIIIe s. par le sultan Moulay Abdallah sur une superficie de 7,5 ha, le plus ancien des jardins de Fès s'est octroyé une cure de jouvence spectaculaire. Entre séguias (canaux) et bambous, fontaines et palmiers washingtonias, lac artificiel et jardins de roses, des mères de famille papotent sur les bancs et les gardiens veillent au grain.

Au fond du jardin, près de la sortie, la **noria** – une roue actionnée par l'eau –, désormais en métal, a repris du service.

Aux environs de Fès ✧

Tout près de Fès, la station thermale de Moulay Yâcoub, passée sous le label Vichy, a achevé sa mue en 2018, entrant sans fracas dans le XXIe s. Pas sûr que Moulay Yâcoub, le saint patron des porteurs d'eau, aurait apprécié...

THERMES DE MOULAY YÂCOUB ✧

Carte p. 157 – À 22 km N-O de Fès ☎ 05 35 69 40 64, www.moulay-yacoub-vichy-thermalia-spa-hotel.fr. Mar.-jeu. 9h-18h30, ven.-sam. 9h-20h30, lun. 14h-18h30. Âge minimum : 18 ans. Parking payant (20 Dh). Pass thermal pour la seule piscine : 180 Dh ; pack piscine + hammam : 490 Dh.

Repris par la Compagnie de Vichy, la station thermale de Moulay Yâcoub a bien changé. C'est simple, on a tout rasé pour construire à la place un centre hyper-design, tout en blanc et gris, signé de l'architecte marocain Omar Alaoui. Mais l'eau thermale y a conservé ses propriétés : très chargée en soufre, calcium et sodium, elle surgit à 54 °C, puis est refroidie à 38 °C ; elle est recommandée pour toutes les pathologies ORL et rhumatologiques.

Les nouveaux thermes jouent aussi la carte détente avec un pass thermal, incluant l'accès à la piscine et au vaporarium (hammam, si vous préférez).

PAUSE

Mezzanine

En face du parc Jnan Sbil, **Mezzanine** est l'endroit idéal pour siroter en fin d'après-midi une bière, un verre de vin ou un cocktail (80 Dh), tout en guettant de la terrasse perchée le coucher du soleil sur l'horizon barré par les palmiers du jardin.

> 17, Kasbah Chems. Accès par l'av. Moulay Hassan (plan III / B1) ☎ 05 35 63 86 68. T.l.j. 12h-minuit.

˅ Le jardin Jnan Sbil

• NOS ADRESSES •

FÈS

OÙ DORMIR

Riad Lune et Soleil

Plan II/A3 – 3, derb Skallia, près du musée Batha (quartier Douh) 05 35 63 45 23 ou 06 64 72 14 24, www.luneetsoleil.com. 2 ch. et 4 suites. Table d'hôtes sur demande : 15-20 € ; sert de l'alcool. Parking à proximité. De 50 à 80 € (545 à 875 Dh)

Le patio s'enfouit dans une végétation luxuriante, les chambres (15 m² pour la plus petite) sont douillettes, et l'accueil chaleureux. Le petit déjeuner est super copieux : crêpes marocaines, pain beldi (traditionnel), dattes, figues. On peut même vous organiser vos transferts et excursions.

Riad Adarissa

Plan II/A2 – 4, derb Sidi Yaala (accès par Talâa Kbira) 06 61 31 02 50, page Facebook. 3 ch. et 2 suites. En paiement anticipé, comptez 70 € env. la nuit. De 65 à 85 € (700 à 900 Dh)

L'emplacement est top : à deux pas de la gare routière et du parking d'Aïn Azliten. Chaque chambre (17 m² pour la plus petite) porte le nom d'un écrivain marocain. Quelle belle idée de les avoir dotées de portes à vitraux, qui filtrent la lumière sans nuire à l'intimité ! Le toit-terrasse se prête au farniente.

Une auberge culturelle

Fès a son « auberge culturelle ». Inclassable. Médina Social Club se veut tout à la fois hostel (où l'on peut trouver à se loger en demi-pension pour 200 Dh/pers.), restaurant à petit prix (le plat principal ne dépasse pas 100 Dh) et doté d'une terrasse panoramique (ce qui ne gâte rien). Mais aussi, centre d'animations où l'on peut participer à une séance de cinéma, à un concert ou à un cours de yoga.

> *Plan II/B2 – 11, derb el Menia el Wosta, Talâa Kbira 05 35 63 78 39, page Facebook.*

Algilà Fès Riad

Plan II/B2 – 17, derb el-Mokri, Akbat Sbaa (accès par rue Sidi el-Khiyat donnant sur la pl. Batha) 05 35 63 80 28 ou 06 61 09 54 23, www.algilafes.com. 12 ch. Massages et soins sur place. Prochainement 4 ch. supp., un spa et une piscine. Tables d'hôtes : à partir de 250 Dh, sert de l'alcool. Offres en early booking : 30 j. en amont, -5 % sur le prix de base. Parking : pl. Batha, payant. Entre 120 et 150 € (1300 à 1650 Dh)

Le riad tel qu'on se l'imagine, avec ses zelliges, ses stucs et sa fontaine dans le patio. Réparties entre trois maisons datant du XVIIIe s., les chambres ont un côté plus contemporain. Le petit déjeuner peut être servi dans la chambre. Cette adresse est une pépite.

Riad Dar Bensouda

Plan II/C2 – 14, Zkak el-Bghel, Qettanine (accès par Bab R'Cif) 05 24 42 64 63, https://marrakech-riads.com. 18 ch. et suites. En paiement anticipé, la ch. est à 800 Dh env. Hammam : à partir de 250 Dh. Table d'hôtes : 240 Dh. Piscine extérieure. Parking : Bab R'Cif (plan C2), payant. De 95 à 120 € (1000 à 1300 Dh)

C'est sans doute le plus grand riad de Fès. Les chambres, spacieuses, claires et modernes, se répartissent entre trois cours dont l'une accueille la piscine. Le petit déjeuner et les repas peuvent être servis l'été au bord de l'eau. L'hiver, on se replie près de la cheminée.

Palais d'hôtes Suites & Spa

Plan II/B4 – 9, derb Sornas (accès par Bab Ziat) 05 35 63 73 24, www.palais-hotes.com. 4 ch., 7 suites junior, 2 suites deluxe, 1 suite royale. Offres intéressantes en paiement anticipé. Hammam. Ascenseur. Table d'hôtes : à partir de 150 Dh, pas d'alcool. Parking clos à proximité, payant. De 55 à 275 € (600 à 3000 Dh)

Ce palais centenaire, aux chambres spacieuses (25 m² minimum), s'est doté d'une mini-piscine intérieure (chauffée) et d'un spa offrant massages aux huiles essentielles. Le petit déjeuner en terrasse (700 m²) est un beau moment.

OÙ MANGER

Voir aussi pause p. 166. La plupart des riads accueille au déjeuner ou au dîner des non-résidents. N'hésitez pas à réserver dans ceux cités dans la rubrique « Où dormir ? ».

Fès gourmet

À Fès, dès 2022, dans la première quinzaine de novembre, une association de riads relançait «Fès Gourmet », où la gastronomie fassie est mise en avant. Le soir, chaque riad offre un menu à prix unique (280 Dh), autour d'un plat emblématique : *tride* (pâte en feuille) au pigeon, tajine de bœuf aux coings, cannelle et miel, etc.

> *Rens. : http://souafine.blogspot.com.*

Restaurant Berrada

Plan II / B1 – 57, Sagha el-Achebine. De Talâa Kbira à hauteur du souk el-Henna, partez vers Bab Guissa. Sam.-jeu. 12h-18h. Menu : 60 Dh, boisson et thé compris. Pas d'alcool. Moins de 10 € (110 Dh)

Ce restaurant, qui ne paie pas de mine, sert pourtant une cuisine familiale et marocaine très bonne. On vous propose même de goûter les plats avant de passer commande (il n'y a pas de menu écrit)! Maman est en cuisine, papa et leur fille au service.

Cinéma Café

Plan II / A3 – Rue de la Poste (près de Bab Boujloud) 05 35 63 83 95, https://cinemacafefez.business.site. T.l.j. 9h-23h. Moins de 10 € (110 Dh)

Dans ce petit resto à l'ambiance conviviale, on peut manger pour pas cher des plats marocains (tajines, pastillas), mais aussi occidentaux (pizzas, pâtes, burgers, salades, etc.), ce qui peut être pas mal quand on en a assez des couscous et des tajines!

Palais Mnebhi

Plan II / B2 – 15, rue Souikat ben Safi 05 35 63 38 93. T.l.j. 12h-15h. Menu : à partir de 150 Dh. Pas d'alcool. Entre 10 et 15 € (110 et 160 Dh)

Le lieu est un monument historique! Lyautey y établit sa résidence. Et le traité établissant le protectorat français aurait pu y être signé (1912). L'immense patio, qui accueille le restaurant, est somptueux. Bien sûr, il y a des groupes ; mais on peut toujours se régaler, en couple ou en famille, dans les salons latéraux très discrets. Spécialité maison : le couscous, l'un des meilleurs de la ville.

Darori

Plan II / C2 – 2, derb Sayour (médina), accès par Bab R'Cif à 200 m 06 18 45 37 38, https://darori-resto.business.site. T.l.j. 18h-22h30. F. en août. Plat principal : 120 Dh. Formule entrée + plat, plat + dessert ou entrée + dessert : 150 Dh. Menu gastronomique : 380 Dh. Sert de l'alcool. Entre 10 et 15 € (110 et 160 Dh)

Il y a la possibilité dans ce restaurant, installé dans une belle maison des XVIIe-XVIIIe s., de commander la veille des plats plus recherchés : couscous *t'faya* (avec amandes, raisins secs), *tride* poulet oignons confits, tajine guernina (un légume un peu acidulé). Sur demande, on peut venir vous chercher si vous craignez de ne pas trouver votre chemin.

Made in M

Plan II / A2 – 246 bis, Talâa Kbira, près d'Aïn Azliten 05 35 63 41 16. Mar.-sam. 10h-22h. Plats : 45-90 Dh. Pas d'alcool. Vente à emporter. Entre 10 et 15 € (110 et 160 Dh)

Il y a à voir et à manger dans ce petit bistrot, où l'on peut commander un *batbout* (cela tient du sandwich à la marocaine), un tajine plus conséquent ou simplement un thé avec des cornes de gazelle. Et on peut aussi y effectuer son shopping parmi les pièces d'artisanat *made in Morocco* (lampes, sacs pochettes, etc.) présentées dans l'établissement.

Fez Café

Plan II / A3 – Le Jardin des Biehn, 13, Akbat Sbaa (quartier Douh, médina), accès par la rue Sidi el-Khiyat donnant sur la pl. Batha 05 35 63 50 31, www.jardindesbiehn.com/fr. T.l.j. sf jeu. 12h-15h et 19h30-22h. Plats : 170-200 Dh. Sert de l'alcool. Autour de 30 € (330 Dh)

C'est un jardin extraordinaire, plein de chants d'oiseaux. Même en hiver, on arrive à y déjeuner avant de regagner pour le soir la salle intérieure. Le menu du jour, succinct, met à l'honneur les légumes du jardin. Profitez de Fès Gourmet *(encadré ci-dessus)* pour le découvrir à un prix un peu plus abordable.

BARS

Hôtel Les Mérinides

Plan II / A1 – Borj Nord (à côté du tombeau des Mérinides) 05 35 64 52 26, www.lesmerinides.com. T.l.j. 9h-23h30. Cocktails avec alcool : 110 à 130 Dh. Vin à la bouteille et demi-bouteille.

Le bar et sa terrasse disposent d'une des plus belles vues sur toute la médina. Deux musiciens, excepté le dimanche, accompagnent sur orgue cette pause apéritive ou digestive.

Fez Café

Plan II/A3 – Voir coordonnées p. 175. Cocktails avec alcool : 100 Dh. Verre de vin : 50 Dh.

Même en hiver (il y a des parasols chauffants), après une journée exténuante dans la médina, on peut se poser dans ce jardin pour commander le spritz maison ou un kir royal.

FÊTES ET FESTIVALS

Festival des musiques sacrées du monde

Rens. : Fondation Esprit de Fès 05 35 74 05 35, www.fesfestival.com. En juin. Pass : 139 €. Places : 15-60 €. Certains concerts sont gratuits. Résa possible en ligne.

Le plus huppé des festivals marocains investit toute la ville, notamment le jardin Jnan Sbil et la place Boujloud, Bab Makina *(encadré ci-dessous).*

Un festival œcuménique

À Fès, le **Festival des musiques sacrées du monde** a été créé après la guerre du Golfe en 1994 pour réconcilier les hommes à travers la musique. Celle-ci n'est-elle pas « le grincement des portes du paradis », selon un maître soufi ? Éclaté dans la ville, ce festival, très œcuménique, peut accueillir des derviches tourneurs, le musicien Jordi Savall ou un groupe gospel d'Afrique du Sud.

SHOPPING

Fès a une tradition artisanale bien vivante, variée et ancienne (babouches, broderies, cuivres, poteries, etc.). Pour tout ce qui est cuir et babouches, rendez-vous aux boutiques qui surplombent les tanneries Chouara (p. 170).

Concept store

Medin'ART

Plan II/B2 – 19 bis, Zkak lhjar, Talâa Sghira (entre le palais Mnebhi et Nejjarine) 06 17 57 50 79. T.l.j. sf ven. 11h-19h. De 15 Dh à 6 000 Dh.

Vous y trouverez aussi bien des accessoires que des bijoux, des bougies ou des coussins. Ils sont fabriqués au Maroc, avec une touche moderne, par des gens vivant ici : c'est le concept de la boutique. Elle diffuse aussi le linge de maison et les étoles de Léo Atlante, qui revisite la broderie marocaine.

Ghassoul

Chez Rachid

Plan 116-117/B2 – 7, souk el-Henna 06 23 86 95 21. T.l.j. sf ven. 11h-19h. Ghassoul : 35 Dh/kg. Henné pour les cheveux : 50 Dh/kg.

Vous pouvez faire ici vos emplettes pour aller au hammam ou prolonger vos vacances une fois rentré : ghassoul parfumé au clou de girofle, à la lavande ou à la camomille, savon noir et eau de rose. Sans oublier le henné en poudre.

Poteries

Art Naji

Hors plan II par D2 – 20, quartier industriel Aïn Nobki, à 6 km E env. du centre-ville, à l'écart de la N6 en dir. de Taza 05 35 66 91 66, www.artnaji.com. T.l.j. 8h30-18h. Visite gratuite. Bols : à partir de 300 Dh. Tajines allant au feu : à partir de 400 Dh.

En compagnie d'un guide (sur place), on peut suivre tout le travail des potiers ou des zelligeurs, qui réalisent de stupéfiantes compositions *(encadré ci-dessus).* Cela se termine à la boutique (sans harcèlement).

SPORTS ET LOISIRS

Cours de cuisine

Café Clock

Plan II/A3 – 7, derb el-Magana 05 35 63 78 55 www.cafeclock.com. Cuisine marocaine : 600 Dh/5h, à partir de 10h, à demander en français. Pâtisserie : 400 Dh, les apr.-midi, 6 pers. max. Possibilité de cours privés. Pas d'alcool.

Le plus dur est sans doute de choisir, le jour même, le menu complet à quatre plats que vous allez exécuter. Une pastilla au poisson ? Un couscous aux

Le bleu de Fès

Capitale incontestée de la céramique, Fès comptait dès le XIIIe s. 180 **ateliers de potiers**, essentiellement tournés vers la production de tuiles vernissées vertes. Le bleu est aujourd'hui la couleur emblématique de sa faïence, même si l'on trouve aujourd'hui des faïences polychromes. Selon la nuance du bleu, un œil expert peut presque « dater » une pièce. Encore au début du XIXe s., le bleu de Fès était plus proche du bleu de Delft, plus assourdi, plus doux, à cause de la présence importante de nickel dans le cobalt.

sept légumes? Des macarons fassis? Ensuite, votre petit groupe se dirige sur le marché pour acheter les ingrédients nécessaires avant de passer en cuisine. Vous pouvez inviter une personne de votre choix au déjeuner qui suit (150 Dh) ou au « goûter » (75 Dh).

Food Tour

Fes Food Tour

📞06 61 18 96 03, https://moroccanfoodtour.com. T.l.j. sf ven. 11h-15h. Comptez 3 km de marche et 45 €/pers. (gratuit pour les enf. de -5 ans), 2 pers. minimum, tour à demander en français.

Cet organisme propose des déambulations gourmandes dans la médina entre la place Batha (le point de rendez-vous) et Bab R'Cif. C'est une belle occasion de découvrir, comme un local, la cuisine de rue (au moins six haltes-dégustation), le déjeuner étant pris dans un restaurant familial.

Golf

Royal Golf de Fès

Hors plan II par B2 – Km 17, sur la route d'Immouzèr Kandar (sortez de Fès par l'av. Hassan-II) 📞05 35 66 52 10, royalgolfdefes@yahoo.fr. T.l.j. 8h30-19h. F. ven. matin. Green fees : 600 Dh.

Cabell B. Robinson a signé ce 18-trous vallonné, à 700 m d'altitude, au milieu d'une oliveraie. Parsemé de lacs, ce golf donne du fil à retordre même aux joueurs expérimentés.

BIEN-ÊTRE

Palais Faraj

Plan II / B4 – Bab Ziat (quartier Ziat) 📞05 35 63 53 56, www.palaisfaraj.com/NS/spa.html. T.l.j. 12h-21h. Accès au hammam : 150 Dh. Hammam + gommage : à partir de 450 Dh. Sur résa.

Luxe, calme et volupté... Avec son ciel étoilé, le hammam traditionnel dans cet ancien palais reconverti en hôtel a un côté *Mille et Une Nuits*. On y appréciera un personnel aux petits soins et le fait de pouvoir partager une telle expérience en couple, et le thé final sur la terrasse.

‹ Carreaux de céramique de Fès

10 MEKNÈS ✧✧

Située au cœur d'une riche région agricole, Meknès est, comme Fès, inscrite au patrimoine mondial de l'Unesco. En revanche, elle a été choisie par Moulay Ismaïl comme capitale. Pendant 55 ans d'un règne absolu (1672-1727), le sultan l'a couverte de palais, enrichie de jardins, protégée de murailles. La concrétisation d'un rêve que le temps a relativement épargné. Pour rencontrer la Meknès plus populaire, c'est dans la médina, restée « dans son jus », que vous vous rendrez. Et pour une découverte plus insolite, partez sur la route des vins dans les collines alentour !

PRATIQUE

• **Plans p. 180-181, 185**
• **Nos adresses p. 188**

Accès

Meknès se trouve à env. 65 km O de Fès par la N6 et par l'A2.

En bus

La **gare routière CTM** (☎ 0800 0900 30, www.ctm.ma, située av. des FAR (plan I / D2), est desservie par des bus en provenance de Fès (env. 10 fois/j., y compris la nuit, 1h de trajet, 25 à 75 Dh) et de Rabat (14 fois/j., 2h30 maxi de trajet, 75 à 110 Dh).

À l'écart, la **gare routière Supratours**, av. de la Gare (hors plan I par D2), est desservie par des bus en provenance d'Azrou et de Khénifra.

Les compagnies locales ont opté pour la **gare routière de Sidi Said**, à 300 m env. de Bab el-Khemis (plan I / A3). Une partie des grands taxis sont aussi à cette gare routière.

Bab Mansour

L'ESSENTIEL

À ne pas manquer

Le mausolée de Moulay Ismaïl ; le musée Dar Jamaï.

Expériences

Observer dans la médina ou à l'Ensemble artisanal le travail des moulineurs et du damasquineur, artisans emblématiques de Meknès ; oser une visite-dégustation dans les vignes d'Allah.

Autour de Bab Mansour ✧✧

Plan I / B2 – Parking : pl. Lalla Aouda, payant au gardien (5 Dh). Bus, calèches.

Avant de découvrir la Cité impériale et la médina, faites donc quelques pas sur la place El-Hedim, qui fait la jonction entre ces deux quartiers. C'est d'ici que l'on a la meilleure perspective sur Bab Mansour, l'une des plus importantes portes de Meknès. Et c'est exactement ce que recherchait Moulay Ismaïl en créant cette esplanade.

PLACE EL-HEDIM ✧

Plan I / B2.

Son nom signifie « place des Décombres ». Brrr... C'est là qu'on entassa des tonnes de gravats quand le sultan Moulay Ismaïl décida de tout raser, à commencer par la kasbah de ses prédécesseurs. Pas question de laisser un quelconque monument faire de l'ombre à « sa » porte », Bab Mansour *(ci-après)* ! En outre, c'est à cet endroit que se déroulaient les exécutions publiques.

En train

La **gare ferroviaire Meknès-Ville** (☎ 22 55, www.oncf-voyages.ma) se trouve av. de la Gare (hors plan I par D2), dans la ville nouvelle. Elle est desservie par des trains en provenance de Fès (1 à 2 trains/h, 30 min env. de trajet, à partir de 20 Dh) et de Rabat (au moins un train toutes les heures, 2h-2h30 de trajet, à partir de 56 Dh).

Pour rejoindre le **centre-ville** : station de bus et petits taxis à proximité de la gare.

Se déplacer

La marche à pied est de rigueur dans la médina.

En calèche

Pratique, en particulier dans la Cité impériale, car les distances y sont vite épuisantes, surtout en été. Vous en trouverez tout autour de **Bab Mansour** (plan I / B2) ; comptez →

Plan I : plan général de Meknès

PRATIQUE (SUITE)

100-120 Dh pour un tour de 30 min.

En bus

Les lignes **Citybus** (☎ 05 35 52 07 09, www.citybusmeknes.ma) relient, entre autres, la ville nouvelle à la médina. Celles qui peuvent vous être utiles : les lignes 5, 10 et 24 qui empruntent l'av. des FAR et rejoignent la médina ; la ligne 5 qui part de la gare routière. Prix du ticket : 4 Dh.

En petit taxi

De couleur bleu pâle, les petits taxis se partagent. Course : 10 Dh env.

En voiture

De Fès, vous arrivez à Meknès dans l'av. des FAR (plan I / D1-2), ou dans l'av. Bir Anzarane (plan I / D3) si vous avez pris l'autoroute. De Rabat, vous

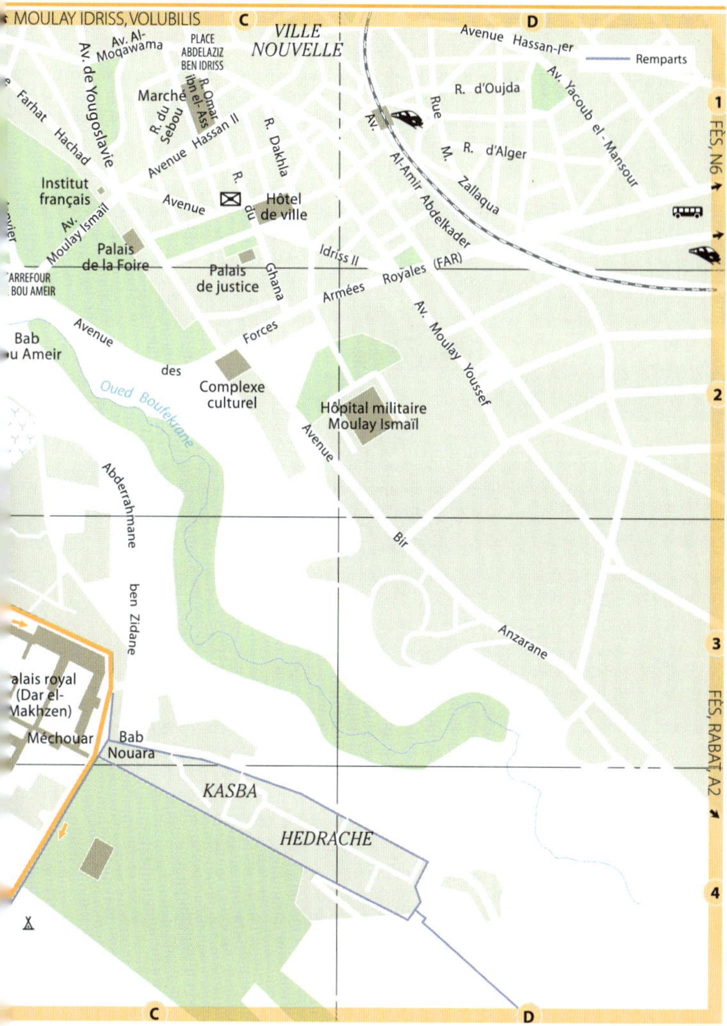

débouchez sur l'av. Mohammed-VI (plan I / D3).

Attention : l'accès à Bab Mansour n'est pas des plus faciles. Ne suivez pas les instructions de votre GPS ! Le plus sûr ? Entrez par Bab Bou Ameir, tournez aussitôt à dr. dans le bd El-Haboul, puis à g. 500 à 600 m plus loin dans la rue Abderazak. Vous arrivez sur l'av. Mohammed-VI.

Parking : pl. Lalla Aouda (à votre g.), derrière Bab Mansour.

Adresses utiles

Infos touristiques

Conseil préfectoral du tourisme : https://visit-meknes.com.

Guide

Abdul : 06 65 23 81 33. Comptez 300 Dh (1-10 pers.) pour la demi-journée, 500 Dh pour la journée.

‹ Des olives de Meknès

Aujourd'hui, cette place de proportions plutôt modestes n'a plus rien de sinistre. Elle a ses restaurants avec ses serveurs qui vous harponnent, ses marchands ambulants qui s'abritent sous un parasol, ses manèges de petites voitures pour enfants. À la tombée de la nuit, badauds et bateleurs tiennent le haut du pavé. Mais les singes enchaînés qu'on exhibe offrent un spectacle peu réjouissant.

Au **marché couvert** qui la borde côté ouest, vous pouvez acheter les fameuses **olives de Meknès**. Disposées en savantes pyramides, elles composent de superbes tableaux colorés. Vertes, noires, violettes, pimentées ou pas, elles ne coûtent que quelques dirhams. Pourquoi s'en priver?

PAUSE ROOFTOP

Pavillon des Idrissides

À Meknès, de rares toits-terrasses fournissent des vues imprenables. Ainsi, celui du pavillon des Idrissides permet d'observer en contre-plongée l'agitation de la place El-Hedim et de Bab Mansour. Mais les « voyeurs » sont aussi les payeurs. Il faut s'acquitter d'un droit d'entrée : 15 Dh, incluant une consommation. Pour ce qui est de déjeuner, oubliez!

> Av. Mohammed-VI (plan II/B2) 05 35 53 50 80. T.l.j. 10h-23h.

BAB MANSOUR ✧✧

Plan I/B2 – Av. Mohammed-VI.

C'est LA **porte emblématique de Meknès**, qui en compte pourtant quelques-unes au fil de ses 25 km de remparts. La plus majestueuse. La plus emphatique.

Aujourd'hui, voitures et piétons ne passent plus dessous, mais on peut admirer son ornementation fouillée, chatoyante, avec rosaces et entrelacs. Deux colonnes de marbre blanc de Carrare, surmontées par des chapiteaux corinthiens, l'encadrent. Elles auraient été « empruntées » au site archéologique de Volubilis (p. 190).

Votre méconnaissance de l'arabe risque de vous faire passer à côté d'un petit poème caché sur cette porte dans une belle inscription en caractères coufiques (géométriques) : « Je suis la porte heureuse, semblable, par ma gloire, à la pleine lune dans le ciel. »

Attribuée à un chrétien converti à l'islam, d'où elle tire son nom (Bab Mansour el-Aleuj, « la porte du Renégat victorieux »), elle commandait l'**accès à la Cité impériale** et aux innombrables palais de Moulay Ismaïl. Mais ce dernier ne la vit pas achevée.

MUSÉE DE MEKNÈS

Plan I/B2 – Av. Mohammed-VI (en face de Bab Aissi). T.l.j. 9h-17h30 ou 18h. Plein tarif : 70 Dh.

Certes, ce petit musée peut sembler un peu poussiéreux, néanmoins il cache quelques pépites qui méritent la visite, malgré l'absence totale de scénographie : des céramiques, des outils agricoles, des bijoux berbères, un astrolabe, etc.

Cité impériale ✧✧

Plan I / B3 – Parking : pl. Lalla Aouda, payant au gardien (5 Dh).

Contemporain de Louis XIV, Moulay Ismaïl avait une ambition débordante, et l'âme d'un grand bâtisseur : la Cité impériale en témoigne *(encadré p. 184)*. Protégée par une double, voire une triple enceinte, elle représente quatre fois la superficie de la médina. Tout a été conçu pour qu'elle puisse résister à un long siège. Au total, cette Cité se composait de quatre palais dont Dar Kebira et l'actuel palais royal. Ils avaient leurs jardins, partiellement aménagés aujourd'hui en... parcours de **golf** *(encadré ci-contre)* !

Vous entrez dans la cité par la place Lalla Aouda : c'est l'ancien **méchouar** (place d'armes), où Moulay Ismaïl passait en revue sa « garde noire », composée d'esclaves africains.

> **TEE TIME**
>
> **Royal Golf**
>
> Osez franchir la porte du **Royal Golf**, ne serait-ce que pour commander un simple thé à la menthe au Club House. Ce 9-trous, créé par le roi Hassan II, se niche dans les anciens jardins de Moulay Ismaïl, clôturés par les remparts, où nichent les cigognes. Une vraie escale hors du temps, dans un décor bucolique entre orangers, oliviers, palmiers et abricotiers.
>
> *> Jnan Al-Bahraouia (plan I / B2-3). Accès par la pl. Lalla Aouda ☎ 05 35 53 07 53 ou 06 61 15 90 26, royalgolfmeknes@menara.ma. Mar.-dim. 8h jusqu'au coucher du soleil (été 8h-22h). Thé à la menthe : 10 Dh.*

DAR KEBIRA

Plan I / B3.

Dar Kebira – ce qui signifie la « grande maison » – s'étire le long des remparts de la **place Lalla Aouda**. Dépecé pour servir d'habitations, cet ancien palais, que Moulay Ismaïl fit construire dès son arrivée au pouvoir, est totalement méconnaissable.

À explorer le quartier, on s'aventure dans un vrai dédale de rues-corridors, de placettes et de portes percées à la diable dans les murailles.

PAVILLON DES AMBASSADEURS ✧

Plan I / B3 – T.l.j. 11h-19h (17h en hiver). F. dim. Plein tarif (pavillon + prison) : 60 Dh.

Moulay Ismaïl recevait ici les ambassadeurs et les émissaires étrangers, venus négocier et arracher, parfois en vain, la libération de leurs compatriotes capturés par les pirates de Salé ou de Larache.

En contrebas de ce pavillon, construit à la fin du XVIIe s., s'ouvrent de **vastes souterrains**, qui alimentent bien des légendes. S'agit-il vraiment d'une prison où les chrétiens (et les autres) captifs auraient été jetés pour y croupir jusqu'à ce que mort s'ensuive ou qu'une rançon soit versée ? Ou d'un grenier à grains ? Dans ce labyrinthe sombre, l'imagination s'emballe.

MAUSOLÉE DE MOULAY ISMAÏL ✧✧

Plan I / B3 – Accessible aux non-musulmans. T.l.j. sf ven. matin 9h-12h30 et 15h-18h30. Entrée libre (dons bienvenus). Obligation de se déchausser.

Fait rarissime : les non-musulmans sont autorisés à pénétrer dans ce sanctuaire restauré. C'est Mohammed V qui l'a voulu ainsi. Bien avant sa mort, Moulay Ismaïl a choisi lui-même sa dernière demeure, aussi somptueuse que les précédentes et destinée à surpasser le faste des tombeaux saâdiens de Marrakech.

L'impériale **porte en pierre sculptée** décorée d'entrelacs donne le ton. Avant que vous n'approchiez du saint des saints, plusieurs salles en chicane filtrent les bruits de la ville.

Le mausolée de Moulay Ismaïl >

La **salle du mausolée** est séparée en deux parties : l'une profane (à votre g.), qui fait office d'antichambre ; l'autre (à votre dr.), sacrée, où les non-musulmans n'ont pas accès, mais que l'on peut admirer à distance, derrière une balustrade. La première est une petite merveille. Tout y contribue : l'éclairage sommital par une galerie vitrée, les lustres, les zelliges, le plafond de cèdre et les 12 colonnes corinthiennes entourant la fontaine de marbre, empruntées probablement encore à Volubilis (p. 190).

Dans la seconde, la **salle funéraire**, le souverain, mort en 1727, repose entre sa première femme et son fils (2e tombeau à partir de la g.). Vous remarquerez la présence incongrue de quatre horloges **comtoises**. Un cadeau royal envoyé par Louis XIV après qu'il eut refusé d'accorder la main de sa fille préférée, la jolie veuve du prince de Conti, au sultan !

> *Depuis le mausolée, on se rend aux greniers de Moulay Ismaïl (Heri es-Souani) par une route qui se faufile sur près de 2 km entre deux hautes murailles. Surnommée le « corridor de la mort » par des guides imaginatifs, elle contourne l'actuel palais royal (ne se vis. pas).*

GRENIERS DE MOULAY ISMAÏL ✧✧

Heri es-Souani

Plan I / BC-4 – À 2 km au S-E du mausolée de Moulay Ismaïl. Il est conseillé de s'y rendre en calèche, petit taxi ou voiture, car, avec la chaleur, ce trajet peut être très éprouvant. Parking payant (au gardien) à proximité. T.l.j. 9h30-18h. Plein tarif : 70 Dh.

Dans un bâtiment aux murs épais qui conservent une fraîcheur étonnante, même en pleine canicule, se trouvent les **greniers de Moulay Ismaïl**. C'est là qu'étaient entreposés les réserves de grains ainsi que le foin nécessaire aux 12 000 chevaux du sultan ou, selon une version divergente, ses écuries.

En premier lieu, vous passez par de grandes salles voûtées : c'est **Dar el-Ma** (la « maison de l'Eau »). Chaque salle comportait un puits creusé, parfois jusqu'à 40 m de profondeur pour atteindre les nappes phréatiques, l'eau étant soutirée par une noria actionnée par des chevaux.

Au-delà, vous débouchez ensuite sur les greniers. C'est une vraie forêt de **piliers** à ciel

HISTOIRE

Tout ça pour ça !

Moulay Ismaïl aurait supervisé personnellement les travaux de Meknès. On le vit même mettre la main à la pâte. Il n'eut aucun mal à trouver de la main-d'œuvre : il « employa » sans ménagement des milliers de captifs sur ses chantiers, faisant assurer leur « recrutement » par les corsaires de Rabat-Salé. Au point que l'on dit que les murs de sa Cité impériale ont été cimentés par le sang. Hyperactif, le sultan n'aurait jamais passé une journée entière dans ses palais.

Plan II : La médina de Meknès

ouvert, le plafond s'étant effondré lors du tremblement de terre de 1755. Une cathédrale où 23 nefs se succèdent en enfilade. Ce décor fantastique a d'ailleurs séduit Martin Scorsese pour son film *La Dernière Tentation du Christ* (1988).

> En sortant du bâtiment, prenez à g. pour atteindre le bassin de l'Agdal.

Bassin de l'Agdal ✧

Plan I / B3 – Accès libre.

Peu profond (3,50 m), ce gigantesque bassin artificiel est un lieu de promenade prisé par les Meknassis. Alimenté par des sources situées à 17 km de la ville, il servait de **réservoir** pour l'irrigation des jardins royaux ainsi que d'autres équipements de la ville (bains, mosquées, etc.).

Médina ✧

Plan II / A2 – Accès par Bab Aissi (en face de Bab Mansour), av. Mohammed-VI. Parking : pl. Lalla Aouda (plan B2), payant (au gardien).

Derrière ses murailles, c'est une médina à taille humaine, grouillante de vie. Pour peu que l'on prenne le temps, il y a d'intéressantes découvertes à faire : un artisan qui grave un bracelet d'argent, un damasquineur, un atelier où s'empilent les bobines de soies multicolores destinées à la confection des caftans, etc.

MÉDERSA BOU INANIA ✧✧

Plan II / A2 – Au bout de Sma't Ladoul. T.l.j. (en principe) 9h30-18h. Plein tarif : 60 Dh.

De proportions modestes, elle date du XIVe s. Dans la cour, zelliges, stucs et bois de cèdre sculptés forment un ensemble typique de l'art arabo-andalou. Au fond de cette cour, détaillez en particulier la clôture ajourée (ou *moucharabieh*), qui sépare le patio de la salle réservée à l'étude et à la prière.

Montez ensuite à l'étage : certaines cellules des étudiants donnent directement sur le patio, avec de superbes vues en contre-plongée à la clef. Ici, on a même accès à la terrasse, où étincelle la Grande Mosquée (à l'origine du XIIe s.) : une vision inattendue ! Quand le soleil est présent, il joue avec le minaret, tapissé de petits carreaux de faïences vertes (XVIIIe s.), et les toits en tuiles vernissées.

SOUKS ✧

Plan II / A2 – Accès par Sma't Ladoul.

C'est un vrai labyrinthe, comme dans toute médina qui se respecte. Vous retrouvez les appellations habituelles : souk Attarine pour les marchands d'épices, souk Sebbat pour les savetiers-cordonniers, souk Nejjarine pour celui des menuisiers. Mais le XXIe s. est passé par là : ces souks accueillent tout le monde, marchands de tissus, de babouches, de souvenirs plus ou moins *made in* Meknès, voire le stand d'un boucher égaré !

Kissaria Lahrir

Plan II / A2 – Contournez la Grande Mosquée jusqu'à la médersa. Puis prenez à dr. et encore à dr. Elle est à main g. F. pour restauration (2022).

Dans cette kissaria (galerie dotée de portes), les « moulineurs », qui embobinent les fils, s'y sont regroupés. Hyper colorés, leurs rouleaux de fils servent à confectionner *sfifa* (ganse tressée) et *aakad* (rangée de boutons) utilisés pour réaliser des caftans.

Deux **damasquineurs** y ont également installé leur atelier (p. 189). Emblématique de Meknès, mais originaire de Damas (Syrie) – d'où son nom –, cet artisanat consiste à enchâsser à froid un filet d'argent, d'or ou de cuivre sur un autre métal, martelé délicatement. En argent principalement aujourd'hui, ces incrustations se réalisent sur des vases, des plats, des bijoux ou des armes.

En revenant vers la médersa et en partant tout droit, vous trouverez en chemin un menuisier-ébéniste (à dr.) logé dans un ancien fondouk (caravansérail) : au milieu des copeaux, l'odeur du cèdre vous chatouillera les narines et la maestria du *maâlem* (maître-artisan) vous épatera ; contre le mur, ses panneaux de bois ciselés, puis colorés attendent d'être livrés. Vous les retrouverez peut-être au plafond d'un riad.

MUSÉE DAR JAMAÏ ✧✧

Plan II / A2 – Pl. El-Hedim ☎ 05 30 67 60 81, www.fnm.ma. Accès depuis la médina par le souk Sebbaghine (tournez à g. après la fontaine Attarine, entre les nos 12 et 14). Mer.-lun. 10h-18h. Plein tarif : 30 Dh.

Consacré à la musique, rurale ou citadine, et à ses instruments (*outar*, *bendir*, etc.), ce musée se situe dans un magnifique palais de 2 800 m^2 que se fit construire le vizir du sultan Moulay Hassan Ier, Mohammed ben Larbi Jamaï, en 1882. La décoration est raffinée et le salon d'apparat a été reconstitué à l'étage. On reste ébloui par la virtuosité des zouakeurs sur les bois peints ou des sculpteurs de rosaces, qui composent autant de soleils.

^ Le domaine de Château Roslane

Le **jardin andalou** et ses vieux cyprès évoquent à merveille le luxe dans lequel évoluaient ces **grandes familles du *makhzen*** (« gouvernement », « pouvoir »).

Aux environs de Meknès ✧

Pays musulman, le Maroc n'en reste pas moins un producteur (et consommateur) de **vin**. Sur les 7000 ha de vignobles que compte encore le pays, les collines de Meknès en occupent la plus grande partie.

C'est sur ces terres gorgées de soleil qu'est née la success-story de la famille Zniber (les Celliers de Meknès). Aujourd'hui, une nouvelle génération de vignerons bat en brèche le quasi-monopole de cette dynastie.

Cela peut faire l'objet d'un petit circuit œnotouristique dans les vignes d'Allah. Prenez la route d'El-Hajeb ou d'Oulmès.

DOMAINE DE CHÂTEAU ROSLANE

Carte p. 157 – À 25 km S-E de Meknès, à **Boufakrane** (à l'écart de la N13)
📞 05 35 30 03 03, contact@roslaneboutiquehotel.ma.
Visite-dégustation avec 4 vins (dont le Château Roslane) : 450 Dh/pers.

Malgré l'avenue de palmiers qui vous accueille, Château Roslane est un temple dédié au vin ! La famille Zniber y possède 700 ha de vignes manucurées et des installations ultra-modernes. Les **Celliers de Meknès**, dont ce domaine est le fleuron, peuvent se vanter de posséder un « premier cru » – le seul d'ailleurs au Maroc qui ait obtenu ce classement – dans l'AOC (appellation d'origine contrôlée) coteaux-de-l'Atlas.

Le Domaine s'est doté d'un hôtel-boutique où le spa a mis, bien sûr, la « cuvinothérapie », pour ne pas dire la vinothérapie, à la carte de ses soins voluptueux.

DOMAINE DE LA ZOUINA

Carte p. 157 – À 21 km S de Meknès, à Aït Bourzouine, Boufakrane (accès par la R712) 📞 05 35 43 30 34, www.domainezouina.com. Visite-dégustation sur r.-v., hors dim. et j.f., à partir de 220 Dh/pers. avec produits de la région. 4 pers. minimum ou supplément.

Les propriétaires de la Zouina, Gérard Gribelin et Philippe Gervoson, font partie de ces nouveaux vignerons qui font oublier à tout jamais les « vins couscous » (de la piquette, en d'autres termes), dont le Maroc fut si longtemps producteur. Bordé de cyprès et d'oliviers, le domaine s'étend sur 115 ha.

DOMAINE DE BACCARI

Carte p. 157 – À 27 km S-O de Meknès, sur la route d'Oulmès 📞 06 68 12 50 17, https://www.domainedebaccari.com. Sur résa. Visite-dégustation : 470 Dh/pers. Avec repas : 670 Dh/pers.

Tout nouveau, Baccari, qui tire son nom d'une fleur du désert, est un domaine lilliputien : sur 70 ha, il a seulement 12 ha de vignes en production, à 650 m d'altitude.

• NOS ADRESSES •

MEKNÈS

OÙ DORMIR

Hôtel Plaisance

Hors plan I par D1 – Porte de Fès el-Menzeh (ville nouvelle), à l'extrémité de l'av. des FAR 📞 05 35 50 23 49, www.hotelplaisance.ma. Chambre double/2 pers. + petit déj. : 540 Dh. Parking dans la cour, gratuit. Moins de 55 € (600 Dh)

L'hôtel vous conviendra parfaitement si vous comptez rayonner autour de Meknès tout en logeant dans une adresse plaisante. Les chambres sont calmes, le petit déjeuner est copieux (crêpes, amlou, etc.), et le personnel est accueillant et à votre écoute. Le bus (pour la médina) est à votre porte, et l'autoroute à deux pas.

Palais Didi

Plan I/B3 – 30, derb Hammam (cité impériale), près du mausolée Moulay Ismaïl 📞 05 35 55 85 90, www.palaisdidi.com. 8 ch. et 5 suites. Restaurant : menu à 150 Dh env. et carte, pas d'alcool. Piscine (non chauffée) sur le toit-terrasse. Plus de 55 € (600 Dh)

Stucs, zelliges et Tadelakt *(encadré p. 406)*, rien ne semble avoir changé depuis Moulay Ismaïl, dont le propriétaire serait un descendant : c'est peut-être là le défaut de ce palais du XVIIe s. patiemment restauré, aux éclairages feutrés et qui est chauffé l'hiver... mais est inchauffable.

Riad Yacout

Plan I/B2-3 – 22, pl. Lalla Awda (cité impériale) 📞 05 35 53 31 10 ou 06 63 45 95 49, www.riad-yacout-meknes.com. 14 ch. Table d'hôtes : 180 Dh env., à la carte, pas d'alcool. Piscine-bassin sur le toit-terrasse. Parking sur place, payant (20 Dh). Plus de 55 € (600 Dh)

Son emplacement est idéal pour visiter à pied la médina. La décoration de ce riad réinterprète le style arabo-andalou (p. 404), en piochant dans son répertoire (zelliges, Tadelakt, bois de cèdre, marbre). Le dîner romantique sur la terrasse en séduira plus d'un (ou d'une).

Les Jardins de Riad Bahia

Hors plan I par A3 – 28, riad el-Menzeh, sur la route d'Agourai à 3 km O du centre de Meknès (accès par l'av. Zine el-Abidine) 📞 05 35 55 45 41 ou 06 62 08 28 64. 5 ch. et 4 suites. Hammam traditionnel. Table d'hôtes : 190 Dh, pas d'alcool. Cours de cuisine : 400 Dh/pers. Piscine. Parking gratuit. Navette gratuite (2 fois/j.) pour se rendre en centre-ville ; départ du supermarché Marjane. Autour de 75 € (800 Dh)

Oubliées la frénésie et la poussière de Meknès. Excentrée, installée dans un beau jardin, cette annexe d'un riad en ville est paisible. Très colorées, les chambres sont spacieuses. Et les conseils de la maison sont précieux.

De l'or liquide

Régulièrement, les **huiles d'olive** de Meknès (et particulièrement Volubilia et Epicuria du Domaine de la Zouina, p. 188) se classent dans les concours parmi l'une des meilleures huiles du Maroc. Aujourd'hui, le pays s'est hissé au 5e rang mondial des producteurs. Ses huiles sont issues en majorité de la variété picholine marocaine, qui offre à la fois un faible taux d'acidité et un goût fruité.

OÙ MANGER

La plupart des riads accueille au déjeuner ou au dîner des non-résidents. N'hésitez pas à réserver dans ceux mentionnés dans la rubrique « Où dormir ? » ci-contre.

Riad Ritaj

Plan I / A2 – Rue Sidi Amar Bouaouada (médina), à 30 m à dr. du musée Dar Jamaï en tournant le dos à Bab Mansour 05 35 53 48 08 ou 06 51 97 29 78, www.riadritaj.com. Menu à composer à partir de la carte : 160 Dh. Pas d'alcool en principe (mais vous pouvez apporter votre bouteille de vin). Autour de 15 € (160 Dh)

Dans ce riad, superbement restauré, le décor est fastueux : vous ne savez où donner du regard avant d'éplucher la carte. La spécialité de la maison est le tajine de veau aux pruneaux et amandes (succulent).

Le Bistrot

Plan I / B1 – Hôtel Transatlantique, rue Obqa ibn Nafea 05 35 52 50 50/55, www.hoteltransatlantique.ma. Plats : 80-160 Dh. T.l.j. 15h-23h. Sert de l'alcool. Autour de 15 € (160 Dh)

Doté d'immenses baies vitrées, au fond du jardin de l'hôtel, il dispose d'une vue époustouflante sur la médina et ses minarets. Ni tajine ni couscous, mais du poisson grillé, un magret de canard aux fruits caramélisés, etc.

SHOPPING

Palais Damasquini

Plan II / A2 et plan I / B3 – 10-11, Kissaria Lahrir (p. 186) et l'ensemble artisanal, bd. Mohammed-VI (vers le golf) 06 61 50 30 43, palaisdamasquini.com. T.l.j. 10h-14h et 15h-20h.

Le travail du damasquinage (incrustation de fils d'argent dans des plaques de métal), qui est l'une des spécialités de Meknès, se fait sous vos yeux dans la boutique-atelier de Hicham. Vases et bijoux sont à la vente.

Les greniers de Moulay Ismaïl

11 VOLUBILIS ✧✧✧

Entre oliviers, blé et figuiers sauvages surgissent les ruines grandioses de l'antique Volubilis, la cité romaine la mieux conservée de tout le Maroc. Au pied du jbel Zerhoun (1118 m d'altitude), au bord de l'oued Fertassa,elle s'étend sur une quarantaine d'hectares et a pu compter jusqu'à 20 000 habitants. Chargé de 15 siècles d'histoire, le site est devenu, dans l'imaginaire des Berbères, « le ksar du pharaon ». Idriss Ier, le fondateur du premier État marocain, l'a même choisie un temps comme capitale avant de se faire enterrer, tout près de là, dans ce qui est aujourd'hui Moulay Idriss, devenue ville sainte.

PRATIQUE

• Plan p. 193

Accès

La **gare ferroviaire** la plus proche est celle de Meknès (p. 179).

Aucun **bus** ne dessert Volubilis, mais on peut arriver en bus à Moulay Idriss, à 5 km de Volubilis, depuis Meknès (ligne n° 15, toutes les 30 min, 7 Dh).

Pour **rejoindre Volubilis**, trois solutions : en grand taxi ; en bus jusqu'à Moulay Idriss puis un taxi; ou en voiture de location. À la sortie du site, on trouvera des taxis pour se rendre à Moulay Idriss (tarif affiché : 30 Dh).

En grand taxi

Depuis Meknès : départ près de l'Institut français (plan p. 180-181/C2), incluant l'attente sur place et la visite de Moulay Idriss (30 min de trajet, 350 Dh env.).

Les ruines de la basilique

L'ESSENTIEL

À ne pas manquer

Le Centre d'interprétation ; les mosaïques de la maison d'Orphée et de la maison au Cortège de Vénus ; le pressoir à huile reconstitué.

Expériences

Programmer un déjeuner à la romaine dans une ferme d'hôtes.

Centre d'interprétation ✧✧

À l'entrée du site. Mêmes horaires que le site.

Conçu dans un style brutaliste par l'agence Kilo Architectures (Linna Choi, Tarik Oualalou, etc.), ce musée en béton et brise-soleil en bois de cèdre, à la fois semi-enterré et semi-suspendu, se dérobe au regard extérieur !

Toute l'histoire de Volubilis s'y déploie : Préhistoire, période maurétanienne, etc. À la fin du IIIe s. avant J.-C., Volubilis, implantée sur l'éperon sud du site, fut l'une des principales villes d'un « État maure », au même titre que Lixus (p. 91). Devenue **romaine** vers 40 apr. J.-C., elle se dote d'un **centre monumental** au nord : c'est là que vous trouverez le forum, la basilique et, dans le quartier nord-est, toutes les **villas à péristyle** qui témoignent de son opulence *(encadré p. 192)*. Vers 285 apr. J.-C., soldats et fonctionnaires romains quittent probablement ce poste trop avancé en terre « maure » pour se replier sur Tanger. Ce qui amorce son déclin.

En voiture
Bon à savoir : programmez « **Oualili** » sur votre GPS, car Volubilis est plus connue sous ce nom. Sur place, le **parking** est théoriquement gratuit.
Depuis Meknès : Volubilis est à 30 km N. En sortant par l'av. de Yougoslavie (plan p. 180-181/C1), prendre la dir. de Moulay Idriss. Jolie route, mais attention aux contrôles !
Depuis Fès : Volubilis est à 83 km N-O via Moulay Yâcoub, ou 100 km via Meknès, dont 49 km d'autoroute (la n° 2, sortie Meknès Est, péage : 13 Dh).
Depuis Rabat : Volubilis est à 171 km O (dont 110 km par l'autoroute n° 2, sortie Meknès Ouest/Sidi Kacem, péage : 34 Dh).

Infos pratiques

📞 05 35 54 41 03, https://sitevolubilis.com. T.l.j. 8h30 jusqu'au coucher du soleil (soit 8h30-19h30). Plein tarif : 70 Dh ; -12 ans : 30 Dh. Guide à l'entrée : →

HISTOIRE

Vivre à la romaine

Vastes (plus de 1000 m²
souvent), les **maisons** des riches de Volubilis avaient tout : eau, chauffage, tout-à-l'égout, etc. De plan rectangulaire ou carré, elles s'ouvraient sur un large vestibule qui conduisait au **péristyle**, cour à ciel ouvert, entourée de colonnes, dotée d'une fontaine raccordée à l'aqueduc ou d'un *impluvium* qui recueillait l'eau de pluie. Les pièces d'apparat comme le ***triclinium*** (la salle à manger), où les convives s'alanguissaient sur trois lits-banquettes disposés en fer à cheval, donnaient sur ce péristyle.

Conquise par les Arabes au VIIe s., Volubilis (appelée « Oualili » ou « Oualila ») devient même la capitale éphémère de la première dynastie idrisside entre 788 et 808.

Abandonnée au XIVe s, elle est détruite en grande partie par le **tremblement de terre** de 1755. En réalité, on ne connaît pas entièrement son histoire : 18 ha restent à fouiller sur les 42 que comptait le site dans son extension maximale (vers 168-169), au moment de l'édification de la muraille sous l'empereur Marc Aurèle !

En tout cas, vous apprécierez dans ce musée didactique et ludique les reconstitutions en 3D des principaux monuments, comme le temple du Capitole, ainsi que le petit film dédié au moussem de Moulay Idriss (p. 196).

Quartier Sud ✧

Après le pont sur l'oued Fertassa, un chemin grimpe à travers la dense végétation vers la partie la plus ancienne de la ville.

MAISON D'ORPHÉE ✧✧

Sur votre g.

Elle avait son huilerie et ses propres thermes, bien reconnaissables avec leur système d'hypocaustes (mot qui signifie « chauffer par dessous »). Cette demeure a conservé d'admirables **mosaïques**, dont celle d'*Orphée et sa lyre charmant une ribambelle d'animaux sauvages* : éléphant, singe, tigre et autres fauves. Des dauphins batifolant dans les vagues ornent encore le sol du *triclinium* (la salle à manger).

THERMES DE GALLIEN ✧

À l'E de la maison d'Orphée.

Quatre thermes publics ont été mis au jour à Volubilis, dont ceux de Gallien, qui tirent leur nom d'une inscription dédiée à cet empereur. On y distingue encore les foyers de la chaufferie, au sous-sol, qui envoyait de l'air chaud, selon le principe des hypocaustes.

Sous le plancher que foulaient les baigneurs, l'air chaud circulait entre des pilettes de briques et pouvait remonter dans les murs latéraux par des tubes de terre cuite.

PRATIQUE (SUITE)

200 Dh. Plan en téléchargement sur le site Internet.

Se déplacer

Le site de Volubilis se parcourt à pied, mais il est étendu.

Conseils

Pour visiter Volubilis en toute tranquillité, venez tôt le matin ou tard l'après-midi : l'affluence est moindre (et le coucher de soleil est somptueux).

Attention : en été, la température sur le site, **dépourvu d'ombre**, peut atteindre les 45 °C. Munissez-vous d'eau en quantité suffisante (vous pouvez en acheter sur place au petit café-restaurant La Corbeille fleurie), de chapeaux et de crème solaire !

Volubilis

N
Remparts
Enceinte de Marc Aurèle
Porte de Tanger
Maison de la Monnaie d'Or
NÉCROPOLE DE L'OUEST
Palais de Gordien
Deux pressoirs
Porte Nord
Bain des Nymphes
Maison de Dionysos et les quatre saisons
Maison aux Travaux d'Hercule
Maison à la Citerne
Thermes
Maison au Cavalier
Maison aux Colonnes
Mausolée préromain
QUARTIER DE L'ARC DE TRIOMPHE
Maison à l'Éphèbe
Arc de Caracalla
Maison au Chien
Maison à l'Acrobate
Cardo Sud I
C. Sud II
Cardo Sud IV
Sud I
Cadran solaire
Decumanus maximus
C. Sud III
Decumanus
C. Sud V
Decumanus Sud II
Maison au Cortège de Vénus
Néréides
C. Sud VI
C. Sud VII
C. Sud VIII
Maison au Buste de bronze
Fontaine
Aqueduc
Thermes du Nord
Temple C
Tumulus
Fontaine
Basilique
Temple B, dit de Saturne
Enceinte de Marc Aurèle
Muraille tardive
Forum
Temple D
Temple du Capitole
Macellum
Thermes du Forum
Pressoir à huile
Thermes de Gallien
Temples G-H
Maison d'Orphée
Oued Fertassa
Centre d'interprétation
MOULAY IDRISS, MEKNÈS
P
Huilerie
Porte Sud-Est (Entrée)
Départ p. 191
Oued Khoumane
Decumanus sud I
Thermes
Vestibule
Portique Ouest
Portique Est
Péristyle
Oecus
Bassin
Portique
Péristyle
Hylas entraîné par les Nymphes
Triclinium, Navigation de Vénus
Actéon et Diane au bain
Bacchus et les 4 saisons
Cour à bassin et exèdre
Maison au Cortège de Vénus
0 50 100 m

PAUSE

Ferme d'hôtes Walila

Dans cette ferme d'hôtes, à deux pas du site de Volubilis, le **menu romain** n'est pas donné (400 Dh). Mais avec des recettes d'époque, l'expérience est amusante. Un authentique chef cuisinier, Azzeddine Zayr, est au piano, mais pas de vin romain « poissé » par la poix enduisant les bouchons des amphores.

> Prenez la rue qui descend à g. de l'entrée du site de Volubilis. 06 52 09 63 73. Sur résa (24h en amont, 4 pers. minimum).

PRESSOIR À HUILE

En face des thermes.

Un pressoir reconstitué à l'identique vous donne quelques clefs sur la fabrication de l'**huile d'olive**, qui fit la fortune de Volubilis. On l'utilisait pour l'éclairage, pour l'alimentation ou comme huile de massage. Elle remplaçait même le savon dans l'hygiène quotidienne ! Enfin, les résidus (noyaux, tourteaux) étaient employés comme engrais ou comme combustible. Une soixantaine d'huileries ont été découvertes sur le site.

Forum et basilique ✧✧✧

Au N du pressoir.

Nous sommes au **cœur politique, administratif et économique** de la cité romaine.

Le **forum**, qui date de la fin du IIe s., était une place publique dallée, en trapèze, où se tenait l'assemblée des citoyens : elle avait sa tribune aux harangues, sur laquelle grimpaient les candidats aux élections.

À l'est, cette place était bordée par la **basilique** (vers 210). Haut probablement d'une quinzaine de mètres, cet imposant monument adopté par les cigognes a conservé une belle colonnade. Ici se rendait la justice et se réunissait peut-être, ou dans un bâtiment attenant, le conseil de la cité.

Au sud, le **temple du Capitole**, édifié en 218 apr. J.-C., était consacré à Jupiter (le roi des dieux), Junon (son épouse) et Minerve (fille adultérine de Jupiter, déesse de la Sagesse et de la Guerre). Au pied du large escalier de 13 marches, un petit autel était réservé aux sacrifices d'animaux, dont la viande était consommée et grillée sur place par les magistrats et les prêtres ou vendue aux boucheries.

En vous écartant du forum, vous dénicherez (à l'O) une véritable **boulangerie** dans un pays qui était un vrai grenier à blé ; elle a conservé son four, ses meules et ses pétrins mécaniques, à savoir des blocs de calcaire dur, creusés et percés à différentes hauteurs de trous dans lesquels étaient introduites des traverses.

Quartier de l'arc de triomphe ✧✧

Au N-O du forum.

Plus loin, toujours sur la gauche, se dresse l'arc de triomphe, ou **arc de Caracalla** (217). Bâti en calcaire gris du jbel Zerhoun, il est amputé aujourd'hui de son second étage. Manquent aussi les statues de bronze qui couronnaient l'édifice : elles représentaient l'empereur Caracalla et sa mère, Julia Domna, conduisant un char tiré par six chevaux. Volubilis rendait ainsi hommage à un empereur qui avait octroyé en 212 la citoyenneté romaine à tous les hommes libres de son empire, mais qui, surtout, avait consenti des exonérations d'impôts.

Au sud-ouest, la **maison au Chien** doit son nom au bronze exceptionnel (exposé au musée de l'Histoire et des Civilisations à Rabat, p. 103), découvert lors des fouilles.

Mosaïque dans la maison aux Travaux d'Hercule

Contiguë, la **maison à l'Acrobate** *(desultor)* offre l'un des rares exemples de mosaïques inspirées de la vie quotidienne et non de la mythologie gréco-romaine : on y voit un cavalier enfourcher à l'envers une monture qui a tout l'air d'un âne !

Dans la **maison à l'Éphèbe** (au N-O de l'arc de triomphe), on a découvert la splendide statue de l'*Éphèbe couronné de lierre*, transférée elle aussi au musée de l'Histoire et des Civilisations de Rabat. Suivent la **maison aux Colonnes**, avec son entrée imposante, et la **maison au Cavalier**, avec sa mosaïque représentant Bacchus découvrant Ariane endormie.

Autour du Decumanus maximus ✧✧✧

Au N-E de l'arc de triomphe.

C'était l'artère principale de la Volubilis romaine : large de 12 m env., elle s'étire sur 500 m en ligne droite, de l'arc de Caracalla jusqu'à la porte de Tanger.

De part et d'autre s'alignaient les demeures des plus riches patriciens. Certaines maisons, qui s'étendaient sur plus de 1 500 m^2, avaient leurs thermes privés, comme la maison au Cortège de Vénus ; leur boulangerie et leur huilerie, comme la maison au Buste de bronze !

C'était aussi un **quartier commerçant** : on a recensé quelque 120 boutiques établies en façade de maison, dans cette partie nord-est de Volubilis. Quant au **palais de Gordien**, daté de 238-244, c'était probablement la résidence d'un procurateur (gouverneur) romain de la province : il s'étale sur près de 4 500 m^2.

MAISON AUX TRAVAUX D'HERCULE ✧

Sur votre g. en remontant vers la porte de Tanger, entrée donnant sur le cardo, la voie perpendiculaire au decumanus maximus.

Elle mérite bien son nom : sur les 12 médaillons en **mosaïque** d'origine, 10 ont survécu dans le *triclinium* (la salle à manger) : *Hercule étranglant le lion de Némée*, *Hercule étouffant Antée*, *Hercule capturant le taureau de Crète*, etc. L'exécution en est assez maladroite.

ANECDOTE *Superstition et inspiration*

En observant les mosaïques, on s'amusera de l'omniprésence d'objets pointus censés éloigner le mauvais œil : les tridents et les fourches. Sans compter les animaux comme les dauphins et les tritons, qui étaient dotés d'une queue bifide, voire trifide (deux ou trois pointes). En tout cas, la mythologie gréco-romaine était une source inépuisable d'inspiration ! Le demi-dieu Hercule, dont nombre d'exploits sont censés se dérouler entre Tanger et Lixus, est évidemment privilégié.

La maison avait ses thermes privés, logés à l'arrière. Mais aussi ses boutiques, qui s'ouvraient sur le *decumanus maximus*. Repérez les encoches dans la pierre sur leur seuil : elles permettaient aux commerçants de baisser le « rideau », en fait des volets amovibles.

MAISON DE DIONYSOS ET LES QUATRE SAISONS ✧

Dans ce pays de vignes, Dionysos-Bacchus (le dieu du Vin) était évidemment vénéré. Symbole d'immortalité, le thème des quatre saisons revient de manière récurrente : l'été auréolé d'épis de blé, l'automne avec ses grappes de raisin, etc.

MAISON AU CORTÈGE DE VÉNUS ✧✧✧

Sur le decumanus Sud I.

En revenant vers l'arc de triomphe par un *decumanus* secondaire, vous verrez sur votre droite la plus **riche demeure de Volubilis**, dite « au Cortège de Vénus ». Toutes les pièces étaient pavées de mosaïques. La plus belle, celle de La *Navigation de Vénus*, est au musée la Kasbah des cultures méditerranéennes de Tanger (p. 53). Il reste sur place quelques beaux spécimens : *Bacchus et les quatre saisons*, *L'Enlèvement d'Hylas par les nymphes*, *Actéon et Diane au bain*. Cette dernière scène est particulièrement réussie. Rappelons l'histoire : pour avoir osé surprendre Diane nue dans son bain, Actéon est transformé en cerf et dévoré par les chiens. On voit les bois pousser sur la tête du malheureux, sous les yeux de cette déesse de la Chasse, pulpeuse et courroucée. Toutes ces œuvres datent de la fin du IIe s. ou du début du IIIe s.

De la maison au Cortège de Vénus provient aussi le buste de Juba II exposé lui aussi au musée de l'Histoire et des Civilisations de Rabat (p. 103).

HISTOIRE

Une vie agitée

Moulay Idriss (Idriss Ier) a créé un premier État marocain. Né à La Mecque en 743, cet Arabe a eu une vie agitée. Descendant direct du prophète Mahomet, il veut être calife… à la place du calife abbasside. Battu à Fakh, près de La Mecque, il finit par se réfugier à Walili (Volubilis), près d'une tribu berbère, où il joue en maître de l'antagonisme entre chiites et sunnites. Fondateur de Fès, il finira empoisonné en 791 sur ordre du calife Haroun al-Rachid.

Moulay Idriss ✧

Carte p. 157 – À 5 km S-E de Volubilis, et à 30 km N de Meknès. Parking : à l'entrée de la ville, sur la dr., payant. Souk : le sam.

Depuis la route, Moulay Idriss, étincelante de blancheur, apparaît accrochée à un piton rocheux. Ville sainte aux yeux des Marocains, elle abrite le **tombeau** du premier souverain qui régna sur le Maroc : Moulay Idriss ou Idriss Ier (788-791).

L'agglomération est construite en pente raide, et la plupart des ruelles sont en escalier. À pied, vous pouvez suivre le flot des pèlerins qui se dirigent, depuis la place Mohammed-VI, vers le **mausolée** construit par Moulay Ismaïl au début du XVIIIe s. (à dr. de la pl. ; accès interdit aux

^ Moulay Idriss

non-musulmans), mais vous serez très vite arrêté par les barrières qui délimitent le *horm*, le périmètre sacré. Impossible d'aller au-delà ! Il vous reste une autre possibilité : grimper jusqu'à ce qu'on appelle la « **terrasse** » qui domine toute la ville (à g. du mausolée, grimper et tourner à dr.). Nombre de « guides » se proposeront de vous y conduire. Du sommet de la colline, vous repérerez le toit aux tuiles vertes du mausolée de Moulay Idriss et un curieux minaret cylindrique (unique au Maroc), ajouté en 1939 à une médersa.

Pour l'anniversaire de son saint homme, la ville a son **moussem** qui se déroule durant tout le mois d'août, après la fin des récoltes. Il revêt un caractère national : nombre de confréries soufies, adeptes d'un islam plus mystique, convergent vers la ville. Le moussem attire aussi de simples fidèles : c'est « le pèlerinage du pauvre », qui remplace pour les plus modestes le grand pèlerinage à La Mecque. Moulay Idriss était en effet l'arrière-petit-fils de la fille de Mahomet, Fatima, et de son gendre Ali.

12

AU CŒUR du Moyen Atlas ✧

Le Maroc, c'est « l'autre pays du cèdre », voire LE pays du cèdre, un bois tendre et parfumé. Il comporte les plus grandes cédraies du bassin méditerranéen, loin devant le Liban. En quittant Fès pour le parc national d'Ifrane, au cœur du Moyen Atlas, vous irez à la découverte de ces arbres, qui hébergent des singes magots. D'altitude moyenne, c'est une montagne de randonnées faciles, à pied, à cheval ou à VTT, qui permet même quelques schuss sur les pentes enneigées du Michlifen en hiver. Cela n'exclut pas quelques belles trouvailles gourmandes en chemin : fromages de chèvre, truffe, etc.

PRATIQUE

- **Plan p. 157**
- **Nos adresses p. 203**

Accès

En voiture

Le plus pratique est de louer une voiture ou de « privatiser » un grand taxi. Attention : dans le Moyen Atlas, la neige peut bloquer les routes, plus ou moins temporairement, dès la fin octobre, malgré les chasse-neige.

En bus

Sefrou : la gare routière se situe pl. Moulay Hassan, juste au-dessus du jardin du 3-Mars et de la porte principale de la médina Bab el-Maqam : ici arrivent et partent aussi les grands taxis. Liaisons avec Fès : bus nº 38 (toutes les 30 min, 40 min de trajet, 6 Dh).

Sefrou et Azrou : au départ de Fès, **CTM** (📞 0800 0900 32, www.ctm.ma) assure des

Forêt de cèdres près d'Azrou

L'ESSENTIEL

À ne pas manquer

Ifrane pour son côté « petite Suisse » ; la forêt d'Azrou pour le cèdre Gouraud, les singes magots et la maison de la Cédraie.

Expériences

Opter pour le VTT, autour des lacs et de la cédraie ; randonner jusqu'au monastère de Tioumliline ; caver la truffe près d'Imouzzèr Kandar.

Bhalil ✧

À 30 km S-E de Fès. **Maisons troglodytiques** : dir. hôtel de ville ; à l'embranchement, grimpez à dr. dans la rue Matmata qui débouche sur la pl. Bir Anzarane ; passez la porte ; vis. guidée avec M. Chraïbi 06 63 41 20 30, 200 Dh (incluant le rituel du thé chez l'habitant).

Perchée entre collines pelées et chênes verts, Bhalil se taille surtout un petit succès de curiosité avec ses **habitations troglodytiques** creusées dans la roche, mais en réalité peu nombreuses. À l'origine, elles servaient, semble-t-il, de refuge pour les bergers. Maintenant, certaines disposent de l'électricité. Elles sont toutes regroupées au bord de la rivière qui cascade en plein centre-ville : sur ses berges aménagées, les lavandières trouvent leur bonheur sous une spectaculaire enfilade de ponts.

liaisons avec Ifrane (2 fois/j., 45 min de trajet minimum, 25 Dh) et avec Azrou (3 fois/j.,1h15 minimum, 35 Dh).

Se déplacer

Sefrou : ne suivez pas les indications « Souk hebdomadaire », qui mènent 4 km plus au sud dans une zone presque déserte. Le souk du jeudi est bien dans la ville.

Attention : à **Ifrane**, les panneaux « Michlifen » vous dirigent vers le palace Michlifen Resort & Golf. Pour vous rendre à la station de ski, prenez la R707, dir. Boulemane, et à 8 km à dr. empruntez-la P7231.

Adresses utiles

Renseignements pour le parc national d'Ifrane

Azrou : av. Hassan-II (face à la gare routière) 06 61 04 73 40, page Facebook.

Guide

Azrou : Saleh Boudaoud 06 32 36 19 90, https://boudaoudtrekking.jimdo.co.

Sefrou ✧

À 32 km S-E de Fès.

À plus de 800 m d'altitude, sur les premiers contreforts du Moyen Atlas, cette grosse bourgade rurale reste la **capitale de la cerise**, même si la fameuse variété locale, l'*elbeldi*, noire, sucrée, délicieuse, résiste mal aux maladies. En juin a lieu le **moussem des Cerises** (p. 205), inscrit au patrimoine culturel immatériel de l'humanité. Le jeudi, le **marché** submerge la vieille ville, enroulée dans ses remparts (fin du XVIIIe s. ou début du XIXe s.). Il offre un spectacle indescriptible, des plus pittoresques : gerbes de cardons et amoncellements de cerises en saison, coqs criailleurs, stands vestimentaires, menthe odorante, etc.

Le reste de la semaine, Sefrou somnole. Mais il n'y a aucun risque de se perdre dans sa vieille ville : la rue principale suit l'oued Aggaï. Canalisé, corseté, cet affluent du Sebou s'y fraie un chemin, séparant la médina (à g.) de l'ancien quartier juif, le mellah (à dr.), repérable aux balcons de ses demeures.

CASCADES DE L'OUED

Depuis la médina, tournez à dr., après le pont sur l'oued, au panneau en arabe, et encore à dr. devant la maison d'hôtes Dar Karaz. Puis allez jusqu'au bout de la route cabossée, 1 km plus loin.

Accessibles à pied ou en voiture, ces petites **cascades** sont appréciées l'été pour leur fraîcheur. Une gargote y attend les promeneurs assoiffés.

Imouzzèr Kandar

À 45 km S de Fès. Souk : le lun. Festival de la pomme en août.

Au pied du petit massif du Kandar (1768 m d'alt.), la station, conçue par les Français au début du XXe s., est un peu le modèle réduit d'Ifrane. Le charme en moins.

Les gourmets trouveront dans les hameaux voisins, à **Aïn Sbaa** notamment, un trufficulteur, producteur de **truffes noires**, qui organise des séances de cavage (recherche de la truffe p. 205).

Circuit des lacs ✧

Départ à 52 km de Fès sur la N8. Circuit de 60 km env. (itinéraire goudronné, mais fléchage aléatoire).

Ici, c'est un peu le Far South ! Le pays des grands espaces, enveloppé dans sa solitude. Après Imouzzèr Kandar, vous vous retrouvez sur un causse désert, un plateau calcaire mamelonné, troué de dolines, des dépressions envahies par des **lacs *(dayet)***.

Alimentés par la nappe phréatique et la fonte des neiges, ces lacs rétrécissent surtout quand les années de sécheresse s'enchaînent.

Dans le ciel planent des aigles bottés à la culotte blanche, des faucons crécerellettes, les plus petits des rapaces diurnes (dans les 150 g !).

GASTRONOMIE *Ça vous rend chèvre !*

Chez Tarik Lachgar (domaine de la Pommeraie), près d'Imouzzèr Kandar, une bonne dizaine de variétés de **fromages de chèvre ou de brebis** bio s'offrent à la dégustation. Frais ou longuement affinés, persillés ou assimilés au parmesan, du *jben* du douar (48h d'affinage) au *timahdet* de brebis (8 mois d'affinage), il y en a pour tous les goûts !

> *Domaine de la Pommeraie. Route Aïn Chiffa (accès N8, fléchage)* ☎ *06 64 90 41 40. En semaine, dégustation sur résa : à partir de 150 Dh (incluant visite et dégustation de 5 ou 6 fromages, pain, miel, etc.).*

DAYET AOUA ✧

Accès à 500 m depuis la N8 (panneau, partir à g., puis à dr.).

Vous entrez dans le **parc national d'Ifrane**. Dissimulé de la route par un rideau de chênes verts, le **lac Aoua** est peu profond (5 m) et de superficie très variable selon les saisons (30-120 ha). Une route en fait le tour.

Tout est possible en vous rapprochant d'une ferme d'hôtes comme le gîte Dayet Aoua (p. 205) : randonnées à cheval ou en VTT, observation des oiseaux (au printemps surtout), etc. Le lac attire notamment des foulques à crête d'un noir sombre, des grèbes huppés, qui sont d'excellents plongeurs, ainsi que des rolliers d'Europe, trapus et très colorés.

DAYET IFRAH

Indiqué à 25 km E du dayet Aoua.

Vous arrivez dans un paysage lunaire, complètement désolé, où miroite ce lac, nourri surtout par la fonte des neiges. À plus de 1600 m d'altitude, ses rives sont habitées par quelques bergers Beni M'Guild – des Berbères – et leurs maigres troupeaux de moutons.

DAYET HACHLAF

À 4 km S-O du dayet Ifrah, sur la dr. ; continuez tout dr., laissez sur la dr. la route qui mène au dayet Aoua indiqué à 16 km.

Sauf précipitations exceptionnelles, ce lac est asséché en permanence ; seuls des peupliers en trahissent alors l'existence. Accolé à la montagne, le site possède ses cigognes et ses pinsons.

Un peu plus loin, les reliefs ruiniformes et oniriques de la **vallée des Roches**, où l'érosion s'en est donnée à cœur joie, titillent l'imaginaire (piste à dr. après la maison forestière).

Ifrane ✧✧

À 69 km S de Fès.

Où êtes-vous ? Le doute est permis : dans les Alpes du Nord ou dans le Moyen Atlas ? Surnommée la « Suisse du Maroc », Ifrane possède des chalets pimpants aux toits pentus. Logée à 1650 m d'altitude, la station fut créée sous le protectorat français, comme « centre d'estivage » pour fuir la canicule de la plaine ! Devenue une destination huppée, elle héberge

AU VERT

Une maison dans le parc

S'étageant entre 1300 et 2440 m d'altitude, le **parc national d'Ifrane** est un parc de moyenne montagne. Il couvre 125000 ha (dont 80000 ha de forêt), du lac Anoua (au N) à Khénifra (au S). L'arbre emblématique en est le **cèdre**. S'il avait une mascotte, ce serait le petit **singe magot** (p. 389). Près du cèdre Gouraud, le parc a désormais sa maison de la Cédraie (à 7 km E d'Azrou, accès par la N13 ☎ 06 11 11 10 15, https://maisondelacedraie.ma. Tlj. 9h-17h. Plein tarif : 50 Dh). Si vous voulez tout savoir sur cet écosystème...

un campus universitaire ultrachic. Le roi Mohammed VI y a sa résidence : c'est un château perdu dans les cèdres, dont vous apercevrez seulement la tourelle.

L'hiver, Ifrane a ses skieurs. Les plus modestes se rabattent sur la luge et les batailles de boules de neige. L'été, quand sa population grandit jusqu'à 150000 estivants, une clientèle familiale s'égaie dans les sentiers qui longent l'oued Tizguit. Entre frênes et peupliers, mésanges et gobe-mouches de l'Atlas, c'est une jolie balade... si le lieu est bien entretenu.

Michlifen ✧

À 87 km S de Fès, à 20 km S d'Ifrane, dir. Boulemane. À Ifrane, à 8 km sur la 707, partez à dr. sur la 7231. Skiset luges en location au bord de la route. Station ouv. selon la neige, généralement déc.-janv., t.l.j. 11h-15h (16h dim. et j.f.).

Skier sur un (ancien) volcan au grand soleil de l'Afrique du Nord ! Aux portes d'Ifrane, la minuscule station de Michlifen (2036 m d'alt.) offre cette opportunité insolite. Certes, pour tout dire, il y a cinq **pistes de ski**, situées entre 1800 m et 2000 m d'alt., que desservent deux remonte-pentes, longs respectivement de 250 m et 750 m. Cela limite les joies du schuss, mais les cèdres poudrés de blanc composent un tableau si féerique !

Azrou ✧

À 87 km S de Fès. Parking : pl. Mohammed-V. Souk : le mar., à env. 2 km au N-O de la ville.

La ville doit son nom berbère à son gros rocher qui est d'origine volcanique. Impossible de le rater : il est quasiment en centre-ville. Au centre artisanal (p. 204), on se surprendra à caresser les tapis Beni M'Guild, veloutés, aux motifs noirs sur fond blanc.

Cèdre Gouraud ✧✧

À 100 km S de Fès, à 8 km S-E d'Azrou, sur la N8, au croisement avec la P217. Piste-route carrossable (5 km env.) qui part à g. dans les cèdres à hauteur de la maison de la Cédraie. Passez devant celle-ci, puis allez au bout de la piste. Parking : payant (5 Dh).

Une piste magnifique s'engouffre dans cette **forêt de cèdres** qui peuvent atteindre 65 m de hauteur. Des géants dans tous les sens du terme, tant par leur taille que leur longévité, qui pourrait dépasser les 1000 ans. Mais surpâturage intensif ou exploitation archaïque, voire frauduleuse (braconnage), changement climatique ou chenilles processionnaires, nombre de menaces planent sur cet univers resplendissant.

Le plus célèbre des cèdres de l'Atlas est mort en 2004. Mort sur pied à 800 ans bien sonnés. Et pourtant, le **cèdre Gouraud** – du nom d'un général qui s'illustra au début du protectorat – se tient encore debout, grisâtre, majestueux, fantomatique, momifié. On vient toujours lui rendre hommage, mais le visiteur est tenu prudemment à l'écart, tout le monde s'attendant à ce que l'arbre se fracasse au sol un jour ou l'autre.

À proximité, des **singes magots** s'épouillent, mendient un quignon de pain ou des cacahuètes. Vous êtes prié de ne pas leur donner à manger, leur régime étant essentiellement végétal (graines, feuilles), complété par quelques insectes et chenilles.

Monastère de Tioumliline

À 90 km S de Fès. À 6 km env. d'Azrou, dir. Khénifra, et 1re route à dr. après la station d'essence Afriquia. Si le gardien est sur les lieux, on peut visiter (*bakchich* à prévoir). Randonnée : avec un guide, comme Saleh Boudaoud (salehboudaoud@gmail.com), départ d'Azrou, dénivelé 330 m, 2h à 3h de marche, 250 Dh/pers. pour le guide, tarif incluant boissons et snacks.

Abandonné, cet ancien monastère bénédictin (1952-1968), aujourd'hui propriété privée, est perché à 1556 m dans un lieu d'une solitude poignante, au milieu des chênes verts. Trois bâtiments principaux composent l'ensemble sans vrai caractère : le bâtiment central était réservé aux moines ; le deuxième accueillait l'orphelinat, qui a pu héberger une soixantaine d'enfants scolarisés à Azrou ; et le troisième est tout simplement la chapelle. Il y eut même un dispensaire.

Les cinéphiles reconnaîtront le décor choisi par Xavier Beauvois pour le film *Des hommes et des dieux*, censé se dérouler en Algérie. Il a reçu le grand prix du Festival de Cannes en 2010. Curieusement, la brève histoire de ce monastère, où les bénédictins furent soupçonnés de prosélytisme à l'indépendance du Maroc, rejoint celle du film. La fin fut moins tragique. Devant les difficultés croissantes, le prieur décida de fermer le site en 1968.

• NOS ADRESSES •

AZROU

OÙ DORMIR

Les hébergements mentionnés dans la rubrique « Où dormir ? » accueillent les visiteurs de passage qui souhaitent se restaurer.

Hôtel Panorama

Route de Midelt, à dr. à la sortie d'Azrou 05 35 56 20 10 ou 06 67 16 87 81. 36 ch. Restaurant : en travaux, sert de l'alcool. Moins de 45 € la chambre double (500 Dh)

En bordure de forêt, ce 3-étoiles, aux allures de gros chalet, est sans prétention. Bon à savoir : les chambres sont bien chauffées l'hiver.

Gîte Les Jardins d'Azrou

Km 3, sur la route d'Ifrane 06 63 77 26 87 ou 06 62 19 08 89, www.lesjardinsdazrou.com. 5 ch. Cours de cuisine : 1000 Dh/pers. pour les résidents incluant la demi-pension ; 700 Dh/pers. pour les extérieurs. Table d'hôtes : à partir de 150 Dh. Découverte des plantes sauvages comestibles, circuits en VTT, etc. Autour de 45 € (500 Dh)

Si vous voulez explorer la région, vous êtes, avec cette ferme d'hôtes, moderne, à la bonne adresse. Son propriétaire, Abdellah, est le président des guides d'Azrou/Ifrane. On peut aussi être séduit par sa démarche écologique (chauffage par le solaire et avec une pompe à chaleur). Bien sûr, vous pourrez vous régaler à table des produits bio de la ferme : légumes et fruits (cerises, figues, amandes, etc.).

Le Palais des Cerisiers

Route du Cèdre-Gouraud, à 4 km O du centre-ville d'Azrou 05 35 56 38 30 ou 06 49 32 13 21. 63 ch. dont 4 suites avec cheminée. Hammam-spa : à partir de 100 Dh. Restaurant : plat principal à 250 Dh pour les résidents, 300 DH pour les non-résidents, sert de l'alcool. Piscine extérieure. Court de tennis. Prêt de VTT. De nombreuses activités peuvent être organisées : VTT, randonnée équestre, etc. À partir de 95 € (1000 Dh)

Bois et pierre font le charme de ce petit hôtel, d'une simplicité luxueuse. Spacieuses, les chambres sont sobres. Le restaurant offre un cadre romantique sur la terrasse, à l'ombre des saules pleureurs, pour les beaux jours ; ou à l'intérieur, auprès de la cheminée l'hiver.

SHOPPING

Ensemble artisanal

Bd Mohammed-V, en face du commissariat, en dir. d'Aïn Leuh et de Khénifra 06 67 15 81 39. Lun.-sam. 9h-13h et 14h-19h (variables, selon les boutiques). F. ven. matin.

On y trouvera les tapis des Beni M'Guild, soyeux, réalisés par une coopérative d'une vingtaine de tisseuses (cela tourne entre 350 Dh et 650 Dh le m²), mais aussi les sculptures sur cèdre des frères Chaarir.

SPORTS ET LOISIRS

Dar VTT

À 3 km au N du centre-ville, en dir. de Meknès (quartier Nakhil). Prenez à dr., près du restaurant Les Délices 06 61 84 48 21, darvtt.ma. VTT : 200 Dh/j. (équipement fourni). Skis : 100 Dh/j. la location.

Il y a toujours quelqu'un au bout du fil. Vous pouvez même recruter sur place un guide pour vous accompagner dans la sortie VTT (200 Dh pour le guide-mécanicien ; groupe de 2-3 pers.).

BHALIL

OÙ MANGER

Dar Kamal Chaoui

60, Kaf Rhouni 05 35 69 27 37, 06 78 83 83 10 ou 06 43 03 24 44, www.kamalchaoui.com. 5 ch. Table d'hôtes : 20 €. Cours de cuisine avec Naima : 30 €/pers. Balades et randonnées : à partir de 25 €/pers. Parking payant à proximité. Autour de 70 € (750 Dh)

Pour fuir en été la canicule de Fès, il y a sur les hauteurs de Bhalil cette maison d'hôtes de grand charme. Rarissime : vos hôtes partagent vos repas si vous avez réservé le dîner. Kamal est de bon conseil pour les balades et randonnées :

Paysage enneigé près de Michlifen

il peut vous guider dans la visite du village (2-3h) ou vous introduire au hammam public voisin (250 Dh/pers.).

IFRANE

OÙ DORMIR

Le Chamonix

Av. de la Marche-Verte ☎ 05 35 56 60 28, www.lechamonix.com. 64 ch. dont 3 suites. Restaurant La Truite de l'Atlas : menu à partir de 120 Dh et à la carte, sert de l'alcool. Bar avec animation folklorique le w.-e. Autour de 65 € (700 Dh)

Ouvert en 1935, c'est une vraie institution. Les chambres, rénovées, ont gagné de la moquette ou un plancher, plus agréables que le vieux carrelage. Certaines ont une vue sur le square avec son lion ou sur le parc de la Prairie.

IMOUZZÈR KANDAR

OÙ DORMIR

Gîte Lac Dayet Aoua

Dayet Aoua, km 7, route d'Ifrane au S, puis à 4 km de la route principale ☎ 05 35 61 05 75 ou 06 61 35 12 57, www.gitedayetaoua.com. 7 ch. (+ une « hutte » pour 8 pers. et une tente). Piscine extérieure. Table d'hôtes : à la carte, 130 Dh, sert de l'alcool. Pique-nique à emporter à la demande. Location de VTT (100 Dh), balade à cheval (300 Dh) et balade avec un âne (150 Dh). Autour de 45 € (500 Dh)

À 1300 m d'altitude, vous goûterez dans cette ferme confortable, entre verger de pommiers (2 ha) et *dayet* (lac), au bon air de l'Atlas. Les paons vous souhaiteront la bienvenue. Attention, l'hiver, le gîte peut connaître trois mois de neige !

OÙ MANGER

Les Truites

Bd Mohammed-V (dans le centre-ville, sur la dr. en allant vers Fès) ☎ 05 35 66 30 02, www.lestruites.com. T.l.j. 12h-16h et 19h30-22h. Menu du jour : 115 Dh. Et carte. Sert de l'alcool. Autour de 10 € (110 Dh)

Cet hôtel-restaurant, que tout le monde semble avoir connu, a été rénové, façade en pierres apparentes, par un nouveau propriétaire. De la terrasse aménagée, la vue est magnifique. Mais la cuisine n'a pas encore trouvé (2022) son rythme.

SPORTS ET LOISIRS

Domaine des Deux Arômes

À Aït Sebaa (à 10 km au N-O d'Imouzzèr Kandar par la P5021) ☎ 06 61 15 34 15, laqdeb@menara.ma. Uniquement le w.-e. Sur résa 8 j. avant. Séance de cavage gratuite. Truffes : 12 Dh/g.

Chirurgien à la ville, Abdelaziz Laqbaqbi est le seul trufficulteur du Maroc, ayant attendu patiemment que ses chênes verts mycorhizés (porteurs de champignons) plantés près d'Imouzzèr daignent produire ses premières *Tuber melanosporum*. Rien moins que la truffe noire du Périgord, le fameux diamant noir ! En hiver, vous pourrez participer à une séance de cavage (recherche) de la truffe, avec des chiens spécialement dressés, qui les déterrent sous vos yeux. Cela peut durer 1h ou davantage !

MICHLIFEN

SPORTS ET LOISIRS

Ski

Ouv. des pistes à partir de 40 cm de neige. 10h-16h (w.-e.) ou 11h-15h (en sem.). 2 remonte-pentes : 250 m (5 Dh) et 800 m (10 Dh). Parking payant (10 Dh).

Le plus dur est d'arriver au pied des pistes, tant est grand l'engouement des Marocains pour un phénomène comme la neige. En chemin, vous trouverez au bord de la route à louer luges, skis, etc. Ce ne sont pas vraiment les derniers modèles !

SEFROU

FÊTES ET FESTIVALS

Moussem des Cerises

En juin, pendant 3 j.

Fête très populaire avec une élection de Miss Cerisette. Chants et danses rythment ce moussem.

MARRAKECH

Ne vous y trompez pas ! Sous ses faux airs alanguis, Marrakech est une ville étourdissante, où l'ennui n'a pas sa place. Avec son écrin de palmiers et de jardins luxuriants, ses murailles ocrées qui se détachent sur l'azur intense du ciel et son horizon barré par les cimes enneigées de l'Atlas, elle mérite pleinement ses surnoms de « ville rouge » et de « perle du Sud ». Balayée par le souffle chaud du chergui ou, au contraire, vivifiée par l'incomparable pureté de l'air hivernal, elle est en permanence animée d'une formidable énergie. Celle, commerçante, des souks et des créateurs qui y font et défont les modes ; celle, festive, de ses nuits blanches si prisées de la jet-set internationale ; ou encore celle, plus confidentielle, de son art de vivre à l'orientale, subtil mariage entre la volupté des sens et le repos de l'âme.

Dans l'un des souks de Marrakech

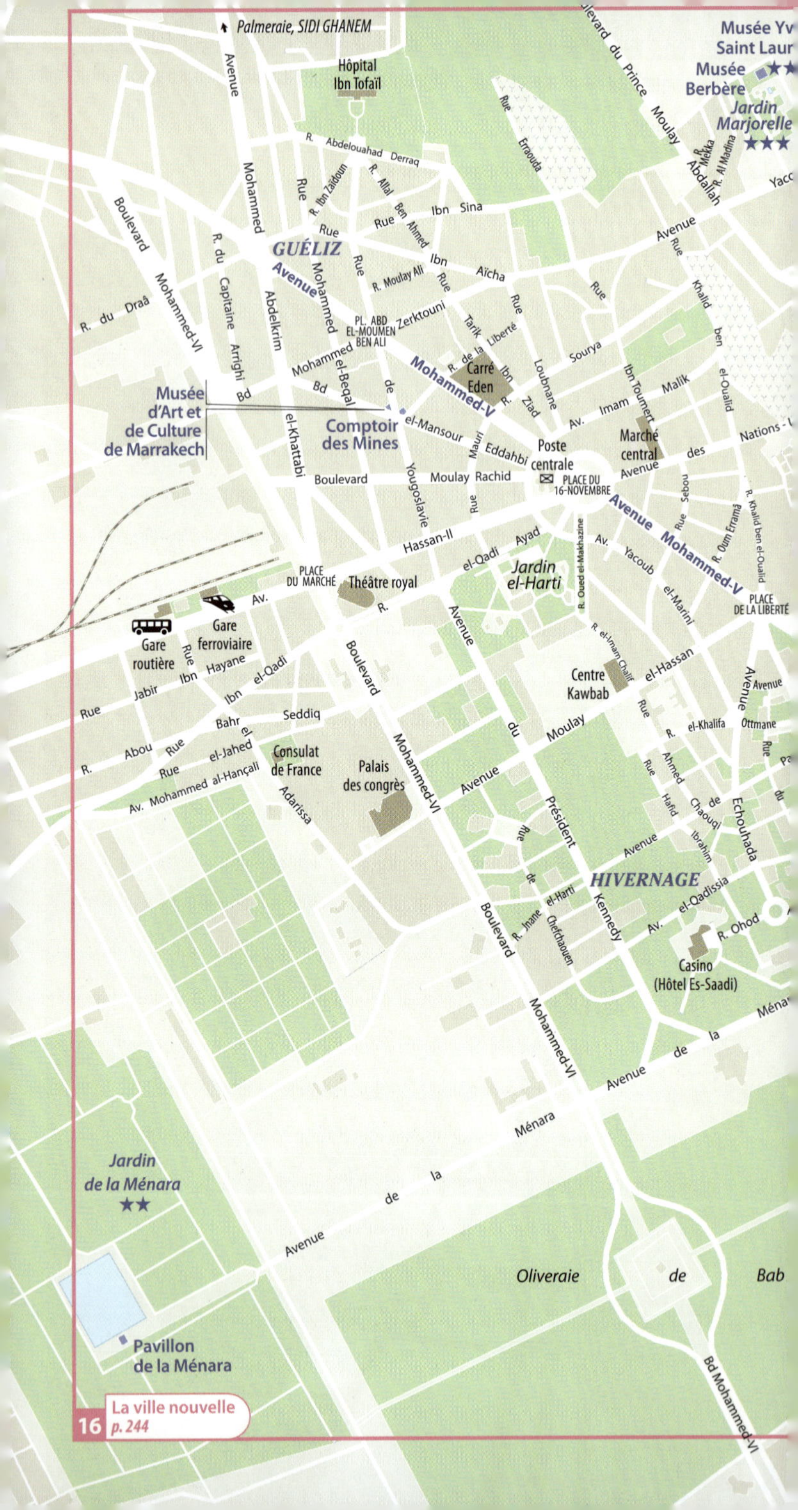

La ville nouvelle
p. 244

Plan I : plan général de Marrakech

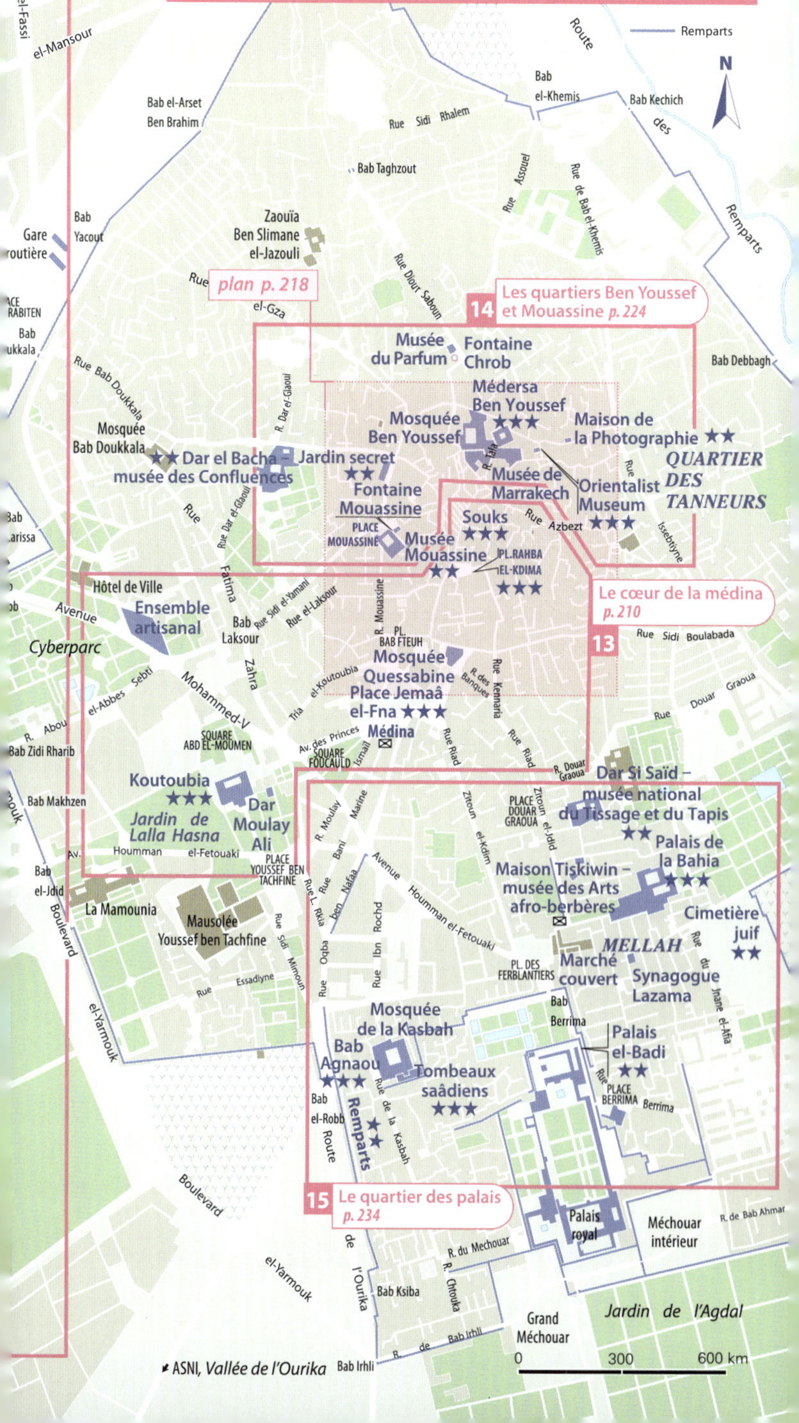

13

LE CŒUR DE LA MÉDINA ✧✧✧

D'un côté, le plus beau minaret du pays, emblème incontesté de la ville et témoin de sa puissance passée. De l'autre, le dédale inextricable des souks, un monde à part à explorer le nez en l'air et les sens en éveil. Et, au milieu, Jemaâ el-Fna, la place la plus célèbre du Maghreb. Cette esplanade brûlée par le soleil se transforme à la tombée de la nuit en une sorte de cour des Miracles où conteurs, diseuses de bonne aventure, charmeurs de serpents et autres saltimbanques se disputent l'attention des badauds. Bref, l'endroit idéal pour un premier contact dépaysant avec la ville rouge !

PRATIQUE

- Plans p. 212 et 218
- Nos adresses p. 221

↓ Accès

Par l'av. Mohammed-V, qui relie la ville nouvelle à la médina.

↓ Se déplacer

Uniquement à pied.

↓ Conseil

Pour une vue d'ensemble sur les places Jemaâ el-Fna et Rahba el-Kdima, grimpez sur le toit-terrasse d'un café-restaurant : de préférence à la nuit tombée pour la première, et dans la journée pour la seconde.

↓ Adresses utiles

Bureau de poste
Sur la pl. Jemaâ el-Fna.

Change et DAB
Dans la rue Moulay Ismaïl.

Police touristique
Pl. Jemaâ el-Fna ☎ 05 24 38

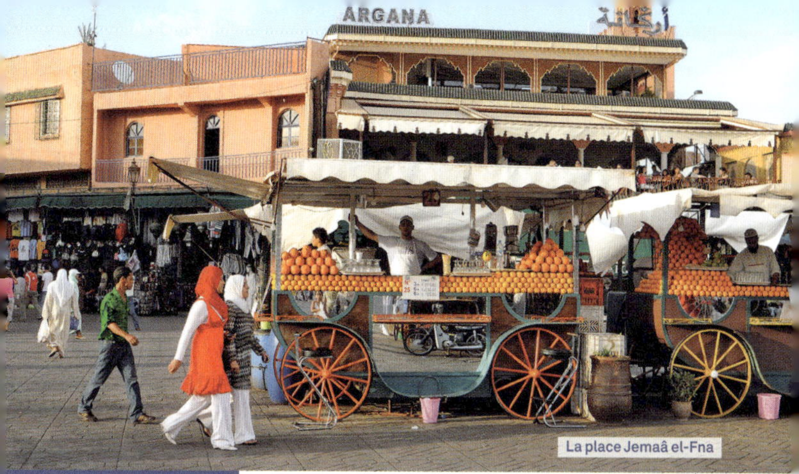

La place Jemaâ el-Fna

L'ESSENTIEL

À ne pas manquer

La Koutoubia ; la place Jemaâ el-Fna et la place Rahba-el-Kdima ; le souk des teinturiers.

Expériences

Se balader en calèche sous les remparts de la médina ; dîner dans l'une des gargotes de la place Jemaâ-el-Fna ; se prendre pour un chef en cours de cuisine.

Koutoubia ✧✧✧

Plan II / A2 – À l'angle de l'av. Mohammed-V et de la rue Ibn Khaldoun. Entrée interdite aux non-musulmans.

Enfant chérie et fierté de la ville, cette **mosquée** est aussi l'un des principaux témoins de son passé. Vous la repérerez de loin grâce à son superbe **minaret** qui se dresse dans l'axe du boulevard Mohammed-V et joue à la perfection son rôle de point de repère !

Quant à son histoire, elle ne manque pas de piment. Lorsque Abd el-Moumen, le fondateur de la dynastie almohade, s'empare de la ville en 1147, il commence bien sûr par détruire toute trace de la grandeur des Almoravides, ses prédécesseurs. En lieu et place de leur palais, il lance la construction de la Koutoubia, dont le nom, plus tardif, fait référence aux marchands de manuscrits *(kutubiyyun)* qui officiaient alors à ses pieds. Mais à peine achevée, la mosquée se révèle mal orientée par rapport à La Mecque. Une erreur inacceptable qui entraîne illico la construction d'un bâtiment mitoyen.

Les deux édifices semblent avoir cohabité avant la destruction du premier et partagé le même minaret. Les restes de la mosquée mal orientée sont toujours visibles dans un enclos à ciel ouvert sur le flanc droit de la mosquée actuelle.

46 01 ou 05 24 88 86 80 (n° vert 24h/24).

Bon à savoir

La moindre photo sur la pl. Jemaâ el-Fna se monnaie. Une vingtaine de dirhams suffisent, même si on vous en demande 200 !

Ne faites pas vos achats dans les échoppes qui bordent la pl. Jemaâ el-Fna : la qualité y est médiocre et les prix élevés.

Évitez de programmer un marathon shopping dans les souks le vendredi, car certaines échoppes peuvent être fermées.

Dans les souks, répondez en souriant, mais fermement aux harangues incessantes des marchands. Un « demain Inch'Allah » mettra fin à leur insistance.

Si vous voyagez avec un enfant en bas âge, préférez le porte-bébé à la poussette.

Plan II : le cœur de la médina

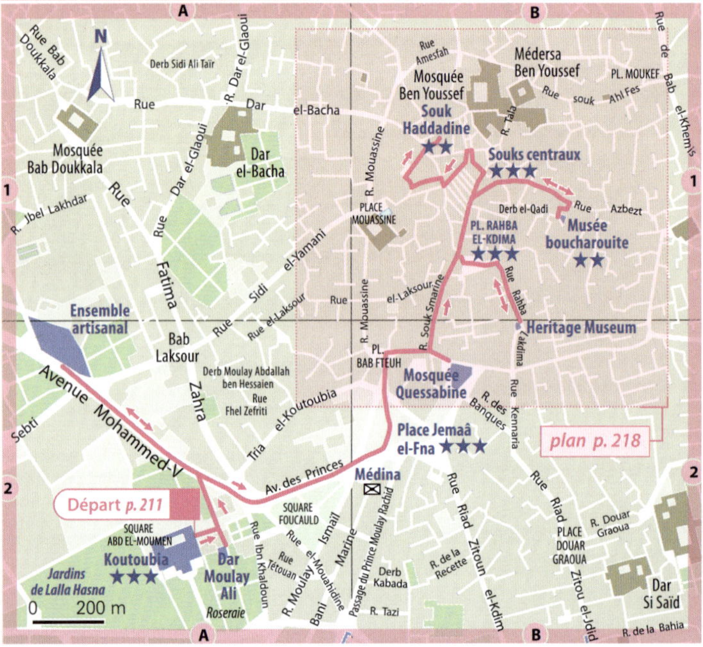

MINARET ✧✧✧

Du haut de ses 77 m, la « sentinelle du désert » domine la ville. Cinq fois par jour, l'appel à la prière y résonne. Si vous êtes dans les parages à cette occasion, vous parviendrez peut-être à glisser un regard subreptice sur la superbe perspective des nefs de la salle de prière de la mosquée. Sinon, contentez-vous d'assister au ballet des fidèles qui convergent vers l'édifice, tout en étudiant les détails du minaret.

Ornementation

L'équilibre de ses proportions et la beauté de ses arabesques de grès rose et de ses arcs festonnés, différents sur chacune de ses faces, en font un joyau d'architecture arabo-andalouse.

Achevé à la fin du XIIe s. par Yacoub el-Mansour, le petit-fils d'Abd el-Moumen, dont le royaume s'étendait alors jusqu'en Espagne, le minaret servit d'ailleurs de modèle à la tour Hassan de Rabat (p. 102), restée inachevée, et à la Giralda de Séville.

Remarquez comme les ouvertures sont placées à des niveaux différents : elles correspondent à six salles superposées reliées entre elles par

BALADE

Fouette, cocher !

Si la **calèche** reste un moyen de transport encore utilisé par les Marrakechis pour leurs déplacements en ville, elle tend à se consacrer uniquement aux touristes. Évidemment, les prix des courses ne seront pas les mêmes. Bien que les tarifs officiels soient affichés au vu et au su de tous, il vous sera bien difficile de les faire appliquer. Négociez donc à l'avance et précisez que vous ne voulez pas de pause shopping.

> Arrêt principal : le long du square Foucauld (plan II / A2). Comptez 80 Dh les 20 min env. et 250-300 Dh/heure. Possibilité de monter à 4-5 personnes.

une rampe, dont la pente douce a été calculée pour que les ânes puissent transporter au sommet les matériaux de construction.

Lanternon

Haut de 16 m, il est surmonté de quatre boules dorées de tailles décroissantes, la plus grosse ayant 2 m de diamètre. Et bien qu'elles soient faites de plaques de cuivre doré, la légende les dit en or pur, fondu à partir des bijoux offerts par Zineb, l'épouse fautive de Yacoub el-Mansour. Pour décourager les convoitises, de puissants génies auraient été commis à la garde de ce trésor. On ajoute que c'est l'influence des planètes qui maintient ces boules au sommet du minaret, et que les profanateurs tomberaient aussitôt foudroyés.

JARDINS DE LALLA HASNA ✧

La Koutoubia est enchâssée dans un bel écrin de jardins dont les allées s'emplissent chaque jour en fin d'après-midi d'une foule de familles venues prendre le frais. Plantés de palmiers, d'orangers et d'une multitude de rosiers, ils servent aussi de rendez-vous romantique à de nombreux couples d'amoureux.

Avis aux photographes, les jardins réservent de belles perspectives sur le minaret de la Koutoubia.

Dar Moulay Ali ✧

Plan II / A2 – Rue Ibn Khaldoun ☎ 05 24 42 85 48 ou 05 24 42 81 03, page Facebook. Mar.-sam. 10h-18h. Plein tarif : 40 Dh.

Il n'y a pas si longtemps, les résidents français de Marrakech venaient prononcer leurs vœux de mariage dans les salons de cette somptueuse demeure du XIXe s. Seules deux salles consacrées à des expositions temporaires et un grand riad (patio) arboré semé de sculptures contemporaines se visitent aujourd'hui.

Après avoir appartenu au prince Moulay Ali, fils du sultan Moulay Abderrahmane, qui régna de 1822 à 1859, la résidence fut acquise au début du XXe s. par la France qui y installa son consulat général. Mais les bureaux ont déménagé dans les années 2000. Seuls restent les appartements privés du consul, qui ne se visitent pas, bien sûr.

Ensemble artisanal ✧

Plan II / A1-2 – Av. Mohammed-V. Lun.-sam. 9h30-19h, dim. 9h-14h. Certaines échoppes ferment à l'heure du déjeuner. Entrée libre.

L'effervescence des souks et les arcanes du marchandage vous déboussolent ? Optez pour des emplettes en toute sérénité dans cet ensemble artisanal qui sert de vitrine au **savoir-faire marocain**.

La Koutoubia ›

^ Des Gnaouas sur la place Jemaâ el-Fna

PAUSE

Le plein de vitamines

Sur la **place Jemaâ el-Fna**, faites le plein de vitamines ! Laissez-vous tenter par la célébrité locale : les **jus d'oranges** pressées (5 Dh) à la demande dans un des nombreux stands installés à demeure à l'est de la place. Vous pouvez aussi opter pour un jus de pamplemousse ou, par exemple, un mélange pomme, fraise, banane. De septembre à décembre, ne ratez pas les jus de grenade (10 Dh), riches en antioxydants. Ils sont tout simplement délicieux !

Ici, personne ne vous harponnera et les prix, affichés, sont raisonnables. Les *maâlem* (maîtres-artisans) sélectionnés parmi les meilleurs de leur domaine travaillent sur place. Bref, c'est le shopping sans prise de tête... ou de bec.

Place Jemaâ el-Fna ✧✧✧

Plan II / B2.

Dans la lumière crue du matin, Jemaâ el-Fna n'est rien qu'une esplanade bétonnée, un no man's land d'environ 1 ha. Et pourtant, au fil des heures, le lieu s'anime pour se charger de toute l'effervescence de la ville rouge. Selon l'interprétation habituelle, son nom signifierait « l'assemblée des Morts » et se référerait au souvenir des têtes des condamnés qu'on y accrochait à un mur garni de clous. C'est aujourd'hui le point névralgique de la **médina**, le cœur battant de la ville, une sorte de cour des Miracles où tout se négocie.

MUSICIENS ET SALTIMBANQUES

Les **Gnaouas** (p. 144), le crâne couvert d'une calotte, jouent de leurs castagnettes en métal *(qraqeb)* ; les **acrobates** bondissent pour former des pyramides humaines ; les **charmeurs de serpents** déroulent des nœuds de reptiles dont les ondulations font frémir la foule ; baudriers de cuir sur l'épaule, coupelles de cuivre étincelant autour du cou, les **porteurs d'eau** *(guerrab)* posent pour les touristes. On fait cercle autour des conteurs, des dresseurs de singes, des diseuses de bonne aventure ; on s'essaie à des jeux d'adresse et de fortune, on se laisse tenter par un tatouage au henné. N'oubliez pas toutefois que sur la place, chaque déclic est payant.

RESTAURANTS AMBULANTS

Vous les repérerez de loin au nuage de fumée qui se forme, à la tombée de la nuit, au-dessus de leurs stands démontables. À la lueur des lampes à acétylène, on s'attable sommairement devant une *harira* (soupe), des brochettes d'agneau, du poisson grillé, de la cervelle de mouton ou un bol d'escargots. Pour contempler tout à son aise ce spectacle, il suffit de grimper sur une des nombreuses terrasses de cafés qui encadrent la place : la vue d'ensemble est une expérience en soi ! Ce n'est que tard dans la nuit que se tait le bruit des *bendir* (tambourins) et des *ghayta* (prononcez « raïta »), un instrument à vent traditionnel qui s'apparente vaguement au hautbois.

De la place Jemaâ el-Fna à la place Rahba el-Kdima ✧✧

Plan III / A2.

Il existe mille et une façons de pénétrer dans l'univers foisonnant et un tantinet survolté des souks.

À l'accès principal, le **souk Smarine**, que marchands et badauds vous indiqueront immanquablement, préférez une entrée moins clinquante mais nettement plus séduisante : faufilez-vous à gauche de la mosquée Kharbouch (aussi appelée « **mosquée Quessabine** ») pour un premier choc olfactif et visuel. D'abord dans l'**allée** dite « **des Méchouis** », une courte ruelle où l'ambiance atteint son comble à l'heure du déjeuner, lorsque agneaux rôtis et jarres de terre cuite contenant la célèbre *tangia* marrakchie font leur apparition sur les stands des rôtisseurs *(encadré p. 216)*. L'allée parallèle, le **souk Ableuh**, est le domaine des marchands d'olives et de citrons confits dont les étals forment de beaux monticules multicolores.

RUE DABACHI ET FONDOUK DES VANNIERS ✧

Plan III / AB-2 – Au bout de la ruelle du souk Ableuh, tournez à dr. dans le derb Dabachi au lieu de poursuivre dans le souk Smarine.

Cette **longue artère** qui traverse un quartier d'habitation populaire est l'une des plus animées de la médina. Attention aux mobylettes pétaradantes et aux charrettes à bras qui déboulent sans ralentir à tout bout de champ. Vous vous familiariserez vite avec le *balek, balek !* des porteurs : un cri qui avertit les piétons de leur passage. Prenez-le au sérieux et jetez-vous sans hésiter sur les côtés si vous voulez préserver vos orteils !

Juste après le croisement de la rue Kennaria, un étroit passage mène à une petite placette connue sous le nom de « **fondouk des vanniers** ». Du sol au plafond, chaque échoppe croule sous les paniers, sacoches, miroirs, guéridons ou tabourets en fibre de palmiers, de jonc ou de roseau.

˅ Restaurants ambulants sur la place Jemaâ el-Fna

PAUSE

Déjeuner sur le pouce

Le fumet des méchouis devrait vous guider à l'heure du déjeuner jusqu'à la petite allée où officient les rôtisseurs. Après avoir lentement mijoté dans des fours en terre cuite encastrés dans le sol, les agneaux entiers sont découpés devant vos yeux. Choisissez votre morceau, qui vous sera servi sur un plateau recouvert de papier et accompagné de pains ronds *(kesra)*, de sel et de cumin. Un vrai délice à déguster *in situ*, et avec les doigts, au milieu des commerçants du quartier. Les plus valeureux peuvent aussi opter pour une tête d'agneau !

> Allée des Méchouis (plan III / A2). Comptez 160 Dh/kg.

HERITAGE MUSEUM ✧

Plan III / B2 – 2, rue Rahba Lakdima ☎ 05 24 39 02 80. Lun.-sam. 9h30-18h. F. dim. Plein tarif : 30 Dh avec un thé offert.

Un riad vieux de plus de trois siècles et une famille qui se transmet la passion du patrimoine depuis plusieurs générations : il n'en fallait pas plus pour donner naissance à ce musée privé où vous ferez vos premiers pas dans l'entrelacs des cultures arabe, berbère et juive. Le tout accompagné, au fil des salles, par une foultitude d'objets du quotidien, de costumes, de bijoux, d'outils, etc. À ne pas manquer : la collection de masques de la tribu africaine des Sénoufos et le beau *minbar* en bois qui trône dans le patio : une chaire en forme d'escabeau d'où l'imam prononce son sermon lors de la grande prière du vendredi.

PLACE RAHBA EL-KDIMA ✧✧✧

Plan III / A2.

Vous voici arrivé sur l'une des places les plus charmantes des souks. Avant d'être envahie de cafés, de boutiques à la mode, d'étals démontables de vendeurs de paniers, de chapeaux et de bibelots colorés, elle a longtemps servi de marché aux grains. Pour une vue d'ensemble, escaladez les escaliers des cafés qui l'encadrent : leur toit-terrasse sont de véritables belvédères.

Souk des apothicaires ✧✧

Plan III / B2.

Sur le côté sud de la place Rahba el-Kdima et dans les ruelles attenantes règnent les apothicaires. Leurs échoppes, où se fournissent toujours guérisseurs et sorciers, regorgent de toutes sortes de poudres, d'onguents, de peaux de serpents, de lézards séchés, etc. Une abondance de produits aux vertus curatives, magiques ou aphrodisiaques – et, pour certains, fortement déconseillés – qui témoigne de la vivacité des pratiques traditionnelles. Vous y dénicherez aussi la panoplie de beauté complète des femmes marocaines : ***ghassoul*** (argile saponifère), *saboun beldi* (savon noir) et henné vendus au poids, mais aussi le *souak* (ou *zoac*), écorce de noyer sec utilisée pour blanchir les dents et fortifier les gencives, ou l'*aker*, le rouge à lèvres berbère à base de poudre de coquelicot et d'écorce de grenadine, qui est vendu dans de petites coupelles en terre.

Souk el-Ghazal (de la laine) ✧

Plan III / A2 – Empruntez l'étroit passage sur la g. de la ruelle qui mène au souk Smarine.

Attention, vous pouvez facilement passer à côté sans le voir ! Ce petit **souk de la laine**, ancien marché aux esclaves de la ville, occupe une placette presque secrète. N'hésitez pas à vous y faufiler : les écheveaux de laine brute ou teintée y sont empilés et vendus au poids. Les tractations peuvent d'ailleurs se révéler très animées. Assises sur de petits tabourets, des femmes disparaissent presque complètement derrière des monticules d'habits et de tissus usagés dans lesquels les clients farfouillent vigoureusement.

Souk Zrabi (des tapis) ✧

Plan III / A2 – Accès par la pl. Rabha el-Kdima.

Vous repérerez son entrée au beau patchwork de tapis mis à « vieillir » au soleil sur les murs et les terrasses des édifices bordant le côté nord de la place. En dessous, une allée donne accès à l'espace couvert où sont regroupées les boutiques. C'est aussi là que se tient la « **criée berbère** ». Une vente aux enchères où artisans et vendeurs viennent écouler leur production à grand renfort d'interjections et de gesticulations. Cette criée se déroule chaque jour, sauf le vendredi, après la troisième prière de la journée (entre 15h30 et 16h20 selon la saison), et bien sûr en arabe.

Musée Boucharouite ✧✧

Plan III / B1 – Azbezt 107, derb el-Qadi
📞 05 24 38 38 87. Lun.-sam. 9h30-18h.
Plein tarif : 50 Dh.

Un univers onirique, intime et coloré vous attend derrière les lourdes portes de ce beau riad du XIXe s. Celui des femmes berbères qui, dans le secret de leur intérieur, réalisent des tissages d'un genre particulier : les *boucharouites*, des **tapis** constitués de lanières de tissus découpées dans de vieux habits. Symboles d'indigence, ces tapis ruraux réservés à l'usage familial n'ont fait leur apparition sur le marché qu'au début des années 2000. Leur symbolisme coloré reflète l'imaginaire et les états d'âme des femmes qui les tissent.

Le musée expose aussi de rares exemples de *zindekt*, des alèzes pour bébé confectionnées à partir de sacs de farine brodés de motifs variés.

⌄ Lanternes et lampes au souk Attarine

ASTUCE *Le fil d'Ariane*

Si vous vous sentez perdu, pas de panique ! Un certain nombre de **panneaux d'orientation et d'information** ont été mis en place dans la médina. La plupart sont fiables, même si des esprits facétieux s'amusent parfois à les mélanger pour mieux récupérer les touristes égarés. Ils indiquent entre autres la place Jemaâ el-Fna, une information ayant valeur de boussole ! Ensuite, cet indescriptible dédale a sa logique. Tous les souks portent un nom lié à leur spécialité passée ou actuelle. Chaque fois que vous franchissez une voûte en arc, vous changez de souk. Pensez à lever les yeux pour déchiffrer le nom qui y figure. Enfin, il se trouvera toujours quelque gamin qui, moyennant quelques piécettes, vous remettra sur le droit chemin. À moins qu'il n'ait décidé de vous emmener chez son marchand favori… dans l'espoir de toucher sa commission de rabatteur.

Plan III : les souks centraux

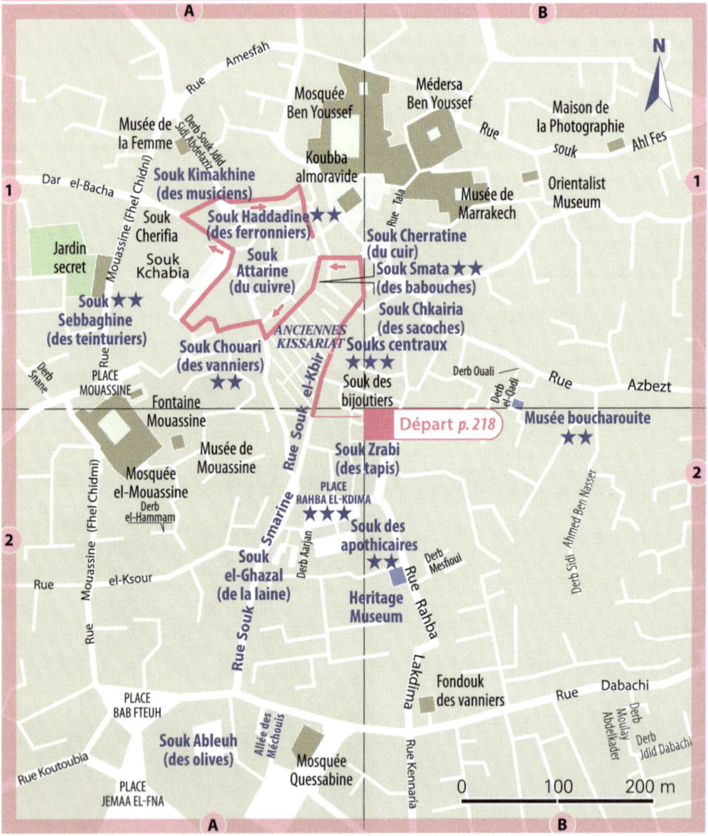

Souks centraux ✧✧✧

Plan III.

Explosion de bruits, de couleurs et d'odeurs, éclats des cuivres et des céramiques, fragrances entêtantes des épices, jeux de lumière perçant en rayons à travers les claies, etc. : l'univers éminemment sensoriel des souks demande qu'on s'y immerge complètement. Vous serez d'ailleurs vite happé par le tourbillon de leur foule bigarrée.

Si la vitalité de ce dédale inextricable témoigne de la vocation commerçante de la ville, qui fut par le passé une des principales étapes caravanières entre les oasis du sud et le nord du pays, elle mettra aussi à mal votre sens de l'orientation *(encadré p. 217)* !

ANCIENNES KISSARIAT ✧

Plan III / A1 – Rejoignez l'artère principale du souk et tournez à dr.

L'artère principale des souks prend ici le nom de **souk el-Kbir** (« le grand souk »), aujourd'hui envahi de marchands de cuir et de vêtements.

Vous passez à droite devant le **souk des bijoutiers**, niché dans une galerie en renfoncement, pour arriver (sur la g.) à la hauteur des **anciennes kissariat**. Ces galeries couvertes, dont certaines ont conservé leur plafond en cèdre, étaient autrefois fermées par des portes monumentales. C'est là qu'étaient vendus les soieries et brocarts les plus précieux. Aujourd'hui, bazars, marchands de jeans et de vestes de peau à l'occidentale voisinent avec quelques vendeurs de tuniques brodées et de tenues de danseuses du ventre, dérisoires reliquats de l'ancien prestige des lieux.

SOUKS CHKAIRIA (DES SACOCHES) ET CHERRATINE (DU CUIR)

Plan III / A1 – Continuez tout dr. sur le souk Chkairia et tournez à g. à hauteur de l'Herboristerie des Amis dans le souk Cherratine.

Avec le souk Chkairia, qui était à l'origine le souk des sacochiers, vous entrez dans le véritable royaume du cuir, où l'on propose sacs, poufs, ceintures, etc. Au 242, on y découvre même un sellier, qui fabrique toujours dans les règles de l'art selles, bottes et autres parures prisées dans les fantasias.

Les **maroquiniers** ont aussi investi le souk Cherratine (à g.), qui fut autrefois celui des cordiers.

SOUK SMATA (DES BABOUCHES) ✧✧

Plan III / A1 – Dans le souk Cherratine, tournez à g. dans la 2e ruelle.

Les boutiques, ici, rivalisent de couleurs. Longtemps méprisées, les babouches ont réussi un flamboyant retour en force et prennent aujourd'hui toutes les teintes de l'arc-en-ciel! Une partie de la production est fabriquée sur place, le reste est importé de Fès.

Les sandales ont aussi fait leur entrée fracassante dans ce souk. Vous les trouverez déclinées dans toutes formes, matières et couleurs.

SOUK ATTARINE (DU CUIVRE) ✧✧

Plan III / A1 – Dans le souk Smata, empruntez la ruelle sur la dr.

En quelques mètres seulement, vous serez transporté dans un univers rutilant de cuivres et métaux variés. Une vraie caverne d'Ali Baba où voisinent plateaux, cendriers, théières, lanternes et autres objets martelés, gravés, ciselés, etc. La gamme des couleurs varie du rouge (cuivre) à l'argenté (mélange de cuivre, de zinc et de nickel appelé « maillechort ») en passant bien sûr par le jaune (alliage de cuivre et de zinc nommé « laiton »).

SOUK CHOUARI (DES VANNIERS) ✧✧

Plan III / A1 – Au bout du souk Attarine, prenez le souk Kchachbia à dr., puis à g.

Bienvenue au royaume de la fibre naturelle où vous serez accueilli par une agréable odeur de paille! Ici tout se tresse : couffins, corbeilles, cabas, fauteuils, guéridons, etc. Et bien sûr le panier double destiné aux ânes, le fameux chouari qui a donné son nom au souk.

⌄ Au souk Smata (des babouches)

^ Au souk Sebbaghine (des teinturiers)

Au milieu de la vannerie, on déniche aussi des marchands de tablettes coraniques vierges de toute inscription et des **tourneurs sur bois** à la dextérité fascinante. Couteau à bois coincé entre deux orteils, ils façonnent des couverts et des manches de brochette en citronnier, en noyer, en olivier.

SOUK SEBBAGHINE (DES TEINTURIERS) ✧✧

Plan III / A1 – Au bout du souk Chouari, avant d'arriver à une petite placette formant une fourche, tournez à dr.

Au premier regard, rien n'indique la présence des célèbres ateliers de teinturiers qui font le bonheur des photographes. Pourtant, même s'il en reste peu, ils sont bien là, dissimulés dans le renfoncement des courettes qui encadrent l'artère principale. Glissez-vous dans l'un des passages étroits qui y mènent et levez la tête : suspendus à des fils d'étendage, des écheveaux de laine sèchent au soleil tandis que des volutes de fumées s'élèvent des chaudrons où mijotent d'étonnantes mixtures. Certaines **teintures** sont encore réalisées avec des pigments naturels : l'antimoine pour le noir, l'écorce de grenade pour le jaune, le coquelicot pour le rouge, l'amande sauvage pour le vert, etc.

SOUK KIMAKHINE (DES MUSICIENS)

Plan III / A1 – Au bout de l'allée principale du souk Sebbaghine, prenez à dr. avant le coude. Dépassez les échoppes installées en haut des marches et poursuivez tout droit jusqu'au restaurant Beats Burger.

Si les luthiers sont ici une espèce en voie de disparition, une poignée d'échoppes de fabricants d'instruments de musique a cependant survécu. Vous y trouverez des *guembri* (luths à trois cordes des Gnaouas), des *oud* (sorte de luths dodus), des *rebab* (petits violons rudimentaires) et toutes sortes de *darbouka* (tambours en terre cuite ou céramique).

SOUK HADDADINE (DES FERRONNIERS) ✧✧

Plan III / A1 – Du souk Kimakhine, continuez tout dr.

Une tout autre « musique » vous attend ici. Peu de touristes s'aventurent dans cette partie des souks où les coups de marteau résonnent et les fers à souder crépitent. Un univers dantesque que l'on traverse dans un tintamarre indescriptible. Assis à même le sol, au milieu de gerbes d'étincelles, les ferronniers plient le métal à toutes leurs volontés pour fabriquer grilles, lanternes, serrures ou objets ménagers.

• NOS ADRESSES •

OÙ DORMIR

Le Gallia

Plan II/B2 – 30, rue de la Recette 05 24 44 59 13, www.hotellegallia.com. 19 ch. clim. Ch. double : 550 Dh toute l'année. Enf. : gratuit jusqu'à 10 ans. Parking payant. Autour de 55 € (600 Dh)

Ce charmant établissement, simple et coquet, est agencé autour de patios ombragés. Proche de la place Jemaâ el-Fna, il est d'un bon rapport qualité-prix.

Riad Celia

Plan II/B2 – 1, douar Graoua 05 24 42 99 81/84. 11 ch. clim. et 1 suite caïdale. Piscine. Déj. et dîner sur demande : 150 Dh. Autour de 55 € (600 Dh)

Au 1er étage, les chambrettes sont mignonnes et pourvues de double vitrage. En outre, les résidents peuvent partager un petit coin-cuisine et un réfrigérateur.

Hôtel Sherazade

Plan II/B2 – 3, derb Jemaa, riad Zitoun el-Kdim 05 24 42 93 05, www.hotelsherazade.com. 23 ch. clim. Ch. : 550 Dh (doubles) ou 650 Dh (triples) ; suite pour 3 pers. : 790 Dh. Autour de 55 € (600 Dh)

Réparties sur plusieurs niveaux autour d'un joli patio arboré, les chambres sont coquettes et toutes différentes. Le plus : les nombreuses petites terrasses où s'installer pour lire, jouer aux cartes ou prendre l'air.

Mon Riad

Plan II/B2 – 4, derb Lahbasse (accès par Riad Zitoun el-Kedim ou Riad Zitoun el-Jdid) 05 24 38 66 31 ou 06 61 57 37 87, www.monriad.net. 11 ch. clim. Enf. de -12 ans : gratuit. Wifi gratuit. Petite piscine. Parking : pl. de la Préfecture, payant. De 65 à 95 € (700 à 1 000 Dh)

Niché à l'écart des grandes rues passantes et bruyantes, c'est un vrai bijou. Le lieu est clair et chaleureux. Le petit déjeuner, avec ses yaourts maison et ses crêpes, est copieux.

Riad du Trésor

Plan II/B2 – 77, Sidi Boulokat, riad Zitoun el-Kdim 05 24 37 51 13, www.hotel-du-tresor.hotelsmarrakech.net, 9 ch. clim. (double standard : 1170 Dh ; double deluxe : 1300 Dh) et 3 suites (suite familiale 1850 Dh). Petite piscine. De 100 à 170 € (1100 à 1850 Dh)

Une décoration originale et fantaisiste pour ce charmant riad situé à deux minutes de la place Jemaâ el-Fna. Il dispose d'une belle terrasse avec une belle vue sur la médina.

OÙ MANGER

Pour manger sur le pouce dans la médina, vous aurez l'embarras du choix à l'un des stands des marchands ambulants se trouvant sur la place Jemaâ el-Fna (p. 214) ou dans l'allée des Méchouis *(encadré p. 216)*.

Snack Toubkal

Plan II/B2 – 49, pl. Jemaâ el-Fna. T.l.j. 6h-23h. Crêpes marocaines : 3-6 Dh ; plats : 25-60 Dh. Pas d'alcool. Moins 10 € (110 Dh)

Cette adresse, parfaite pour les petits budgets, est une institution à Marrakech ! On y mange au coude-à-coude avec les employés du quartier et les touristes locaux, en salle ou en terrasse. La cuisine est classique et sans fausse note : tajines (25-35 Dh), couscous (40-60 Dh), brochettes ou merguez (33 Dh).

Zeitoun Café

Plan II/B2 – 107, pl. Jemaâ el-Fna 05 24 42 75 70, www.zeitouncafe.com. T.l.j. 9h-minuit. Petit déj. : 50-55 Dh.Plats : 80-150 Dh. Jus de fruits et légumes : à partir de 20 Dh. Pas d'alcool. De 15 à 20 € (160 à 220 Dh)

Dans la course à qui possédera le plus beau toit-terrasse de la place, le Zeitoun Café est parmi les gagnants. D'autant plus qu'ici la cuisine est soignée et goûteuse ! La carte aligne de très bons couscous et tajines de bœuf, agneau, poulet, poisson, légumes, mais aussi une tanjia au chameau, un poulet tridd (aux lentilles) ou un bœuf makfoul (aux oignons confits et amandes grillées).

Prendre de la hauteur

Au Maroc, ces dernières années, la tendance est à l'élévation ! Dans les médinas, **les terrasses des cafés et des restaurants** jouent les équilibristes et colonisent les toits. On y grimpe par des escaliers étroits et abrupts pour s'y rafraîchir d'un jus de fruits, d'un verre de thé et parfois d'une petite bière, y déjeuner ou y dîner, le regard perdu sur la ligne d'horizon ou ricochant de minarets en terrasses, de jardins en patios. Certaines sont équipées de parasols et de brumisateurs, d'autres optent pour une distribution de chapeaux de paille aux heures les plus chaudes. Toutes sont des belvédères douillets où il fait bon flâner. Quelques adresses où prendre de la hauteur à Marrakech :

> ***Restaurant Nomad*** *p. 222.*

> ***Zeitoun Café*** *p. 221.*

> ***Kafé Merstan*** *p. 232.*

> ***Café Arabe*** *p. 233.*

Un déjeuner à Marrakech

Plan II / B2 – 4, rue douar Graoua, à l'angle de la rue Riad Zitoun el-Jdid 05 24 37 83 87, www.undejeuneramarrakech.com. T.l.j. 11h-22h. Entrées : 75-90 Dh ; plats : 95-140 Dh ; desserts : 50-65 Dh. De 15 à 20 € (160 à 220 Dh)

Un agréable toit-terrasse donnant sur une jolie placette où goûter à une cuisine d'inspiration marocaine remaniée à la sauce française : poisson à l'huile d'argan, tomates confites et olives noires, poulet à l'orange et son gâteau de patate douce, hamburger oriental aux oignons caramélisés, etc. Une belle sélection de desserts pour les becs sucrés.

Nomad

Plan II / B1 – 1, derb Arjana, pl. Rahba el-Kdima 05 24 38 16 09, www.nomadmarrakech.com. T.l.j. 11h-23h. Entrées : 70-120 Dh ; plats : 120-160 Dh ; desserts : 60-80 Dh. De 15 à 20 € (160 à 220 Dh)

Un cadre pimpant et reposant en plein cœur des souks pour cette table de cuisine marocaine aux fortes influences méditerranéennes : tartelettes à la sardine, beignets de courgettes, brik à la tunisienne, moelle osseuse rôtie, calamars d'Agadir, etc. Le tout à déguster en salle ou sur une terrasse avec vue sur la jolie place Rahba el-Kdima.

PÂTISSERIES

La Pâtisserie des Princes

Plan II / B2 – 32, passage du Prince Moulay Rachid (ex-rue Bab Agnaou) 05 24 44 30 33, https://patisseriedesprinces.business.site. T.l.j. 7h-23h. Salon de thé à l'étage. Pâtisseries marocaines : 200-230 Dh/kg.

Une pâtisserie où il ne faut surtout pas se laisser rebuter par la moue des employés, la file d'attente ou les guêpes. C'est qu'ici pas besoin de caresser les clients dans le bon sens du poil pour les voir revenir : une simple et unique corne de gazelle suffit à les conquérir ! Essayez, vous verrez !

SHOPPING

Cuir

Aziz Couture

Plan II / A2 – Rue de Tétouan, immeuble Consulat, 1er ét., appart. 14 (près de l'ancien consulat de France) 06 62 35 66 30. Lun.-sam. 9h-13h30 et 15h40-19h30.

Cet atelier réalise tous ses modèles en cuir sur mesure en deux ou trois jours seulement : parkas, pantalons, blousons, etc. La qualité est irréprochable et les prix sont vraiment intéressants !

Mode

Warda La Mouche

Plan II / B2 – 127, rue Kennaria 05 24 38 90 63. T.l.j. 10h-14h30 et 15h30-20h. Jupes : à partir de 430 Dh. Robes : à partir de 590 Dh.

Une mode beldi *(encadré p. 232)* chic, gaie, colorée, créée par Sandrine Virgil, dans des ateliers marrakchis. Vous y trouverez notamment des sarouels et des tuniques, revisités en version hippie chic.

SPORTS ET LOISIRS

Casino

Grand Casino de la Mamounia

Hors plan II par A2 Hôtel Mamounia, Bab el-Jdid 05 24 44 45 70. www.grandcasinomamounia.com. T.l.j. 14h-5h ;

ven.-dim. à partir de 14h. Table de jeu : à partir de 19h.

Outre un bar et un restaurant, vous pourrez vous divertir aux machines à sous et aux tables de jeu. Une tenue correcte est exigée.

Cours de cuisine

MarrakChef

Plan II / B2 – 63, derb Jamaa, riad Zitoun el-Kdim ☎ 05 24 42 96 46, www.riad-monceau.com. Cours de gastronomie traditionnelle : 10h-13h30 ; 500 Dh/pers. Cours de pâtisserie : 14h30-16h30 ; 350 Dh/pers.

Mettez-vous aux fourneaux et découvrez le secret des épices et des saveurs locales en participant aux ateliers de cuisine du chef Rachida Sahnoune. Ils s'achèvent bien sûr par la dégustation des mets préparés.

BIEN-ÊTRE

Dar el-Bacha

Plan II / A1 – 20, rue Fatima Zahra. T.l.j. 7h-13h (hommes), 13h-20h (femmes). Entrée : 10 Dh. Gommage corporel + massage : 100 Dh.

Un hammam 100 % populaire pour une expérience authentique et qui fait partie de l'art de vivre à la marocaine. En revanche, il faut apporter son matériel (savon noir, gant de hammam, tongs, serviette).

Vue sur la médina de Marrakech depuis la terrasse d'un café

14

LES QUARTIERS BEN YOUSSEF et Mouassine ✧✧

Après la furie commerciale des souks, place à l'exquis raffinement de l'art de vivre à l'orientale ! Organisée autour de deux pôles vitaux de la médina, cette promenade vous mènera sur les traces des premières dynasties qui régnèrent sur Marrakech, au cœur même de l'école coranique où se formaient les élites pensantes du royaume, dans les somptueuses résidences des notables des siècles passés et jusque dans le palais où le dernier pacha de Marrakech recevait, au milieu du XXe s., le gratin de la jet-set européenne.

PRATIQUE

- Plan p. 227
- Nos adresses p. 232

Accès

En remontant vers le nord depuis le souk des Forgerons ou par les rues Dar el-Bacha et Amesfah. Ou encore par la rue Ahl Fès, à partir de la pl. du Moukef (accessible en voiture) ou de la porte Bab Debbagh.

Se déplacer

Uniquement à pied.

Conseil

N'hésitez pas à pénétrer dans les fondouks. Rénovés ou non, il sont tous différents.

Adresses utiles

Infos touristiques https://visitmarrakech.com ou https://vivre-marrakech.com.

Le fondouk el-Amri, près de la rue Mouassine

L'ESSENTIEL

À ne pas manquer
La médersa Ben Youssef ; le Dar el-Bacha – musée des Confluences.

Expériences
Créer son propre parfum au musée du Parfum ; commander l'incontournable tanjia marrakchia à Dar Moha ; s'offrir une séquence hammam.

Bon à savoir
Il existe un billet combiné pour la visite de l'Orientalist Museum et du MACMA (musée d'Art et de Culture de Marrakech), qui vous fera économiser 50 Dh.

Place Ben Youssef ✧

Plan IV / B1.

Elle offre une grande respiration dans le lacis serré des ruelles de la médina. Au point même de sembler déserte une grande partie de la journée.

Mais c'est sans compter sur l'animation qui s'en empare chaque matin à 8h (ven. et j.f. exceptés) lors de la **criée aux peaux**. Par brouettes entières, celles-ci sont acheminées depuis les tanneries voisines de Bab Debbagh et acquises par des artisans pour être transformées en pouf, sacoches, babouches, etc.

MOSQUÉE BEN YOUSSEF

Plan IV / B1 – Pl. Ben Youssef. Entrée interdite aux non-musulmans.

Il faudra vous contenter de l'imaginer derrière les hauts murs qui la protègent des regards indiscrets. Seul son **minaret** se laisse apercevoir au-delà des toits de tuiles vernissées.

L'édifice ayant été radicalement remanié au cours des siècles, il ne reste malheureusement rien de sa première construction par l'almoravide Ali ben Youssef (XIIe s.), fils et successeur de Youssef ben Tachfine.

KOUBBA ALMORAVIDE ✧

Qoubba el-Baydine

Plan IV / B1 – Pl. Ben Youssef. https://visitmarrakech.com. T.l.j. 9h-16h30. Plein tarif : 60 Dh.

Rarissime témoignage de l'art almoravide à Marrakech, elle est, avec les remparts, **le plus vieux bâtiment de la ville**. Aujourd'hui, la coupole en brique et en pierre émerge d'une fosse. On prend ainsi conscience du rehaussement considérable du sol depuis huit siècles. L'édifice abritait un bassin d'ablutions dont l'eau arrivait de l'Atlas par les fameuses *khettaras*, longues galeries souterraines *(encadré p. 335)*. Sur le plan architectural, c'est un vrai répertoire : arcs en fer à cheval, arcs polylobés, etc.

MUSÉE DE MARRAKECH ✧

Plan IV / B1 – Pl. Ben Youssef 05 24 44 18 93, https://visitmarrakech.com. T.l.j. 9h30-18h, 16h pendant le ramadan. Plein tarif : 50 Dh. Cafétéria.

Géré par la fondation Benjelloun, ce palais de 2 000 m², bâti à la fin du XIXe s. par un ministre du sultan Moulay Abdelaziz, offre une vraie débauche de marbre et de zelliges. La cour d'entrée abritait à l'origine les écuries.

Quant à l'immense patio, autrefois à ciel ouvert, il est orné d'un magnifique **lustre** en cuivre de 5 m de diamètre pesant 1200 kg ! Vous visiterez aussi les anciennes cuisines et l'enfilade de pièces du hammam traditionnel. Le musée puise dans ses collections particulières pour monter des expositions tournantes : tapis du Haouz, bijoux berbères, céramiques de Fès, etc.

MÉDERSA BEN YOUSSEF ✧✧✧

Plan IV / B1 – Rue Assouel 05 24 44 18 93. T.l.j. 9h-18h30. Plein tarif : 40 Dh.

Cette ancienne **école coranique** qui assurait le « vivre et le couvert » à ses étudiants est, sans l'ombre d'un doute, le fleuron du quartier et un sublime exemple du raffinement de l'art arabo-andalou. Passé ses lourdes portes de cèdre recouvertes de plaques de bronze, vous longerez un couloir obscur décoré d'un plafond peint. Un passage qui prend des allures de rite initiatique avant le choc de l'éblouissement dans la cour centrale. Les origines de cette médersa restent inconnues. L'édifice actuel est en tout cas l'œuvre des Saâdiens (XVIe s.) qui rendirent à Marrakech son rang de capitale. La médersa servait uniquement de résidence universitaire, les cours se déroulant à la mosquée.

Cour ✧✧✧

C'est ici que les *taliban* (littéralement : les « étudiants ») procédaient à leurs ablutions avant les prières. Marbre blanc scintillant au soleil, zelliges, plâtre ciselé et

La médersa Ben Youssef

Plan IV : Les quartiers Ben Youssef et Mouassine

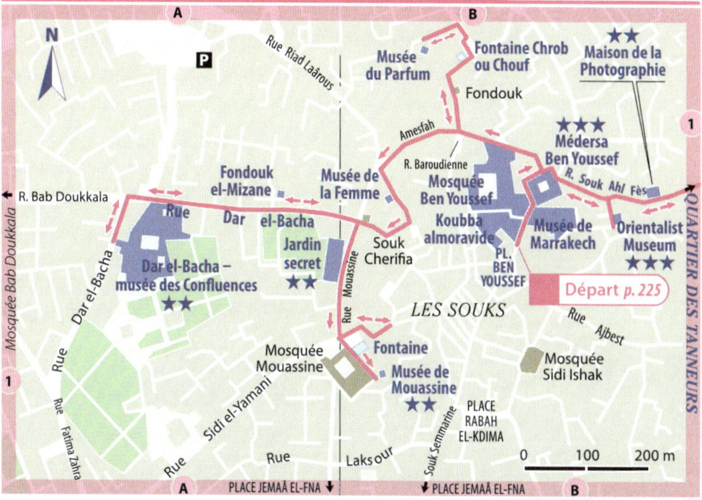

cèdre sculpté forment un décor d'une rare beauté. Tous les bruits du monde s'arrêtent. On ne perçoit plus que le murmure de l'eau se déversant dans le bassin.

Salle de prière ✧✧✧

Face à l'entrée de la grande cour, cette salle est divisée en trois parties par une double rangée de colonnes de marbre supportant des chapiteaux qui célèbrent l'origine et la gloire de Moulay Abdallah.

Le ***mihrab*** (niche indiquant la direction de La Mecque) est une pure merveille avec sa coupolette hérissée de stalactites et ses parois tapissées d'une dentelle de plâtre.

Chambres ✧

Ces cellules de 9 m² au maximum pouvaient accueillir de deux à quatre étudiants (ils étaient entre 400 et 500 au total). Ils avaient juste la place d'y dérouler leur natte pour la nuit. Dans la journée, ils s'y livraient à l'étude et y prenaient leurs repas. Ces chambres restèrent occupées jusqu'en 1960, mais le nombre d'étudiants avait déjà fortement baissé : en 1913, ils n'étaient pas plus d'une centaine.

Rue Souk Ahl-Fès

Plan IV / B1.

Cette longue artère qui rejoint Bab Debbagh (à l'E) est semée de **fondouks**, d'anciens « hôtels » destinés à accueillir les caravanes de marchands sillonnant le pays. Nombre d'entre eux font l'objet d'une restauration : n'hésitez pas à vous y glisser. Ils abritent aujourd'hui restaurants, ateliers d'artisans, boutiques ou musée.

ORIENTALIST MUSEUM ✧✧✧

Plan IV / B1 – 5, derb el-Khamsi ☎ 05 24 44 73 79, https://theorientalistmuseumof marrakech.business.site. T.l.j. 10h-19h. Plein tarif : 70 Dh. Billet combiné avec le MACMA (p. 246) : 100 Dh. Café avec vue sur le toit-terrasse.

Amateur de peintures, vous en prendrez ici plein les mirettes ! Lumières crues ou dorées, scènes de genre, de rue ou de bataille, kasbahs écrasées de soleil, intimité des intérieurs, portraits aux regards intenses... Les toiles accrochées dans ce beau riad arabo-andalou reflètent à la perfection la fascination pour l'Orient qui s'empara des artistes occidentaux au XIXe s. Ne manquez pas les œuvres d'Eugène Delacroix, de Raoul Dufy, de Salvador Dalí, de Jacques Majorelle, du Belge Alfred Stevens, de l'Autrichien Ludwig Deutsch, etc.

MAISON DE LA PHOTOGRAPHIE ✧✧

Plan IV / B1 – 6, rue Souk Ahl Fès (ou Souk al-Fassi) 📞 05 24 38 57 21, www.maisondelaphotographie.ma. T.l.j. 9h30-19h. Plein tarif : 50 Dh. Café-restaurant : encadré ci-dessous.

Toute la mémoire photographique du Maroc – du moins de 1870 à 1950 – est tapie entre les murs de cet ancien fondouk. Une collection de **4 000 photos et autochromes** alimente de passionnantes expositions photographiques. Dans la salle de projection, vous pouvez visionner près de **80 documentaires**.

QUARTIER DES TANNEURS ✧

Hors plan IV par B1.

Des guides ne manqueront pas de vous aborder dès que vous approcherez de la zone. Leurs services sont à rémunérer : mettez-vous d'accord sur le prix (env. 50 Dh pour 2, plus en cas de groupe plus important) avant la visite et précisez que vous ne voulez rien acheter pour ne pas finir dans une échoppe.

Le quartier est excentré et pour cause ! L'odeur nauséabonde qui se dégage des cuves de tannerie a provoqué sa relégation aux portes de la ville. Les maigres brins de menthe que les guides vous distribuent aident à peine à la supporter.

Tout en bas de l'échelle sociale, les tanneurs perpétuent ici une activité pénible et nocive qui continue en partie d'exister grâce aux visites touristiques, ou peut-être aussi à cause d'elles... Trempées dans un mélange de chaux vive, de sel, d'ammoniac et de fientes de pigeon, les peaux de chèvres, de moutons, de vaches ou de dromadaires sont foulées aux pieds par les tanneurs, immergées dans des cuves de teintures, puis séchées au soleil.

Quartier Diour Saboune ✧

Plan IV / B1.

Vous pénétrez ici dans un quartier d'habitation fort peu fréquenté par les touristes. Une incursion qui vous permettra aussi d'assister à des scènes du quotidien parfaitement authentiques : femmes faisant leurs emplettes, enfants qui remplissent leur corvée d'eau ou qui viennent laver quelques verres et plateaux à la fontaine...

FONTAINE CHROB (OU CHOUF) ✧

Plan IV / B1.

L'eau est un don de Dieu pour les musulmans. Il est donc juste qu'elle soit mise à disposition de tout un chacun. Construire des fontaines publiques permettait ainsi aux sultans de contenter leur peuple tout en satisfaisant à un précepte de l'islam. Le Saâdien Ahmed el-Mansour l'avait bien compris qui, à la fin du XVIe s., en sema dans toute la médina. Celle-ci est l'une des rares survivantes : elle est ornée d'un auvent

PAUSE AVEC VUE *Maison de la Photographie*

Rien ne le signale, mais la maison de la Photographie possède une jolie **terrasse** où l'on peut savourer au calme un thé (15 Dh), un *noss-noss* (café au lait), un *karkadé* (à l'hibiscus), un jus de concombre à l'orange (14 Dh), ou le menu du jour (100-120 Dh) composé d'une salade, d'un tajine, d'un yaourt maison et d'un jus frais. Wifi et vue plongeante sur les fondouks voisins en prime.

> *Accessible aux visiteurs de la maison de la Photographie (ci-dessus).*

Au musée du Parfum >

de tuile et d'un superbe linteau. Pour vous en convaincre, levez les yeux : sa dentelle de cèdre sculpté a valu à la fontaine son inscription au patrimoine mondial de l'Unesco. Quant à son nom, il lui vient d'une inscription qui y est insérée : « chrob ou chouf », une injonction incitant les passants à « boire et admirer » !

MUSÉE DU PARFUM ✧

Plan IV / B1 – 2, derb Chérif 📞 06 61 09 53 52 ou 06 10 40 80 96, www.lemuseedu parfum.com. T.l.j. 9h-18h30. Plein tarif : 50 Dh.

Une immersion 100 % olfactive dans l'intimité de ce riad du XIXe s. dissimulé au fond d'un *derb* comme un trésor précieux. Toutes les sortes de parfums, qui font depuis toujours partie intégrante de la culture et de l'art de vivre marocains, sont mises à l'honneur. Utilisés pour les rituels sacrés autant que profanes, ils sont indissociables du quotidien et accompagnent chaque étape de la vie. La distillation des eaux de fleurs, la confection de recettes de beauté à base d'huiles essentielles, d'herbes aromatiques et autres substances animales et végétales ont toujours été une histoire de femmes. Vous en suivrez les différentes étapes au fil des cinq salles de ce musée privé avant de mettre la main à la pâte au bar à parfum où, guidé pas à pas, vous confectionnerez votre propre fragrance (500 Dh les 30 ml d'eau de toilette, 600 Dh pour l'eau de parfum), un mélange unique qui portera votre empreinte et, longtemps après votre retour au bercail, continuera d'évoquer l'univers sensoriel de la ville rouge.

Vers Dar el-Bacha ✧✧

La courbe douce de la rue Amesfah vous conduira vers l'une des principales artères de la médina : la rue Dar el-Bacha (aussi appelée rue Sidi Abdelaziz). Elle est connue pour ses nombreux **fondouks**, d'anciens caravansérails qui servaient d'auberge aux marchands traversant le pays du sud au nord. Le rez-de-chaussée était réservé aux dromadaires ; et les galeries de l'étage, aux commerçants et à leurs marchandises.

Nombre de ces fondouks ont été récemment restaurés et accueillent aujourd'hui des ateliers et échoppes d'artisans.

SHOPPING

Wafl Design

C'est une boutique de poche dans la rue Mouassine. Mais elle vaut son pesant d'humour, parfois grinçant. Si vous êtes à la recherche d'un tee-shirt désopilant, de magnets marrants, ou de petits cadeaux détonants, c'est la bonne adresse. Derrière cette boutique, qui vaut un détour, se cache notamment Monk. Il est Belge, bien sûr : l'enseigne Wafl (de *wafle* en anglais, « gaufre ») aurait dû d'ailleurs vous mettre la puce à l'oreille.

> Plan IV / B1 – 202, rue Mouassine. https://wafldesign.bigcartel.com. T.l.j. 10h-19h.

MUSÉE DE LA FEMME

Plan IV / B1 – 19, rue Sidi Abdelaziz, souk Jeld ☎ 05 24 38 11 29, https://museedelafemme.ma. T.l.j. 9h30-18h30. Plein tarif : 30 Dh.

Pleins feux sur les femmes dans ce petit musée privé qui a pour objectif de mettre en lumière leur contribution au développement social, culturel, économique et scientifique du pays. Et ce, à travers des expositions consacrées à des personnalités marquantes, à des figures de la scène artistique ou au travail de la multitude d'anonymes qui, dans l'intimité de leur foyer, perpétuent et renouvèlent des motifs ornementaux dont les formes influencent nombre d'artistes marocains et internationaux.

DAR EL-BACHA – MUSÉE DES CONFLUENCES ✧✧

Plan IV / A1 – Rue Dar el-Bacha ☎ 05 24 38 95 64, www.fnm.ma. Mar.-dim. 10h30-18h30. Plein tarif : 60 Dh.

Ah, si les murs pouvaient parler, ceux de Dar el-Bacha (la demeure du pacha) en feraient rougir plus d'un !... Car c'est ici, dans les patios arborés et les salons richement décorés de sa somptueuse résidence construite au début du XXe s., que Thami el-Glaoui, le **dernier pacha de Marrakech**, organisait ses réceptions extravagantes et étalait le faste qui lui valut sa réputation de prince des *Mille et Une Nuits*. Parmi ses invités, des personnalités célèbres comme Winston Churchill, le général de Gaulle ou Charlie Chaplin, mais aussi de nombreuses figures féminines de la jet-set parisienne, dont beaucoup, dit-on, ne furent pas insensibles à ses charmes et à sa prodigalité...

Bien que vidé de tout son mobilier, le palais n'a rien perdu de son opulente élégance.

Quartier Mouassine ✧

Plan IV / A1.

Avec sa mosquée, sa fontaine et son hammam toujours en activité, ce quartier date de la rénovation urbaine opérée au XVIe s. par les Saâdiens. Il abritait auparavant une bonne partie de la communauté juive de la ville qui fut déplacée lors de son réaménagement vers l'actuel mellah.

Sa facilité d'accès et la proximité de la place Jemaâ el-Fna expliquent l'engouement qu'il a suscité ces dernières années.

Vous y trouverez pléthore de cafés, de restaurants, de magasins et maisons d'hôtes.

Jardin secret

JARDIN SECRET ✧✧

Plan IV / A1 – 121, rue Mouassine 📞05 24 39 00 40, www.lejardinsecretmarrakech.com. T.l.j. nov.-janv. 9h30-18h, fév.-mars et oct. 9h30-18h30, avr.-sept. 9h30-19h30. Plein tarif : 80 Dh + 40 Dh pour la tour. Café-restaurant en terrasse avec vue.

Le jardin (*riad* en arabe) étant pour l'Islam une métaphore du paradis, ce n'est pas un, mais deux paradis contigus qui se cachent derrière les lourdes portes de ce vaste complexe où le bruit et la poussière de la médina laissent soudainement place au doux murmure de l'eau, au gazouillis des oiseaux et à la luxuriance de la végétation !

L'exotisme est à l'honneur avec des plantes venues des quatre coins du monde dans le premier jardin, le raffinement de l'art arabo-andalou dans le second : pavillons du XIXe s., bassins ayant conservé la trace des mécanismes hydrauliques du XVIe s., hammam, tour mirador, etc.

PLACE MOUASSINE ✧

Plan IV / A1.

Depuis son aménagement au XVIe s., elle n'a jamais cessé d'être le centre névralgique du quartier. À côté de la mosquée s'élevaient alors une médersa (école coranique) et l'une des plus importantes bibliothèques du pays. Elle est aujourd'hui un lieu de passage incontournable et l'un des coins les plus fashion et huppés de la médina. Dans les parages se sont multipliés les boutiques de créateurs et de déco, les restaurants en terrasse et les riads transformés en maison d'hôtes ou en café littéraire.

FONTAINE MOUASSINE ✧

Plan IV / B1.

Avec ses 18 m de longueur et ses multiples bassins, elle est la plus monumentale de toutes celles que compte la médina et remonte aux années 1562-1563.

Les vasques protégées par des arcades servaient à l'origine de réservoir ou d'abreuvoir, tandis que celle abritée par un auvent de tuiles vernissées et surmontée d'un magnifique linteau de bois sculpté était réservée aux fidèles et aux habitants du quartier, qui continuent d'ailleurs de s'y fournir. Évitez cependant de les imiter, car l'eau n'est pas celle du réseau potable.

MUSÉE DE MOUASSINE ✧✧

Plan IV / B1 – 5, derb el-Hammam. Engagez-vous sous l'arcade qui jouxte la fontaine et suivez le fléchage 📞05 24 37 77 92, www.museedemouassine.com. T.l.j. 10h-18h. Plein tarif : 40 Dh. Expos temporaires. Café-restaurant.

Il occupe l'une des demeures que les notables de Marrakech se firent construire aux XVI-XVIIe s. dans ce nouveau quartier cossu.

Le musée se compose d'un riad, une habitation agencée autour d'un jardin avec fontaine, et d'une *douiria*, littéralement une « petite maison », souvent dévolue aux invités de passage. Cette *douiria*-là, en réalité un appartement, est un véritable joyau. Restaurée avec un soin exceptionnel, elle témoigne d'un art de recevoir particulièrement raffiné.

La place Mouassine

• NOS ADRESSES •

OÙ DORMIR

Dar El-Qadi

Hors plan IV par B1 – 79, derb el-Qadi (quartier Azbest) 06 61 32 57 04 ou +32 (0) 477 60 60 32, www.darelqadi.com. Clim. Wifi dans les parties communes. 4 ch., 1 suite. Maison entière : 600 €/nuit. Hammam. De 75 à 95 € (800 à 1000 Dh)

Restaurée avec mesure et inventivité, cette maison vous laisse sous le charme. Elle fut la demeure d'un juge astronome dont elle a conservé la tour d'observation où l'on peut encore grimper, par une échelle, à ses risques et périls !

Dar Chibania

Hors plan IV par B1 – 24, derb el-Mejat 05 24 44 42 21 ou 06 62 89 09 08, www.darchibania.com. 10 ch. et suites, petit déj. inclus. Restaurant sur place. Piscine chauffée. Massages. À partir de 105 € (1100 Dh)

Avec ses orangers, c'est l'adresse glamour par excellence, quoique un peu excentrée, dans une ancienne maison de caïd du XVIIe s. N'a-t-elle pas servi à certaines scènes du film *Yves Saint Laurent* (2014) ?

Riad Aya

Plan IV / A1 – 41, derb Toughba, Dar el-Bacha 05 24 38 71 23 ou 06 61 41 82 29, www.riadaya.com, 2 ch. et 6 suites clim. Wifi dans les parties communes. Petite piscine. Déj. ou dîner sur commande : menu à 200 Dh (entrée, plat et dessert). Riad entier : de 910 à 1070 €. De 95 à 120 € (1000 à 1300 Dh)

Un accueil chaleureux, une décoration raffinée et un confort parfait pour ce beau riad restauré avec goût et situé près de Bab Debbagh, dans un quartier authentique et tranquille de la médina. Les chambres y portent des noms d'épices évocateurs auxquels la table d'hôtes fait honneur ! Jolie terrasse avec solarium.

« Beldi Chic »

Hôtel ou maison d'hôtes, ligne de vêtements ou de vaisselle, etc. Tout peut être « beldi chic ». La formule, employée à longueur de temps, associe deux qualités *a priori* antinomiques : d'un côté la tradition, l'authenticité (ce qui est *beldi*) ; de l'autre la modernité, le peps. Surfer sur l'air du temps sans renier ses racines est un exercice acrobatique, que certains réussissent avec brio.

OÙ MANGER

Kafé Merstan

Plan IV / B1 – 2, chaaria Kaat Benahid 06 76 92 16 84, https://kafemerstan.ma. T.l.j. 12h-22h. Plats : 55-95 Dh. Pas d'alcool. Moins de 15 € (160 Dh)

Un cadre aussi coloré et chaleureux que l'accueil sur le toit-terrasse de ce café-restaurant de cuisine traditionnelle qui régale sa clientèle de produits frais et de recettes préparées dans les règles de l'art. Salades marocaines, tajine de poulet aux citrons, brochettes d'agneau marinées, etc. Un très bon rapport qualité-prix. Et, en prime, des brumisateurs pour faire baisser la température !

Terrasse des Épices

Plan IV / B1 – 15, souk Cherifia (au dernier étage) 05 24 37 59 04, www.terrassedesepices.com. T.l.j. midi-minuit (service en continu). Entrées : 100-145 Dh ; plats : 210-320 Dh. Sert de l'alcool. Autour de 30 € (330 Dh)

Une immense terrasse avec une vue illimitée, de petites alcôves protégées du soleil et des brumisateurs très appréciés par grosse chaleur ! Dans l'assiette : trio de salades marocaines, cannelloni d'aubergine au fromage, sardines marinées à la chermoula, salade de chèvre chaud, carpaccio de bœuf, etc. La cuisine peut paraître basique, mais le cadre enjôleur.

Le Foundouk

Plan IV / B1 – 55, rue Souk Ahl-Fès 05 24 37 81 90 et 06 70 12 95 15, www.foundouk.com. Jeu.-mar. 19h-minuit. Entrées : 85-125 Dh ; plats : 110-210 Dh. Sert de l'alcool. Autour de 30 € (330 Dh)

Près du musée de Marrakech, cet ancien fondouk est devenu un restaurant branché. On y déguste de la cuisine fusion, franco-marocaine, où l'on trouve un tajine de lotte aux citrons confits accompagné de riz basmati entre un panaché de briouates et un fondant au chocolat noir.

Dar Moha

Plan IV/A1 – 81, rue Dar el-Bacha, près du Dar el-Bacha 05 24 38 64 00, www.darmoha.ma. T.l.j. 12h-15h30 et 20h-minuit. Entrées : 95-130 Dh ; tajines et couscous : 90-220 Dh. Menu le soir : 530 Dh. Sert de l'alcool. Autour de 45 € (500 Dh)

Dans l'ancienne résidence de Pierre Balmain, avec le bleu Majorelle en toile de fond, vous dégusterez une cuisine marocaine, ludique et créative, servie dans les salons ou près de la piscine. En cuisine, Moha, baptisé « le petit prince de la cuisine marrakchie », se lance par exemple dans un couscous de foie gras à l'huile d'argan. Un Gnaoui et un luthiste enchantent la soirée.

BARS

Café Arabe

Plan IV/B1 – 184, rue Mouassine 05 24 42 97 28, www.cafearabe.com. T.l.j. 10h-minuit. Sert de l'alcool.

Un cocktail coloré ou une bière bien fraîche, en pleine médina, avec les cimes de l'Atlas en toile de fond ? Voilà qui est possible sur le joli toit-terrasse de ce café-restaurant où il fait bon se délasser après une journée bien remplie.

SHOPPING

Hanout

Plan IV/B1 – 194, rue Mouassine 05 24 37 87 36, www.hanoutboutique.com. T.l.j. 10h-19h, sauf samedi 11h-19h, voire 20h.

Les tuniques (750 Dh), robes (1250 Dh) et blousons de cette ligne beldi chic *(encadré ci-contre)* naissent sous les crayons d'une ancienne élève de la prestigieuse St. Martin's School de Londres. Autant dire que les coupes sont maîtrisées, et que les étoffes sont soigneusement sélectionnées.

BIEN-ÊTRE

Hammam de la Rose

Plan IV/A1 – 130, rue Dar el-Bacha 05 24 44 47 69, www.hammamdelarose.com. T.l.j. 10h-20h. Forfaits : à partir de 500 Dh pour 30 min (hammam au savon noir + gommage aux épices + hydratation corporelle à l'huile). Peignoir, slip jetable et babouches sont fournis.

C'est l'un des hammams nouvelle génération, à la fois chics et luxueux. Il propose toute une batterie de soins sophistiqués et une gamme de produits signés. Il y a également des cabines de hammam à partager, en couple.

Dar el-Bacha – Musée des Confluences

15

LE QUARTIER DES PALAIS ✧✧

Tout, dans ce quartier, rappelle les grandes heures de Marrakech : les arcades superposées de la monumentale porte Bab Agnaou, l'éblouissante nécropole des sultans saâdiens, les ruines envahies de cigognes du palais Badi et les patios éclaboussés de lumière de celui de la Bahia. Mais ne vous y trompez pas, indifférente à ses glorieux témoignages du passé, la vie des rues reprend partout ses droits : humbles échoppes d'artisans, marché populaire, charrettes tirées par des ânes, le quotidien se décline bel et bien au présent.

PRATIQUE

• Plan p. 239
• Nos adresses p. 242

Accès

Par la rue Sidi Mimoun depuis la place Jemaâ el-Fna ou par la porte Bab er-Robb depuis le quartier de l'Hivernage.

Se déplacer

Uniquement à pied.

Conseil

Évitez la traversée des méchouars aux heures les plus chaudes : elle est interminable et vous n'y trouverez pas un pouce d'ombre !

Adresses utiles

Infos touristiques
https://visitmarrakech.com ou https://vivre-marrakech.com.

Le palais de la Bahia

L'ESSENTIEL

À ne pas manquer

Bab Agnaou et les tombeaux saâdiens ; le palais de la Bahia.

Expériences

Oser Marrakech à vélo, mais guidé ; découvrir le palais el-Badi dans l'ambiance survoltée d'un festival.

Bon à savoir

Il est interdit de photographier les différentes entrées du Palais royal.

Bab Agnaou ✧✧✧

Plan V / A2.

Aussi majestueuse qu'élégante, cette porte contemporaine de la Koutoubia constitue l'un des plus beaux exemples d'architecture d'apparat militaire maghrébin du XIIe s. Son magnifique décor a été sculpté dans un grès rouge aux reflets bleutés. Son surnom de « porte de bélier sans cornes » est assez mystérieux. Il pourrait se référer aux tours de garde, depuis longtemps disparues, qui la flanquaient à l'origine.

Bab Agnaou est souvent citée dans les textes anciens pour l'exposition de têtes de suppliciés, un rôle qui convenait à merveille à la porte de la forteresse d'un prince soucieux d'inspirer crainte et respect.

REMPARTS ✧✧

De part et d'autre de Bab Agnaou s'étend une des plus belles portions des remparts crénelés qui corsètent la médina. Selon les heures de la journée, ils passent de l'ocre pâle au rose doré pour s'empourprer littéralement au coucher du soleil. Un spectacle auquel Marrakech doit son surnom de « ville rouge » !

Construite par les Almoravides, cette muraille s'est agrandie au fil des siècles pour englober les nouveaux quartiers de la médina. Elle s'étire aujourd'hui sur 19 km ponctués d'une vingtaine de portes. Les trous dont elle est percée rappellent les coffrages de bois qui servent à tasser le pisé, le mélange d'argile crue et de chaux dont elle est constituée.

Bab Agnaou et les remparts

Kasbah ✧✧

Plan V/A2.

Voilà un bien drôle de quartier, à la fois royal et populaire ! On le doit aux premiers sultans almohades qui le firent construire en dehors des murs de la médina pour servir de cité impériale.

D'un côté, les interminables murs et les différents méchouars (places d'armes) du **palais royal** ; de l'autre, un lacis de derbs étroits qui se déploie de part et d'autre de la longue rue de la Kasbah.

Si les touristes sont légion autour de la mosquée Moulay el-Yazid (communément appelée « **mosquée de la Kasbah** » ou « mosquée Yacoub el-Mansour », du nom du souverain qui la fit bâtir à la fin du XIIe s.), ils se font de plus en plus rares quand on s'enfonce dans le quartier d'habitation qui s'étend entre les remparts et les murs du palais royal.

TOMBEAUX SAÂDIENS ✧✧✧

Plan V/A2 – Pl. El-Yazid. Accès en longeant le flanc dr. de la mosquée de la Kasbah ; https://visitmarrakech.com.com. T.l.j. 9h-16h30. Plein tarif : 70 Dh.

On s'y glisse presque en catimini, par un passage étroit et discret qui s'accorde mal avec le faste déployé à l'intérieur. Ce contraste saisissant a son explication : voulant effacer tout souvenir des Saâdiens, mais n'osant se risquer à détruire leurs tombeaux, le sultan alaouite Moulay Ismaïl (r. 1672-1727) s'était contenté d'en faire murer l'entrée.

La nécropole-jardin, quasiment oubliée, fut redécouverte par hasard en 1917 lors d'un survol aérien de la ville. Au total, 66 membres de la dynastie saâdienne (XVIe-XVIIe s.) y reposent. Sur les 13 souverains inhumés en ces lieux, seuls 5 moururent de mort naturelle.

Mausolée d'Ahmed el-Mansour ✧✧✧

Juste sur la g. après l'entrée.

Il comporte trois salles en enfilade. La première, la **salle de prière**, reconnaissable à son fastueux *mihrab* (niche indiquant la direction de La Mecque, que vous apercevrez sur la gauche en tendant le cou), n'était pas destinée à recevoir des tombes. Mais certains Alaouites y furent

---

PAUSE MUSICALE

Clock Café

Ceux qui se seront aventurés jusqu'au bout de la rue de la Kasbah pourront faire une halte dans le patio ou sur la terrasse du sympathique Clock Café. Ils pourront alors assister à un concert gnaoua (dim. 20h, 30 Dh), écouter de la musique classique arabe (lun. 20h, gratuit), découvrir les sons du Sahara (mar. 20h, gratuit), l'art des conteurs traditionnels (arabe/anglais, jeu. 20h, gratuit) ou le chant des femmes berbères (sam. 18h, 50 Dh).

> 224, derb Chtouka (hors plan V par A2) ☎ 05 24 37 83 67, www.cafeclock.com. T.l.j. 9h-23h. Pas d'alcool. Smoothie : 30 Dh. Gazpacho et son toast à l'avocat : 40 Dh. Briouates : 45 Dh. Assiette de tapas marocaines : 80 Dh.

cependant inhumés comme la princesse Zorha, épouse du sultan Mohammed ben Abdallah, et deux de ses enfants.

La pièce suivante, la **salle des Douze Colonnes** (ou salle des Rois) est de toute beauté. En son centre repose **Ahmed el-Mansour**, mort de la peste en 1603. Sa tombe est surmontée d'une coupole en bois de cèdre sculpté et rehaussé d'or, soutenue par 12 colonnes en marbre de Carrare. Marbre troqué poids pour poids contre du sucre!

La **salle des Trois Niches**, contiguë, est difficile à apercevoir ; elle abrite des tombes d'enfants.

Koubba de Lalla Messaouda ✧✧

Nettement plus modeste, ce mausolée abrite la sépulture de la mère très influente d'Ahmed el-Mansour, inhumée en 1591. Son sarcophage est connu pour son marbre aux tons ivoirins uniques.

Dans la cour, enfin, reposent les serviteurs et hommes de confiance les plus fidèles de cette dynastie.

Place des Ferblantiers ✧

Qzadria

Plan V / B1-2.

Sous les arcades de cette jolie place carrée se trouvent toujours quelques-uns des ateliers de ferblantiers qui lui ont valu son nom. Ils ont été rejoints par des verriers et des ferronniers. L'air est d'ailleurs rempli de leurs coups de marteau et des étincelles de leurs fers à souder. Sur un des côtés de la place s'ouvre **Bab Berrima**, avec ses tours coiffées de nids de cigognes. Cette porte aurait été créée pour permettre l'acheminement des matériaux de construction du palais El-Badi.

⌄ Les tombeaux saâdiens

^ Le palais El-Badi

Palais El-Badi ✧✧

Plan V / B2 – Depuis la pl. des Ferblantiers, accès par Bab Berrima. Autre possibilité (sauf si à mi-chemin une barrière vous interdit le passage) : longez le flanc g. de la mosquée de la Kasbah (p. 236), continuez tout dr. entre deux hautes murailles. Info : https://visitmarrakech.com. T.l.j. 9h-16h30 (15h pendant le ramadan). Plein tarif : 70 Dh.

Cinq mois après avoir vaincu les Portugais à la bataille des Trois Rois (août 1578), le Saâdien **Ahmed el-Mansour** décida de faire construire un palais digne des *Mille et Une Nuits*. Il comptait, dit-on, 360 pièces ! Rien ne fut trop beau pour celui qui fut vite surnommé « l'incomparable » : or, jaspe, onyx, marbres d'Italie, albâtre, chapiteaux dorés à l'or fin, etc. Mais un siècle plus tard, jaloux de l'œuvre de son prédécesseur, Moulay Ismaïl dépeça sans vergogne le palais, réemployant les matériaux pour orner ceux de Meknès, sa nouvelle capitale. Résultat : de « l'incomparable » ne subsistent que les murs investis par des colonies de cigognes, quelques pavillons dont certains ont été restaurés, un grand bassin central, les restes d'un hammam et un dédale de galeries souterraines qui servaient de prison.

MINBAR DE LA KOUTOUBIA ✧✧✧

Vous le trouverez dans l'un des pavillons d'angle (à l'opposé de l'entrée). Cette chaire à prêcher du début du XIIe s. est l'œuvre des artisans de Cordoue. Sa restauration a mis en valeur l'admirable travail de marqueterie de bois à motifs géométriques.

Mellah (quartier juif) ✧

Plan V / B2.

Il règne ici un petit air indéfinissable, une nuance impalpable qui le différencie des autres quartiers de la médina. Vous y pénétrerez depuis la place des Ferblantiers,

Plan V : Le quartier des palais

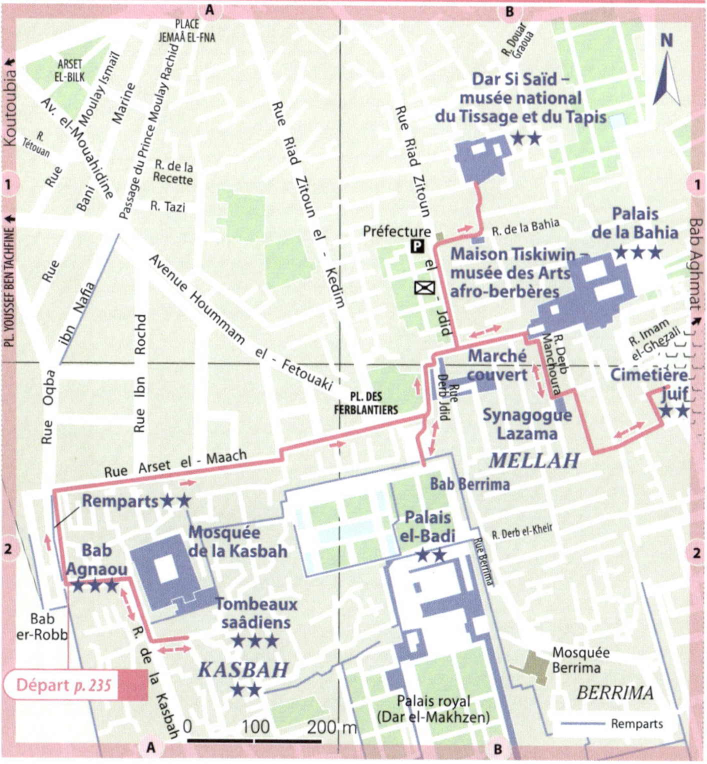

en traversant son **marché couvert**, très animé, qui débouche dans des ruelles à l'air libre bordées de nombreuses échoppes de marchands d'épices. Là, prenez le temps d'examiner les façades des maisons : elles sont pourvues de fenêtres grillagées et même de balcons ! Un indice qui en dit long... Vous êtes ici dans le quartier où la population juive de la ville fut rassemblée en 1558 sur ordre de Moulay Abdallah. Contrairement aux musulmans, les juifs ne vivaient pas dans des maisons aux murs aveugles. N'hésitez pas à vous enfoncer plus avant dans le quadrillage des ruelles dont beaucoup ont retrouvé, en 2017, leurs noms hébreux.

SYNAGOGUE LAZAMA ✧

Plan V / B2 – Derb Talmud Thora, rue Imam el-Ghazzali ☎ 06 61 13 99 35. Dim.-ven. 9h-19h.F. sam. Plein tarif : 10 Dh.

Toute habillée de blanc et de bleu, elle est l'une des rares rescapées des 35 synagogues que comptait la ville au XIXe s., et la seule encore en activité. L'édifice date du début du XXe s. mais il s'élève à l'emplacement d'un temple bâti en 1492 par les juifs expulsés d'Espagne dont la synagogue porte encore le nom (Al Azama).

Autour de son joli patio, les anciennes salles d'étude retracent la vie de la communauté juive de la ville, qui comptait encore 50 000 membres en 1947 contre à peine 200 de nos jours.

CIMETIÈRE JUIF ✧✧

Miaâra

Plan V / B1-2 – Av. Taoulat el-Miaara. Dim.-jeu. 9h-17h. Plein tarif : 10 Dh.

Enclos dans une muraille orangée, les alignements de simples tombes blanches de ce cimetière juif, le plus important du pays, forment un décor fascinant. La plupart ne portent pas de noms : il s'agirait des tombes des sept mille victimes d'une épidémie de typhus, dont une majorité d'enfants, enterrées à la va-vite au début du XXe s.

À droite de l'entrée, les **pierres tombales bleues** indiquent les sépultures des Cohanim, des membres vénérés du clergé voués au service du temple.

Palais de la Bahia ✧✧✧

Plan V / B1 – Rue riad Zitoun el-Jdid 05 24 38 91 79, https://visitmarrakech.com. T.l.j. 9h-16h30 (15h pendant le ramadan). Plein tarif : 70 Dh.

Avec ses quatre épouses, ses 24 concubines et sa ribambelle d'enfants, Ba Ahmed, le grand vizir du sultan Moulay Abdelaziz, avait besoin d'une vaste maison ! Aussi se chargea-t-il d'agrandir le palais hérité de son père à la fin du XIXe s. en achetant tous les terrains alentour. Résultats : un labyrinthe de patios, de couloirs, de chambres et de salons fastueusement décorés qui s'étend sans grand ordre sur près de 8 ha.

Fait marquant : à l'exception d'un seul appartement, le palais est construit de plain-pied. La cause en serait la corpulence de Ba Ahmed qui répugnait, dit-on, à emprunter un escalier.

À ne pas manquer, la **grande salle du conseil** avec son superbe plafond en cèdre, la **cour d'honneur** dallée de marbre et entourée d'arcades en bois et le **grand riad**, partie la plus ancienne du palais, avec son hammam et son jardin mauresque planté de cyprès, d'orangers et de jasmin.

Maison Tiskiwin – musée des Arts afro-berbères ✧

Plan V / B1 – 8, rue de la Bahia. T.l.j. 9h30-12h30 et 14h30-18h (horaires variables). Plein tarif : 30 Dh.

De Tombouctou à Marrakech en passant par le désert du Hoggar et les vastes étendues mauritaniennes, embarquez pour un

‹ Le palais de la Bahia

^ Dar Si Saïd – musée national du Tissage et du Tapis

voyage sur les **grandes pistes caravanières** qui traversaient le Sahara. Au fil des salles de cette maison du XIXe s., l'anthropologue néerlandais Bert Flint expose les innombrables pièces de sa collection privée (outils, sculptures, vêtements, bijoux, etc.) et tente de raconter l'histoire de ce qu'il nomme la « diaspora saharienne ».

Dar Si Saïd – musée national du Tissage et du Tapis ✧✧

Plan V / B1 – Rue de la Bahia, accessible par riad Zitoun el-Jdid ☎ 05 24 38 95 64, https://fnm.ma. Mer.-lun. 10h-18h. Plein tarif : 30 Dh.

Encore une somptueuse demeure construite au XIXe s. par un dignitaire de la cour : Si Saïd, ministre de la Guerre et frère de Ba Ahmed, le propriétaire du palais de la Bahia.

Transformé en musée des Arts indigènes en 1930 sous le protectorat français, le palais abrite aujourd'hui une belle **collection de tissages et de tapis**. Parmi les premiers, ne manquez pas ceux en cuir tissé par les populations sahariennes. Quant aux tapis, ils se divisent en deux grandes catégories : les ruraux et les citadins, qui se différencient clairement par leur composition et leurs motifs.

Le musée possède le plus vieil exemple de **tapis citadin** connu au Maroc : il s'agit d'une pièce du XVIIIe s. de la région Chiadma, dans la province d'Essaouira.

Des objets variés (armes, ceintures, sacoches, coffres de mariage, etc.) complètent l'exposition qui occupe les salons du grand riad et du petit ainsi que diverses pièces réparties sur deux étages.

• NOS ADRESSES •

OÙ DORMIR

Dar Crystal

Plan V / B1-2 – 5, derb Al-Fath (accès par l'av. Iman el-Ghazali) 06 69 58 90 55 ou 06 61 30 88 51, www.darcrystal.com. 8 ch. clim. dont 2 avec cheminée. Déj. et dîner : sur résa. Cours de cuisine ou de henné. Baby-sitting sur demande. Petite piscine. Parking gardé à 300 m, payant. Moins de 85 € (900 Dh)

Une bien jolie adresse, dans le mellah (quartier juif), qui dispose d'une piscine (non chauffée), d'un hammam, d'une salle de massages. Et sur une base marocaine, la cuisine s'autorise à être légère et inventive.

Dar Alif

Plan V / B2 – 17, derb el-Kheir, près du palais el-Badi 08 08 53 16 16, www.dar-alif.com. 4 ch. et 2 suites clim. Petite piscine. Parking : rue de Berrima, payant. De 85 à 120 € (900 à 1300 Dh)

♥ Par ses couleurs et son design, par la bonne humeur et le dynamisme des propriétaires (Isabelle et François qui se relaient, toujours prêts à partager leurs bons plans), c'est une adresse pleine de gaieté, où l'on finit par se sentir comme à la maison.

Riad Marhbabikoum

Plan V / B1 – 43, derb Lhabib Lmagni (accès par la rue de la Bahia) 06 61 34 81 14 ou 06 70 72 70, www.marhbabikoum.com. 24. 5 ch. clim. avec wifi dont 2 suites. Parking : pl. de la Préfecture, payant. Transfert de l'aéroport au riad offert au-delà de 3 nuits. De 75 à 120 € (800 à 1300 Dh)

Khalil est guide accompagnateur, tandis que Véronique est au four et au moulin. Ce couple franco-marocain vous reçoit dans son riad, où la déco joue le classique : Tadelakt *(encadré p. 406)*, stuc, fer forgé. Ils sont prêts à vous épauler dans tous vos projets. Une visite insolite de Marrakech ? Apprendre à faire les crêpes marocaines ? Pas de problème !

Les Jardins de la Médina

Hors plan V par A1 – 21, derb Chtouka 05 24 38 18 51, www.lesjardinsdelamedina.com. 36 ch. dont 7 suites clim. à partir de 2000 Dh. Wifi. Prêt de DVD. Boutique. Belle piscine extérieure chauffée. Hammam et spa. Arrivée possible en voiture. Parking à 7 min de l'hôtel. Plus de 165 € (1800 Dh)

Cet hôtel de grand charme au confort parfait est installé dans une ancienne résidence princière dont le superbe et grand jardin a conservé ses palmiers, jacarandas et oliviers centenaires. Les chambres donnent sur le patio ou sur le jardin. Certaines, les « solarium », sont dotées d'un balcon ; et les suites d'une terrasse. Le plus : la table réputée (500 Dh environ pour un repas complet hors boisson).

OÙ MANGER

Restaurant des Ferblantiers

Plan V / B1-2 – 1, pl. des Ferblantiers. T.l.j. 8h-21h. Tajines et couscous : 35-55 Dh. Pas d'alcool. Autour de 5 € (50 Dh)

Parmi tous les petits restaurants qui bordent la jolie place des Ferblantiers, celui-ci est une valeur sûre. Le choix n'est pas infini certes, mais leurs très bons tajines y sont cuits le matin même (ils sont prêts vers midi), dans leurs plats de terre, sur des braseros à l'arrière du restaurant. Les grillades sont également savoureuses.

La Famille

Plan V / B1 – 42, riad Zitoun el-Jdid 05 24 38 52 95, www.lafamillemarrakech.com. Mar.-dim. 12h-16h30. Entrées : 55 Dh ; plats : 80 Dh. Pas d'alcool. Moins de 15 € (160 Dh)

♥ Si La famille était installée en bas de chez vous, elle serait depuis longtemps devenue votre « cantine au jardin » ! Un pur paradis de verdure et de douceur où se régaler sans se ruiner, et sans nuire à sa ligne : les créations culinaires sont saines, fraîches et goûteuses. L'assortiment de pain est fait maison et la carte change tous les jours. Impossible de s'en lasser !

Table Al-Badia

Plan V / B2 – 135, derb Ahl-Souss 05 24 39 01 10 ou 06 02 59 22 66, https://riadalbadia.com. Lun.-sam. soir. Menu : 330 Dh. Sert de l'alcool. Résa obligatoire la veille. Autour de 30 € (330 Dh)

Charme et perfection : voilà en deux mots comment résumer à merveille une soirée passée à la table de cette maison d'hôtes ! Dans l'assiette, c'est le meilleur de la gastronomie marocaine grâce au menu surprise concocté amoureusement chaque jour par Latifa (les restrictions alimentaires sont à communiquer au moment de la réservation). Et la magie romantique du toit-terrasse, joliment éclairé, opère.

SHOPPING

Medina Mall Marrakech

Plan V / A-B2 – 91 av. Houmman el-Fetouaki 06 66 15 21 20, www.medinamall.ma. T.l.j. 10h-22h.

Encore un mall ? Ouvert en 2022, celui-ci se veut différent en faisant la promotion du *made in Morocco*. Parmi les 34 boutiques, on retrouve en effet nombre d'enseignes marocaines comme Natus (cosmétiques), ou Vivify (cuirs). Affaire à suivre.

SPORTS ET LOISIRS

Marrakech Green Wheels

Hors plan V par A2 – 240, Tariq Makhzen 06 11 76 89 89, www.marrakechgreenwheels.com. À partir de 25 € + 10 € de location.

Enfourchez une bicyclette et suivez le guide, de jour comme de nuit. Trois circuits sont proposés pour découvrir la ville.

BIEN-ÊTRE

Les Bains de Marrakech

Plan V / A2 – 2, derb Sedra (près de Bab Agnaou) 05 24 38 14 28. www.lesbainsdemarrakech.com. T.l.j. 10h-20h (août 11h-19h). Hammam/gommage au savon noir (1h) ou massage relaxant (1h) à partir de 499 Dh.

Ce hammam de 2 000 m^2 est doté d'une piscine extérieure et de 17 cabines de soins (dont des hammams et des cabines de massage pour couple). Les ingrédients des produits utilisés sont issus de l'agriculture bio (miel, huile d'argan, huile de pépins de figues de Barbarie, etc.). Un paradis de bien-être !

Festivals à Marrakech

Festival national des arts populaires
Manifestations folkloriques dans le palais el-Badi (p. 238). C'est le doyen des festivals du pays. Il offre un beau panorama des traditions folkloriques marocaines : musique, chants, costumes, danses, etc. Des troupes de divers pays sont aussi invitées à se produire. Les spectacles se déroulent majoritairement sur la place Jemaâ el-Fna, devant la porte Bab Doukkala et dans la cour du palais el-Badi. Ces derniers sont payants (100 à 200 Dh la place).

> *Début juil. Billets sur www.guichet.com.*

Marrakech du rire
Initié par l'humoriste Jamel Debbouze, ce festival réunit des humoristes locaux et internationaux.

> *Mi-juin. Rens. : www.marrakechdurire.com.*

Festival international du film de Marrakech
C'est l'un des rendez-vous incontournables du 7e art. La plupart des projections ont lieu dans le Guéliz, mais certaines aussi sur la place Jemaâ el-Fna.

> *Nov. Rens. : www.festivalmarrakech.info.*

16

LA VILLE NOUVELLE ✧

Klaxons intempestifs, mobylettes pétaradantes, coups de sifflet d'un agent débordé... Au Guéliz, s'insinuer dans la circulation relève de l'exploit. Pourtant, cette seconde ville établie à l'extérieur des remparts a aussi ses coins de verdure et de tranquillité : le sublime jardin Majorelle, enfant chéri d'Yves Saint Laurent, l'imposant bassin de la Ménara perdu au cœur d'une oliveraie, les vastes avenues arborées de l'Hivernage, haut lieu de la movida locale. Sans oublier ses galeries d'art, ses concept stores et ses bars branchés où se dévoile le visage d'un Maroc moderne et résolument à la page.

PRATIQUE

- Plan p. 247
- Nos adresses p. 250

Accès

Par l'av. Mohammed-V en venant de la médina.

Se déplacer

Depuis la place Jemaâ el-Fna, il faut parcourir 3 km pour rejoindre le cœur du Guéliz ou le jardin Majorelle, et 4 km pour les jardins de la Ménara : prenez des petits taxis pour ne pas vous épuiser.

Conseils

Pour visiter le jardin Majorelle sans la foule, arrivez dès l'ouverture et prévoyez ensuite un petit déjeuner chez MYKAWA *(encadré p. 248)* ou une séance shopping en attendant l'ouverture du musée Yves Saint Laurent.

La rue de Yougoslavie dans le quartier du Guéliz

L'ESSENTIEL

À ne pas manquer
Le jardin Majorelle ; le musée Yves Saint Laurent.

Expériences
Découvrez le Marrakech arty au Comptoir des Mines ; éclatez-vous dans le Kech by night.

Quartier du Guéliz ✧

Plan VI / A1.

Le visage de cette seconde Marrakech contraste radicalement avec celui de la médina : vastes ronds-points, avenues en étoiles bordées de jacarandas, immeubles à étage clinquants... Établi sous le protectorat par l'urbaniste Henri Prost pour la population européenne, le quartier doit son nom à la colline de grès schisteux où les troupes du maréchal Lyautey avaient établi un fortin.

AVENUE MOHAMMED-V ✧

Plan VI / AB-1-2.

Axe principal du Guéliz, cette interminable avenue tracée dans la perspective de la Koutoubia relie la ville moderne à la médina.

Cafés aux terrasses débordantes, restaurants et boutiques à la mode, galeries d'art et centres commerciaux aux enseignes de luxe se concentrent entre la place du 16-Novembre et la place Abd el-Moumen ben Ali ainsi que dans les rues adjacentes.

Bon à savoir
Pour boire une bière à l'air libre, pensez aux toits-terrasses des bars et des hôtels. (Aucun alcool n'est servi au vu et au su de la rue.)
Il existe un billet combiné pour le jardin Majorelle, le Musée berbère et le musée Yves Saint Laurent, et un autre pour le MACMA (le musée d'Art et de Culture de Marrakech) et l'Orientalist Museum.

^ Musée des arts berbères

Si vous souhaitez avoir un aperçu furtif de l'architecture « coloniale » du protectorat, vous pouvez jeter un œil sur la **poste centrale** (pl. du 16-Novembre) ou l'immeuble Gidel (127, av. Mohammed-V), représentatif du style Art déco alors à la mode à Marrakech.

MACMA – musée d'Art et de Culture de Marrakech ✧

Plan VI / A1 – Passage Ghandouri, 61, rue de Yougoslavie 07 00 24 25 72, www.museemacma.com. Lun.-sam. 9h-19h. Plein tarif : 80 Dh. Billet combiné avec l'Orientalist Museum (p. 227) : 100 Dh.

Un bel espace lumineux pour ce **musée d'art contemporain** où l'on peut découvrir les grandes figures de la scène artistique marocaine. Et en particulier les œuvres des pionniers qu'ont été Hassan el-Glaoui, Farid Belkahia, Chaïbia Talal, Ahmed Cherkaoui, etc.

Comptoir des Mines galerie ✧

Plan VI / A1 – 62, rue de Yougoslavie 05 25 08 77 77, https://cmgmarrakech.com. Mar.-sam. 10h-13h et 15h-19h. Entrée libre.

Il y a au moins deux bonnes raisons de pousser la porte de cette **galerie d'art contemporain** rapidement devenue une référence à Marrakech : d'une part, elle permet de se familiariser avec le style Art déco des immeubles du Guéliz des années 1930 ; et d'autre part, on peut explorer l'univers créatif des nouvelles générations d'artistes marocains.

Dans cette galerie fondée par Hicham Daoudi, « promoteur artistique » incontournable, on y trouve en effet le meilleur de la création contemporaine (Mahi Binebine, Larbi Cherkaoui, etc.). Elle offre même une annexe, le Hangar, dédiée aux installations monumentales éphémères.

Quartier Majorelle ✧✧

Plan VI / B1.

Depuis l'installation du premier concept store de Marrakech, le magnifique 33 Majorelle (p. 252), ce quartier a littéralement explosé ! On s'y rendait avant uniquement pour se promener dans les allées du jardin Majorelle. On peut dorénavant aussi y déjeuner agréablement, y faire ses emplettes dans une multitude de boutiques branchées et aller rendre hommage au grand Yves Saint Laurent dans les salles du musée qui lui est dédié.

JARDIN MAJORELLE ✧✧✧

Plan VI / B1 – Rue Yves Saint Laurent 05 24 29 86 86 ou 05 24 31 30 47, www.jardinmajorelle.com. T.l.j. mai-sept. 8h-18h, oct.-avr. 8h-17h30 (ramadan 9h-17h). Plein tarif : 120 Dh (jardin), 150 Dh (avec musée Pierre Bergé des arts berbères), 100 Dh (musée Yves Saint Laurent). Billet combiné : 220 Dh.

Une véritable féerie végétale et aquatique vous attend dans ce jardin créé dans les années 1930 par le peintre nancéen Jacques Majorelle qui, fasciné par la lumière du Maroc, par ses paysages grandioses et ses villages de terre accrochés aux flancs des montagnes, avait posé ses valises

Plan VI : La ville nouvelle

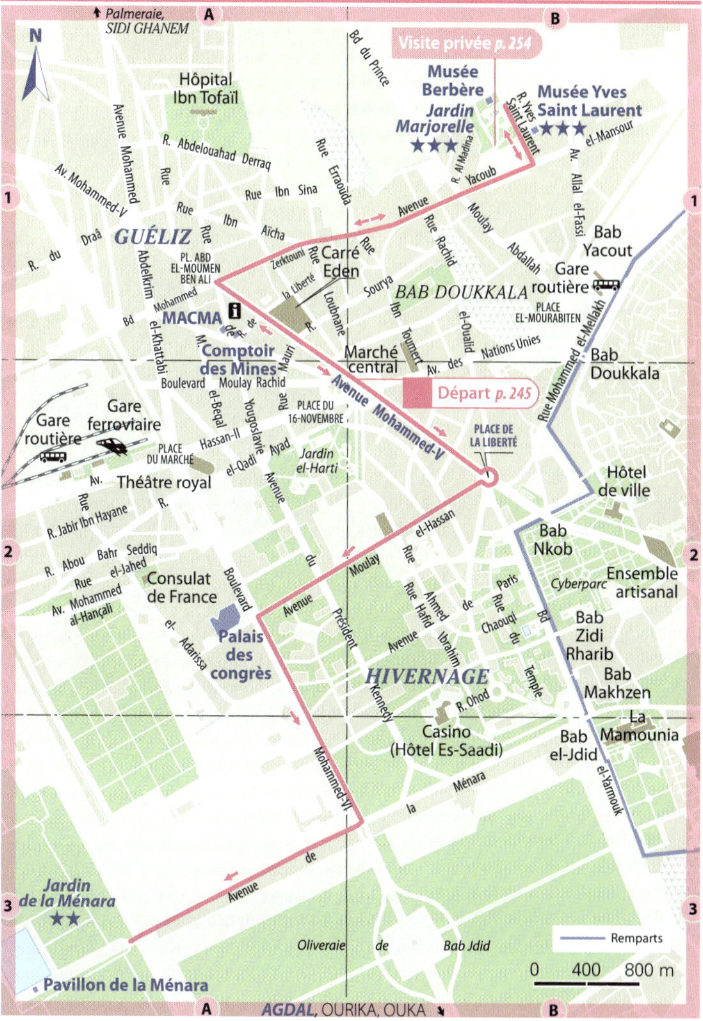

dans la ville rouge une dizaine d'années plus tôt. Vasques, bassins, séguias, cathédrale de bambous, profusion de cactus, palmiers, yuccas, nénuphars, etc., chaque recoin forme un nouveau tableau dont on peine à détacher le regard ! Ouvert par le peintre lui-même à partir de 1947, le jardin fut sauvé de la destruction par Yves Saint Laurent et Pierre Bergé.

L'atelier du peintre, transformé en **Musée des arts berbères**, abrite une belle collection d'objets du quotidien, remarquablement mise en valeur : armes, costumes et bijoux.

> Lire aussi la visite privée : Sur les traces d'Yves Saint Laurent (p. 254).

^ Le jardin Majorelle

PAUSE SUCRÉE

MYKAWA

Pour des viennoiseries croustillantes, des macarons fondants, des glaces à la rose, sorbets au chocolat amer, salades inventives ou burgers à l'orientale, le MYKAWA, quasiment en face du jardin Majorelle, est l'étape idéale. Le tout à déguster à toute heure, sous les brumisateurs de la terrasse, dans les fauteuils de la salle ou juchés sur les tabourets dans une ambiance rafraîchissante de cordialité.

> 34, rue Yves Saint Laurent (plan VI / B1) ☎ 05 24 31 00 16, www.16cafe.com. T.l.j. 8h-20h. Petits déjeuners : 35-90 Dh. Salades : 75-90 Dh.

MUSÉE YVES SAINT LAURENT ✧✧✧

Plan VI / B1 – Rue Yves Saint Laurent ☎ 05 24 29 86 86, www.museeyslmarrakech.com. T.l.j. sf mer. 10h-18h (17h pendant le ramadan). Plein tarif : 100 Dh. Billet combiné avec le jardin Majorelle et le Musée berbère : 220 Dh.

La salle YSL de ce musée ouvert en 2017, dans la foulée de son homologue parisien, vous laissera sans voix ! Toute habillée de noir, elle sublime à merveille les créations du talentueux couturier : une cinquantaine de modèles présentés avec tous leurs accessoires et retraçant 40 années de génie et d'inspiration débridée. Robe Mondrian, caban, smoking, saharienne, capes, autant de pièces illustrant les thèmes emblématiques du couturier : les voyages imaginaires, l'Afrique rêvée, le masculin/féminin, etc.

Très attaché à la ville de Marrakech – il s'y rendait, avec une régularité de métronome, chaque 1er juin et chaque 1er décembre pour préparer ses nouvelles collections –, Yves Saint Laurent expliquait avoir compris que son « chromatisme était celui des zelliges, des souacs, des jellabas et des caftans » et devoir ses audaces « à la violence des accords, à

l'insolence des mélanges, à l'ardeur des inventions » du Maroc.

Résolument moderne, l'architecture du bâtiment symbolise le monde de la haute couture : son alternance de courbes et de lignes droites évoque celles des vêtements, tandis que son habillage de brique est une allusion à la trame des étoffes dans lesquelles ils sont découpés.

Quartier Hivernage ✧

Plan VI / B2.

Entre les murailles ocre de la médina et les jardins de la Ménara, l'Hivernage étale ses vastes avenues bordées de rosiers, de palmiers, de jacarandas et d'orangers. Conçu par Henri Prost comme lieu de villégiature hivernale pour les Européens, ses villas et immeubles ne devaient pas dépasser la cime des palmiers ! Aujourd'hui, les grands hôtels aux jardins luxuriants et les clubs à la mode avec restaurant, lounge bar et boîte de nuit ont pris possession des lieux.

C'est là aussi que s'est implanté le palais des Congrès en 1989, le long du **boulevard Mohammed-VI**, la principale artère du quartier. Elle se prolonge vers le sud sur plus de 7 km et traverse l'expansion de la ville, connue sous le nom de « zone touristique de l'Agdal ».

JARDINS DE LA MÉNARA ✧✧

Plan VI / A3 – À 3 km de la pl. de la Liberté par l'av. du Moulay el-Hassan. T.l.j. 8h-17h. Entrée libre.

Avec en toile de fond les montagnes enneigées de l'Atlas, les jardins de la Ménara sont l'une des images fortes de Marrakech. L'immense **bassin-réservoir** d'époque almohade qui trône au centre est reproduit à l'envi sur les cartes postales et dépliants touristiques. Il faut dire qu'à la douce lumière des fins d'après-midi, la flânerie y est particulièrement romantique. Le week-end, les Marrakchis y improvisent sans façon des pique-niques, tandis que de discrets couples d'amoureux arpentent les sentiers de l'immense oliveraie enclose dans une muraille en pisé de 4 km de pourtour.

Pavillon de la Ménara ✧

Plan VI / A3 – T.l.j. 9h-16h30 (15h pendant le ramadan). Plein tarif : 20 Dh.

Son élégante silhouette se reflète dans l'eau du bassin. Mais si le bassin remonte au XIIe s., le pavillon, lui, a été reconstruit à plusieurs reprises. Celui que vous avez sous les yeux date du XIXe s. Il était réservé à l'usage privé des sultans qui venaient y prendre le frais et y organiser, dit-on, leurs rendez-vous galants. La légende raconte même qu'au petit matin Moulay Ismaïl avait l'habitude de se débarrasser de ses conquêtes de la nuit en les précipitant dans les profondeurs aquatiques !

• NOS ADRESSES •

OÙ DORMIR

Jadali Hotel & Spa

Plan VI / B2 – Angle av. Echouhada et av. de Paris, Hivernage 05 24 33 33 33, http://www.hoteljadali.com. 52 ch. et suites. Restaurant. Piscine. Spa. À partir de 190 € (2 020 Dh)

À deux pas des remparts, cet hôtel-boutique porte la patte d'un designer marocain Imaad Rahmouni. Parmi ses atouts : la façade où cascadent des bougainvilliers, le rooftop spectaculaire où se cache la piscine (chauffée en hiver) au milieu de palmiers. Et les soins originaux au spa (dont un gommage à la poudre de coquille de noix d'argan !). Bref, « l'adresse » d'exception.

OÙ MANGER

Restaurant Amal

Plan VI / A1 – À l'angle de la rue Ben Ahmed et de la rue Ibn Sina 05 24 44 68 96 ou 06 04 23 88 60, http://amalnonprofit.org. Lun.-sam. 12h-15h30. Entrées : 30-55 Dh ; plats : 50-100 Dh. Résa indispensable. Autour de 10 € (110 Dh)

Un restaurant associatif à but non lucratif qui permet à des femmes de milieux défavorisés d'apprendre un métier. On y déjeune d'une solide cuisine traditionnelle, attablé dans un agréable jardin.

Al-Fassia

Plan VI / A1 – 55, bd Zerktouni, résidence Tayeb 05 24 43 40 60. Mer.-lun. 12h30-14h30 et 19h30-23h (à partir de 20h pendant le ramadan). Entrées : 70-160 Dh ; plats : 110-280 Dh. Autre adresse ouv. uniquement le soir : av. du 7e-Art, zone touristique de l'Agdal 05 24 38 11 38. Autour de 25 € (270 Dh)

Vous y dégusterez une excellente cuisine de femmes, celle des fameuses « dadas » de Fès. On s'y bouscule pour savourer l'épaule d'agneau aux amandes (280 Dh/pers.) ou la pastilla au pigeon, les deux spécialités de la maison, mais le tajine aux aubergines ou le poulet aux olives et citrons sont aussi parmi les meilleurs de la ville. Le soir, si vous n'avez pas réservé, ne comptez pas trouver une place !

Chez Mado

Plan VI / A1 – 22, rue Moulay Ali 05 24 42 14 94, www.restaurantchezmado.com. T.l.j. 12h-15h et 19h-23h. F. dim. midi et lun. Entrées : 80-140 Dh ; plats : 160-360 Dh. Sert de l'alcool. Plus de 30 € (330 Dh)

Cuisine française fraîche et goûteuse. Si vous êtes amateur de fruits de mer, c'est le restaurant qu'il vous faut : plateaux petit Mado (290 Dh) et grand Mado (420 Dh) avec oursins, palourdes, bulots, huîtres, etc. Nombreux autres délices : carpaccio de daurade, dos de saumon façon tataki, rouget farci fumet de bouillabaisse, bourride de lotte, etc.

Le Petit Cornichon

Plan VI / A1 – 27, rue Moulay Ali 05 24 42 12 51, page Facebook. T.l.j. 12h-15h et 19h30-23h. F. sam. et dim. Entrées : 90-180 Dh ; plats : 160-360 Dh. Formule déjeuner : 180 Dh. Sert de l'alcool. Plus de 30 € (330 Dh)

Cuisine bistronomique d'inspiration méditerranéenne à dominante française. Le menu (publié sur Facebook) change chaque semaine et jongle avec les tartes anchois-tomates, les tartares de bœuf, linguine aux

˅ Le Grand Café de la Poste

gambas, ailes de raie, côtes d'agneau à la provençale, etc. Auxquels s'ajoutent les plats à la carte : mezzé, ceviche de bar, foie gras poêlé, entrecôte fondante, etc.

BARS, CLUBS

The TheatrO

Plan VI / B2-3 – Hôtel Es-Saadi Gardens & Resort, rue Ibrahim el-Mazini 📞 05 24 44 88 11 ou 06 64 86 03 39, www.theatromarrakech.com. T.l.j. 23h30-5h. Entrée avec une conso : 200 Dh (semaine) ou 300 Dh (w.-e.).

Une discothèque où défilent d'excellents DJ, résidents ou invités. Ambiance garantie !

Buddha-Bar

Plan VI / A3 – Av. du Prince Moulay Rachid 📞 05 24 45 93 00, page Facebook. T.l.j. 20h-3h. Entrées : 90-200 Dh ; plats : à partir de 200 Dh. Résa obligatoire.

Un restaurant-club au décor grandiose avec spectacles à thème et concerts électro-ethniques. La cuisine varie entre des saveurs empruntées aux cultures occidentales ainsi que du Pacifique.

Le Blokk

Hors plan VI par A1 – Propriété Farah, route des Jardins-de-la-Palmeraie 📞 06 74 33 43 34, https://leblokkmarrakech.com. Mar.-dim. 20h-2h.

Pendant votre dîner, vous verrez se succéder sur la scène des chanteurs, danseurs et musiciens qui vous feront voyager dans le temps en reprenant les succès d'artistes comme Louis Armstrong, Ray Charles et Ella Fitzgerald. Mais aussi des airs pop ou orientaux.

L'Envers

Plan VI / A1 – 29, rue Ibn Aïcha 📞 06 62 55 24 78, www.lenvers.ma. Lun.-sam. 18h-2h. Vin au verre : 40-50 Dh ; cocktails : 80-110 Dh ; finger food : 60-80 Dh ; planches : 120-125 Dh.

Un bar à vins idéal pour un apéro tranquille ou une soirée animée : après 22h, la musique chill se transforme en son électro !

Le Grand Café de la Poste

Plan VI / A1 – À l'angle du bd el-Mansour Eddahbi et de l'av. Imam Malik 📞 05 24 43 30 38, www.grandcafedelaposte.restaurant. T.l.j. 9h-minuit. Cocktails : à partir de 95 Dh.

Ce café-restaurant est une institution à Marrakech depuis les années... 1920 ! Entièrement rénové, son cadre colonial Art déco se prête bien à une tranquille fin de soirée jazzy.

Les folles nuits de Marrakech

Noctambules, réjouissez-vous : vous aurez l'embarras du choix entre les dîners-spectacles, les lounge bar, les clubs et les boîtes de nuit. Moyennement fréquentés en début de semaine, ils font le plein le week-end. Vous y côtoierez la jeunesse locale, plutôt dorée, mais aussi des expatriés occidentaux et quelques grandes figures de la jet-set internationale. Le quartier qui s'étend dans l'Hivernage, aux abords de Bab el-Jdid, et jusqu'à la zone touristique de l'Agdal, de part et d'autre du bd Mohammed-VI, est devenu le haut lieu de la *movida* : à la nuit tombée, les établissements brillent de tous leurs feux !

SHOPPING

Chaussures

Atika

Plan VI / A1 – 34, rue de la Liberté 📞 05 24 43 64 09. Lun.-sam. 9h30-13h30 et 16h-20h. Paires de chaussures : à partir de 450 Dh.

En matière de chaussures, c'est une institution à Marrakech. De fabrication soignée, mocassins, escarpins, bottines, sandales et ballerines sont dans l'air du temps.

Concept Store

Some Slow Concept

Plan VI / A1 – 76, bd Mansour Eddahbi (quartier du Guéliz) 📞 05 24 43 33 72, https://someslowconcept.com. Mar.-sam. 10h-19h.

♥ À l'origine du dernier-né des concept stores de la ville, il y a deux créatrices qui avaient déjà pignon sur rue à Marrakech : Noémie, designer et architecte d'intérieur, et Mathilde, qui avait lancé la marque CasaBeldi. Leur nouveau bébé, une villa-boutique au charme fou, invite « à prendre le temps d'acheter ce qui a pris du temps à être façonné ». Dans chaque pièce, une atmosphère différente vous enveloppe. À découvrir : tapis, céramiques, vêtements, produits gastronomiques, livres, etc., et même un petit jardin où grignoter une douceur salée ou sucrée !

33 Majorelle

Plan VI / B1 – 33, rue Yves Saint Laurent (quartier Majorelle) ☎ 05 24 31 41 95, www.33ruemajorelle.com. T.l.j. 9h-19h. Autour de 30 Dh, mais les prix s'envolent très vite.

Pionnière des concept stores de Marrakech, cette magnifique boutique est aussi l'une des plus belles vitrines de la création marocaine : linge de maison, céramique, objets design, vêtements, accessoires, etc. Difficile d'en sortir les mains vides !

Cosmétiques

Natus

Plan VI / B1 – 3, rue Tarik ibn Ziad ☎ 05 24 45 81 07, www.natusmarrakech.com. Lun.-sam. 10h-21h, dim. 14h-21h. Autre adresse : Medina Mall Marrakech (p. 243).

C'est l'une des grandes marques de cosmétiques naturels de la ville rouge. Ici, vous pourrez faire le plein de produits à base d'huile d'argan ou de pépins de figues de Barbarie.

The Moroccans

Plan VI / B1 – Rue Yves Saint Laurent (quartier Majorelle) ☎ 06 65 99 93 36, www.themoroccans.ma. T.l.j. 9h30-19h.

La marque locale qui monte, qui monte, qui monte… et qui a déjà conquis Paris, New York, Dubaï ! Sérums, crèmes, gels douche, eaux florales, etc. : tout est naturel.

Cuir

La Galerie des Tanneurs

Plan VI / A1 – À l'angle des bds Moulay Rachid et Mohammed el-Beqal (quartier du Guéliz) ☎ 05 24 42 34 11, www.galeriedestanneurs.com. Lun.-sam. 9h30-19h30. Autre adresse : rue Yves Saint Laurent ☎ 05 24 30 83 56. T.l.j. 10h-18h. Sacs à main : à partir de 800 Dh.

Cette adresse est un grand classique de Marrakech où s'offrir une pochette, un sac, une veste, etc., le tout en cuir. Le travail est impeccable et il est parfois directement inspiré des modèles des grands créateurs internationaux.

SPORTS ET LOISIRS

Casino

Casino de Marrakech

Plan VI / B2-3 – Hôtel Es-Saadi Gardens & Resort, rue Ibrahim el-Mazini ☎ 06 60 21 08 06 ou 06 74 92 38 96 (poker room), www.poker-marrakech.com. T.l.j. 14h-5h ; à partir de 20h pour les tables de jeu et à partir de 18h30 pour la salle de poker.

Machines à sous, roulette, black jack, etc. Salle de poker réputée.

Marathon

Association Le Grand Atlas

(organisatrice de la course) ☎ 05 24 31 35 72, www.marathonmarrakech.ma. Inscription : 70 € pour le marathon ; 50 € pour le semi-marathon.

En janvier, Marrakech a retrouvé son marathon. Une course qui offre un cadre exceptionnel le long des allées de palmiers, d'orangers et d'oliviers, mais aussi des remparts de la ville. En 2022, 9 000 coureurs étaient au rendez-vous.

Bassin-réservoir des jardins de la Ménara ›

Visite privée

SUR LES TRACES D'YVES SAINT LAURENT

L'histoire d'amour entre Yves Saint Laurent et Marrakech commence en 1966, lorsque le couturier y met pour la première fois les pieds en compagnie de Pierre Bergé. Le coup de foudre est immédiat !

Reconnaissable entre toutes à son bleu intense, l'ancienne maison-atelier de Jacques Majorelle est indissociable du jardin qui l'entoure.

Le couple y achète sans attendre une première maison dans la médina, dans le quartier de Bab Doukkala. Le couturier multipliera dès lors les séjours dans la ville rouge, où il se retire pour imaginer et dessiner ses collections.

Dans le secret du jardin Majorelle

« Mystérieux, secret, abandonné », tel est le jardin dont Yves Saint Laurent et Pierre Bergé deviennent très vite familiers lors de leurs séjours à Marrakech. Le couturier y voit une « oasis où les couleurs de Matisse se mêlent à celles de la nature ». Aussi, lorsqu'ils apprennent que des promoteurs immobiliers sont sur le point de l'acheter pour y construire un hôtel, ils se portent à leur tour acquéreurs.

Installés dans l'ancienne demeure du peintre rebaptisée « villa Oasis », ils entreprennent de redonner vie au jardin. On murmure qu'un temps les portes restaient closes à l'heure du déjeuner, juste pour laisser le couturier s'y promener en toute tranquillité. Ici, ne sortant plus, il devait entamer les « voyages immobiles » de ses dernières années.

LA GALERIE HOMMAGE

Adossée à l'ancien atelier du peintre, au fond du jardin, cette petite galerie ouverte à tous les vents pourrait facilement passer inaperçue. Elle renferme pourtant un véritable trésor : une trentaine de lithographies représentant les cartes de vœux aux couleurs pimpantes dessinées par Yves Saint Laurent en personne pour ses amis et ses meilleures clientes. Décliné sous toutes ses formes, le mot « Love » figure sur chacune d'elles !

LA STÈLE COMMÉMORATIVE

À la mort d'Yves Saint Laurent, en 2008, ses cendres furent dispersées dans la roseraie de la villa Oasis. Dans un carré du jardin Majorelle, une colonne brisée porte une épitaphe d'une émouvante simplicité : « Yves Saint Laurent, couturier français. » Tout autour, des banquettes en marbre permettent aux admirateurs de se recueillir. Un espace un peu en retrait devenu le dernier salon où l'on cause… d'YSL, bien sûr ! Il n'est pas rare que des visiteurs aient connu, d'une manière ou d'une autre, le créateur.

La salle obscure du musée YSL

Dans l'obscurité enveloppante de cette vaste salle où les créations du couturier irradient littéralement, une installation audiovisuelle plonge le visiteur dans l'effervescence de l'atelier : voix, croquis, photographies, extraits de films et d'interviews se succèdent, se superposent et se répondent dans un hommage à la fois intime et vibrant. Une belle rencontre avec la légende !

PRATIQUE

Adresse
Rue Yves Saint Laurent.

Durée
Comptez une demi-journée pour profiter pleinement du jardin Majorelle et du musée YSL.

Budget
120 Dh pour le jardin, 100 Dh pour le musée. Possibilité de billet combiné (220 Dh) incluant aussi la visite du Musée des arts berbères.

AUTOUR DE MARRAKECH : le Haut Atlas

Marrakech est le point de départ idéal de nombreuses excursions, certaines à la journée, d'autres un peu plus longues. Les routes qui s'en éloignent et s'élèvent progressivement vers les sommets et les vallées perdues du Haut Atlas égrènent une infinie variété de paysages : bucoliques ou tourmentés, intimes ou grandioses, semés de villages couleur de terre, de maisons fortifiées et de ksour en pisé, ils sont traversés par des torrents cristallins, couronnés de pâturages, de lacs aux reflets bleutés et de cimes déchiquetées. Malgré l'arrivée récente des routes et de l'électricité, les tribus berbères qui les peuplent continuent de vivre au rythme immuable des saisons et des récoltes, laissant ainsi entrevoir le visage d'un Maroc ancestral.

Le ksar des Aït Benhaddou

Autour de Marrakech : le Haut Atlas

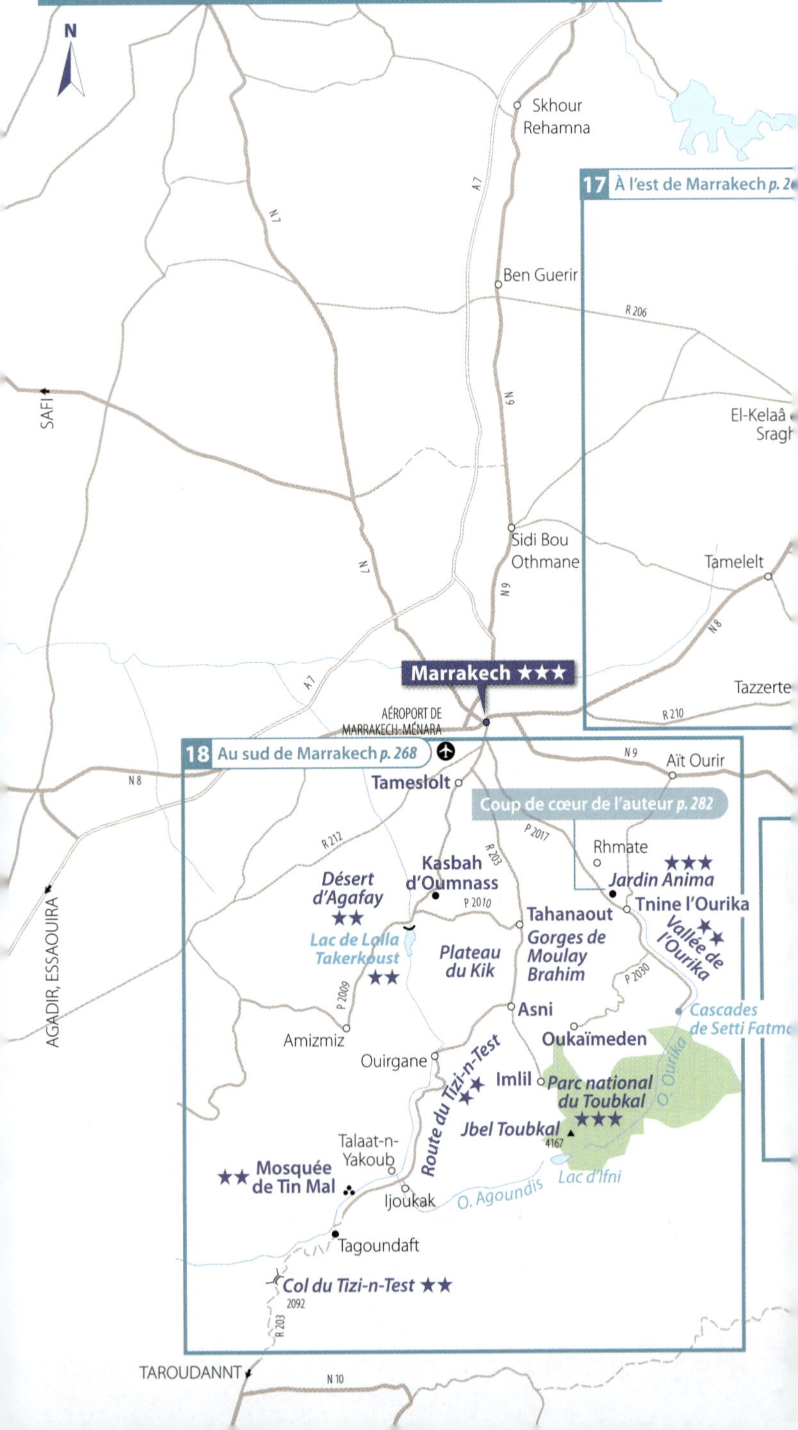

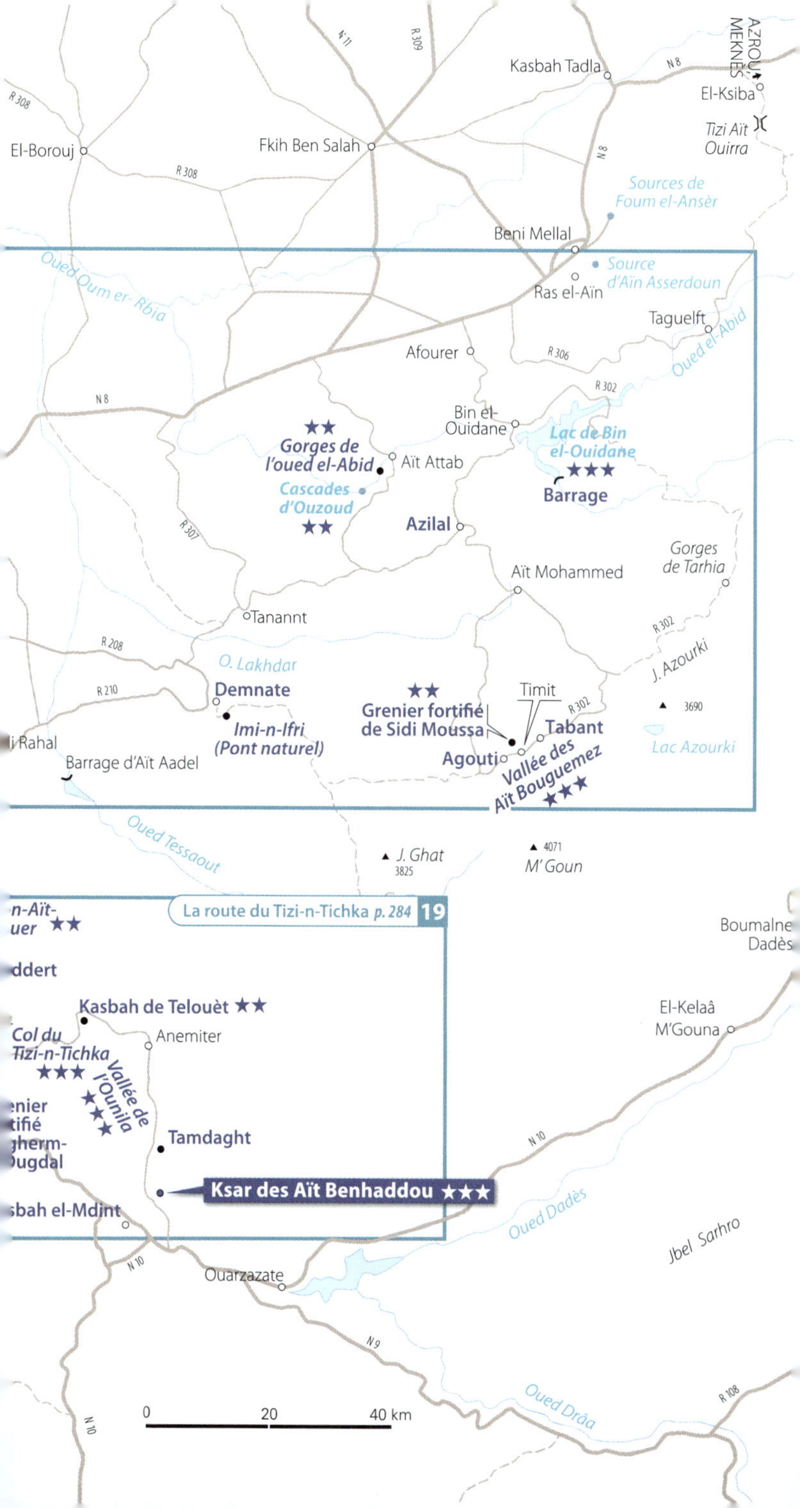

Kasbah Tadla
AZROU MEKNÈS
N 8
El-Ksiba
Tizi Aït Ouirra
R 308
El-Borouj
Fkih Ben Salah
N 11
R 309
Sources de Foum el-Ansèr
Beni Mellal
Source d'Aïn Asserdoun
Ras el-Aïn
Oued Oum er-Rbia
Taguelft
Oued el-Abid
Afourer
R 306
R 302
N 8
Bin el-Ouidane
Lac de Bin el-Ouidane ★★★
Barrage
★★ Gorges de l'oued el-Abid
Aït Attab
Cascades d'Ouzoud ★★
Azilal
R 307
Aït Mohammed
Gorges de Tarhia
Tanannt
R 208
R 210
O. Lakhdar
Demnate
Imi-n-Ifri (Pont naturel)
★★ Grenier fortifié de Sidi Moussa
Timit
Tabant
Agouti
Vallée des Aït Bouguemez ★★★
J. Azourki
3690
Lac Azourki
Barrage d'Aït Aadel
Oued Tessaout
J. Ghat 3825
4071 M' Goun
La route du Tizi-n-Tichka p. 284 19
Boumalne Dadès
Kasbah de Telouèt ★★
Anemiter
Col du Tizi-n-Tichka ★★★
Vallée de l'Ounila ★★★
Tamdaght
Ksar des Aït Benhaddou ★★★
El-Kelaâ M'Gouna
N 10
Oued Dadès
Jbel Sarhro
Ouarzazate
N 9
Oued Drâa
R 108
0 20 40 km

17

À L'EST DE MARRAKECH ✧✧

Pour une excursion d'une journée comme pour une équipée de deux ou trois nuits, des escapades à l'est de Marrakech permettent de découvrir des sites spectaculaires : les cascades d'Ouzoud qui, dans un voile de gouttelettes irisées, dégringolent de plus de 100 m de haut, le lac de barrage de Bin el-Ouidane enserré dans un écrin de collines rouges, et la vallée fertile des Aït Bouguemez où l'herbe semble plus verte qu'ailleurs, le blé plus doré et les pommes plus rouges ! Avec, en prime, quelques traces de dinosaures vieilles de 180 millions d'années !

PRATIQUE

- Plan p. 258-259
- Nos adresses p. 265

↓ Se déplacer

En voiture, en grand taxi ou avec un voyagiste.

↓ Meilleure période

D'avril à octobre.

↓ Conseils

Évitez de vous rendre aux cascades d'Ouzoud le week-end.

↓ Bon à savoir

Avis aux amateurs de tranquillité, en fin de journée, les cascades d'Ouzoud se dépeuplent tandis que la lumière s'y fait plus douce.

Prévoyez une nuit minimum sur place pour le lac de Bin el-Ouidane ou la vallée des Aït Bouguemez, une de plus pour enchaîner les deux itinéraires.

Le grenier fortifié de Sidi Moussa

L'ESSENTIEL

À ne pas manquer

Les cascades d'Ouzoud ; le lac de Bin el-Ouidane ; l'époustouflant grenier à grains fortifié de Sidi Moussa qui domine Timit et sa vallée.

Expériences

Immersion au programme : randonner dans la « vallée heureuse », la vallée des Aït Bouguemez.

Vers les cascades d'Ouzoud et le lac de Bin el-Ouidane ✧✧

À la sortie de Marrakech, la route file droit à travers la plaine, monotone, du Haouz. Elle attaque les premiers contreforts de l'Atlas seulement à Demnate. Alors, les virages s'enchaînent entre les amandiers, les noyers et les oliviers.

DEMNATE

À 101 km E (1h40) de Marrakech. Sortez de Marrakech par la N8 (av. du 11-Janvier) en dir. de Fès. Après 17 km, prenez à dr., sur la R210. Souk : le dim., à l'entrée de la ville, sur la g.

Étagé à flanc de montagne (961 m d'alt.), la ville surplombe la vallée très fertile de l'oued M'Hasser. Ses **maisons rouges** s'échelonnent sur des gradins dominant oliveraies et jardins. La **vieille ville** conserve encore des pans de son enceinte rectangulaire, crénelée et bastionnée, et une ancienne porte dite « de Marrakech ».

PONT NATUREL D'IMI-N-IFRI ✧

À 108 km E de Marrakech. Traversez la vieille ville de Demnate et, à sa sortie, prenez la R302 sur la dr. et poursuivez sur 7 km. Parking et cafés-restaurants au niveau du pont. Comptez 1/2 h pour la promenade.

Après avoir traversé une belle forêt de pins odorante d'où vous aurez de **jolis points de vue** sur Demnate et sa vallée, la route atteint le pont d'Imi-n-Ifri : une **spectaculaire arche naturelle** qui enjambe le lit de l'oued M'Hasser à une trentaine de mètres de hauteur. Cette formidable « porte du gouffre » est le résultat des dépôts de travertins laissés il y a 180 millions d'années par l'écoulement des eaux de source riches en carbonate de calcium. La voûte, d'où pendent des stalactites aux formes tourmentées, est peuplée d'une multitude d'oiseaux (martinets, buses, corneilles, ramiers, etc.).

Deux sentiers bordés d'euphorbes et de caroubiers, l'un en amont et l'autre en aval, permettent de descendre jusqu'au lit de l'oued. En période de basses eaux, on peut traverser sous le pont d'Imi-n-Ifri.

^ Les cascades d'Ouzoud

CASCADES D'OUZOUD ✧✧

À 160 km E de Marrakech. Depuis Imi-n-Ifri, revenez jusqu'à Demnate et prenez la R208 vers Ouled Khellouf, puis à dr. la R304 en dir. d'Azilal. Après 50 km, tournez à g. sur la P3105. Comptez 1h20 depuis Demnate ou 3h depuis Marrakech. Parking : 10 Dh la journée, 20 Dh avec une nuit. En bus : destination Azilal et descendez au carrefour de la P3105, puis prenez un grand taxi pour les 16 derniers kilomètres.

Chutes d'eau dégringolant de 110 m de haut, bassins naturels creusés au fond d'un canyon vertigineux, sentiers qui se faufilent à travers une végétation luxuriante, etc. Les **cascades d'Ouzoud** sont, à n'en pas douter, une véritable petite merveille de la nature !

En été, leur fraîcheur bienfaisante y attire des foules venues de tout le pays. Le reste de l'année, l'affluence se concentre surtout les week-end. Pour une contemplation solitaire, visez un jour de semaine, hors vacances scolaires, et prévoyez d'y passer la nuit. Les cascades seront alors tout à vous !

Vieux moulins

À dr., au bout de la vaste esplanade bordée de restaurants et boutiques, après avoir dépassé le camping La Nature.

Si la chance vous sourit, avant d'entamer la descente vous pourrez observer, en échange de quelques dirhams, le mécanisme de ces vieux moulins encore en activité : leurs meules sont toujours actionnées par la force de l'eau.

Chemin des Oliviers ✧✧

Il débute après les moulins.

Poursuivez en bordure de falaise et traversez deux petits ponts de fer en laissant la rivière sur votre droite.

Dans sa première partie, ce parcours en balcon réserve des **vues stupéfiantes** : sous vos yeux, l'oued Ouzoud se précipite en trois ressauts, pour s'écraser 110 m plus bas dans un voile de gouttelettes d'eau. Bifurquez ensuite sur la gauche sur un sentier en descente qui serpente entre les oliviers (*ouzoud* en berbère), figuiers, genévriers, thuyas et autres caroubiers. Très tôt le matin, ou en fin d'après-midi, vous avez toutes les chances d'apercevoir des magots ou macaques de Barbarie, assez joueurs. Ne les nourrissez surtout pas : votre régime alimentaire ne leur vaut rien de bon !

Piscines naturelles ✧✧

Au fond du canyon s'étend une enfilade de vasques naturelles séparées par des minicascades et encadrées par divers petits restaurants proposant tajines, brochettes et omelettes berbères. Le bassin dans lequel se déversent les chutes est le domaine réservé des bateliers qui, pour une poignée de dirhams, proposent de vous le faire traverser sur des barges fleuries. Bien que la baignade y soit interdite, vous trouverez toujours quelques intrépides pour escalader la paroi rocheuse avant de s'élancer dans l'eau. Un saut de l'ange particulièrement dangereux!

Après avoir franchi l'oued sur un pont de planches, il ne vous reste plus qu'à remonter par l'autre rive, en empruntant « l'escalier des bazaristes », une longue rampe de marche bétonnée qui se faufile entre gargotes et vendeurs de souvenirs.

GORGES DE L'OUED EL-ABID ✧✧

À env. 170 km N-E de Marrakech par la N8, R208, R304 et P3105. Des cascades d'Ouzoud, traversez le village d'Ouzoud et reprenez la P3105 en dir. du N.

Depuis les cascades d'Ouzoud, la route s'élève en lacet au pied d'un escarpement rocheux et boisé avant de longer les gorges, profondes de 400 à 600 m, de l'oued el-Abid. Ces **falaises rouges**, entaillées à vif, évoquent irrésistiblement le célèbre grand canyon du Colorado. La route redescend ensuite vers l'oued, qu'elle franchit sur un pont métallique d'où la vue s'étend jusqu'à l'entrée du canyon.

Au-delà, la région redevient cultivée et l'itinéraire offre de beaux aperçus sur la plaine de Tadla.

LAC DE BIN EL-OUIDANE ✧✧✧

À 195 km N-E de Marrakech (3h15) par la N8, la R210 et la R304 qui passe par Azilal. Ou depuis les cascades d'Ouzoud par la P3105, puis la P3100 (60 km, 1h30).

Les amateurs de paysages grandioses, d'horizons dégagés et de sports nautiques ne manqueront pas de poursuivre leur route jusqu'à ce magnifique **lac de barrage** dont la surface bleutée contraste magnifiquement avec le rouge intense de la terre. Après avoir franchi le barrage (un ouvrage de 133 m de hauteur), un peu avant d'atteindre l'hôtel Chems, la rive du lac s'est improvisée en **base nautique** : tours en bateaux (comptez 150 Dh pour 30 min et 600 Dh pour 2h pour le bateau de 8 places), en ski nautique ou en wakeboard (1000 Dh/1h), location de canoës, de kayaks (60 Dh/h par pers.) et de pédalo, etc. Tout le nécessaire pour une étape tonique!

Vallée des Aït Bouguemez ✧✧✧

À 190 km E de Marrakech. Prenez la N8 et la R210 jusqu'à Demnate, puis la R307 sur 5 km et enfin la R302 qui traverse la vallée. Comptez 4h depuis Marrakech. Prévoyez de passer au minimum 1 nuit sur place. Guide francophone : Omar Daoulti ☎ 06 70 11 14 99. Accès également par Azilal (*encadré p. 264*).

Son extraordinaire patchwork de jardins cultivés et de vergers qui s'étend au pied du M'Goun (4071 m d'alt.), le deuxième sommet le plus haut de l'Atlas, lui a valu d'être baptisée la « vallée heureuse » par les voyageurs!

Agouti, Imelghas, Aït Imi, Rbat, **Tabant**, etc., au total, 27 villages de pisé étagés à flanc de coteaux et semés de kasbahs se succèdent sur une trentaine de kilomètres. Un univers où les travaux et les jours semblent immuables, où les hommes conduisent la charrue tirée par le mulet, les femmes s'occupent des corvées de bois et de fourrages et les enfants mènent les troupeaux de brebis et les vaches paître le long des sentiers.

Si l'arrivée de l'électricité et la construction de la route goudronnée ont désenclavé cette vallée verdoyante perchée entre 1700 et

^ Un village dans la vallée des Aït Bouguemez

ROAD TRIP

Le chemin des écoliers

En dehors des périodes de précipitations qui provoquent des coulées de boue dont le franchissement nécessite un 4×4, vous pouvez rejoindre la vallée des Aït Bouguemez en véhicule de tourisme depuis **Azilal.** Empruntez d'abord la R304, puis la R302. Cette dernière se dédoublant au niveau du village d'Aït M'Hamed, il vous faudra choisir entre le passage par l'est, qui traverse Aït M'Hamed et rejoint la route principale de la vallée des Aït Bouguemez à l'est de Tabant (28 km dont une dizaine sur une piste très praticable, comptez 2h), ou celui par l'ouest (bifurcation à dr. 4 km avant d'arriver à Aït M'Hamed en venant d'Azilal), qui rejoint la route principale de la vallée des Aït Bouguemez à l'ouest d'Agouti (50 km de goudron par endroit très défoncé, comptez 2h30). Les deux itinéraires traversent des **paysages de montagnes et de plateaux** véritablement époustouflants!

2000 m d'altitude, son éloignement lui vaut de rester un véritable paradis pour randonneurs.

GRENIER FORTIFIÉ DE SIDI MOUSSA ✧✧

À Timit, village reconnaissable à son minaret, entre Agouti et Tabant. Départ du sentier à côté de l'École Vivante. Possibilité de redescendre par l'autre versant de la colline. Visite : 20 Dh. Horaires variables.

Vous ne pouvez pas le rater! Sa silhouette trapue et circulaire domine la vallée du haut de son promontoire pyramidal. Si la grimpette vous semble ardue (15-20 min), c'est en arrivant en haut que vous aurez véritablement le souffle coupé! La vue à 360° est spectaculaire! À vos pieds, un tapis d'un vert étincelant et tout autour les plissements accidentés des montagnes : un paysage grandiose qui s'apprécie encore mieux depuis le toit du grenier collectif *(igherm)* où les habitants avaient l'habitude de conserver leurs récoltes et leurs effets les plus précieux.

À l'intérieur, le **tombeau de Sidi Moussa**, un saint local auquel la communauté sacrifiait un poulet chaque jeudi en fin de journée : une coutume fort peu orthodoxe, aujourd'hui quasiment disparue.

TABANT

À 90 km E de Demnate. Souk : le dim.

N'hésitez pas à vous promener dans cet ancien village, en retrait de la R302. Il a été en partie abandonné au profit du bourg construit de part et d'autre de la route.

Le nouveau Tabant regroupe la poste, les banques et les différents commerces. C'est aussi là que s'était installé le Centre de formation aux métiers de la montagne d'où sont issus les guides officiels. Tous les hébergements de la vallée sauront vous en recommander un : ces guides sont détenteurs d'une carte officielle qui garantit leur connaissance de la montagne. Ils peuvent organiser des excursions à la journée ou, selon la météo, de véritables trekkings de plusieurs jours : la traversée du M'Goun, deuxième sommet le plus haut de l'Atlas, est la plus prisée, mais elle requiert une bonne semaine de marche.

TRACES DE DINOSAURES D'IBAQALLIOUN ✧

3 km après Tabant, sur les hauteurs du village d'Ibaqallioun.

Repérez d'abord les aires de battage dans la partie haute du village : des esplanades où les paysans font piétiner leurs récoltes de blé et d'orge par des animaux attachés à un poteau central. Un peu plus haut encore, de vastes dalles de calcaire ont conservé des empreintes de dinosaures vieilles de 185 millions d'années ! Vous distinguerez facilement les deux sortes présentes : celles à trois doigts appartiennent à des bipèdes carnivores, tandis que les ovales, beaucoup plus grandes, indiquent le passage de quadrupèdes herbivores.

• NOS ADRESSES •

VALLÉE DES AÏT BOUGUEMEZ

OÙ DORMIR

La Kasbah du M'Goun

Agerd N'Ouzrou ☎ 06 62 77 81 48, www.hotel-ait-bouguemez.com. Ch. doubles, triples, quadruples ou familiales (400-800 Dh) et dortoir de 6 pers. (150 Dh/pers.). Piscine. Autour de 45 € (500 Dh)

Une ancienne kasbah en terre crue idéale pour une étape de charme 100 % sérénité. Décoration soignée, accueil chaleureux et possibilité d'organiser des randonnées avec un guide certifié.

Le pont naturel d'Imi-n-Ifri ›

LAC DE BIN EL-OUIDANE

OÙ DORMIR

Hôtel Bin el-Ouidane

Route de Ouaouizerte (R306) 05 23 44 26 00, http://hotelbinelouidan.com. 17 ch. doubles, triples et quadruples, des studios clim. et des appartements de 2 ch. Ch : 500 Dh. Suites (2 ch.) : 1000 Dh. Petit déj. inclus. Wifi dans les ch. Restaurant (65-75 Dh/pers.). Piscine non chauffée. Parking gratuit. Propose des activités à effectuer près du lac Bin el-Ouidane, voire de la rivière et des montagnes environnantes. Autour de 75 € (800 Dh)

Un emplacement de rêve et des chambres colorées, certes un peu défraîchies, pour cet hôtel où il faut absolument réclamer une vue sur le lac de Bin el-Ouidane.

SPORTS ET LOISIRS

Trekking

Esprit vertical

06 63 18 46 30, www.espritvertical.com. 900 Dh la sortie de 6h.

Des randonnées à la journée comportant de la marche, des descentes en rappel, de la nage ou du toboggan dans le décor sauvage de l'oued el-Abid, près d'Ouzoud, ou près du lac de Bin el-Ouidane, dans le canyon d'Aït Issimour. Certaines sont pour tous (à partir de 15 ans), et d'autres sont réservées aux plus sportifs. Prêts de combinaisons Néoprène.

Randonnée

Tawada Trekking

06 61 92 98 28 ou 06 18 24 44 31, https://tawadatrekking.net.

Hafida Hdoubane, qui a créé Tawada Trekking, fut la première femme guide accompagnatrice de montagne au Maroc. Au fait *tawada* signifie « marche » en berbère.

OUZOUD

OÙ DORMIR

La Kasbah d'Ouzoud

À l'entrée d'Ouzoud, sur la dr. 05 23 42 92 10 ou 06 73 11 11 16, www.kasbahouzoud.com. 13 ch. (7 dans la kasbah, dont 2 suites familiales) et 6 bungalows berbères (de 2 à 5 pers.) toutes clim. et chauffées. Ch. : 760 Dh. Bungalow : 680 Dh. Suites (5 pers.) : 1275 Dh. Gratuit pour les - 6 ans. Repas : 130 Dh. Formule déj.-piscine pour les non-résidents : 120 Dh/pers. (serviettes non fournies). Parking gratuit. Autour de 75 € (800 Dh)

Gilles et Naïma ont fait construire cette néo-kasbah, en pisé, qui fait illusion sur son âge. La piscine (non chauffée) est un vrai plaisir. Les visiteurs de passage peuvent en profiter. Si vous souhaitez un guide sérieux pour vous accompagner en randonnée, n'hésitez pas à demander un conseil à vos hôtes.

Riad des cascades d'Ouzoud

À 30 m de la place principale d'Ouzoud 05 23 42 91 73 ou 06 62 14 38 04, www.hotelouzoud.com. 9 ch. : 450-650 Dh + 120 Dh en demi-pension (déj. ou dîner) ou + 220 Dh en pension complète. Gratuit pour les enf. de -5 ans. Parking payant. Autour de 75 € (800 Dh)

Au plus près des cascades, c'est un joli riad, plein de caractère. La taille et la vue font la différence dans le prix des chambres, qui sont (à deux exceptions près) chauffées et climatisées. Certaines possèdent même une cheminée. La vue de la terrasse est magnifique. Vous pouvez opter pour la demi-pension ou la pension complète : la cuisine est goûteuse. Un guide, sur place, peut vous accompagner en sortie.

OÙ MANGER

Le Havre de Paix

Au pied des cascades d'Ouzoud 06 70 40 22 57. T.l.j. quand le temps le permet. Sur la rive g. de l'oued, en bas du chemin des Oliviers. Tajine pour 2 pers. : 80 Dh ; brochettes : 60 Dh ; portion de frites : 15 Dh. Moins de 10 € (110 Dh)

Un havre de paix aux couleurs rasta qui se mérite, car il est uniquement accessible à pied. Momo vous y régalera de bons tajines à déguster sur une petite terrasse en surplomb de l'oued. Le lieu est très fréquenté le week-end et pendant les vacances scolaires locales. Retour au calme le soir.

Le lac de barrage de Bin el-Ouidane

10

AU SUD DE MARRAKECH ✧✧

Campagne et montagne se succèdent au sud de Marrakech. Selon vos envies, vous pourrez goûter à la fraîcheur de la riante vallée de l'Ourika, traverser l'étendue pierreuse du désert d'Agafay ou lézarder sur les rives du lac de Lalla Takerkoust. Les aventuriers dans l'âme en profiteront pour dévaler les pentes neigeuses de l'Oukaïmeden, escalader le « toit du Maroc » ou franchir le col du Tizi-n-Test après avoir flâné entre les travées d'une mosquée construite il y a près de 900 ans. Sans oublier l'immersion dans la culture berbère et les déambulations dans les souks ruraux.

PRATIQUE

• Plan p. 258-259
• Nos adresses p. 279

Se déplacer

En voiture ou en grand taxi. Depuis Marrakech, les bus n°s 24, 35 et 45 de la compagnie Alsa relient respectivement les villes de Tamesloht, Tahanaout et Amizmiz. Le n° 45 s'arrête aussi au barrage de Lalla Takerkoust. Le bus n° 41 relie Amizmiz à Tahanaout.

Meilleures périodes

D'avril à octobre. De fin décembre à mars pour skier à l'Oukaïmeden. En novembre pour le Paradis du safran.

Le désert d'Agafay

L'ESSENTIEL

À ne pas manquer

Le jardin Anima ; le marché de Tnine l'Ourika dans la vallée de l'Ourika ; les gravures rupestres de l'Oukaïmeden.

Expériences

Passer une nuit dans le désert d'Agafay ; buller en s'offrant un déjeuner-piscine à Tahanaout après quelques sueurs froides.

Lac de Lalla Takerkoust ✧✧ et désert d'Agafay ✧✧

Itinéraire de 110 km A/R depuis Marrakech (prévoyez la journée) ou qui peut se poursuivre en rejoignant le route du Tizi-n-Test (p. 276), avec une nuit sur place. Sortez de Marrakech par la R203 qui commence au niveau de Bab er-Robb, et continuez sur la P2009 en prenant à dr. au niveau de l'hôtel Selman Marrakech.

Une campagne bucolique plantée d'oliviers, d'orangers ou d'amandiers, un village de potiers et de tisserands, une kasbah dressant ses tours au sommet d'une colline, un lac aux eaux bleutées où échapper à la fournaise de l'été, etc.

Cette escapade d'une journée, à moins d'une heure de route de Marrakech, est l'une des destinations de week-end favorites des expatriés et des Marrakchis aisés.

TAMESLOHT

À 12 km S-O de Marrakech par la R203 et la P2009, puis route P2014 à dr. après le Royal Palm Golf & Country Club. Accès en bus : n° 24 de la compagnie Alsa qui part du terminal de la rue Sidi Mimoun à Marrakech, jusqu'au terminus. Souk : le ven.

Pour visiter cette bourgade rurale, très active derrière ses airs assoupis, vous pouvez y venir

Conseil

Pensez à faire le plein d'essence dans la plaine avant d'entamer les routes montagneuses.

Adresses utiles

Association des guides et accompagnateurs de montagne d'Imlil

À l'entrée du village sur la dr. ☎ 05 24 48 56 26, www.bureaudesguidesimlil.com. T.l.j. 8h-19h. Si par hasard vous trouvez le bureau vide, n'hésitez pas à appeler !

Bureau des guides de Setti Fatma

Dans le village, à côté de l'hôtel Asgaour ☎ 05 24 42 61 13 ou 06 68 56 23 40, www.abdou-mandili.com.

→

L'atelier Art Tissage Tam >

un vendredi pour une immersion sensorielle dans l'univers bouillonnant du **souk**, ou un autre jour pour rendre visite aux **potiers** et aux **tisserands**.

En effet, Tamesloht abrite de nombreux **métiers d'art** : la calligraphie, la poterie, le fer forgé, la broderie, le tissage restant quand même la spécialité de cette ville étendue. On y travaille avec passion le coton, la laine, la soie végétale (*sabra*), les étoffes étant ensuite vendues sur Marrakech. Mais les ateliers, difficilement repérables, sont disséminés un peu partout dans le bourg.

Si le cœur vous en dit, profitez ensuite de la formule déjeuner et piscine (290 Dh) au **Domaine de Tamesloht** (www.domainedetam.com).

Coopérative artisanale ✧

Art Tissage Tam : 133, Houmt Sour 05 24 48 35 48 ou 06 68 16 56 15, https://cooparttissagetam.com. T.l.j. 9h30-18h30. Tél. pour qu'on vienne vous chercher devant la poste.

Art Tissage Tam réunit de nombreux ateliers de tisserands. Son showroom-boutique est installé dans une maison traditionnelle.

Zaouïa ✧

Au centre de la vieille ville. Entrée interdite aux non-musulmans.

Ce sanctuaire fortifié, reconnaissable à ses hauts murs de terre protégeant un marabout au toit de tuiles vernissées, rappelle la fondation du village au XVIe s. par Abdallah ben Husaïn, « l'homme aux 366 sciences ». Entre autres pouvoirs, on lui prêtait celui, non négligeable dans une région agricole, d'empêcher les moineaux de s'attaquer aux récoltes. La zaouïa abrite son tombeau autour duquel est organisé, chaque année en janvier, le moussem de Tamesloht. De nombreuses confréries de Gnaouas et une foule importante de pèlerins s'installent alors pour plusieurs jours dans la ville. Les journées, consacrées aux dévotions, sont suivies de soirées festives où alternent musiques et danses.

DÉSERT D'AGAFAY ✧✧

À env. 30 km S-O de Marrakech.

Une escapade dans le désert à une petite heure de Marrakech ? C'est devenu une vraie folie. Aujourd'hui, Agafay est victime de son succès : trop de quads vrombissants, trop de festivals *outdoor* improvisés. Certains organisateurs tentent de renverser la tendance en proposant des balades plus douces, en VTT électrique ou à dos de dromadaire. À vous de voir. Reste que cet espace, fait de cailloux, avec ses collines ondulées, où poussent quelques rares touffes d'alfa (l'herbe à chameaux) est magique.

Au menu d'une demi-journée type : descente dans le lit d'oueds semblant à jamais asséchés, exploration de douars (villages ruraux) couleur de terre, dégustation de thé à la menthe chez l'habitant et promenade dans une oasis

PRATIQUE (SUITE)

Bon à savoir

En cas de pluie ou de neige, les routes de montagne peuvent se révéler impraticables avec une voiture de tourisme.

Par fortes précipitations, l'oued Ourika peut subir de dangereuses crues. N'hésitez pas à rebrousser chemin.

verdoyante qui surgit sans prévenir dans un repli de terrain. Et si vous comptez y passer la nuit, sachez que le ciel est rempli d'étoiles!

KASBAH D'OUMNASS ✧

À 28 km S de Marrakech. Revenez sur vos pas après Tamesloht et prenez la P2009 vers le S. Après 8 km, une piste sur la g. grimpe à la kasbah. Visite possible hors période de tournage. Donation au gardien.

Son élégante silhouette ocre se découpe sur l'azur du ciel au sommet d'une éminence. Depuis sa construction au début du XIXe s., elle n'a jamais changé de main et appartient toujours à la même famille. Plusieurs fois restaurée, elle sert régulièrement de décor à des tournages de films. Vous l'avez peut-être déjà vue dans *La Dernière Tentation du Christ* de Martin Scorsese (1988), dans *Marrakech Express* avec Kate Winslet (1998), *Ali Baba et les quarante voleurs* avec Gérard Jugnot (2007) ou *Waiting for the Barbarians* avec Johnny Depp (2020).

Depuis sa terrasse, magnifique vue à 360° sur les ondulations arides du plateau qui l'entoure.

LAC DE LALLA TAKERKOUST ✧✧

À 32 km S de Marrakech par la P2009. Accès en bus : n° 45 de la compagnie Alsa.

Derrière l'imposante muraille du **barrage** de Lalla Talerkoust, un ouvrage de la fin des années 1970, long de 357 m et haut de 71 m, s'étend le lac éponyme : une immense étendue bleutée où se reflètent les reliefs rougeoyants des collines alentour. Admirable et surprenante vision dont on peine à détacher le regard! Tout autour, des rangées d'eucalyptus et des haies de figuiers de Barbarie quadrillent le paysage. Bref, l'étape idéale pour déjeuner les pieds dans l'eau dans un des restaurants installés sur sa rive ouest (Le Relais du Lac ou Le Flouka, comptez 250 Dh le repas complet hors boisson). Les sportifs se rendront ensuite à la base nautique Jet Atlas (☎ 06 76 17 99 78, www.jet-atlas.com, à dr. du barrage) pour s'offrir une virée en jet-ski (400 Dh les 15 min), en wakeboard ou en ski nautique (800 Dh les 15 min).

GASTRONOMIE

Pause sucrée et rafraîchissante

Malgré leur surnom de « figues du diable », dû à leurs innombrables épines presque invisibles, les fruits du **figuier de Barbarie** évoquent plutôt le paradis! Charnue, juteuse, gorgée de vitamines, leur chair orangée est un pur régal! N'hésitez pas à vous arrêter au bord de la route quand vous croisez un **vendeur ambulant** : il les débarrassera de leurs épines et les épluchera pour que vous n'ayez plus qu'à les croquer à pleines dents. Ne vous laissez pas non plus rebuter par leurs nombreux pépins, qui s'avalent très facilement. Pensez plutôt à leurs propriétés antioxydantes qui font d'eux les nouvelles stars de la cosmétique moderne!

PLATEAU DU KIK ✧

À 77 km S de Marrakech en dir. d'Asni.

Sur ce plateau, rien n'arrête le regard sauf la ligne enneigée de l'Atlas au loin. En pisé, les maisons basses à toit plat semblent s'enfoncer dans la terre, dont elles sont nées. Des paysans labourent encore à l'araire. Des bergers surveillent leurs troupeaux de moutons. Images d'un autre Maroc, si loin et si proche de Marrakech la jet-setteuse. C'est **d'Aguergour**, sur le plateau, qu'on peut décoller en **parapente** (p. 281) : le site, qui convient aux pilotes débutants ou qualifiés, est l'un des plus prisés au Maroc.

PAUSE FRAÎCHEUR

Déjeuner les pieds dans l'eau

Quand le temps et, surtout, le débit de l'oued Ourika le permettent, les **petits restaurants** populaires de la **vallée de l'Ourika** installent leurs chaises et leurs tables en plastique directement dans le lit du torrent. Si bien qu'on y déjeune de tajines traditionnels littéralement… pieds nus dans l'eau ! Encore faut-il, parfois, traverser la rivière sur un pont véritablement de fortune. Montée d'adrénaline garantie en apéritif !

Vallée de l'Ourika ✧✧

Les week-end d'été, pour échapper à la touffeur de la ville, les Marrakchis viennent prendre un grand bol d'air dans cette vallée luxuriante où prospèrent peupliers, noyers et safranières. Au programme, flânerie dans des jardins paradisiaques, rencontre avec l'âme et la culture berbères et, but ultime de la balade, grimpette entre les rochers des cascades de Setti Fatma où fleurissent les restaurants populaires.

JARDIN ANIMA ✧✧✧

À 30 km de Marrakech sur la P2017, piste indiquée sur la dr. ☎ 05 24 48 20 22, www.anima-garden.com. T.l.j. 9h-18h, jusqu'à 15h pendant le ramadan. F. 4 j. pour l'Aïd el-Fitr et l'Aïd el-Kbir. Entrée : 120 Dh ; Entrée 12-16 ans : 60 Dh ; gratuit - 12 ans. Navettes gratuites depuis Marrakech (rens. et résa sur le site).

⌄ Restaurants en bordure de l'Ourika

Plantation de safran >

Exubérant labyrinthe végétal semé d'œuvres d'art et de créations poétiques, ce sublime jardin s'arpente comme dans un rêve, sans but précis, en se laissant porter par les couleurs et les formes qui surgissent à l'improviste. Difficile d'imaginer qu'à cet emplacement ne poussaient en 2010 que quelques chardons désolés! C'est pourtant le cas : seul le rêve fou de l'artiste autrichien André Heller, la passion, le travail et l'acharnement des hommes ont permis la réalisation de ce projet titanesque. Une exposition de photos raconte cette formidable aventure humaine à laquelle les habitants des douars alentour ont participé dès le début et sont toujours associés.

> Lire aussi le coup de cœur de l'auteur : Le jardin Anima : retour au paradis (p. 282).

PARADIS DU SAFRAN ✧

Au km 31 sur la P2017, tournez à g. après un magasin de poterie. Parcours fléché sur 3 km 📞 06 28 79 69 79, www.paradis-du-safran.com. Mer.-dim. 11h-16h. Plein tarif : 100 Dh incluant une dégustation de tisane au safran. Résa par tél. fortement conseillée, surtout si vous comptez déjeuner sur place.

C'est la première **safranière** que vous rencontrerez dans la vallée de l'Ourika, et aussi la plus récente et la plus originale! L'idéal est de la visiter en novembre, au moment de la floraison, quand les 2 ha de terrain se couvrent d'un superbe tapis de fleurs mauves. Une occasion aussi d'assister à la récolte, une tâche exclusivement féminine. En dehors de cette période, vous déambulerez entre les parcelles d'un agréable jardin aromatique où vous pourrez sentir, toucher, froisser les feuilles de romarin, de menthe, de sauge, etc.

Après une petite visite au verger ou une pause lecture à l'ombre d'une tonnelle, vous expérimenterez pieds nus un charmant sentier sensoriel qui s'achève par une série de vasques d'eau parfumée où se rafraîchir les orteils! Le safran est bien sûr l'invité d'honneur au menu du déjeuner (300 Dh).

Avant de repartir, n'oubliez pas de remplir votre cabas de plantes odorantes et de produits cosmétiques naturels disponibles à la boutique.

TNINE L'OURIKA ✧

À 34 km S de Marrakech par la P2017. Dans l'agglomération, tournez à g. pour entrer dans le centre, dir. Aït Ourir. Accès en bus depuis Marrakech : n° 25 de la compagnie Alsa, jusqu'au terminus. Souk : le lun., autour du pont qui enjambe l'oued Ourika.

Lundi, jour de **marché**, Tnine l'Ourika est en ébullition. Harangues des vendeurs, klaxons des mobylettes chargées de brassées de menthe fraîche ou de pyramides d'œufs, foule d'acheteurs slalomant entre les monticules de légumes, de fruits et d'herbe séchée disposés à même le sol, le dépaysement est au rendez-vous! Parmi les paysans venus vendre leurs poussins ou leur paille et les troupeaux d'ânes « stationnés » en bord de route, déambulent des touristes amateurs qui peinent cependant à ne pas faire la grimace devant les étals de boucherie en plein air. Un conseil : pour les éviter, mieux vaut arriver tôt, vers 9h.

Le reste du temps, cette bourgade, perchée déjà à 840 m d'altitude, se présente comme le **jardin**

aromatique de Marrakech : elle se veut exemplaire d'une certaine forme de développement durable.

Jardin bio aromatique

Tournez à g. en face de la gendarmerie ; c'est 700 m plus loin, sur la g. ☎ 05 24 48 21 49 ou 06 50 96 36 61, www.jardin-bioaromatique-ourika.com. T.l.j. 9h-17h en été, 9h-18h en hiver (ramadan 9h-16h). F. en août. Plein tarif : 20 Dh. Visite guidée sur résa. : 70 Dh pour un adulte, 30 Dh pour les - 12 ans. Boutique, déjeuner sur résa (env. 150 Dh le repas complet).

Sur 1 ha, on y cultive de façon biologique une cinquantaine de plantes aromatiques et médicinales (romarin, verveine, sauge, menthe, henné, etc.), pour les transformer en huiles essentielles, huiles de bain, de massage, gels douche, etc., commercialisés sous la marque Nectarome. Une visite guidée (payante) est proposée avec dégustation de tisanes à la clé ainsi que des ateliers (sur résa, 60-300 Dh/pers. selon l'atelier) culinaires (fabrication de pain berbère, par exemple) ou sur le thème du bien-être (massages, ateliers de beauté, etc.).

VERS SETTI FATMA ✧✧

Par la P2017.

Quelques kilomètres après Tnine l'Ourika, la vallée se resserre et la route s'élève lentement en abordant les premiers contreforts du Haut Atlas. Les villages aux maisons de pisé s'accrochent au flanc de la montagne, les petits champs plantés de maïs, d'orge, de légumes et d'arbres fruitiers s'étagent en terrasses et les rives de l'oued, dont les crues peuvent être particulièrement violentes, se hérissent de peupliers et de saules pleureurs. Le long de la route en lacet, des **marchands de poteries et de tapis** s'alignent en plein air.

Écomusée berbère ✧

À 37 km S de Marrakech par la P2017. À Tafza, sur la dr., fléchage (parking, finir à pied en grimpant dans le village) ☎ 05 24 38 57 21 et 06 10 25 67 34, page Facebook. T.l.j. 9h-17h. Plein tarif : 40 Dh. Déjeuner chez l'habitant possible sur résa. Journée chez les Berbères de l'Ourika *(encadré ci-contre)*.

Installé dans l'ancienne demeure en terre crue du caïd local, restaurée dans les règles de l'art, il offre à travers des photographies, tapis, bijoux et objets du quotidien quelques clefs pour mieux comprendre le monde berbère.

De la terrasse, magnifique vue sur la vallée et le hameau de Taourirt, producteur de sel.

CULTURE

En immersion

Et pourquoi ne pas passer une **journée chez les Berbères** de l'Ourika ? En partenariat avec la maison de la Photographie de Marrakech, l'Écomusée berbère propose des journées immersives dans la culture locale. Au programme : promenade dans les jardins irrigués, visite du village, des salines et des ateliers de poterie, déjeuner chez l'habitant, etc.

> Sur résa auprès de l'Écomusée berbère (coordonnées ci-contre). Tarif sans le transfert depuis Marrakech (à organiser) : 500 Dh pour le guide + 70 Dh pour le repas.

CASCADES DE SETTI FATMA ✧

À 62 km S-E de Marrakech par la P2017. Accès : en voiture (1h30) ou avec le bus n° 25 de la compagnie Alsa jusqu'à Tnine l'Ourika, puis en grand taxi. Souk : le dim. Moussem : vers mi-août. Guide indispensable pour faire le tour des 7 cascades (comptez 400 Dh env. pour la demi-journée). Chaussures antidérapantes obligatoires.

Peu après ce village construit au bord de l'oued à 1500 m d'altitude, la route goudronnée prend fin. Les week-end de la saison chaude, il se transforme en rendez-vous familial pour les Marrakchis tentant d'échapper à la fournaise de

La station de ski d'Oukaïmeden >

la plaine. Passé 11h, s'y garer peut devenir un vrai défi.

Le site est connu pour son **enfilade de cascades**, uniquement accessible à pied, qui dégringolent dans un chaos rocheux sur la rive est de l'oued.

La légende raconte qu'il s'agirait des sept femmes de Mohammed, le saint homme inhumé dans la zaouïa du village, changées en chutes d'eau après la mort de leur époux.

Attention : même si vous n'envisagez pas de dépasser les premières cascades (40 min A/R), assurez-vous d'être bien chaussés, car les rochers peuvent s'avérer très glissants. Pour trouver l'entrée du sentier, facile à repérer entre les échoppes de souvenirs et les restaurants, il vous faudra d'abord traverser l'oued.

Vers l'Oukaïmeden ✧

À 75 km S de Marrakech par la P2017, puis la P2030 : bifurcation sur la dr. après 43 km au niveau du village d'Aghbalou. Accès en grand taxi depuis Marrakech ou Tnine l'Ourika ou en voiture : comptez 1h45-2h. Faites le plein d'essence au départ. Chutes de pierres possibles sur les 5 derniers km (passages signalés). Attention aux embouteillages (parfois monstres) l'hiver. À Marrakech, de nombreuses agences proposent « l'Ouka » à la journée. Pour le déjeuner, Chez Juju peut vous séduire.

La montagne enneigée aux portes de Marrakech ! La route s'élève d'abord en lacet au-dessus de la vallée de l'Ourika, puis rejoint une vallée latérale qu'elle suit en passant au pied de plusieurs villages. Au départ peuplé d'oliviers, de noyers, de frênes et de chênes, le paysage devient plus austère à mesure qu'on prend de l'altitude pour devenir complètement minéral.

Au fil des virages en épingle à cheveux, beaux **panoramas** sur les contreforts du Haut Atlas et la plaine du Haouz. Hors saison, c'est désert !

STATION DE SKI

Location de surfs ou skis + chaussures. Comptez 110 Dh la demi-journée, 170 Dh pour la journée entière. Forfait ski : 100 Dh/j. Moniteur : 100 Dh/h. Saison : déc.-début avr. Meilleur enneigement : janv.-fév.

Après le poste de péage (15/20 Dh par véhicule l'hiver), on arrive à 2600 m d'altitude, au milieu d'un vaste alpage, à la station de ski. C'est la plus haute d'Afrique, et la plus importante du Maroc. Cela reste néanmoins un lieu de villégiature estivale où les Marrakchis viennent se réfugier lorsque la chaleur de la vallée devient trop étouffante.

Six téléskis et un télésiège desservent les sommets jusqu'à 3268 m. Le domaine skiable (300 ha), qui compte 26 km de pistes, convient aux bons skieurs, moins aux débutants. Sur les 18 pistes (3 vertes, 4 bleues, 8 rouges, 3 noires), seules quelques-unes sont ouvertes en cas de faible enneigement. La station a été véritablement lancée en

1948, avec l'ouverture de la première piste carrossable.

Gravures rupestres ✧✧

Dans la station de ski, derrière la gendarmerie ou le chalet du Club Alpin. Un panneau signale l'existence d'un site à l'entrée (mais il disparaît régulièrement). En arrivant, il suffit de grimper (à dr.) dans le chaos de dalles pour repérer des « poignards ». Rens. : www.prehistoire-du-maroc.com.

Véritable musée en plein air, le plateau de l'Oukaïmeden a dû connaître au Néolithique un peuplement important. Cernée par les sommets de l'Angour (3 616 m d'alt.), du jbel Oukaïmeden (3 275 m d'alt.) et du jbel Attar (3 258 m d'alt.), la station est semée de **rochers** dispersés entre les maisons, qui portent des gravures rupestres.

^ Gravure rupestre représentant une hyène

Parmi les **900 pierres gravées**, piquetées ou martelées dénombrées sur le plateau de l'Oukaïmeden, les trois quarts représentent des armes, notamment des poignards qui datent probablement de l'âge du Bronze (entre 2 500 et 500 av. J.-C.).

Malgré les mises en garde faites par de nombreux archéologues, rien n'est fait pour sauver ce patrimoine des pilleurs ou des vandales.

Route du Tizi-n-Test ✧✧

Itinéraire de 120 km (aller simple). Prévoyez la journée. Quittez Marrakech par la R203, en dir. de Taroudannt. En hiver, renseignez-vous sur l'état de la route. Faites le plein d'essence au départ.

Cap vers la haute montagne avec cet itinéraire qui traverse d'abord la plaine du Haouz avant de s'engager dans de somptueuses gorges, de longer le pied du jbel Toubkal, le point culminant du pays, pour finir par s'élever en lacets dans un paysage minéral âpre et fascinant jusqu'à la **mosquée de Tin Mal** et le **col du Tizi-n-Test**.

TAHANAOUT

À 32 km de Marrakech par la R203. Accès en bus : n° 35 de la compagnie Alsa. Souk : le mar.

Cette petite localité s'est taillée une belle place dans la galaxie arty de Marrakech. L'entrée s'y fait dorénavant en grande pompe par un « boulevard de l'art », une galerie d'art à ciel ouvert ponctuée d'immenses œuvres murales signées par certains des artistes les plus connus du Maroc.

La ville a aussi sa **résidence d'artistes**, sorte de mini-Villa Médicis, **Al Maqam**, où le visiteur peut déjeuner, à deux pas parfois de Mahi Binebine, peintre, sculpteur et écrivain de renom. On peut également s'offrir un déjeuner-piscine à **Terres d'Amanar** (p. 281).

GORGES DE MOULAY BRAHIM ✧

À 35 km S de Marrakech par la R203.

Spectaculaire ! Pendant 5 à 6 km, la route suit, survole les gorges taillées dans les schistes sombres, rouges et noirs, par l'oued Reraïa.

À droite, quasiment invisibles sur leur piton rocheux, se dressent le **village** et la **zaouïa de Moulay Brahim**, fondée vers 1658 (route sur la dr. avant l'entrée dans Asni). Petit-fils d'Abdallah ben Husaïn, ce saint est invoqué pour guérir la stérilité féminine. La tradition veut que l'on accroche des chiffons aux arbres pour « engager » le saint homme, le lier à la promesse « arrachée » par les prières et les dons.

Un moussem célèbre s'y tient 10 jours après le Mouloud (anniversaire du Prophète). On y sacrifie rituellement une chamelle dans des conditions de plus en plus controversées. Âmes sensibles s'abstenir.

ASNI

À 48 km S de Marrakech par la R203. Souk : le sam.

À 1150 m d'altitude, cette grosse bourgade berbère s'inscrit dans un beau cadre de vergers, au cœur du cirque de Tamaraout. Somnolente dans son écrin d'oliviers et d'amandiers, elle ne se réveille vraiment que le samedi, jour du **souk** : toutes les communautés villageoises s'y retrouvent alors.

PARC NATIONAL DU TOUBKAL ✧✧✧

À 52 km S de Marrakech. À la sortie d'Asni, tournez à g. sur la P2005 en dir. Imlil.

Vallées encaissées et verdoyantes, crêtes déchiquetées, steppes désolées, éboulis de roches d'origine volcanique, lac perché, etc., le vétéran des parcs nationaux marocains (créé en 1942) réserve de superbes paysages aux randonneurs. Même en hiver, l'ensoleillement y est exceptionnel ! D'une superficie totale de 100 000 ha, il chevauche la partie centrale du Haut Atlas, entre les vallées du N'Fiss à l'ouest et celle de l'Ourika à l'est. Si les lynx y ont malheureusement disparu, ses vastes étendues abritent encore la plus importante population de **mouflons à manchettes** d'Afrique du Nord.

Écomusée ✧

À 52 km S de Marrakech. À la sortie d'Asni, tournez à g. sur la P2005 dir. Imlil. Le musée se trouve sur la dr. après l'hôtel Kasbah Tamadot. Rens. : www.parc-national-toubkal.ma. Visite réservée uniquement aux scolaires.

On vous y présente le mouflon à manchettes *(Ammotragus lervia)*, le gypaète barbu *(Gypaetus barbatus)*, le singe magot *(Macaca sylvanus)* ou le genévrier thurifère.

Autour du bâtiment, un **circuit vert** (6 km) permet de se familiariser avec les arbres et les plantes de la région : le genévrier rouge, le chêne vert, le pin d'Alep, le caroubier, etc.

RANDONNÉE *L'ascension du Toubkal*

Se lancer à l'assaut du Toubkal n'est pas de tout repos. Seuls les **bons marcheurs** atteindront la cime de ce monument de granit et de lave qui, du haut de ses 4167 m d'altitude, domine tous les sommets d'Afrique du Nord. L'itinéraire classique passe par Sidi Chamharouch (2 310 m d'alt.) et le marabout de celui qu'on appelle le roi des djinns, un saint connu pour guérir stérilité féminine, rhumatismes et « maladies spirituelles ». Le sentier est bon, la montée progressive. Évitez le camping sauvage et passez la **nuit au refuge CAF** du Toukbal (3 200 m d'alt.) : vous aurez besoin de toutes vos forces le lendemain pour attaquer éboulis et arête sommitale, où vous attend un panorama XXL. Le Toubkal surplombe tous les sommets environnants et offre une vue irremplaçable sur la plaine du Haouz et Marrakech (au N) et la Hamada du Drâa (au S). À la descente, si vous voulez faire un détour par les cascades d'Irhouliden, mieux vaut réserver encore une nuit au refuge CAF de Tazahart (3 200 m d'alt.). Sachez, d'autre part, que cette ascension est la seule occasion au Maroc d'apercevoir un **gypaète barbu**, ce rapace en voie de disparition dont l'envergure peut atteindre les 2,80 m.

> *Dénivelé : 2460 m. Prévoir 2 jours minimum.* ***Bureau des guides d'Imlil*** *: sur la g. à l'entrée du village* 📞 *05 24 48 56 26, www.bureaudesguidesimlil.com. Comptez 165 €/pers. pour 2 j. comprenant l'hébergement, la nourriture, le guide et les muletiers.*

^ La mosquée de Tin Mal

IMLIL ✧

À 64 km S de Marrakech par la P203 et P2005. Parking : dans le village, payant (10 Dh/j.). Accès en grand taxi uniquement (depuis Marrakech ou Asni). Le transfert depuis Marrakech peut être organisé avec le bureau des guides *(encadré p. 277)*. Souk : le sam.

Fraîcheur garantie en été dans ce village perché à 1740 m d'altitude et surnommé « le Katmandou marocain ». Ombragé de noyers, pruniers et cerisiers, il est le **point de départ des randonnées vers le Toubkal**, la « montagne des montagnes » pour les Berbères. Son ascension ne peut se faire en une journée et nécessite toute une logistique *(encadré p. 277)*. C'est pourquoi Imlil compte aujourd'hui une cinquantaine de guides officiels, davantage de faux guides et plus de 350 muletiers !

Mais des **balades à la journée** séduiront les « petits marcheurs ». En moins d'une heure, ils peuvent atteindre Aremd (1904 m d'alt.), un village traditionnel qui surplombe Imlil, ou pousser par un sentier muletier jusqu'à Sidi Chamharouch (2310 m d'alt., comptez 4h30 A/R).

MOSQUÉE DE TIN MAL ✧✧

À 107 km de Marrakech (2h30) par la R203. Sur la dr. de la route, 5 km après Talat-n-Yâcoub. T.l.j. 9h-18h. Donation au gardien.

Sobriété et noblesse des lignes, enfilades d'arcades en brique rose, délicate ornementation du *mirhab*, etc., cette mosquée à ciel ouvert est une pure merveille ! Vous y serez fort probablement seul, ce qui accentue considérablement le charme de la visite. En tant que foyer spirituel des Almohades, Tin Mal est aussi l'un des sites historiques les plus importants du pays. Bâtie par Abd el-Moumen en 1153, la mosquée est délaissée et en partie détruite lorsque les Mérinides s'emparent du pouvoir en 1276. Restaurée dans les années 1990, après son inscription au patrimoine mondial de l'Unesco, elle n'est plus consacrée, ce qui en permet l'accès aux non-musulmans.

COL DU TIZI-N-TEST ✧✧

À 140 km (3h) de Marrakech par la R203.

L'ascension du col est assez raide, mais spectaculaire. Du haut de ses 2092 m, le Tizi-n-Test offre **une vue imprenable** sur la vallée du Souss et ses arganiers sauvages, 2000 m en contrebas. La route serpente entre les plissements abrupts des montagnes, dans un univers minéral d'une beauté rude.

> De là, vous pouvez soit retourner à Marrakech, soit continuer vers Taroudannt (p. 355) et Agadir (p. 349) par une descente très abrupte d'une trentaine de kilomètres.

• NOS ADRESSES •

DÉSERT D'AGAFAY

OÙ DORMIR

The Stone Camp

Km 25 sur la R212, commune d'Agafay 06 62 80 08 23 ou 06 62 80 08 74, www.scarabeocamp.com. 15 tentes de 50 m2 dont 5 familiales : 2 450 Dh en demi-pension pour 2 pers. Déjeuner-piscine : 350 Dh-435 Dh. Nombreuses activités : balade en quad ou buggy, en VTT ou à cheval, astronomie, yoga, massage relaxant, etc. Plus de 140€ (1 500 Dh)

À 45 min de Marrakech, un bivouac très haut de gamme où vous dormirez dans un lit moelleux, entre des draps tout doux. À la nuit tombée, l'atmosphère est féerique. Le dîner se déroule à la lueur des bougies.

Inara Camp

Route de Mahmid, Agafay 05 24 20 50 70, www.inaracamp.com. 18 tentes de 25 à 35 m² tout confort. Piscine. À partir de 2 100 Dh pour 2 pers., petit déj. inclus.

Dans ce camp de luxe, l'énergie est quand même fournie essentiellement par le solaire, et comble du raffinement, certaines tentes disposent l'hiver d'un poêle à bois. Sur place, les activités proposées sont innombrables : quad bien sûr, e-bike, équitation, pétanque, yoga mais aussi paddle sur le lac de Lalla Takerkoust. On peut se contenter d'y faire escale pour un *day pass* incluant piscine et déjeuner (450 Dh par pers.). Ou d'un dîner sous tente privée.

Voulez-vous « glamper » avec moi ?

La déferlante du *glamping*, comprenez « camping glamour », n'épargne pas le Maroc. Les paysages grandioses et les étendues désertiques dont le pays regorge se prêtent particulièrement bien à l'exercice. À la nuit tombée, les dunes des **ergs Chebbi** et **Chegaga** scintillent dorénavant de mille feux : ceux des **campements de tentes caïdales** où les voyageurs font l'expérience d'une **nuit dans le désert**. Mais ces lodges ont aussi poussé aux environs de Marrakech, dans le **désert d'Agafay** et le long de la **vallée du Drâa**. Parfois posées sur des soubassements en dur, leurs tentes offrent tout le confort souhaité : lits avec draps, salle de bains avec douche, coin salon, terrasse privative, etc. Rien n'est trop beau ! L'expérience a cependant un prix et, pour la vivre, il faut généralement débourser un minimum de 200 € pour deux personnes en demi-pension.

> ***The Stone Camp*** *p. 279.*

> ***Inara Camp*** *p. 279.*

> ***Dar Azawad*** *p. 309.*

> ***Caravanserail Luxury Desert Camp*** *p. 342.*

SPORTS ET LOISIRS

E-bike

Fly me to the moon

07 02 01 97 17 / 27, www.ebikemarrakech.com. À la demi-journée, balade confort, rando découverte ou sportive, 790 Dh/pers.

Jorg Hysek et Thierry Chardonnens ont eu l'idée de proposer des balades en VTT électriques dans le désert d'Agafay. Et ça, c'est dans l'air du temps.

Quad et buggy

Marrakech Quad Évasion

06 73 33 22 67 ou 06 54 82 28 07, www.marrakech-quad-evasion.com. La journée quad : 140 € (conducteur), 60 € (passager). La journée buggy : 200 € (conducteur), 80 € (passager).

Équitation

Les Cavaliers de l'Atlas

Douar Oumnass 06 72 84 55 79 ou 06 61 15 76 20, https://horseatlasconcept.com. Pour 2h30 à travers le désert d'Agafay, comptez 1 050 Dh/pers. et 1 180 Dh pour l'apéritif au coucher de soleil.

IMLIL

OÙ DORMIR

Douar Samra

À Tamatert, à 2 km à l'E d'Imlil 05 24 48 40 34 ou 06 36 04 85 59, www.douar-samra.net. 12 ch. Wifi dans la maison principale. Moins de 75 € (800 Dh)

Pour profiter de la magie de cette ravissante maison d'hôtes située en plein cœur du village berbère de Tamamert, optez pour les chambres éclairées à la bougie de la maison principale. Sinon, celles qui sont disséminées dans le jardin ont l'électricité. Ici, les délicieux repas sont pris en commun autour d'une véritable table d'hôtes. Les plus jeunes apprécieront la présence de l'âne Jules, et de la famille de shih tzu, des chiens originaires du Tibet.

Vue depuis le jbel Toubkal

LAC DE LALLA TAKERKOUST

OÙ DORMIR

Jnane Tihihit

Douar Makhfamane 05 24 38 73 52 ou 06 62 16 32 26, www.jnane-tihihit.com. Ch. doubles (870 Dh), triples (1250 Dh) et *douirias* de 1 à 6 pers. (2100 Dh). Hammam traditionnel. Déj. : 150-250 Dh ; dîner : 170 Dh. Bassin de baignade. Autour de 100 € (1 000 Dh)

Dans cette belle ferme d'hôtes, labellisée Clef verte, une dizaine de chambres sont réparties entre le bâtiment principal et quatre *douirias* (petites maisons en pisé), où vous pourrez suivre des stages de cuisine, de Tadelakt *(encadré p. 406)*, de photo. L'exploitation possède ses vaches, sa basse-cour, ses oliviers et ses vignes centenaires. Le pique-nique sous la treille au bord du lac remporte un grand succès.

SPORTS ET LOISIRS

Sports nautiques

Jet Atlas

Lac de Lalla Takerkoust, 1ère route à g. du barrage 06 76 17 99 78, www.jet-atlas.com. Tte l'année. Combinaison et gilet de sauvetage fournis. Piscine. Restaurant.

Grand choix d'activités : jet-ski (400 Dh/ 15 min, supplément pour le passager), wakeboard ou ski nautique (800 Dh/15 min), mais aussi flyboard, hoverboard, banane, bouée, etc.

OUIRGANE

OÙ DORMIR

L'Oliveraie de Marigha

Douar Marigha, km 57, sur la R203, à 10 km S d'Asni 05 24 48 42 81 ou 06 61 31 04 82, page Facebook. 2 ch. (900 Dh) et 5 suites (1300 Dh). Clim. Wifi. Hammam et spa. Ping-pong, minigolf. 2 piscines dont 1 de 200 m^2. Autour de 95 € (1000 Dh)

De spacieuses chambres et suites réparties dans six bungalows disséminés au calme dans un jardin planté d'oliviers, à l'écart de la piscine. Une bonne table où l'on vous servira du vrai pain berbère tout chaud et des plats traditionnels ou français.

VALLÉE DE L'OURIKA

SPORTS ET LOISIRS

Centre aquatique

Oasiria

Km 4, sur la route d'Amizmiz (R203) 05 24 38 04 38, www.oasiria.com. T.l.j. 10h-18h. Attractions : fin mars-déb. oct. Entrées : 270 Dh et 170 Dh (enf. de - 1,50 m). Gratuit pour les enf. de - 0,80 m. Navette gratuite : fin mars-mi-oct. devant l'Hôtel Islane, à Marrakech. Restaurant et cafés.

L'entreprise fait tout pour être à la hauteur de son slogan choc : « La mer à Marrakech » ! Sur 10 ha arborés (ah, les palmiers !), le centre offre la plus grande piscine à vagues de toute l'Afrique, une batterie de toboggans, une descente en bouée, un mur d'escalade, du beach- volley, etc. L'hiver, les prestations sont limitées.

Parapente

Uno Aventure

06 61 23 24 98, 06 70 10 73 53 ou 06 85 74 03 87 (numéro français), www.aironeparapente.com. Vol découverte (15 min) : 900 Dh.

Vous pourrez effectuer votre baptême de l'air en parapente depuis le plateau du Kik (p. 272).

FÊTES ET FESTIVALS

Moussem de Setti Fatma

Vers la mi-août. À Setti Fatma (p. 274).

Rassemblement de pèlerins autour du tombeau d'un saint local donnant lieu, trois jours durant, à des célébrations festives : chants, danses, musiques, etc.

Moussem de Moulay Brahim

Dix jours après l'anniversaire du Prophète. À Moulay Brahim (p. 276).

Grand pèlerinage donnant lieu à des célébrations religieuses et folkloriques. Rassemblement de musiciens gnaouas. Sacrifice d'une chamelle blanche dont le sang est supposé fertiliser la terre. Âmes sensibles s'abstenir.

TAHANAOUT

SPORTS ET LOISIRS

Parcours aérien

Terres d'Amanar

8 km après Tahanaout, sur la R203 05 24 43 81 03, www.terresdamanar.com. T.l.j. 10h-17h. Accès piscine avec déj. ou 2 activités achetées (sinon 150 Dh ou 100 Dh après 14h). Activités à partir de 100 Dh.

Ce parc, qui dispose d'hébergements, se veut une « réserve naturelle d'énergie ». À demeure : randonnée pédestre ou à VTT, équitation, tir à l'arc. Il s'est surtout fait connaître par son « accro-park », où sept parcours, incluant pont de corde et autres tyroliennes, procurent sueurs froides et frissons.

TNINE L'OURIKA

OÙ DORMIR

Le Douar berbère

Route P2010 06 30 17 82 54, www.dardb.com. 2 ch. (900 Dh) et 5 suites (à partir de 175 €). Wifi sur demande. Hammam. Restaurant. Ne sert pas d'alcool. Piscine. Autour de 95 € (1 000 Dh)

L'espace ne manque pas pour ce petit hôtel perdu au milieu d'une oliveraie de 5 ha. Les chambres mesurent au moins 25 m², et les suites entre 66 et 90 m² ! La vue depuis la terrasse et la piscine embrasse les vergers de la vallée de l'Ourika et les cimes de l'Atlas. Dans l'assiette, les produits du potager. Parmi les activités possibles : yoga, cours de cuisine, balade à vélo, etc.

Coup de cœur de l'auteur

LE JARDIN ANIMA : RETOUR AU PARADIS

Aux portes de Marrakech, la route file droit à travers la plaine du Haouz.

Au printemps, une chevelure de verdure et de fleurs couronne la tête en mosaïque bicolore du « roi de l'Afriq

Dans la poussière des bas-côtés, alternant avec les échoppes de potiers, de vanniers et de ferronniers, les hauts murs de pisé des résidences privées et des hôtels de luxe disparaissent sous des cascades de bougainvilliers et d'hibiscus. Au loin, les sommets enneigés de l'Atlas servent de boussole.

Après une trentaine de kilomètres, un panneau sur la droite indique le jardin Anima : suivez la piste qui s'enfonce au milieu de champs arides semés de chardons rabougris et préparez-vous à l'éblouissement !

LE PARADIS RETROUVÉ

Le vaste portail barré de larges bandes multicolores donne le ton : à peine franchi, l'ocre terreux de la plaine cède le pas à une véritable explosion de couleurs ! Les teintes de vert se déclinent à l'infini, ponctuées des taches colorées des fleurs, des sculptures et des statues qui surgissent à l'improviste au milieu des frondaisons. Tel est le paradis imaginé par André Heller, comme un baume pour l'âme, un cocon régénérant à l'écart du bruit et de la fureur du monde. Ici, pas de mode d'emploi, pas de plan ou d'itinéraire balisé, mais comme seul viatique pour la visite une consigne : se livrer tout entier à la beauté et à la douceur, nez au vent et sens en éveil !

Un voyage initiatique

Aiguisez votre regard pour débusquer les mille clins d'œil disséminés un peu partout. Ici, un totem de Keith Haring, artiste qui, de son propre aveu, cherchait non pas à imiter la vie, mais à l'inventer, là, non loin d'un sublime jardin de cactus géants, des assiettes de Picasso incrustées dans un mur de céramique. Puis, au détour d'une allée de palmiers aux troncs arc-en-ciel, une curieuse arche de Noé tatouée du mot « espoir » en quatre langues et, lui tournant le dos, un moulage du Penseur de Rodin.

Plus loin encore, la **tête géante** du « roi de l'Afrique » crachant un nuage irisé de gouttelettes d'eau ou un âne en costume trois-pièces, affectueux hommage à un animal si précieux pour le pays.

Et soudainement, une maison en miroir qui, en renvoyant au promeneur sa propre image, l'invite à se poser la question de sa place dans cet univers onirique. Éclaboussés de lumière, plongés dans la fraîcheur ombragée d'une voûte de bambous ou d'une tonnelle de rosiers, les sentiers tortueux de ce jardin d'Éden évoqueraient-ils les chemins entremêlés de la vie ?

PRATIQUE

Accès

Au km 30 sur la route de l'Ourika (P2017), piste indiquée sur la dr.

Navettes gratuites : tte l'année ; en été (juin à sept.) 2 à 3 par jour, du jeudi au dimanche. Départ du parking de la Koutoubia (Marrakech) à 9h30 et 14h. Départ du jardin à 12h30 et 17h. Résa conseillée. Sur place, le café Paul Bowles, installé sur le toit (jus de fruits, smoothies, crêpes à la marocaine, tajines, etc.).

Trajet :

40 min.

Infos pratiques :

☎ 05 24 48 20 22, www.anima-garden.com. T.l.j. 9h-18h, jusqu'à 15h pendant le ramadan. F. 4 j. pour l'Aïd el-Fitr et l'Aïd el-Kbir.

Budget

Entrée du jardin : adulte 120 Dh, enfant 12-16 ans 60 Dh, gratuit pour les - 12 ans.

19

LA ROUTE DU TIZI-N-TICHKA ✧✧✧

D'une beauté saisissante, la route vertigineuse qui franchit le col du Tichka justifie à elle seule l'escapade ! Chaque tour de roue réserve des paysages spectaculaires, et d'une telle amplitude que l'œil peine à les embrasser d'un seul regard. Pour ne pas perdre une miette de cette splendeur, bifurquez à mi-chemin vers la vallée de l'Ounila, une coulée verte creusée dans le chaos ocre de la roche. Elle vous mènera jusqu'au hérissement de tours de la kaskah de Telouèt et jusqu'au ksar des Aït Benhaddou, le plus bel exemple de village fortifié du Sud marocain.

PRATIQUE

- Plan p. 258-259
- Nos adresses p. 291

Se déplacer

En voiture particulière ou avec les services d'une agence de voyages. Attention, les bus **CTM** ou **Supratours** reliant Marrakech à Ouarzazate s'arrêtent uniquement à Touama et, très rarement, au col. Possibilité d'excursion à la journée au départ de Marrakech incluant la kasbah de Telouèt et le ksar des Aït Benhaddou.

Meilleure période

D'avril à octobre, tout en sachant que les neiges hivernales embellissent encore le paysage.

Conseils

Faites le plein d'essence sur la N9 à la sortie de

La route du Tizi-n-Tichka

L'ESSENTIEL

À ne pas manquer

La kasbah de Telouèt ; le ksar des Aït Benhaddou.

Expériences

Dormir dans une kasbah.

De Marrakech au col du Tizi-n-Tichka ✧✧

Les choses sérieuses commencent à **Aït Ourir** (à 30 km au S-E de Marrakech, souk le ven.) avec la traversée du Zate, un oued qui coule dans une vallée encore complètement préservée du tourisme. Vous laissez alors la plaine du Haouz derrière vous pour aborder les contreforts de l'Atlas sur une route percée dans les années 1920 par la Légion étrangère.

TIZI-N-AÏT-IMGUER ✧✧

À 70 km au S-E de Marrakech par la N9.

C'est le premier col que vous rencontrerez. Depuis ses 1470 m d'altitude, il plonge directement sur un superbe cirque de montagne hérissé de pitons et dominé par le jbel Tistouit (3 230 m d'alt.).

En contrebas, le profil de quelques kasbahs et villages tassés sur eux-mêmes.

Après le col, les cultures en terrasses, les lauriers roses et les arbres fruitiers cèdent peu à peu la place aux pins d'Alep et aux chênes verts, puis aux affleurements dénudés de roches sombres.

Marrakech ou, au plus tard, à Aït Ourir.

Bon à savoir

Attention, entre décembre et mars, le col du Tizi-n-Tichka peut être fermé : se renseigner en téléphonant à la gendarmerie royale de Touama : 05 24 48 49 98.

De nombreux camions empruntent la N9. Soyez extrêmement prudent si vous essayez de les doubler, la route bien que considérablement élargie par endroits reste parfois très étroite, et les à-pics vertigineux.

Parmi les auto-stoppeurs se cachent de faux guides : ils essaieront de vous entraîner dans une échoppe de minéraux ou vous inviteront chez eux pour un couscous qui se révélera... payant.

< L'intérieur de la kasbah de Telouèt

APRÈS TADDERT ✧

À 93 km au S-E de Marrakech par la N9.

La route en lacet prend son véritable élan après le village de Taddert : les villages, de plus en plus austères, se font rares et le paysage, âpre, devient presque exclusivement minéral.

Le long du parcours, les étals de géodes et de fossiles se multiplient. Des faux pour la plupart, colorés à l'encre, habilement gravés dans la pierre et discrètement reconstitués avec de la colle.

COL DU TIZI-N-TICHKA ✧✧✧

À 108 km S-E de Marrakech par la N9 (2h20).

Vous l'aurez peut-être deviné, *tizi* signifie « col » en berbère. Celui du Tichka, c'est-à-dire « des pâturages », culmine à 2260 m d'altitude. Dénudé et balayé par les vents, il constitue le passage routier le plus élevé du Maroc. Il marque aussi la frontière entre deux mondes : celui du Nord avec ses plaines fertiles, ses vallées riantes parcourues de torrents, et celui des vastes étendues arides et brûlées par le soleil du Grand Sud.

HISTOIRE

Le Glaoui

La puissance de **Thami el-Glaoui** (1879-1956), le dernier grand seigneur féodal du Maroc, était avant tout économique. Sa fortune lui venait en particulier de l'exploitation de mines de sel et de nombreuses terres qu'il rachetait aux paysans en période de disette. Mais il avait aussi d'autres sources de revenus moins orthodoxes : surnommé le « grand bordelier », il prélevait 25 % sur les entrées des maisons closes du quartier de Bab el-Khemis où officiaient plus d'un millier de prostituées. Il était connu pour son train de vie aussi dispendieux que fastueux, pour ses nombreuses conquêtes et les réceptions somptueuses qu'il organisait.

Du col du Tichka à Ouarzazate par Telouèt et la vallée de l'Ounila ✧✧✧

104 km (2h10) de route. 4 km après le col du Tizi-n-Tichka, prenez à g. la route P1506. 10 km de piste praticable avec un véhicule de tourisme, puis route goudronnée.

C'est par un tournant à 180° que la route menant à Telouèt et à la vallée de l'Ounila se détache de la nationale. Les premières centaines de mètres de cette ancienne piste caravanière peuvent impressionner par leur déclivité et leur absence de revêtement goudronné, mais ne vous laissez surtout pas intimider : il suffit de rouler lentement en profitant du paysage sauvage !

Après une petite vingtaine de kilomètres dans un décor minéral accidenté, vous verrez se profiler le bourg de Telouèt. Planté à 1800 m d'altitude, au bord de l'oued Imarene, il est le fief de la tribu des Glaouas, à laquelle appartenait le dernier pacha de Marrakech.

KASBAH DE TELOUÈT ✧✧

À 128 km S-E de Marrakech (3h), 19 km depuis l'embranchement de la P1506. Piste à dr., à la sortie du village de Telouèt. Parking payant.

Sa silhouette crénelée surmontée de nids de cigogne surgit à l'improviste, entre les ruines d'une ancienne ceinture de remparts aujourd'hui presque entièrement disparue. Difficile, de prime abord, de comprendre l'agencement de ce chaos de murs, de tours et d'arcades entremêlés. Il faut s'en approcher pour en distinguer les différentes parties : l'une construite au XIXe s. sur un édifice précédent, l'autre au milieu du XXe s. par Thami el-Glaoui *(encadré ci-contre)*, dont la région était le fief d'origine.

La position clé de la kasbah sur la route des caravanes reliant le Soudan à Marrakech explique aussi son importance : les marchands, en butte aux fréquentes attaques des pillards, y louaient des escortes et y trouvaient sécurité, repos et approvisionnement. En échange, bien sûr, de lourds tributs qui venaient grossir la fortune déjà considérable du Glaoui.

Appartements privés ✧✧

T.l.j. 9h-17h. Plein tarif : 20 Dh.

Seule une infime partie de ce dédale de cours, de patios, de couloirs, escaliers et salons, où vivaient près de 1000 personnes, a miraculeusement survécu. Vous pourrez vous y faire une idée du raffinement, tout citadin, dont Thami el-Glaoui aimait à s'entourer : sols de marbre, murs couverts de zelliges et de stucs finement sculptés, plafonds de cèdre peint, etc.

PAUSE AVEC VUE

Le Lion d'or

Construite au bord d'une vallée cultivée, à deux pas de la kasbah de Telouèt, la petite auberge familiale du **Lion d'or** est une étape idéale pour se restaurer en terrasse d'une salade marocaine, d'une omelette berbère ou d'un délicieux tajine avant d'attaquer la découverte de la vallée de l'Ounila. Vous pouvez aussi vous y arrêter juste pour un thé à la menthe, un café, une orange pressée ou, en saison, un jus d'amande et de datte. La maison met aussi des chambres à disposition.

> *05 24 88 85 07. T.l.j.*

La kasbah de Tamdaght dans la vallée de l'Ounila

Depuis le toit-terrasse, belle vue sur le village de Telouèt et les cimes alentour.

VALLÉE DE L'OUNILA ✧✧✧

À 56 km entre Telouèt et la N9 qui rejoint Ouarzazate (1h10).

Passé Telouèt, un moutonnement de collines ocre et rouges remplace rapidement les éboulis de roche sombre des sommets. Dans la lumière blonde des fins d'après-midi, les contrastes se font plus intenses, les couleurs s'illuminent, les reliefs se dessinent avec une précision éblouissante.

La **magnifique route** qui longe la vallée verdoyante de l'oued Ounila commence véritablement une dizaine de kilomètres après Telouèt. Cultures en terrasses, villages de pisé aux maisons plates et **kasbahs**, pour beaucoup en ruine, s'y succèdent. Ne ratez pas celle d'Anemiter, au tout début de la vallée, puis celle d'Anguelz et enfin, une trentaine de kilomètres plus loin, celle de **Tamdaght** qui appartenait autrefois à la famille du Glaoui. C'est entre ses murs que la famille du général Oufkir, le principal instigateur du coup d'État raté de 1972 contre le roi Hassan II, passa ses premiers mois de détention.

KSAR DES AÏT BENHADDOU ✧✧✧

À 177 km S-E de Marrakech (4h) par la N9, puis la P1506. Toujours ouvert. Entrée gratuite par le pont (parking au pied de la mosquée, en face de la pharmacie Aït Benhaddou). Autre entrée possible par la porte S-E (parking 800 m plus loin, au niveau du complexe touristique La Kasbah, et traversée de l'oued sur des sacs de sable en donnant un pourboire aux enfants) qui donne accès à une partie encore habitée du ksar (droit d'accès 10 Dh permettant de visiter deux anciennes kasbahs).

Magnifique village fortifié (*ksar*), tout de terre et de bois, le ksar des Aït Benhaddou est le fleuron incontesté de la vallée de l'Ounila. Ses kasbahs crénelées et ses modestes habitations, perchées sur un promontoire dominant le lit de l'oued, s'entassent pêle-mêle derrière de hautes murailles défensives qui lui donnent un aspect de citadelle imprenable. Daté par certains du XIe s., bien que ses plus anciennes constructions ne remontent qu'au XVIIe s., le site est inscrit depuis 1987 sur la liste du patrimoine mondial de l'Unesco en tant que formidable synthèse d'architecture présaharienne en terre.

Fixé sur la toile dans les années 1930 par le peintre Jacques Majorelle, le ksar continue de séduire les cinéastes, qui trouvent dans son dédale de ruelles enchevêtrées un décor parfait pour leurs films (*Lawrence d'Arabie, Jésus de Nazareth, Le Diamant du Nil, Kundun, Gladiator, Babel*, etc.). Une poignée d'irréductibles habitants refusant de s'installer dans le nouveau village, sur la rive opposée de l'oued, l'occupe encore et de nombreuses boutiques d'artisanat y ont désormais élu domicile.

> À partir de l'entrée du pont, un chemin balisé permet de monter jusqu'au grenier et de ressortir par la porte sud-est, qui ouvre directement sur le lit de l'oued.

Grenier fortifié ✧✧

Toujours accessible. Pas de visites à l'intérieur.

Il occupe le point culminant de la colline et pourrait bien être le noyau autour duquel s'est progressivement constitué le ksar. Grimpez-y pour profiter de la vue à 360° sur le lacis des ruelles et la campagne environnante.

En redescendant, vous passerez devant l'entrée de l'ancienne mosquée qui, malgré sa restauration, n'est toujours pas ouverte à la visite.

Kasbahs privées ✧

En fin de parcours. T.l.j. 9h-17h. Tarif plein : 10 Dh.

Dans le sud du Maroc, le terme *kasbah* désigne une maison privée flanquée de tours d'angle et généralement constituée de cinq niveaux répartis autour d'un vide central. C'est le cas de celles que vous pouvez visiter en fin de parcours. Ces demeures, isolées en pleine campagne ou, comme ici, intégrées au tissu urbain, appartenaient bien sûr à des notables.

Depuis les tourelles perchées sur les terrasses, les serviteurs pouvaient monter la garde. L'une d'elles a conservé sa décoration de frises peintes.

> Pour atteindre Ouarzazate (30 km, 30 min), reprenez la P1506 vers le sud qui rejoint la N9 peu avant le village de Tazentoute.

⌄ Le ksar des Aït Benhaddou

Du Tizi-n-Tichka à Ouarzazate par la N9 ✧

À 90 km (1h30) par la N9.

Après le passage du col du Tizi-n-Tichka, la N9 plonge vers Ouarzazate, entre cultures en terrasses et maisons en pisé rouges, suivant de près ou de loin le cours de l'assif Imini. Les couleurs changent à mesure que l'on se dirige vers le sud, passant par toutes les nuances de l'ocre.

GRENIER FORTIFIÉ D'IGHERM-N-OUGDAL ✧

À 122 km de Marrakech par la N9 (2h30), à 14 km du col, sur la g. à la sortie du village, parking devant le restaurant Chez Mimi où demander le gardien. Donation indispensable.

Vous le reconnaîtrez à ses imposants murs de pisé aveugles qui dépassent en hauteur toutes les autres constructions du village. Ce grenier fortifié (*igherm* ou *agadir* selon les régions) daterait du XVIIe s. Sur trois niveaux, il comporte 84 cases familiales, des coffres-forts en quelque sorte, où les villageois enfermaient les grains et denrées périssables (orge, blé, maïs, noix, amandes, etc.) ainsi que leurs possessions les plus précieuses, comme les bijoux. Les Berbères restent très attachés à ces *agadirs*, symboles inviolables de solidarité communautaire.

KASBAH EL-MDINT ✧

En arrivant sur Ouarzazate, on entre dans le pays des mille et une kasbahs. À droite, à gauche, l'œil repère vite leurs tours crénelées, dentelées. Encore habitée, **El-Mdint** est bien conservée.

> Laissez sur votre g. la petite route goudronnée qui aboutit au ksar des Aït Benhaddou (p. 288) pour arriver à Ouarzazate (p. 297) par la porte du Grand Sud.

⌄ Paysage de la vallée d'Ounila dans la province de Ouarzazate

• NOS ADRESSES •

KSAR DES AÏT BENHADDOU

OÙ DORMIR

Kasbah Tebi

Porte Aït Ougram 06 61 94 11 53, www.kasbah-tebi.com. 4 ch. (400-500 Dh) et 3 suites (800-1000 Dh pour 2 pers.) dont 1 familiale (5 pers.). Bagages convoyés à dos de mule depuis le parking de l'autre côte de l'oued. Moins de 55 € (600 Dh)

♥ Pour prolonger la visite du ksar, pourquoi ne pas dormir sur place? Dans une grande kasbah familiale inscrite au patrimoine de l'Unesco! Les chambres sont ravissantes et, comme le reste de la kasbah, encore éclairées... à la bougie! Une volonté assumée des propriétaires qui veulent conserver l'atmosphère magique des lieux (électricité dans la salle commune pour recharger les portables). Bonne table d'hôtes. Magnifique vue de la terrasse où une cigogne a élu domicile.

Riad Ksar Ighnda

Douar Asfalou, 3 km avant Aït Benhaddou 05 24 88 76 44 ou 06 41 11 45 55. https://ksarighnda.com. 54 ch. et suites clim. Wifi. Minibar. Spa et hammam. Piscine chauffée. Plus de 160 € (1600 Dh)

Un agréable boutique-hôtel installé autour d'une belle piscine chauffée, dans un ensemble de bâtiments adossé à un authentique village berbère en pisé. Confort moderne dans les chambres coiffées de plafond en roseau et bois de palmier. Bar à cocktails et belle terrasse panoramique.

OÙ MANGER

Auberge Tamlalte

Face au ksar des Aït Benhaddou, au bout de la rue qui mène au pont 06 74 60 34 02. T.l.j. 7h30-20h. Tajines : 30-40 Dh. Wifi. Moins de 10 € (110 Dh)

Un emplacement de rêve, au bout du pont, avec, depuis la grande terrasse, une vue superbe sur l'oued et le ksar des Aït Benhaddou. Côté cuisine, on se régale de bonnes omelettes berbères (25 Dh), de poulet aux citrons (40 Dh) ou de brochettes.

TELOUÈT (ENVIRONS)

OÙ DORMIR

Kasbah Tigmi N'Oufella

Village d'Anguelz, à 12 km de Telouèt sur la P1506 06 68 45 00 12. 3 ch. doubles à quadruples. Moins de 65 € (700 Dh)

Une authentique kasbah dont les habitants et propriétaires berbères vous reçoivent avec chaleur et gentillesse. Chambres joliment aménagées avec plafond en bois de palmier. Magnifique vue depuis le toit-terrasse sur la vallée et le village d'Anguelz, peint par Majorelle. Très bonne table berbère et délicieux petit déjeuner.

COL DU TIZI-N-TICHKA (ENVIRONS)

OÙ MANGER

Dar Isselday

Douar Tisselday, route N9 50 km N de Ouarzazate 06 66 17 48 81, page Facebook. Tous les midis. Entrées : 40-50 Dh ; plats : environ 70 Dh. Menu complet : 90 Dh.

Une étape de charme sur la route du col du Tizi-n-Tichka pour un déjeuner marocain en terrasse avec une vue splendide sur la vallée. L'établissement propose également six jolies chambres d'hôtes avec salles de bains privatives.

Café restaurant Ferkla

2, route principale 05 35 78 68 48 ou 06 77 55 54 59. T.l.j. 8h-23h. Entre 10 et 20 € (110-220 Dh)

Deux belles terrasses, dont l'une en hauteur, avec vue sur les palmiers. Dans l'assiette : salades, omelettes, brochettes, kebabs, frites, etc. Grande fraîcheur des légumes du jardin et accueil particulièrement chaleureux.

OUARZAZATE et le Grand Sud

Le Grand Sud se mérite ! Pour sillonner ses palmeraies ombragées, parcourir ses terres brûlées par le soleil et fouler le sable du désert, il faut d'abord atteindre Ouarzazate, première étape après la traversée vertigineuse de l'Atlas. Toutefois, la récompense est à la hauteur de l'effort. Deux grandes routes déroulent devant vous leur ruban d'asphalte : celle qui pique au sud vers Zagora et M'Hamid en épousant la vallée du Drâa et sa guirlande d'oasis verdoyantes ; et celle qui fait cap à l'est, longe les reliefs de l'Atlas hérissés de kasbahs, se faufile dans les entailles des gorges du Dadès ou du Todra, pour rejoindre plus loin le Tafilalt et ses villages de terre fortifiés. Mais que vous choisissiez l'une ou l'autre, tout au bout vous attendent le moutonnement des dunes du Sahara, les troupeaux de dromadaires et le souffle chaud du chergui.

Les gorges du Dadès

Ouarzazate et le Grand Sud

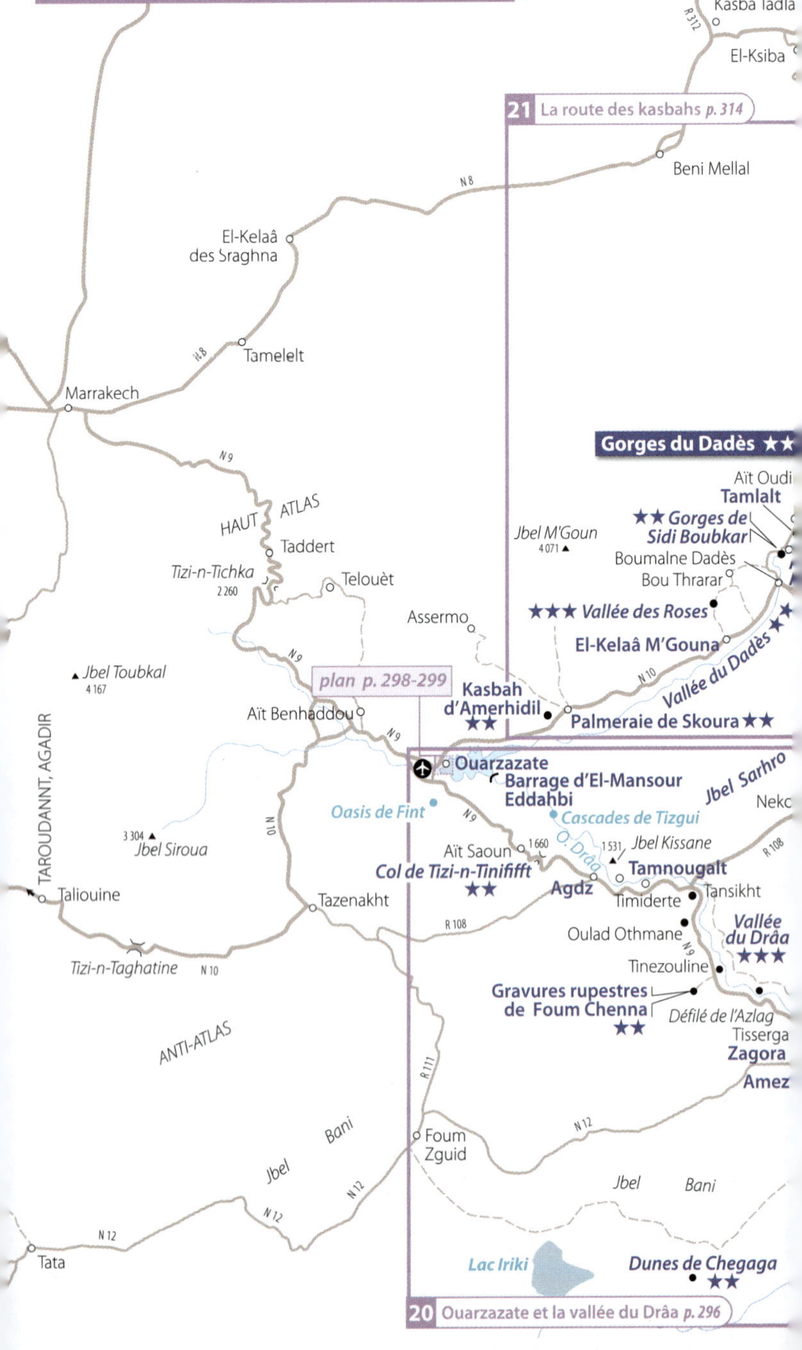

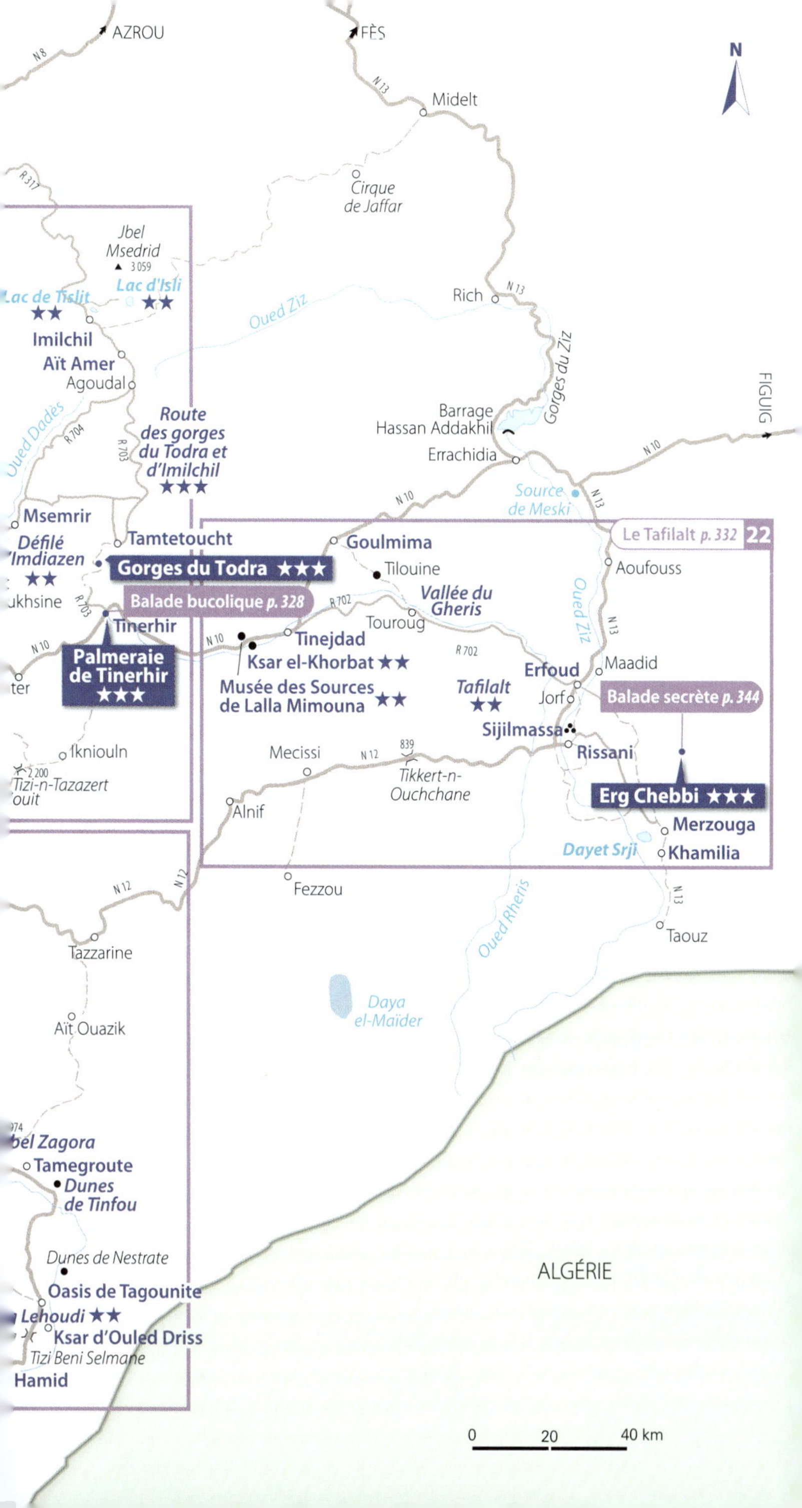

AZROU
FÈS
N 8
N 13
Midelt
R317
Cirque de Jaffar
Jbel Msedrid
3 059
Lac de Tislit ★★
Lac d'Isli ★★
Imilchil
Aït Amer
Agoudal
Oued Ziz
Rich
Gorges du Ziz
Route des gorges du Todra et d'Imilchil ★★★
R 704
R 703
Oued Dadès
Barrage Hassan Addakhil
Errachidia
FIGUIG
N 10
Source de Meski
Msemrir
Défilé 'Imdiazen ★★
Tamtetoucht
Gorges du Todra ★★★
Balade bucolique p. 328
Goulmima
Le Tafilalt p. 332
22
Tilouine
Aoufouss
ukhsine
Tinerhir
R 702
Vallée du Gheris
Touroug
Oued Ziz
Tinejdad
Palmeraie de Tinerhir ★★★
Ksar el-Khorbat ★★
Musée des Sources de Lalla Mimouna ★★
Tafilalt ★★
Erfoud
Maadid
Jorf
Balade secrète p. 344
ter
Sijilmassa
Iknioulн
Mecissi
N 12
839
Rissani
Tikkert-n-Ouchchane
2 200
Tizi-n-Tazazert
ouit
Alnif
Erg Chebbi ★★★
Merzouga
Dayet Srji
Khamilia
Fezzou
Oued Rheris
Taouz
Tazzarine
Daya el-Maïder
Aït Ouazik
bel Zagora
Tamegroute
Dunes de Tinfou
Dunes de Nestrate
ALGÉRIE
Oasis de Tagounite
Lehoudi ★★
Ksar d'Ouled Driss
Tizi Beni Selmane
Hamid
0
20
40 km
N

20

OUARZAZATE et la vallée du Drâa ✧✧✧

À la croisée des routes, Ouarzazate a vu longtemps défiler les caravanes en provenance de Gao et de Tombouctou. La kasbah de Taourirt est là pour rappeler ses grandes heures, quand le Glaoui régnait encore sur la région. Mais son nom en zigzag résonne plus aujourd'hui comme une promesse de rêves sur grand écran. Devenue une petite Hollywood sur sable, Ouarzazate ouvre ses studios aux amateurs du 7e art qui y font escale avant de s'élancer vers le sud. Vers les paysages sublimes et les oasis riantes de la vallée du Drâa, vers les dunes de sable doré et l'immensité du Sahara.

PRATIQUE

- **Plan p. 298-299**
- **Nos adresses p. 309**

Accès

En avion

L'aéroport de **Ouarzazate** (📞 05 24 88 22 97 ou 080 1000 224, gratuit depuis un fixe) se situe à 3 km du centre-ville, que l'on rejoint en taxi (50 Dh la journée, 75 Dh la nuit). L'aéroport de **Zagora** est à 15 km au S de la ville. Pour rejoindre le centre-ville : ni navette ni bus ; il faut prendre un taxi (comptez 200 Dh, surtout si vous arrivez de nuit).

En voiture

Depuis Marrakech, vous relierez Ouarzazate par la N9 en 3h50 env. Comptez 3h de plus pour Zagora.

En bus

Les compagnies **CTM** et

L'ESSENTIEL

À ne pas manquer

La kasbah de Taourirt à Ouarzazate.

Expériences

Faire son cinéma à Ouarzazate-Ouarzawood ; dîner à la marocaine à la Maison traditionnelle du ksar d'Ouled Driss ; bivouaquer dans le désert.

Ouarzazate ✧

Enfant chérie des cinéastes qui viennent y tourner leurs péplums et leurs westerns, Ouarzazate a de quoi déconcerter !

À la seule évocation de son nom, un mélange de tamazight (*ouar* : « absence ») et d'arabe (*zazate* : « bruit »), l'imagination se déchaîne. Pourtant de prime abord, avec ses larges avenues tracées au cordeau par les Français qui la fondèrent en 1928, la ville n'a rien d'exceptionnel.

Sa nature profonde se cache ailleurs, dans l'âme de ses habitants habitués à vivre à la croisée des cultures : celles des Touaregs, des Berbères, des Arabes et, depuis plus de 30 ans, celle du 7e art et des stars du grand écran qui l'envahissent régulièrement pour y tourner des films !

VILLE MODERNE

Plan B2.

Elle est traversée d'est en ouest par l'avenue Mohammed-V, longue de plusieurs kilomètres.

Le centre-ville se situe autour de la **place El-Mouahidine**, une vaste esplanade rectangulaire bordée de magasins et de cafés, qui s'anime à la tombée de la nuit quand les gamins du quartier viennent y courir derrière un ballon. Elle

Supratours assurent des liaisons entre Marrakech et Ouarzazate (4h15 à 5h) et Ouarzazate et Zagora (3h env.).

Se déplacer

En voiture, mais le 4×4 n'est vraiment indispensable que pour le désert.

Ouarzazate : à pied entre le centre-ville et la kasbah de Taourirt ; en petit taxi pour se rendre aux studios de cinéma.

Vallée du Drâa : depuis Ouarzazate, les bus CTM vont jusqu'à Zagora (3 fois/j., 3h de trajet, 55 Dh) et M'Hamid (1 fois/j., 5h de trajet, 75 Dh). D'autres compagnies assurent le trajet Ouarzazate-Agdz-Zagora-M'Hamid (se renseigner à la gare routière). À Zagora, les grands taxis qui attendent sur le bd Mohammed-V à la gare routière (près de la nouvelle mosquée) →

Ouarzazate

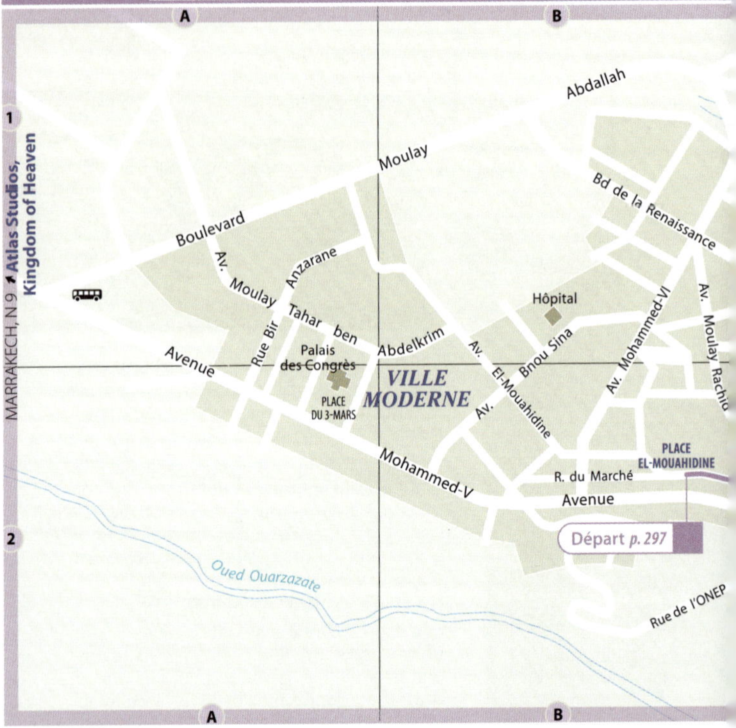

communique avec la rue du Marché qui donne accès au **souk**, un quadrillage d'échoppes où les vêtements usagés voisinent avec les appareils électroniques et les denrées comestibles avec les objets artisanaux. À ce niveau de l'avenue Mohammed-V se trouvent de nombreuses administrations, des banques et des restaurants.

KASBAH DE TAOURIRT ✧✧

Plan D2 – À l'angle de l'av. Mohammed-V, en face de l'av. Annasr, et du musée du Cinéma. T.l.j. 8h-17h. Plein tarif : 20 Dh.

Au pays des mille et une kasbahs, ce palais-forteresse tout en pisé, en torchis et en bois est l'un des plus vastes et des mieux conservés du Maroc ! Mais son plan original a été chamboulé au point qu'on s'y perd aisément. Son aspect

PRATIQUE (SUITE)

assurent aussi le trajet jusqu'à M'Hamid (35 Dh la place).

Adresses utiles

À Ouarzazate :

Délégation du tourisme face à la poste, av. Mohammed-V ☎ 05 24 88 24 85, page Facebook.

Gare des bus CTM rue de la Poste, à l'angle des avenues Moulay Rachid et Mohammed-V ☎ 05 24 88 24 27, www.ctm.ma.

Gare des bus Supratours av. Moulay Abdallah ☎ 05 24 89 07 96, www.supratours.ma.

Gare routière et station de grands taxis, au début de l'av. Moulay Abdallah quand on vient par la N9.

À Zagora :

Change à la poste principale, bd Mohammed-V.

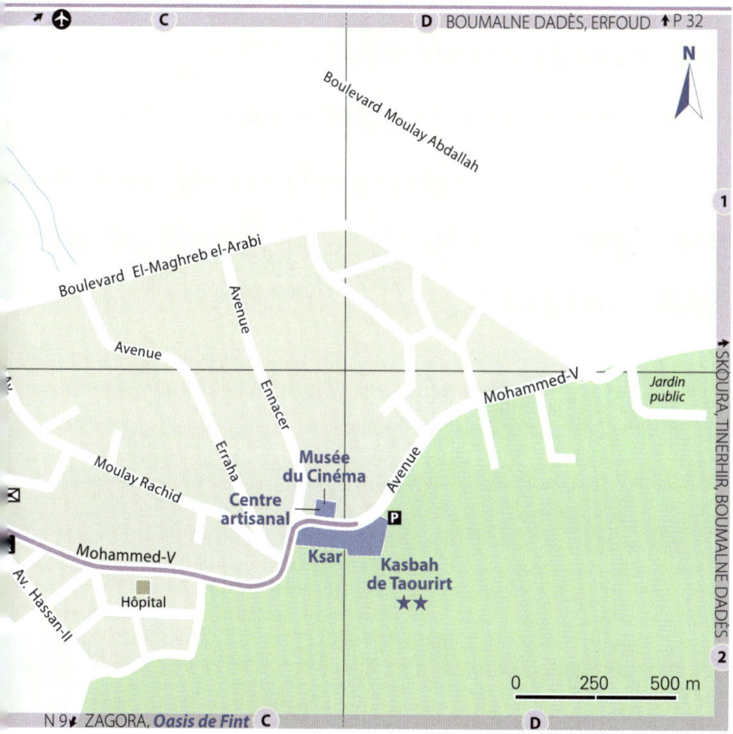

actuel date de l'époque du Glaoui, qui ordonna en 1920 l'extension d'un édifice probablement construit au XVIIIe s. et ayant déjà subi des modifications. Résultat, un dédale de patios, d'escaliers, de passages voûtés et de pièces de toutes formes et tailles qui servent régulièrement de décor pour des tournages de films ou de séries. Les hautes murailles de l'édifice et les tours décorées de motifs géométriques rappellent son rôle défensif à une époque où les pillages étaient monnaie courante.

Appartements centraux ✧✧

Ils occupent le cœur de la kasbah et sont répartis autour d'un puits de lumière qui servait aussi

DAB, bd Mohammed-V, près des grands taxis et en face de la pharmacie.

Bon à savoir

Pas de **DAB** à M'Hamid. Il y en a un à Tagounite, mais il est souvent en panne. Et les **stations essence** sont rares en dehors des grosses localités.

Les agences de **location de voitures** à l'aéroport et av. Mohammed-V, à Ouarzazate comme à Zagora, sont surtout des loueurs locaux avec du bon matériel.

Après M'Hamid, les pistes du désert signalées sont « carrossables », mais tout dépend si vous êtes habitué ou pas à conduire sur ce type de terrain. De nombreuses « méharées » sont proposées dans le désert (p. 313 et 342).

^ La kasbah de Taourirt

PAUSE ITALIENNE

Le Phœnix

Vos têtes blondes rêvent d'échanger leur tajine contre un bon plat de pâtes? Foncez au Phœnix où le chef prépare une cuisine originale et généreuse qui fait, entre autres, honneur à la péninsule italique : gnocchi au gorgonzola, ravioli di zucca (potiron), entrecôte grillée, etc. Le tout à déguster accompagné d'un petit verre de vin si tant est qu'on ne reprenne pas la route!

> 7, rue de l'ONEP, derrière l'hôtel de ville (plan B2) ☎ 05 24 88 83 13. T.l.j. 12h-15h et 19h30-23h. Plats : env. 90 Dh.

de « téléphone » : les ordres proférés depuis le troisième niveau se propageaient facilement à travers tout le bâtiment.

Prêtez attention aux ouvertures du deuxième niveau : petites et basses, elles servaient plus à la surveillance et à l'aération qu'à l'éclairage.

Vous traverserez entre autres la **salle à manger du pacha**, la seule dotée d'ouvertures sur ses quatre côtés, la **chambre de la favorite** avec ses stucs peints et son plafond de cèdre, ou encore la **chambre de la mosquée**, exclusivement réservée aux femmes, qui pouvaient y accomplir leurs dévotions sans mettre le pied dehors. Le **quartier des serviteurs** se distingue du reste de l'édifice : il est dépourvu de toute ornementation.

Salle de réception du pacha ✧✧

Il faut l'imaginer le sol jonché de tapis, de poufs en cuir et de petits fauteuils en bois et les murs recouverts de tentures en laine de dromadaire ou en soie de cactus. Les niches creusées dans les angles servaient à disposer des lampes à huile tandis que les trous au niveau des fenêtres permettaient de tenir les volets fermés en cas de vent de sable, tout en conservant un courant d'air indispensable. Dans la niche face au balcon, le pacha prenait place sur son trône.

Salle du trésor

On y pénètre en courbant l'échine par une porte surbaissée, à l'origine lourdement cadenassée, dont la petite taille facilitait la surveillance. Pas étonnant : c'est là que le pacha conservait son or et ses objets de valeur.

KSAR ✧

Plan C2 – Accès par l'étroite ruelle qui descend le long du flanc de la kasbah, sur sa g. quand on la regarde.

S'il a perdu ses fortifications, cet ancien village accolé à la kasbah a conservé son lacis de ruelles étroites semé de placettes et de maisons de guingois. N'hésitez pas à vous y aventurer : les enfants qui l'habitent se feront un plaisir (contre quelques piécettes) de vous accompagner jusqu'à la place des Mariages, le quartier berbère ou l'ancien mellah (quartier juif) dont la **synagogue** a été transformée en musée (t.l.j. 8h-20h 06 01 27 51 43 ou 06 69 03 38 09 ; belle vue de la terrasse, prévoir une donation).

À deux pas de là, derrière une porte en métal bleu, une volée de marches mène à un ancien **four à pain** toujours en activité. Seules les dames y sont admises ! Ne ratez pas cette expérience : assises à même le sol, les femmes pétrissent le pain avant de le cuire sur des pierres chauffées à blanc. Une opération délicate qui nécessite un grand savoir-faire pour ne pas se brûler (prévoir une donation).

CENTRE ARTISANAL

Plan C2 – Accès par l'étroite ruelle qui descend le long du flanc de la kasbah, sur sa g. quand on la regarde.

Il semble être là depuis toujours et pourtant il ne date que de 1983. Vous y trouverez entre autres des tapis Ouzguita, du nom de la tribu qui les fabrique dans le jbel Siroua. Moins épais que les autres, ils se reconnaissent à leur poil plus ras, à leur trame couleur safran et à leurs motifs en bandes, en carrés ou en losanges qui jouent sur les contrastes de bleu et d'orange ou de blanc et de noir.

MUSÉE DU CINÉMA ✧

Plan C2 – Av. Mohammed-V, face à la kasbah de Taourirt 05 24 89 03 46. T.l.j. 8h30-18h. Plein tarif : 80 Dh.

Embarquez pour un voyage dans le temps et l'espace : temple égyptien, salle du trône de Cléopâtre ou du roi Salomon, cloître roman, crypte secrète, prison médiévale, etc., tout n'est que bois, résine, plâtre et roseaux, mais qu'importe ! L'atmosphère est au rendez-vous dans ce musée qui rachète aux studios certains de leurs célèbres décors et participe ainsi à la promotion de « Ouarzawood », surnom mi-affectueux, mi-railleur attribué à celle qui prétend devenir la capitale africaine du cinéma. Une ambition non sans atouts, d'ailleurs : extraordinaire luminosité, paysages grandioses et variés, main-d'œuvre au coût peu élevé, etc., autant de caractéristiques qui expliquent l'engouement des productions étrangères pour la région.

Aux environs de Ouarzazate ✧

Vous pourrez visiter deux **studios de cinéma** dont l'activité est devenue, avec le tourisme, l'une des principales sources de revenus de la ville. Lors des tournages, ils peuvent refuser l'entrée aux touristes. Quant à l'oasis de Fint, c'est un petit coin de paradis digne d'un décor de film !

ATLAS STUDIOS ✧

Hors plan par A1 – À 6 km O de Ouarzazate par la N9 en dir. de Marrakech. Accès en bus ou en petit taxi (qui peut vous attendre) 05 24 88 22 23, https://ouarzazatestudios.com. T.l.j. 9h-18h. Plein tarif : studios 80 Dh, Kingdom of Heaven 40 Dh, studios + Kingdom of Heaven 110 Dh. Départ des vis. guidées env. toutes les 1/2 h). Billetterie à côté de l'Oscar Hôtel.

Fan du grand écran, ne boudez pas votre plaisir et partez à la rencontre des décors qui vous ont fait rêver : le temple de Kundun, l'avion en carton-pâte piloté par Michael Douglas dans *Le Diamant du Nil*, les prisons où Russell Crowe se préparait au combat dans *Gladiator*, l'allée du curieux sphinx à tête de bélier d'*Astérix et Obélix, Mission Cléopâtre*, etc. Créés en 1983, ces studios ont fait la célébrité de la ville et continuent d'accueillir régulièrement de grandes productions. Avec un peu de chance, vous tomberez sur un guide qui multipliera les anecdotes sur les tournages ou les acteurs !

KINGDOM OF HEAVEN ✧

Hors plan par A1 – À 1,5 km derrière les studios Atlas (piste). Accès par ses propres moyens ou petit taxi (vous pouvez lui demander de vous attendre) 📞05 44 88 20 53. T.l.j. 9h-18h. Plein tarif : 40 Dh ou 110 Dh couplé avec la visite d'Atlas Studios (p. 301). Billet à prendre à Atlas Studios.

Comme au milieu de nulle part, il s'agit de la citadelle reconstituée (et censée représenter Jérusalem) pour les besoins du *Kingdom of Heaven* de Russell Crowe (2005). Nul doute que les amateurs de *Game of Thrones* y reconnaîtront aussi certains décors de la série ! Dès le premier épisode, Ouarzazate y incarne la cité libre de Pentos.

OASIS DE FINT ✧

Hors plan par C2 – À 20 km S de Ouarzazate (dont 10 km env. de piste carrossable).

Aux portes de Ouarzazate, c'est un petit paradis au bout d'une piste lunaire sur un plateau de pierres. Avec des paysages dignes d'un décor de film : d'ailleurs, certaines scènes du film *Indigènes* (2006) de Rachid Bouchareb y ont été tournées. Entre les roches rouges, le ciel bleu et les palmiers, le contraste des couleurs est saisissant et enchanteur. Vous pourrez vous balader le long des séguias, canaux qui irriguent les jardinets ; mais aussi, peut-être, surprendre à l'œuvre les potiers de Taharbilt, l'un des villages de l'oasis.

Vallée du Drâa ✧✧

Carte p. 294-295 – Au S-E de Ouarzazate.

Cette route est l'une des plus belles du Maroc. Un véritable éblouissement. D'abord montagneuse et aride, elle rejoint le cours du Drâa, qui s'installe dans une vallée plus large après Agdz. Jusqu'à Zagora, sur 95 km, se déroule un chapelet verdoyant d'**oasis**, qui regorgent de palmiers-dattiers, d'oliviers et de citronniers. Témoins d'une époque troublée, les **ksour** (villages fortifiés) ont leurs kasbahs. Ces forteresses de pisé – la vallée du Drâa en possède une centaine – ont contrôlé

⌄ L'oasis de Fint

par le passé les pistes qu'empruntaient les caravanes revenant du sud.

COL DE TIZI-N-TINIFIFFT ✧✧

À 54 km S-E de Ouarzazate.

Ce col se perche à 1660 m d'altitude, au bout d'une route qui se tortille dans un paysage minéral. Dans ce paysage dénudé, les étranges **formations rocheuses** embrasent l'imagination. Au sommet, la vue est superbe.

CASCADE DE TIZGUI ✧

À 72 km S-E de Ouarzazate ; à 20 km N-O d'Agdz. Ne rentrez pas dans le village.

Une route goudronnée, large comme un boulevard, mène en 9 km environ à cette cascade, qui ne dévoile vraiment sa beauté qu'après les pluies. Ici, le Drâa *(encadré ci-contre)* se fraie péniblement un chemin à travers le jbel Sarhro. Du parking, le canyon est impressionnant. Un escalier, en grande partie bétonné, vous permet d'accéder au pied de la cascade. Sur place, un « gardien » vous réclamera une « participation » pour l'entretien du site et le thé à la menthe offert.

CURIOSITÉ

Un fleuve fantôme

1000 km en théorie : cela fait du **Drâa**, né de l'union des oueds Dadès et Izerki – qui prennent leurs sources dans les montagnes du Haut Atlas – le **plus grand fleuve du Maroc**. Mais son parcours n'a rien de celui d'un long fleuve tranquille ! Pour commencer, il doit tailler son chemin dans les roches sombres du jbel Sarhro. Il prend ensuite toutes ses aises entre Agdz et Zagora, avant de se perdre dans les sables après M'Hamid. Ce fleuve fantôme parvient néanmoins à rejoindre l'Atlantique entre Guelmim et Tan Tan.

AGDZ

À 74 km S-E de Ouarzazate. Bus : arrêt CTM dans la ville nouvelle (près de l'unique rond-point). Souk : le jeu., à l'extérieur de la ville.

De prime abord, Agdz (prononcez *Agdès*) n'a pas un charme fou : mais dans la vallée du Drâa, l'étape y est de rigueur après ou avant la traversée, éprouvante, du jbel Sarhro. Il faut s'éloigner de la route principale pour dénicher à l'est un joli ensemble de **kasbahs**, plus ou moins restaurées. Le tout au pied du jbel Kissane (1531 m d'alt.), une longue arête rocheuse, dont le sommet a l'allure insolite d'un tajine !

Kasbah du caïd Ali ✧

À Aslim, à 2 km du centre d'Agdz. De la place principale d'Agdz, si vous arrivez de Ouarzazate, tournez à g. avant la mosquée ☎ 05 24 84 36 40, page Facebook. T.l.j. 9h-16h. Plein tarif : 30 Dh.

Une kasbah conservée dans son jus, un peu trop même. Au début du XXe s., c'était l'une des kasbahs du caïd Ali, devenu un adversaire du Glaoui, jugé trop favorable aux intérêts français. Ses descendants en sont toujours les propriétaires ; ils vous font visiter le jardin (palmiers-dattiers, orangers, etc.) et en partie la demeure, qui comporte 70 pièces ! Neuf d'entre elles accueillent des hôtes. Ne ratez pas la terrasse, d'où la vue sur Agdz et le jbel Kissane est magnifique.

TAMNOUGALT ✧

À 80 km S-E de Ouarzazate (2-3 km à l'écart de la route principale, sur la g. en venant de Ouarzazate).

Sur l'autre rive du Drâa se niche le ksar (village fortifié) de Tamnougalt. L'ancienne capitale du pays mezguita comporte plus d'une kasbah. L'une d'entre elles se dresse même sur une éminence à l'entrée du village. Mais hélas, ce n'est plus qu'une coquille vide.

À l'intérieur du village, la **kasbah des Caïds** (06 67 34 56 02, page Facebook. T.l.j. 8h30-jusqu'à la nuit, plein tarif 20 Dh) en offre plus. Dans cette petite citadelle datant de la fin du XVe s., utilisée comme décor par nombre de films (*Le Patient anglais*, *Un thé au Sahara*, etc.), Hassan y a aménagé un véritable mini-musée, qu'il vous fait visiter. Il est partant aussi pour vous faire découvrir tout Tamnougalt, son dédale de ruelles, sa palmeraie et ses dattes en saison (comptez 100 Dh en plus pour le guide lors de cette visite complète).

GRAVURES RUPESTRES DE FOUM CHENNA ✧✧

À 134 km S-E de Ouarzazate. Départ de la piste carrossable (7 km) à Tinezouline, près de la station d'essence et de la place du Souk, à dr. en venant de Ouarzazate. Piste praticable en voiture, quad, VTT. Gardien sur place (en principe).

Ce n'est pas le bout du monde, mais la piste, roulante, se déroule dans un décor effarant de caillasses. Tout au bout vous attend sans doute l'un des sites majeurs en matière de gravures rupestres au Maroc. Il s'étend sur plus de 800 m. Vous repérerez vite les figures, qui sont piquetées sur les falaises surplombant la rive gauche de l'oued Foum Chenna. Elles ont beau être de facture maladroite, on n'en reconnaît pas moins ici un dromadaire, là un cavalier avec son javelot et son bouclier rond. Chevaux et cavaliers dominent d'ailleurs dans cette « galerie » évaluée à **3 000 gravures** environ. La datation en est très imprécise : entre la seconde moitié du deuxième millénaire av. J.-C., où fut introduit le cheval en Afrique du Nord, et les premiers siècles de l'ère chrétienne.

Le site comporte en outre les plus anciennes inscriptions connues au Maroc en écriture amazighe, celle des Berbères, premiers habitants de l'Afrique du Nord.

ZAGORA ✧

À 161 km S-E de Ouarzazate. Souk : les mer. et dim. Conseil : faites le plein d'essence à Zagora avant de poursuivre votre route.

Zagora, qui fut le berceau de la dynastie saâdienne, se pique de modernisme. Bonjour les dégâts ! Abattues les portes-arcades, qui rétrécissaient l'entrée de la cité. Rasé le fameux panneau « Tombouctou, 52 jours de chameau » laissé par l'occupant français, car il « causait à la sortie des embouteillages » ; sa reproduction est reléguée aujourd'hui dans un coin, près de la gendarmerie. Pourtant, c'est d'ici qu'Ahmed el-Mansour, sultan saâdien, lança en octobre 1590 à travers le Sahara la plus grande expédition jamais vue pour mettre la main sur les réserves d'or du Soudan (p. 426).

De ce passé grandiose, il reste peu de choses. Au pied du jbel Zagora, malgré ses 40 000 habitants, la ville semble aujourd'hui flotter dans ses boulevards, trop grands pour elle. On y vient, sans s'attarder, pour préparer sa « retraite » dans le désert. Mais n'y ratez pas pour autant son souk des plus pittoresques, les mercredi et dimanche, à l'extérieur de la ville *(encadré ci-contre)*.

GASTRONOMIE

Quel souk !

On trouve tout dans ce souk situé à l'extérieur de **Zagora**, sur un vaste terre-plein. Et même un marché des **dattes**, récoltées entre fin juillet et octobre-novembre. Grosse productrice, la région offre une demi-douzaine de variétés, la plus prisée, la plus sucrée et la plus grosse (20 à 30 g) étant la medjoul. La feggous, pour son goût légèrement caramélisé, a aussi ses inconditionnels (120 Dh le kg pour les plus chères).

> À 2 km env. du centre-ville, à la sortie de Zagora, dir. M'Hamid. Au grand rond-point, prenez la 1re sortie (N12) puis la 2e route à dr. Souk : les mer. et dim.

^ Gravures rupestres de Foum Chenna

ASCENSION DU JBEL ZAGORA ✧

Après avoir franchi le Drâa, tournez à g. à 400 m. Après 2 km, une piste à dr., très accidentée et inaccessible aux voitures de tourisme, mène jusqu'au sommet. À pied, comptez 3h A/R.

Cet éperon rocheux, qui domine la ville de 200 m, tentera les plus courageux. Sur son flanc nord, à mi-parcours environ, subsistent les vestiges d'une enceinte fortifiée et d'une citadelle contemporaine des Almoravides (XIe s.). Au sommet, vous ne pourrez évidemment pas visiter le poste militaire qui s'y est installé. Mais il ne vous gênera en rien pour admirer l'immense **panorama** sur la palmeraie, le Drâa et le désert, annoncé par des pitons pelés et des monts tabulaires. À découvrir tôt le matin ou en fin de journée, quand le soleil couchant met en valeur les aspérités du relief.

AMEZROU

À 3 km S-E de Zagora, de l'autre côté du Drâa.

C'est la « banlieue » de Zagora. Dans les années 1950, une importante communauté juive habitait Amezrou. Sa spécialité ? Les bijoux en argent. Quelques petits ateliers perpétuent cette tradition. Le métal est fondu dans des creusets en terre, puis coulé dans les moules. Des artisans cisèlent puis polissent croix du Sud et mains de Fatima.

MUSÉE DES ARTS ET TRADITIONS DE LA VALLÉE DU DRÂA ✧

Dans le ksar de Tissergate, à 7 km au N de Zagora 📞 06 10 19 00 28. T.l.j. 9h-18h. Plein tarif : 25 Dh, 20 Dh enfants.

Tous les aspects de la vie quotidienne, hier et aujourd'hui, des Draouas (habitants de la vallée) sont abordés dans ce petit musée pédagogique installé sur les trois niveaux d'une maison en terre crue.

Bijoux mêlant argent, corail, ambre et pierres ; vêtements comme le *darraâ (gandoura)* des fameux hommes bleus ; rites au moment de la naissance dans une « salle d'accouchement » très rudimentaire... On y découvre ou redécouvre aussi l'organisation des oasis, où l'eau était scrupuleusement partagée pour pouvoir irriguer les cultures (luzerne, blé,

^ Tamegroute, ville souterraine

maïs, orge, etc.) au pied des palmiers et des arbres fruitiers. Aujourd'hui, les motopompes ont pris le relais, puisant dans la nappe phréatique. Elles rendent obsolète l'ancien mode de fonctionnement des oasis. Boujemâa Khalda, qui veille depuis 14 ans sur ce musée à la fois pédagogique et attendrissant, semble le regretter.

TAMEGROUTE ✧

À 180 km S-E de Ouarzazate, à 20 km S-E de Zagora. Souk : le sam. Attention, surveillez le niveau d'essence, les stations-service ne sont pas légion.

Encadré par les poteaux télégraphiques, le ruban d'asphalte se déroule désormais dans un paysage quasi désertique, où surgit Tamegroute. Son nom signifie « la dernière », les caravanes en partance pour le Mali ou le Niger y faisant leur dernière halte avant d'aborder le désert.

Surprenante, cette bourgade en pisé renferme une partie de la mémoire du monde arabe dans la Bibliothèque coranique de la zaouïa fondée au XVIIe s. par Sidi Mohammed ben Nacer.

Bibliothèque coranique

En face de l'hôtel-restaurant Jnane-Dar. Dim.-ven. 9h-12h et 15h-18h. Contribution demandée.

Hallucinant ! En fauteuil roulant, Lhaj Mohammed, le gardien octogénaire de cette bibliothèque poussiéreuse, débite son commentaire, sans autoriser une seule interruption.

Le lieu renferme encore de précieux manuscrits (4 000, dit-on), collectés par Sidi Mohammed ben Nacer lors de ses nombreux pèlerinages à La Mecque ou voyages au Moyen-Orient ; ils sont exposés aujourd'hui derrière une vitre. Le plus ancien Coran, écrit à la plume de roseau sur une peau de gazelle, daterait du XIe s. Il y a même un ouvrage du mathématicien et philosophe grec Pythagore en arabe.

Quelques lettrés viennent encore à Tamegroute pour consulter ces trésors, dont une partie a été mis en lieu plus sûr à la Bibliothèque générale de Rabat.

Zaouïa

Accès : depuis la grande place. Entrée interdite aux non-musulmans.

Depuis le XVIIe s., Tamegroute est le quartier général de la confrérie *(zaouïa)* soufie nasiriya, qui voue à travers le monde un véritable culte à Sidi Mohammed ben Nacer. Le saint homme, théologien, fin lettré et médecin passionné par les maladies de l'âme, y a son tombeau.

Par la porte entrouverte, la cour du mausolée évoque irrésistiblement une cour des Miracles. Des malades, dépressifs, bivouaquent sur des cartons, en compagnie de leurs proches, qui récitent des sourates du Coran. La zaouïa est toujours dirigée par un descendant du fondateur.

Ville souterraine ✧

À l'arrière du mausolée, entrée près du bazar de la zaouïa.

Étrange... Tous les toits se rejoignant, Tamegroute est plongée dans une pénombre permanente. Afin de sauvegarder la fraîcheur des lieux, le soleil ne pénètre pas dans ses ruelles-couloirs. D'où le surnom de la cité : « la ville souterraine », où les gamins proposent de vous y emmener.

Ateliers de poterie ✧

À la sortie de la ville en dir. de M'Hamid.

Tamegroute a son style de poterie. Une poterie qui passe par tous les verts, rustique, pleine d'imperfections, ce qui en fait toute sa valeur. L'argile, extraite localement, est foulée au pied pour être ensuite travaillée au tour. Bols, lampes à huile, jarres, etc., sont enfin enduits d'une pâte associant manganèse, oxyde de cuivre et farine d'orge, avant de passer dans un four en pierres.

DUNES DE TINFOU

À 10 km S-E env. de Tamegroute, sur la dr. en dir. de M'Hamid, à hauteur de l'hôtel SaharaSky.

Au bout d'une piste pierreuse (1 km env.), vous pouvez y avoir votre première « immersion » dans le désert, avec une petite **balade à dromadaire** (100 Dh/1h), voire un bivouac. Aucune comparaison possible avec les dunes grandioses de Chegaga (p. 308).

OASIS DE TAGOUNITE

À 229 km S-E de Ouarzazate, à 68 km S-E de Zagora. Station d'essence. Souk : les jeu. et dim.

Aux deux tiers du chemin entre Tamegroute et M'Hamid, cette oasis n'en contraste que plus avec les paysages sombres du jbel Bani, grillés par le soleil, que vous venez de traverser. À ce niveau, le Drâa, qui tirait vers le sud-est, amorce son coude vers l'ouest.

KSAR D'OULED DRISS ✧

À 5 km N de M'Hamid.

Ne refusez pas, là non, plus l'invitation à visiter le ksar. Vous déambulez dans un véritable labyrinthe de ruelles obscures, où la moindre bouffée de lumière est salvatrice. On dirait un village fantôme. Erreur ! Ici, une radio crachote derrière une porte. Là, un vieillard, installé à califourchon sur son âne, déboule dans un virage.

Une étape de rigueur à ne pas manquer : la **maison traditionnelle** (☎ 06 70 57 30 54 ; t.l.j. 8h-19h oct.-juin, 10h-20h juillet-sept. ; plein tarif : 20 Dh). Installé dans une authentique demeure en pisé du XVIIe s., ce petit musée ethnographique a rassemblé un certain nombre d'objets usuels (bijoux, châles, etc.) ; il organise même des soirées « à la marocaine » *(encadré ci-contre)*.

> **TRADITION**
>
> **Pause à la marocaine**
>
> Pas de chaise, pas de fourchette ni autre couvert. Dans la maison traditionnelle, à la lueur des bougies, on mange « à la marocaine » avec les doigts. Des plats traditionnels, bien sûr : couscous, tajine, pastilla, etc. La soirée peut être organisée à partir de deux personnes, et les convives peuvent apporter du vin, s'ils le souhaitent.
>
> *> Maison traditionnelle, à Ouled Driss. Résa : elgharri@hotmail.com. Entre 82 et 120 Dh par pers.*

M'HAMID ✧

À 260 km S-E de Ouarzazate, 100 km S de Zagora. Souk : le lun. Attention : pas de DAB.

Après avoir franchi le col du Tizi-Beni-Selmane (654 m d'alt), terminus M'Hamid. La route s'arrête ici. Devant vous, le désert à l'infini. Un désert

^ Bivouac dans les dunes de Chegaga

que les habitants s'efforcent à grand-peine de contenir : à l'entrée du village, vous remarquerez peut-être les palissades faites de roseau tressé. Il règne une ambiance assez singulière dans cette ville-frontière (l'Algérie n'est qu'à 50 km), qui s'étire le long de sa rue principale. Outre des propositions de bivouacs, vous trouverez à goûter... du lait de chamelle ! Il est vendu au litre (20 Dh) ou au verre.

BIVOUACS DANS LE DÉSERT ✧✧

Guide et 4×4 indispensables, voir p. 313.

C'est le moment ou jamais de réaliser votre rêve : escalader les dunes, passer la nuit sous les étoiles, apprécier (ou pas) le silence froissé par mille petits bruits non identifiables, découvrir une végétation épineuse, clairsemée de tamaris et acacias faux-gommiers. Pour 24h ou plusieurs jours, vous avez le choix : à dos de dromadaire, en quad, en 4×4, bivouac « simple » sous *khaïma* (tente nomade) ou plus luxueux (lit de fabrication artisanale, électricité d'origine solaire, etc.).

Au nord de la ville, à seulement 10 km, le bivouac dans l'**erg Lehoudi** (« l'erg des juifs ») est un grand classique. Mais si vous comptiez sur la solitude, c'est plutôt raté.

À 56 km env. à l'ouest de M'Hamid (prévoyez 2h30 de piste en 4×4), les **dunes de Chegaga** offrent une immersion plus totale dans le désert, bien qu'un bivouac permanent y soit installé. Hautes de 60 m maximum, elles s'étirent sur 40 km.

Le **lac Iriki** est proche (à 26 km de l'erg Chegaga, soit 45 min en 4×4). Depuis la construction, dans les années 1960, du barrage d'El-Mansour Eddahbi près d'Ouarzazate, sur l'oued Drâa qui l'alimentait, il est quasiment toujours à sec. Sur ses « rives », les flamants roses ont disparu. De même, la gazelle dorcas, dont c'était ici le royaume. On devrait réintroduire dans son milieu d'origine cette **gazelle des dunes**, « élevée » aujourd'hui dans le parc national de Souss Massa (p. 357). Le Sahara pourrait-il revivre ?

• NOS ADRESSES •

AGDZ

OÙ DORMIR

Dar Qamar

À 2 km du centre-ville en dir. d'Aslim 05 24 84 37 84 ou 06 60 67 15 42, www.dar-qamar.com. 7 ch. dont 2 suites. F. 1 sem. en janv. et 3 sem. en juin. Hammam et espaces esthétique et fitness. Restauration. Sert de l'alcool. Piscine (chauffée). Visites dans la région : à pied dans la palmeraie, à vélo jusqu'à Tamnougalt, etc. Autour de 90 € (950 Dh)

À l'orée de la palmeraie, cette maison d'hôtes en pisé est une étape idéale pour ceux qui veulent explorer davantage la vallée, faire l'ascension du jbel Kissane ou tout simplement buller. La cuisine est créative : mousse d'avocat, soupe froide de betterave à l'orange, etc.

AMEZROU

OÙ DORMIR

Riad Tagmadarte

Hay Amezrou, à 2,5 km S du centre-ville passé le Drâa et à 500 m de la route de M'Hamid 05 24 84 87 90 ou 06 11 72 55 66, riad.tagmadart@gmail.com. 4 ch. dont 1 quadruple. Parking gratuit. Autour de 30 € (330 Dh)

En pleine palmeraie, en lisière des dunes, cette ferme d'hôtes ne fait aucun effort pour se « vendre ». L'hébergement se fait en bungalows (coquets) et le domaine paraît immense.

Kasbah La Fibule du Drâa

Hay Amezrou. À la sortie de Zagora, prenez la dir. de M'Hamid, puis 300 m après le pont sur l'oued Drâa 05 24 84 73 18, https://casbah-la-fibule-du-draa-zagora.business.site. 24 ch. Hammam. Restaurant : plat principal à 80 Dh, sert de l'alcool. Piscine. Excursions et bivouacs sont proposés. Entre 45 et 60 € (500 et 650 Dh)

Planté dans un grand jardin, cet hôtel est des plus agréables. Les chambres restent spacieuses, gaies. Le dîner autour de la piscine est l'un des meilleurs moments que vous offre la ville.

La plante du paradis

Tel est le surnom du **henné**. Cultivé dans la vallée du Drâa, l'arbuste produit trois fois par an des fleurs blanches, odorantes. Mais ce sont les feuilles que l'on utilise. Séchées, broyées, elles donnent une poudre d'un joli vert. Délayée dans un peu d'eau, mélangée à un jus de citron et à des aromates, cette poudre s'applique en teinture sur les cheveux. Ou en tatouages temporaires.

SHOPPING

Bijoux anciens

Maison Toudra

Sur la dr. quand on vient de Zagora 06 61 34 83 44. T.l.j. 8h-21h.

Vous trouverez dans cette boutique des bijoux anciens : fibules, croix du Sud, khamsa (main de Fatima).

M'HAMID

OÙ DORMIR

Chez le Pacha

À El-Ghizlane, à 5 km E de M'Hamid 05 24 84 82 07, chezlepacha.com. 2 restaurants, dont 1 sous tente, et Café Maure. Piscine. Hammam et massages. Excursions dans le désert : quad, méharée et 4×4. Autour de 70 € (750 Dh)

Dans un jardin de 3 ha s'éparpillent les cases, rigolotes, toutes rondes, baptisées « African Lodge ». Pour une option petit prix, demandez l'une des *Nomade Rooms*. Le moins ? Le débit d'eau irrégulier, mais on est aux portes du désert.

Dar Azawad

Douar Ouled Driss, à 5,5 km E de M'Hamid 06 61 49 73 09, page Facebook. F. 3 sem. en juil. 16 ch., dont 6 suites, et 8 tentes. Piscine (chauffée). Hammam beldi. Restaurant : plats à moins de 200 Dh, sert de l'alcool. Possibilité d'organiser des bivouacs dans les dunes de Chegaga ou dans l'erg Lehoudi : à partir de 91 €/pers. Autour de 70 € (750 Dh)

À 400 m des premières dunes, c'est un vrai hôtel de charme. Le cadre est simple et raffiné à la fois : Tadelakt *(encadré p. 406)* dans la salle de bains, plafond en tataoui dans la chambre. Vous pouvez choisir aussi le *glamping (encadré p. 279)* et dormir sous une tente dotée d'un soubassement en dur et de la climatisation !

SPORTS ET LOISIRS

Maroc Quad Évasion

06 49 71 41 73, marocquadevasion.com. 590 Dh pour 1h, 890 DH pour 2h.

Bien des formules sont possibles, associant bivouac, ou pas, aux dunes de Chegaga.

OASIS DE FINT

OÙ MANGER

La Terrasse des Délices

Douar Fint Taharbile 05 24 89 18 93 ou 06 68 51 56 40, terrassedesdelices.com/fr. T.l.j. 9h-20h. À la carte. Plats : 50-70 Dh. Menu : 100 Dh. Pas d'alcool. Piscine : 50 Dh pour les clients de passage. Moins de 10 € (110 Dh)

De la terrasse ou près de la piscine, la vue sur l'oasis est fantastique. On s'en repaît en attendant couscous ou tajines. On peut aussi prendre un cours de cuisine ou de poterie, voire faire un plongeon dans la piscine. L'établissement propose une balade à pied ou à dos d'âne dans la palmeraie.

OUARZAZATE

OÙ DORMIR

Le Petit Riad

Plan D1 – 1581, Hay Al-Wahda, accès par l'av. Moulay Abdallah 05 24 88 59 50/69 24 ou 06 61 14 82 25, www.petitriad.com. 7 ch. clim. avec wifi. Riad complet : 4800 Dh. Piscine. Moins de 75 € (800 Dh)

Fatima vous ouvre grand sa porte dans son joli riad (construction moderne) aux chambres spacieuses et pimpantes. Des tableaux plein les murs, des couleurs toniques et une magnifique terrasse panoramique face à l'Atlas. La cuisine est soignée et goûteuse.

Rose noire

Plan C2 – Rue de la Mosquée, ksar Taourirt 05 24 88 20 16 ou 06 61 61 05 68, page Facebook. 8 ch et 2 suites clim. avec wifi. Exposition de bijoux traditionnels. Vente de tapis de Taourirt. Moins de 75 € (800 Dh)

Une maison d'hôtes de charme au fond d'un *derb*, au cœur de la vieille ville adossée à la kasbah de Taourit. Ici, on mise sur la simplicité et l'authenticité avec des chambres jolies et confortables réparties autour d'un puits de lumière central. Magnifique toit-terrasse avec vue sur le minaret de la mosquée et la kasbah.

Dar Kamar

Plan C2 – Ksar Taourirt 05 24 88 87 33, www.darkamar.com. 14 ch. et suites clim. Hammam. Autour de 95 € (1000 Dh)

L'ancien tribunal du Glaoui, une maison en pisé du XVIIe s. restaurée avec beaucoup de cachet, est aujourd'hui un bel hôtel de charme. Plusieurs catégories de chambres (les moins chères sont souvent sombres). Sublime

Poteries de Tamegroute

vue sur la campagne et les cultures depuis la terrasse panoramique où prendre son petit déjeuner.

Berbère Palace

Plan C1 – Rue el-Mansour Eddahbi 05 24 88 31 05, www.hotel-berberepalace.com. 253 ch. et suites clim. avec wifi. Hammam. Autour de 300 € (3 200 Dh)

En plein centre-ville, un palace tout confort pour se « refaire » après le désert. Restaurants, bars, courts de tennis, piscine, hammam, sauna, etc. Ce n'est pas l'espace qui manque !

OÙ MANGER

Douyria

Plan D2 – Av. Mohammed-V, à côté de la kasbah Taourirt 05 24 88 52 88 ou 06 77 78 51 04, www.restaurant-ouarzazate.net. T.l.j. 12h-15h et 19h-22h30. Entrées : 25-100 Dh ; pastillas : 75-100 Dh ; plats : 65-120 Dh ; méchoui : 200 Dh (sur commande la veille). Sert de l'alcool. De 20 à 35 € (220 à 380 Dh)

Ici, tout est fait à la demande, même les salades ! Alors, ne soyez pas trop pressé, vous ne le regretterez pas. Les pastillas se déclinent en version végétarienne, fruits de mer, poulet ou pigeon ; les tajines jonglent avec les fruits secs, les coings, les citrons confits et les figues. Le tout à déguster en salle ou sur la petite terrasse du toit (pensez à réserver).

Le Jardin des Arômes

Plan B2 – 69, av. Mohammed-V 05 24 88 88 02, page Facebook. T.l.j. 19h-22h30. Entrées et plats : à partir de 90 Dh. De 20 à 35 € (220 à 380 Dh)

Élégance et raffinement pour ce restaurant de spécialités locales et orientales. La terrasse couverte donnant sur un jardin luxuriant est agréable. À la carte : mezzé libanais, agneau mrouzia aux raisins secs et amandes, poulet tridd aux lentilles, etc.

Chez Dimitri

Plan B2 – 22, av. Mohammed-V 05 24 88 73 46 ou 06 62 40 39 66. T.l.j. 11h30-23h (service en continu). Entrées : 40-100 Dh ; plats : 60-140 Dh. Sert de l'alcool. De 20 à 35 € (220 à 380 Dh)

On y vient surtout par nostalgie. Le restaurant, ancienne épicerie fondée par Dimitri en personne, un Grec débarqué en 1904 au Maroc, est l'un des tout premiers de la ville. Il a été longtemps le QG des équipes de cinéma. Aux murs, la galerie de portraits de clients va de Bébel à Hillary Clinton ! À la carte, on trouve aussi bien des tajines que du bœuf thaï. Visez les plats simples et locaux : côtelettes d'agneau, truites de l'Atlas, brochettes, etc.

SHOPPING

Centre artisanal

Plan D2 – Face à la kasbah de Taourirt 05 24 88 24 92. T.l.j. 8h-19h.

Dans ce centre artisanal, une foule d'échoppes vous permettra de dégoter le tapis pour votre salon ainsi que des petits cadeaux à rapporter : bijoux, sculptures en bois ou en pierre, poignards, écharpes.

Ouaouzguite

Plan C2 – Av. Mohammed-V, face à la poste 05 24 88 40 57 ou 06 66 17 75 15. Lun.-sam. 8h-12h et 14h-18h.

L'une des deux principales coopératives de tapis Ouaouzguit (avec celle de Tazenakht) où trouver des tapis colorés, souvent de petit format, exclusivement tissés par les femmes berbères et le plus souvent à domicile.

SPORTS ET LOISIRS

Quad, buggy et 4×4

Kart Aventures

Plan C2 – Av. Moulay Rachid, zone hôtelière 05 24 88 63 74 ou 06 67 34 46 23, www.kart-aventure.com.

Propose des excursions à partir de la demi-journée en buggy ou 4×4 avec chauffeur.

Quads et Buggy Aventures

Plan C2 – 17, av. Moulay Rachid, zone hôtelière, près du Kenzi 05 24 88 40 24 ou 06 11 34 65 80, page Facebook.

Pour effectuer des sorties en quad ou buggy à la demi-journée, à la journée ou pour plusieurs jours dans la région de Ouarzazate.

Randonnées à cheval ou en dromadaire

Jo Riding Company

Douar Tabounte, à Tarmigte. À 15 km au S de Ouarzazate sur la route du barrage 06 61 16 84 72, www.jo-riding-company.com.

Joël Proust, le maître des lieux, est diplômé de l'École nationale d'équitation de Saumur. Il propose aussi bien des randonnées à cheval qu'à dromadaire.

OUARZAZATE (ENVIRONS)

OÙ DORMIR

Écolodge l'île de Ouarzazate

À Talalt, à 9 km S-E du centre-ville de Ouarzazate. Prenez la N9 (dir. S) puis tournez à g. dir. barrage El-Mansour Eddahb 06 66 17 76 10, www.ecolodgelile.com. 8 ch. Restauration, sert de l'alcool. Piscine. Autour de 60 € (650 Dh)

Près du lac de barrage d'El-Mansour Eddahbi, vous trouverez huit bungalows alignés, en pisé, pouvant accueillir jusqu'à six personnes. Il n'y a pas plus écofriendly. Le solaire fournit eau chaude et électricité, le potager bio alimente la table. Et des activités non motorisées sont proposées (VTT, kayaking, etc.). Une bonne surprise dans ce désert.

Oscar

À 6 km O de Ouarzazate, à l'intérieur des Atlas studios (p. 301) 05 24 88 22 23 ou 05 24 88 22 12, https://oscarhotelbyatlasstudios.com. 61 ch. clim. avec wifi. Piscine. Bar. Parking gratuit. Moins de 95 € (995 Dh)

C'est une adresse pour les amateurs du 7e art qui se retrouveront nez à nez avec Obélix ou Gladiator (en effigie !). Les chambres sont spacieuses et confortables. Bon petit déjeuner.

TAMEGROUTE

OÙ DORMIR

Stargazing Hôtel SaharaSky

Dunes Tinfou, à 9 km env. au S de Tamegroute 05 24 84 85 62 ou 06 61 17 28 66, www.saharasky.net. 20 ch. dont 3 suites. En demi-pension (pour 2 pers.). Petit spa. Restaurant. Sert de l'alcool. Forfait dîner + observation astronomique à 250 Dh. Balade à dromadaire dans les dunes de Tinfou : 150 Dh/h. Bivouac dans le désert à 10 km de l'hôtel : 600 Dh/pers. Excursions en 4×4 vers les dunes de Chegaga et le lac Iriqui : 2300 Dh pour le véhicule et le groupe (jusqu'à 5 pers.). Autour de 95 € (1000 Dh)

Dans une kasbah, c'est sans doute le seul observatoire astronomique, privé, avec Patrick, l'astronome de service. Alors, si cette expérience vous tente... Sous une voûte céleste d'une exceptionnelle pureté, on dort aux portes des dunes de Tinfou. C'est une première approche fascinante du désert.

OÙ MANGER

Jnane Diafa

En face de la bibliothèque coranique 05 24 84 06 22 ou 06 61 34 81 49, https://jnanedar.ch. T.l.j. 8h-23h. À la carte. Plats : 60-90 Dh. Pas d'alcool. Parking gratuit. Autour de 10 € (110 Dh)

Si vous rêvez de déjeuner dans un jardin, c'est le bon endroit ! Bonne cuisine marocaine : tajine poulet citron, couscous aux sept légumes, brochettes, grillades, etc.

TAMNOUGALT

OÙ MANGER

Chez Yacob

Dans le village (fléché) 05 24 84 33 94 ou 06 66 10 43 05. T.l.j. 12h-15h30. Menu : 80 Dh. Pas d'alcool. Moins de 10 € (110 Dh)

Près de la kasbah des Caïds, on déjeune agréablement sur la terrasse ou en salle, selon la saison. Au menu : tajines, brochettes, etc.

ZAGORA

OÙ DORMIR

Villa Zagora

Route de Nekhla, en dir. de Tazzarine 05 24 84 60 93, www.mavillaausahara.com. 4 ch. et 2 suites + tente nomade (6 pl., 18 €/pers). En paiement anticipé, la nuit est à 56 € env. Table d'hôtes : 150 Dh, pas d'alcool. Piscine. Bivouacs organisés : erg Lehoudi et dunes de Chegaga. Parking privé (gratuit). Entre 70 et 80 € (750 et 850 Dh)

En lisière de la palmeraie, une adresse qui fleure bon le jasmin. Certaines chambres disposent d'une terrasse donnant sur le jardin croulant sous les rosiers et les bougainvilliers ou sur la palmeraie. L'option *glamping* (pour « camping » et « glamour », *encadré p. 279*) sous la tente est séduisante, la tente étant privatisée, quel que soit le nombre de personnes. Vraiment une belle maison.

Riad Dar Sofian

Route de Nekhla, en dir. de Tazzarine 05 24 84 73 19, www.riaddarsofian.com/fr/. 10 ch., 1 suite et 1 tente. Restaurant : entrées 40 Dh ; plat principal 90 Dh, sert de l'alcool. Balades proposées : le jbel Zagora et le marché. Entre 70 et 80 € (750 et 850 Dh)

Dans cette superbe demeure en pisé, les chambres lumineuses sont décorées dans un style marocain mâtiné de touches contemporaines. On a aimé le choix laissé pour les repas entre piscine, jardin de cactées ou l'une des terrasses. Le must de cette adresse pur charme : le propriétaire, Moulay Slimane, a une parfaite connaissance de la région pour y être né.

OÙ MANGER

N'hésitez pas à vous adresser aux hôtels, car ils accueillent aussi les non-résidents.

Chez Ali

Av. Atlas Zaouite, entre le panneau de Tombouctou et le Drâa, rue sur la g. en venant du centre-ville 05 24 84 62 58, chezali.net. T.l.j. 7h-23h. Menu : 125 Dh. À la carte : entrées 40 Dh ; plat principal 65 Dh. Pas d'alcool. Piscine (gratuit pour les résidents, 50 Dh pour les non-résidents). Excursion + pension complète + 1 nuit : 850 Dh/pers dans les dunes de Chegaga. Autour de 10 € (110 Dh)

La halte déjeuner ou dîner dans le jardin verdoyant est rafraîchissante. La cuisine est marocaine, où néanmoins le seul couscous (aux sept légumes) est sur commande.

Bivouacs dans le désert

Outre les organismes mentionnés ci-après, vous trouverez à Zagora de nombreux professionnels installés sur l'avenue Mohammed-V qui organisent des bivouacs dans le désert. N'hésitez pas à pousser leur porte pour discuter (on n'a pas dit marchander !). Votre hébergement peut aussi vous conseiller (choix d'une agence, d'un guide), voire tout organiser. Réservez le bivouac le plus tôt possible, les meilleurs guides étant les premiers retenus.

Caravane Désert et Montagne
Hors des pistes battues et rebattues, Brahim et Abdoul fuient les sites touristiques trop connus. Ils montent des circuits personnalisés en fonction de vos goûts. Par exemple, si vous êtes mélomane et que vous voulez entendre la « musique du désert » sur fond de *guedra* (un instrument à percussion) ; ou si vous êtes amateur de fossiles, passionné d'oiseaux.

> À Zagora. Av. Mohammed-V (près de la poste) 06 11 15 37 66 ou 06 56 32 45 01, caravanedesertetmontagne.com. À partir de 350 Dh/pers./j.

Caravane du Sud
Le premier bivouac (2 j./1 nuit) proposé, dans le désert de Tizi Niguidou, est à 15 min de 4 × 4 de Zagora et à 1h30 à dos de dromadaire. Il est pourvu d'eau chaude et de sanitaires. Mais l'erg Lehoudi et les dunes de Chegaga sont aussi au catalogue. Comme des escapades alliant yoga et méditation.

> À Amezrou, près de La Fibule du Drâa (p. 309) 05 24 84 75 69 ou 06 61 13 86 77, www.caravanesud.com. T.l.j. 8h30-12h30 et 14h30-20h. À partir de 50 €/pers.

Le Petit Prince
On vous donne rendez-vous au restaurant du même nom dans la ville de M'Hamid, le transport jusqu'au bivouac, réinstallé chaque hiver, se faisant à dos de dromadaire ou en 4×4. C'est parti pour la grande aventure nomade, relisez votre Saint-Exupéry !

> À 7 km S de M'Hamid 06 14 94 82 23, www.bivouaclepetitprince.com. 10 tentes en plein désert (jusqu'à 4 pers.). Nuits à la belle étoile en période plus chaude. Demi-pension : 70 €/pers. Pension complète : 80 €/pers.

21

LA ROUTE DES KASBAHS ✧✧✧

Le Maroc a ses châteaux de sable : les kasbahs. Mille et une, dit-on, dont les silhouettes ocre et dentelées se découpent sur un ciel d'une incroyable pureté. Isolées sur des éperons rocheux, dans un paysage minéral grillé par le soleil, ou enveloppées dans la luxuriance des palmeraies, elles parsèment la route entre Ouarzazate et Tinerhir et les vallées sinueuses du Haut Atlas. Celles du Dadès et du Todra, creusées par les oueds dont elles portent le nom, forment par endroit des canyons de calcaire rouge si étroits et vertigineux que le soleil peine à y pénétrer.

PRATIQUE

- **Plan p. 294-295**
- **Nos adresses p. 324**

Accès

Par la N10 à partir de Ouarzazate.

Se déplacer

Les bus **CTM** et **Supratours** (p. 298) desservent Skoura, El-Kelaâ M'Gouna, Boumalne Dadès et Tinerhir depuis Ouarzazate.

Un 4×4 est indispensable uniquement pour la liaison entre les gorges du Dadès et celles du Todra.

Conseil

La meilleure période pour découvrir la vallée des Roses est de février à juin.

Adresse utile

Bureau des guides et accompagnateurs de montagne
Sur la dr. de la N10, 1 km

La kasbah d'Amerhidil

L'ESSENTIEL

À ne pas manquer

Une visite guidée dans la kasbah d'Amerhidil ; le road-trip époustouflant dans les gorges du Dadès.

Expériences

S'enivrer du parfum des roses dans la vallée des... Roses au moment de leur floraison au printemps ; musarder à vélo dans la palmeraie de Skoura ; se laisser embarquer par un poète dans la palmeraie de Tinehrir.

Vallée du Dadès ✧✧

Circuit de 170 km (3h) sur la N10, puis la R704 jusqu'à Msemrir.

En quittant Ouarzazate, laissez sur votre droite la kasbah de Taourirt et engagez-vous sur la N10 qui contourne le lac de **barrage d'El-Mansour Eddahbi**, où se déverse l'assif Dadès. La route suit ensuite le tracé de cette longue vallée qui sépare le Haut Atlas, au nord, du jbel Sarhro, au sud. Elle file, monotone, à travers de vastes étendues désertiques, se faufilant parfois entre les parois fauves de petits **canyons** creusés à même la roche.

Pour apprécier toute la beauté de ces paysages du Grand Sud, il faut emprunter les chemins buissonniers, s'écarter de la nationale, s'arrêter dans les **palmeraies** irriguées par les eaux bienfaisantes du Dadès. Mieux encore, s'y installer, le temps d'une étape.

PALMERAIE DE SKOURA ✧✧

À 40 km N-E de Ouarzazate (40 min). Trois accès à la palmeraie : soit 10 km avant l'entrée du bourg, en suivant le panneau « Skoura Lodge » sur la g., puis en continuant tout droit à la 1re bifurcation ; soit 3 km après le passage du pont de l'oued Hajjaj, par une piste un peu cachée à g. au niveau du musée de la Mémoire (accès le moins aisé) ; soit 1 km après la kasbah Ben Moro, sur la g. en suivant les panneaux pour l'hôtel « Les Jardins de Skoura ».

avant El-Kelaâ M'Gouna
📞06 61 79 61 17 ou 06 61 61 00 59. T.l.j. Appelez pour confirmer les horaires.

Bon à savoir

Certaines maisons d'hôtes de la palmeraie de Skoura proposent la **location de vélos** : pensez à vous renseigner avant de réserver.

Les auberges de la vallée du Dadès travaillent avec des accompagnateurs qui organisent des **randonnées à la journée** pour découvrir les gorges à pied.

La route qui rejoint Imilchil, bien que goudronnée, peut se révéler impraticable avec une voiture de tourisme par temps de pluie.

< Un mur peint à El-Kelaâ M'Gouna

Plus que le bourg, fondé dit-on par Yacoub el-Mansour au XIIe s., c'est la palmeraie de Skoura qui mérite l'arrêt. Elle couvre une cinquantaine de kilomètres carrés, irrigués par trois oueds qui alimentent un savant réseau de canaux souterrains dont les origines remontent à celles de la ville. Leur entretien dépend encore de la communauté : chaque habitant est réquisitionné une dizaine de jours par an pour en assurer le nettoyage et les réparations.

Rien de tel qu'une **promenade à vélo** sur les sentiers qui la sillonnent pour en apprécier la beauté et la fraîcheur. Chemin faisant, vous croiserez de nombreux douars, pour beaucoup encore construits en terre, et d'innombrables petits **jardins** plantés de luzerne, de coriandre et autres plantes maraîchères. Sans oublier les oliviers, les pommiers et, bien sûr, les quelque 130 000 palmiers, dont certains n'ont malheureusement pas été épargnés par le bayoud, une maladie fongique qui les condamne à être brûlés pour éviter la contagion.

AU PARFUM

L'important, c'est la rose

Chaque année en avril, femmes et enfants récoltent entre 3 000 et 4 000 t de roses ! Pendant près d'un mois, les distilleries tournent nuit et jour afin d'extraire la « concrète » de rose, un produit solide, destiné à l'exportation pour la parfumerie. Sachant qu'il faut 5 t de pétales pour obtenir un litre d'huile essentielle, la conclusion s'impose : 80 % des produits proposés localement sont d'origine synthétique.

Kasbah d'Amerhidil ✧✧

Deux entrées payantes distinctes. Choisissez celle de droite quand vous regardez la kasbah, ☎ 05 24 85 22 79. T.l.j. de 8h jusqu'au coucher du soleil. Plein tarif : 40 Dh ou 50 à 100 Dh pour une visite guidée. La seconde abrite un café-restaurant où vous pourrez vous désaltérer.

C'est la plus impressionnante de toutes celles disséminées dans la palmeraie. Elle est posée au bord d'un oued dont les eaux grossissent parfois au point d'interdire la traversée des voitures et même des piétons. Les mules ou les dromadaires prennent alors le relais !

Vous remarquerez vite les deux entrées de cette immense kasbah construite à la fin du XIXe s. : elles témoignent d'une dispute familiale irrésolue. À l'intérieur, une exposition d'objets usuels illustre les traditions locales.

Depuis la terrasse, la vue sur l'océan vert des palmiers et sur l'autre partie de la kasbah est magnifique.

Atelier de poterie de la famille Kabor ✧

À Oulad Arabiya, accès par la 1re entrée de la palmeraie, sur la g., 10 km avant Skoura. Suivez les panneaux « Talout » sur env. 5 km. L'atelier se trouve sur la g. dans le village, après la mosquée. Si la porte est close, n'hésitez pas à tél. ☎ 06 78 56 07 02. Donation ou achat.

Le village d'Oulad Arabiya, « les fils de la femme arabe », est depuis longtemps spécialisé dans la poterie. Mais l'exode rural et le peu de débouchés ont porté un coup fatal aux nombreux ateliers qu'il comptait. Celui de la famille Kabor est l'un des derniers survivants : Mohammed et son frère vous y initieront aux secrets du tour manuel actionné avec le talon et vous expliqueront toutes les étapes de la fabrication, depuis le ramassage de la terre glaise jusqu'à la cuisson. Une occasion idéale aussi d'acquérir à petit prix un plat à tajine, un *canoun* (petit brasero en terre cuite), une jarre ou un cendrier, en sachant que l'argent revient directement à la famille qui les produit.

EL-KELAÂ M'GOUNA

À 90 km N-E de Ouarzazate (1h20). Souk : le mer.

C'est à une fleur particulièrement parfumée – la **rose de Damas** –, qui résiste aussi bien au froid qu'à la sécheresse, que ce gros bourg rural, posé sur la rive de l'oued M'Goun à 1467 m d'altitude, doit sa réputation et son développement économique. Bien qu'ils soient particulièrement difficiles à apercevoir en dehors de la période de floraison (avr.-mai), ces rosiers poussent par milliers dans les haies délimitant les champs et les vergers des alentours *(encadré ci-contre)*.

Après leur récolte, les pétales de rose au parfum poivré sont distillés dans les usines de la région, repérables à leurs cheminées en tôle. Elles se visitent uniquement au moment de la distillation (fin avr.-fin mai) : venez de préférence vers 15h pour assister à l'arrivage des fleurs qui sont déversées par brassées entières dans d'immenses alambics de cuivre.

Un grand **moussem** de trois jours clôture la récolte au milieu du mois de mai. Les habitants de la région arborent leurs plus beaux costumes, les rues sont parées de bouquets de fleurs, et des chars multicolores défilent sous une pluie de pétales de roses, tandis que résonnent les musiques traditionnelles et les youyous.

VALLÉE DES ROSES ✧✧✧

Circuit de 30 km (45 min) jusqu'à Bou Tharar au départ de El-Kelaâ M'Gouna par la route 1502.

C'est l'une des plus belles vallées du Maroc : semée de villages et de kasbahs de terre, tapissée de champs de luzerne, de cultures maraîchères et de vergers cernés de rosiers, elle s'enfonce vers le nord en épousant le tracé de l'oued M'Goun. Fort peu fréquentée, elle réserve des paysages d'une rare beauté qui passent par toutes les nuances de l'ocre et du rouge.

L'idéal est de se rendre jusqu'à **Bou Tharar**, puis de recourir aux services d'un guide pour prolonger l'aventure en 4×4 ou à pied : de multiples randonnées en étoile sont possibles depuis ce village perdu au milieu des figuiers, comme celle qui mène aux gorges d'Achabou en remontant l'assif M'Goun (3h de marche).

ROUTE DES GORGES DU DADÈS ✧✧✧

Circuit de 74 km (2h) de Boumalne Dadès à Aït Toukhsine par la R704.

Deux heures d'émotion esthétique garanties! La route, en très bon état, qui joue les montagnes russes en suivant le tracé de l'oued Dadès offre des points de vue magnifiques. Au début, avant que la vallée ne se resserre, s'y épanouissent des vergers d'amandiers, de pêchers, de pommiers et de noyers. Mais ils cèdent vite la place à des éboulements de terre et de roche rouges, parfois violacées, qui créent un décor irréel. Çà et là, des kasbahs en ruine perchées sur des pitons rocheux et des villages ingénieusement blottis dans un creux verdoyant bravent le chaos menaçant de cet univers éminemment minéral.

^ La route des gorges du Dadès

Gorges de Sidi Boubkar ✧✧

À 13 km N de Boumalne Dadès. Arrêtez-vous au café de l'auberge Mirguine : on vous y indiquera le départ du sentier en contrebas. Comptez 2 bonnes heures de marche A/R. Prévoyez des chaussures en plastique pour marcher dans l'eau. Attention : à ne pas faire si le niveau de l'eau est trop élevé ; renseignez-vous à l'auberge.

Une promenade tout simplement magique qui vous mènera, à l'écart des groupes, jusqu'à des gorges étroites à la beauté sauvage. Vous y progresserez dans l'eau entre des parois de roches rougeoyantes aux plissements tourmentés. Un décor idéal pour un pique-nique et, si vous ne craignez pas l'eau froide, pour une petite baignade.

Tamlalt ✧

À 15 km N de Boumalne Dadès.

Arrêt obligé pour admirer la falaise de l'autre côté du Dadès : de curieux conglomérats rocheux semblent avoir été malaxés par des géants. Leurs formes arrondies par l'érosion ont valu au site son surnom de « **vallée des Doigts de singe** » (ou des « Corps humains »). Selon la légende, les invités d'un mariage avaient célébré le passage du convoi nuptial en lançant dans les airs des brassées de nourriture. Pour les punir de cette manifestation de joie jugée sacrilège, Dieu les aurait immédiatement pétrifiés !

ROAD TRIP *La boucle des gorges*

Une piste permet de rejoindre la vallée du Todra à partir de celle du Dadès. Elle relie Msemrir et Tamtetoucht (42 km, comptez 2h à 4h). Attention, ce circuit requiert non seulement un véhicule tout-terrain, mais aussi des compétences de conducteur et de navigateur aguerri. Il est d'autre part indispensable de se renseigner sur l'état de la piste, souvent rendue impraticable par les intempéries. Le plus sûr étant de recourir aux services d'un guide officiel capable de s'orienter sur ce parcours accidenté et non balisé où la piste tient parfois de l'escalier ! Sachez cependant que vos efforts seront récompensés par la beauté sauvage et grandiose des paysages, où vous ne croiserez que quelques tentes brunes de nomades abritées derrière des murets de pierre sèche.

Aït Arbi ✧

À 18 km N de Boumalne Dadès.

Impossible de rater les fantastiques constructions en pisé des kasbahs d'Aït Arbi. Plantées dans le creux d'un relief mouvementé, elles semblent directement surgies de la terre dont elles sont faites. Un petit pont piéton, 500 m plus loin, vous permettra de traverser l'oued à pied pour une promenade bucolique parmi les jardins cultivés qui les encadrent.

Défilé d'Imdiazen ✧✧

À 26 km N de Boumalne Dadès.

Vous saurez que vous en approchez à la multiplication soudaine des auberges. La route se faufile dans le défilé à fleur d'eau, entre deux parois verticales qui font obstacle aux rayons du soleil une bonne partie de la journée. On se sent tout petit et bien fragile au pied de ces colosses de roches rouges lacérés par l'érosion. Peu après le village d'Oudinar, la route s'élève en lacets serrés, vertigineuse, au-dessus des gorges. Pour percer la toute première piste carrossable, en 1933, les légionnaires français seraient descendus en rappel poser leurs explosifs dans la falaise. Plus vous gagnez en altitude, plus les vues sur l'entaille de l'oued et le ruban d'asphalte qui le surplombe sont saisissantes.

Msemrir

À 62 km N de Boumalne Dadès.

Après le village d'Imdiazen, la route s'enfonce dans une vallée ponctuée de parcelles verdoyantes et semée de villages blottis au pied de massifs dénudés aux petits airs lunaires. Quelques kilomètres avant Msemrir, à la faveur d'un virage, surgit la « **tortue du Dadès** », un superbe plissement de terrain façonné par un méandre de l'oued : sa forme évoque parfaitement la carapace du reptile, dont on distingue même la tête, plus pâle.

Msemrir est un point de départ idéal pour des randonnées de plusieurs jours. On peut également rejoindre la vallée du Todra par une piste *(encadré ci-dessous)*.

Tinerhir ✧

À 168 km (2h30) de Ouarzazate ou 53 km de Boumalne Dadès par la N10. Souk : le lun. à 2 km env. à l'O. du centre sur la route de Ouarzazate.

Pour prendre le pouls de Tinerhir *(Tinghir)*, il suffit de flâner en fin d'après-midi le long de son artère principale (l'avenue Mohammed-V) ou d'aller vous asseoir à une terrasse de café près de la place de la Poste. C'est le rendez-vous préféré des familles et des amoureux, qui arpentent aussi les allées du tout proche jardin public. En surplomb de l'avenue Mohammed-V se dressent les ruines de l'ancienne **kasbah du Glaoui** *(ne se vis. pas)*, abandonnée, depuis la mort de son propriétaire en 1956 et l'exil de sa famille.

⌄ La kasbah d'Aït Arbi

HISTOIRE

Pêche interdite

Dans la source d'eau chaude de la palmeraie de Tinerhir, les poissons sont sacrés et donc intouchables! La légende raconte que, tout comme l'eau du bassin où ils batifolent, ils seraient nés des coups de bâton dont un saint homme assoiffé aurait un jour frappé la roche pour en faire jaillir une source. Autant dire que ces poissons-là ne finiront pas dans votre assiette. Il faudra vous contenter de les regarder frétiller, par centaines, en sirotant un verre de thé à l'ombre d'une tonnelle ou en grignotant un tajine de... poulet!

> *Source des Poissons sacrés, à 10 km de Tinerhir sur la R703.*

KSAR TINERHIR ✧✧

En bordure de la palmeraie, derrière la poste et l'hôpital. Parking possible au bout de la rue Hassan-II.

Cet ancien ksar en pisé, partie la plus ancienne de la ville, a perdu ses murailles, mais pas son âme. Toujours habité, son cœur regorge de commerces traditionnels comme ceux qui bordent la « rue des femmes », une artère qui leur était à l'origine exclusivement réservée. Ses nombreuses bijouteries sont particulièrement fréquentées en été, époque féconde en mariages!

La partie centrale du ksar continue d'être appelée « mellah » en souvenir de l'importante communauté de juifs berbères qui l'habitait jusque dans les années 1960, avant leur départ pour Israël.

SOUK ✧✧

À 3 km du centre-ville sur la route de Ouarzazate.

Si vous êtes dans les parages un lundi, ne le manquez sous aucun prétexte. Tout s'y vend et s'y achète : des fruits et légumes bien sûr, de la quincaillerie et de la poterie, des habits, des nattes, des chaussures, des outils traditionnels pour tisser la laine, des noyaux de dattes concassés pour nourrir le bétail et, en été particulièrement, tout un bric-à-brac d'électroménager usagé rapporté par les émigrés en vacances.

Le samedi, un souk au bétail se tient dans une enceinte mitoyenne. Vaches, moutons, chèvres, ânes et mulets y font l'objet de débats animés entre vendeurs et acheteurs. Vous y verrez aussi toutes sortes d'accessoires liés à l'entretien et à l'utilisation du bétail : bâts, sacoches, fers à cheval, etc.

PLACE DES CHAMEAUX

À 2 km (5 min) N de Tinerhir sur la route des gorges du Todra.

Ne vous emballez pas... vous y verrez tout au plus deux ou trois dromadaires assoupis dans l'attente d'un touriste désireux d'arpenter la palmeraie sur leur dos. Même si l'aventure ne vous tente pas, faites escale sur cette vaste esplanade : la **vue** y est magnifique. À vos pieds, l'océan vert de la palmeraie dont émerge, en face, le profil du village abandonné d'**Aït Boujane** avec ses vieilles maisons de pisé serrées les unes contre les autres.

PALMERAIE DE TINERHIR ✧✧✧

Plan p. 329.

Son interminable coulée verte enchâssée dans le décor rougeoyant des montagnes attire tous les regards! Cette formidable oasis, l'une des plus belles du pays, tire sa vitalité et sa luxuriance des eaux du Todra *(Todgha)* dont elle épouse le cours.

À l'ombre des palmiers-dattiers se succèdent sur plus de 25 km des parcelles de plantes fourragères, des champs de céréales, des cultures maraîchères, des vergers plantés d'oliviers, de pêchers, d'abricotiers et autres arbres fruitiers, et même une source d'eau chaude où frétillent des centaines de poissons *(encadré ci-dessus)*. Une véritable manne céleste sillonnée de **canaux d'irrigation** et ponctuée d'**anciens villages de terre** *(ksour)*, certains complètement abandonnés, d'autres encore partiellement habités, qui sont autant de buts de promenade à réaliser seul ou avec l'aide d'un guide.

> Lire aussi la balade bucolique : Dans la palmeraie de Tinerhir (p. 328).

Route des gorges du Todra et d'Imilchil ✧✧✧

Abandonnez la N10 à Tinerhir et prenez sur la R703, à g. en venant de Ouarzazate, avant la traversée du pont.

La traversée goudronnée de l'Atlas dans l'axe nord-sud est quasiment chose faite : la route permet dorénavant de rejoindre Imilchil avec une voiture de tourisme, en tout cas par temps clément. Car les intempéries et les chutes de pierres consument rapidement le bitume, qui peut se révéler impraticable après de fortes précipitations.

La route surplombe d'abord la palmeraie de Tinerhir sur une quinzaine de kilomètres jusqu'au défilé des gorges. Elle épouse ensuite le cours de l'oued Todra *(Todgha)* jusqu'à Tamtetoucht pour s'attaquer enfin aux reliefs accidentés du Haut Atlas et franchir le **col de Tirherhouzine**, à 2 700 m d'altitude, dans un décor grandiose et changeant, entre éboulis et à-pics vertigineux aux reflets ocre et violacés.

DÉFILÉ DES GORGES DU TODRA ✧✧✧

À 14 km (25 min) N-O de Tinerhir, par la R703. Parking ouvert de 8h à 20h et payant avant l'entrée des gorges.

Vertigineuse, cette faille taillée dans le calcaire fauve des falaises a de quoi faire tourner la tête. La route la traverse à fleur d'eau entre des **parois de roche** presque verticales. Hautes de quelque 300 m, elles attirent des grimpeurs de tout acabit, du débutant à l'alpiniste confirmé. Leur beauté rude et titanesque prend toute sa mesure au petit matin ou en fin d'après-midi quand les vendeurs de souvenirs et les cars de touristes ont plié bagage.

Selon la saison et les années, le cours du Todra *(Todgha)* varie considérablement : ses eaux peuvent dévaler dans un tourbillon tumultueux ou se réduire à un maigre filet s'écoulant péniblement entre les caillasses.

En plein été, ses berges servent d'aires de pique-nique aux familles qui viennent profiter de la fraîcheur ambiante. Vous y verrez aussi des femmes berbères lavant

⌄ Les gorges du Todra

^ Le lac de Tislit

FESTIVITÉS

Le moussem des Fiancés à Imilchil

Près d'Imilchil s'étendent deux lacs : **Tislit** (la Fiancée) et **Isli** (le Fiancé). Ils seraient nés des larmes versées par deux amoureux issus de tribus rivales qui auraient interdit leur mariage. Le moussem des Fiancés perpétue chaque année, les derniers jours d'août, ce souvenir. Rassemblement religieux, grande fête marchande, le moussem d'Imilchil est surtout l'occasion pour les tribus berbères du Haut Atlas de se retrouver, et pour les jeunes filles et les *timdwal* (veuves ou divorcées) de trouver un mari. Ces dernières font généralement leur choix elles-mêmes, sans tractations préalables des parents. Elles ont trois jours pour élire l'âme sœur. Avec le développement du tourisme au Maroc, ce moussem a quelque peu perdu de son authenticité : beaucoup d'agences de voyages affrètent pour l'occasion des cars et des 4×4 remplis de touristes.

leur linge, un enfant arrimé dans le dos, et des ânes immobiles, attendant de recevoir leur charge pour rentrer au bercail.

TAMTETOUCHT ✧

À 34 km N (1h) de Tinerhir par la R703.

Après le passage du défilé, l'étau des gorges commence à se desserrer. Le soleil retrouve progressivement le chemin de l'oued dont le lit serpente au pied des falaises, bordé par le ruban d'asphalte de la route. Seuls d'énormes blocs de roche blanche et quelques touffes vertes de palmiers viennent troubler le chaos de calcaire orangé des montagnes.

Et soudain, au détour d'un virage, l'horizon s'élargit : vous avez atteint le haut plateau de Tamtetoucht. Encore quelques kilomètres et la silhouette du village se profile dans le lointain. Depuis l'ouverture de la route goudronnée, cette typique bourgade de montagne, à 1800 m d'altitude, a pris des petits airs de baroudeuse avec ses nombreuses auberges qui reçoivent les voyageurs à la bonne franquette. Si le béton y grignote inexorablement le pisé, les ânes continuent d'y être plus nombreux que les voitures. La piste permettant de rallier Msemrir (p. 319) démarre à l'entrée du village, sur la gauche (suivre la dir. hôtel camping Addoud, http://todgha.com).

AÏT AMER

À 98 km (2h30) N de Tinerhir par la R703, puis la R317.

Ce village assoupi se métamorphose une fois par an, à l'occasion du célèbre **moussem des Fiancés** qui y attire, chaque année en septembre, plusieurs dizaines de milliers de personnes. En quelques heures, des centaines de tentes – *khaïma* berbères et tentes caïdales des notables – recouvrent la colline aux abords du marabout de Sidi Ahmed Oulmaghni, un saint local encore très vénéré. Aux chants et aux danses qui, trois jours durant, animent la petite localité, se mêlent les bêlements des moutons, les beuglements des vaches et les cris rauques des dromadaires.

IMILCHIL ✧

À 122 km (3h30) N de Tinerhir par la R703, puis la R317. Également accessible par la N13 qui relie Errachidia et Midelt en bifurquant vers Rich sur la R706 (goudronnée). Souk : le sam.

Au pays des Aït Haddidou, la vie n'a rien d'un long fleuve tranquille. Les hivers y sont rudes et longs, les steppes austères et les terres rocailleuses. Vous comprendrez vite pourquoi ce haut plateau balayé par les vents et cerné de sommets pelés a été baptisé « petit Tibet » par les premiers voyageurs français. Ses habitants sont les descendants d'une tribu de pasteurs nomades sédentarisés au XVIIe s. À près de 2200 m d'altitude, Imilchil est leur « capitale » : un groupement d'une vingtaine de hameaux où, pour se protéger des températures qui flirtent régulièrement avec les -10 °C, les femmes s'enveloppent toujours dans des *handira* rayées, de lourdes capes-couvertures en épaisse laine tissée.

LACS DE TISLIT ET ISLI ✧✧

À 127 km et 137 km au N de Tinerhir.

Deux étendues d'**eau salée**, couleur bleu émeraude, se nichent dans les creux de ce haut plateau pelé aux roches mauves et rouges. La première, le **lac de Tislit**, borde la route, 5 km au nord d'Imilchil. Vous atteindrez le **lac d'Isli**, plus vaste, en empruntant une piste sur la droite au niveau de l'auberge de Tislit. Elle file sur 8 km à travers des pâturages hantés au printemps par des troupeaux de moutons et des bergers solitaires.

Dans la lumière du couchant, l'évocation de la légende attachée à ces deux lacs isolés ajoute une bonne dose de romantisme au charme envoûtant des lieux *(encadré ci-contre)*.

• NOS ADRESSES •

BOUMALNE DADÈS

OÙ DORMIR

Kasbah Tizzarouine

Route de Tinerhir 05 24 83 06 90 ou 05 24 83 06 91, https://tizzarouine.com. 50 ch. dont certaines sont troglodytiques et 5 suites clim. Wifi dans les parties communes. Hammam. Piscine. À partir de 55 € (600 Dh)

Dans ce bel ensemble d'architecture traditionnelle à l'écart de la ville, la vue panoramique est exceptionnelle. L'accueil est chaleureux, mais il y a beaucoup de groupes, et les prestations, notamment la restauration, s'en ressentent parfois. Les chambres sont jolies avec un plafond en roseau.

EL-KELAÂ M'GOUNA

SHOPPING

Coopérative artisanale de Poignards Azlag

Prenez une ruelle en terre à dr. de l'av. Mohammed-V en venant de Ouarzazate, entre les deux ronds-points décorés de roses géantes 06 71 52 09 10. T.l.j. 8h-17h.

Les poignards aux manches et fourreaux ouvragés en bois de cèdre, en os de dromadaire, en argent, sont la grande spécialité du village d'Azlag (à 7 km de El-Kelaâ M'Gouna) où de nombreux artisans continuent de les façonner à la main. Les prix commencent aux alentours de 250 Dh et s'envolent pour les pièces les plus grosses.

Maison de tissage des tapis berbères

Av. Mohammed-V, après le 2e rond-point orné d'une rose géante 05 24 83 66 91, maisondetapis.com. T.l.j. 8h-18h.

80 femmes s'y relaient pour tisser des tapis, des ceintures et des sacs.

FÊTES ET FESTIVALS

Fête des Roses

Mi-mai. À El-Kelaâ M'Gouna.

Trois jours durant, la ville se pare de tous ses atours : les habitants revêtent leurs plus belles parures, s'aspergent mutuellement d'eau de rose, répandent des pétales dans les rues où ils défilent en chantant et en dansant.

GORGES DU DADÈS

OÙ DORMIR

Chez Pierre

Douar Aït Ouffi, sur la route des gorges du Dadès (R704), Km 26 05 24 83 02 67 ou 06 67 76 01 69, http://chezpierre.org. 2 ch. standard (1200 Dh), 2 ch. deluxe (1950 Dh), 5 suites dt 2 quadruple et 1 familiale (1450 à 2800 Dh) et 1 appartement de 3 ch. (3800 Dh). Demi-pension possible. Wifi dans les parties communes. Autour de 100 € (1000 Dh)

Une belle auberge en pisé, avec patios, jardins en terrasses et piscine. Les chambres sont spacieuses et certaines ont même un balcon. À la saison froide, le chauffage central rassurera les frileux. La cuisine y est raffinée, inventive. Bref, c'est l'étape pur charme !

Excursions en 4 × 4

Les organismes mentionnés ci-après proposent des excursions en 4×4 dans la **vallée des Roses**, les **gorges du Dadès** et les **gorges du Todra** :

> ***Camel Trek Morocco Tour***
06 28 56 84 05, www.cameltrekmoroccotour.com.

> ***Bivouac sous les Étoiles***
05 24 84 61 75, 06 70 96 56 00 ou 06 71 84 16 13, www.bivouacosouslesetoiles.org.

> ***Ksour Voyages***
05 24 88 28 40, www.ksour-voyages.com.

^ Pendant la fête des Roses à El-Kelaâ M'Gouna

OÙ MANGER

Chez Pierre

Douar Aït Ouffi, Km 26, sur la route des gorges du Dadès (R704) 05 24 83 02 67 ou 06 67 76 01 69, http://chezpierre.org. T.l.j. Déj. à la carte : 12h30-16h. 19h-22h, menu gastronomique 5 plats : 240 Dh. Résa conseillée. Autour de 25 € (270 Dh)

La meilleure table de la vallée! N'hésitez pas à aller découvrir cette cuisine créative qui jongle avec les saveurs d'ici et d'ailleurs. Déjeuner en terrasse et dîner romantique à la lueur des bougies et lanternes.

Restaurant panoramique Timzzillite

Km 29, sur la route des gorges du Dadès (R704) 06 77 26 43 47. T.l.j. midi et soir. Menu avec salade, tajines et dessert : 80 Dh. Autour de 25 € (270 Dh)

Un vrai nid d'aigle où l'on vient avant tout pour la cascade de terrasses en surplomb des gorges du Dadès, même si les tajines et autres spécialités marocaines sont très corrects bien que sans originalité.

GORGES DU TODRA

OÙ DORMIR

Palmeraie Guesthouse

À Aït Senan, sur la route des gorges du Todra, à 6 km de la bifurcation sur la N10 05 24 89 52 09 ou 06 65 97 62 25, http://palmeraie guesthouse.com. 9 ch. dont 5 avec salle de bains. Les chambres avec salle de bains commune ouvrent en été uniquement. Moins de 75 € (800 Dh)

Si vous voulez vivre au rythme de la palmeraie, vous êtes à la bonne adresse. La « maison » s'étage sur plusieurs niveaux. L'accueil est charmant.

OÙ MANGER

Chez Michèle

À 1 km de Aït Ourjdal, au bord de la route des gorges du Todra (R703) 05 24 83 51 51 ou 06 63 44 09 00, www.chez-michele.com. Mar.-dim. midi et soir. F. pendant le ramadan. Entrées : 30-45 Dh ; plats : 90-150 Dh. Sert de l'alcool. Autour de 20 € (220 Dh)

Marseillaise d'origine, Michèle est un personnage. Son établissement est très couru. On vous laissera le choix : terrasse ou salon marocain ? Tajine de veau aux coings ou magret de canard au miel ?

SPORTS ET LOISIRS

Aventures Verticales

Gorges du Todra 06 09 61 85 88, www. escaladeaumaroc.com.

Il y a près de 500 itinéraires dans les gorges du Todra de 4a à 8b. Spectaculaires, certains ont plusieurs longueurs atteignant plus de 500 m !

PALMERAIE DE SKOURA

OÙ DORMIR

L'Ma Lodge

Douar Ouled Ali Khamsa, route de Toundoute 06 66 64 79 08 ou 06 72 48 22 46, www.lmalodge.com. 4 ch. (1265 Dh) et 3 suites (1815 Dh) clim. Wifi dans les parties communes. Déjeuner : 130 Dh ; dîner : 260 Dh. Piscine chauffée (avr.- oct.). Pétanque. Cours de cuisine marocaine. Location de vélos. À partir de 115 € (1220 Dh)

Un bijou de maison d'hôtes pour un séjour serein et chaleureux au cœur d'un luxuriant jardin de 8000 m² planté d'oliviers, de palmiers et autres arbres fruitiers. Le plaisir se poursuit côté papilles, avec une cuisine saine qui mêle influences marocaines et méditerranéennes. Possibilité d'organiser une visite de la palmeraie à vélo.

FÊTES ET FESTIVALS

Trail Skoura Ouarzazate

En mars. Rens. : 06 61 09 09 43, https://semimarathon-skoura.com.

Course à pied dans la palmeraie de Skoura : deux circuits de 10 ou 20 km.

TINERHIR

OÙ DORMIR

Hôtel Tombouctou

126, av. Bir Anzarane 05 24 83 51 91, www.hoteltombouctou.com. 16 ch. clim. avec wifi : doubles à 550 Dh, triples à 730 Dh et familiales à 660-770 Dh. Réduc. de 20 % quand on règle au moment de la résa. Petite piscine. Restaurant : sert de l'alcool. Parking gratuit. Moins de 75 € (800 Dh)

Installées dans la première kasbah en terre crue construite (1944) à Tinerhir en dehors de l'enceinte d'un ksar, les chambres de cet hôtel sont disposées sur trois niveaux autour d'un agréable patio.

Kasbah Petit Nomade

À 3 km, pancarte sur la g., sur la route des gorges du Todra (R703) 06 68 49 58 38, http://kasbah-petitnomade.com. 5 ch. double et 5 ch. familiales (3 pers.) : 250 DH/pers. Pers. seule : 400 Dh. Petite piscine. Demi-pension : 330 Dh/pers. Moins de 75 € (800 Dh)

Dans un quartier calme de Tinerhir, sur le plateau qui la domine, une maison construite autour d'un patio à ciel ouvert. Jolies chambres confortables. Le plus : la qualité de la table d'hôtes !

Excursions dans la palmeraie de Skoura

À vélo

> ***Skoura VTT***
> *06 82 74 91 61, https://skoura-aventures-et-vtt.business.site.*

En quad

> ***Desert Dream***
> *05 24 88 53 43 ou 06 68 96 17 96, https://sahara-desert-dream.com.*

À pied

> ***Abdelmoula El-Amrani***
> *06 67 39 04 70.*

SPORTS ET LOISIRS

Pour effectuer une randonnée ou une promenade à pied dans la palmeraie de Tinerhir, vous pouvez contacter l'un de ces deux guides :

Abdel El-Azzaoui

06 70 72 44 95, https://abdel-naima.weebly.com.

Robert-Haïtam Péaud

05 24 83 59 99 ou 06 97 00 17 22, roberthaitamatinghir.e-monsite.com.

VALLÉE DES ROSES

OÙ DORMIR

Dar Timitar

À Aït Ouassif, douar Agoulzi 06 68 16 73 19, www.dartimitar.com. 9 ch. Restaurant : cuisine berbère. Moins de 75 € (800 Dh)

En bordure de falaise, au-dessus de la vallée creusée par l'oued M'Goun, cet écolodge séduira les amoureux d'isolement et horizons grandioses. On y parvient après 2 km de piste caillouteuse (praticable avec une voiture de tourisme). Chambres simples, mais joliment décorées, vue à couper le souffle. Dépaysement garanti !

Palmeraie de Skoura au lever du soleil

Balade bucolique

DANS LA PALMERAIE DE TINERHIR

Flânerie solitaire, équipée familiale ou promenade amoureuse, la palmeraie de Tinerhir se prête à toutes les déambulations. Sa forme allongée qui épouse le cours du Todra permet se s'y égarer sans jamais vraiment s'y perdre. Son damier de parcelles cultivées, ses canaux d'irrigation, ses ksour abandonnés et le peuple de femmes et d'hommes silencieux qui lui prodigue ses soins racontent sa vie secrète mieux qu'un livre d'histoire.

^ Le ksar d'Afanour

LE LONG DU TODRA

Depuis le pont qui enjambe le Todra sur la N13, empruntez à pied la descente sur la droite qui mène à une construction en dur. Contournez-la par la gauche et longez le mur de terre crue sur un sentier qui se fraie ensuite un chemin à travers champs. Arrivé à une fourche, prenez sur votre gauche sous les frondaisons, traversez une séguia en béton et continuez jusqu'au **ksar d'Afanour**, où se dresse l'ancienne mosquée Ikelane.

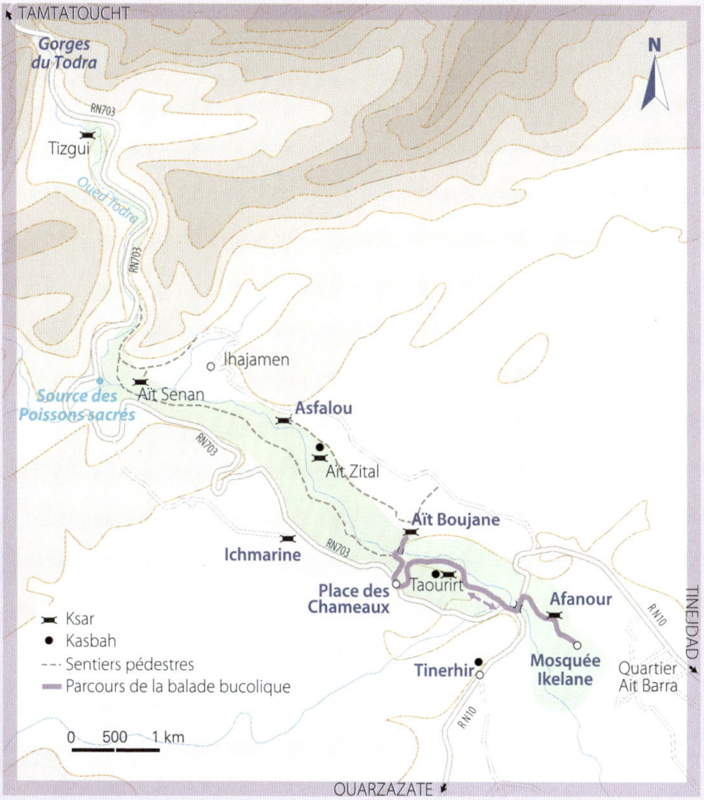

La mosquée-médersa Ikelane

C'est l'une des rares que les non-musulmans peuvent visiter au Maroc (donation indispensable). Sa belle architecture en terre crue rappelle celle des mosquées des vallées présahariennes : vous visiterez ses salles d'ablutions, de classe, de prière, ses dortoirs, et grimperez sur sa terrasse d'où la vue embrasse le village abandonné d'Afanour.

PRATIQUE

Durée

Promenade de 1h30 à réaliser seul ou avec un guide (Abdel el-Azzaoui, https://abdel-naima.weebly.com 📞 06 70 72 44 95), surtout si vous voulez la poursuivre jusqu'au **ksar Asfalou** (15 min de plus) ou à la **source des Poissons sacrés** (2h de plus), voire jusqu'aux **gorges du Todra** (1h30 de plus que la source des Poissons sacrés). Le retour se fera alors en taxi collectif.

Conseils

Prévoyez des chaussures confortables et étanches car le terrain peut être boueux. Meilleur moment : en fin d'après-midi.

^ La mosquée-médersa Ikelane

v Irrigation dans la palmeraie

FLÂNERIE CHAMPÊTRE

Revenez sur vos pas pour passer sous le pont et continuez en direction d'Aït Boujane. Entre les touffes de palmiers-dattiers, les sentiers qui remontent le cours de l'oued traversent des champs d'orge, de fèves, de luzerne, des vergers plantés d'abricotiers, d'amandiers, de grenadiers, etc. Toutes les teintes de vert cohabitent. Çà et là, des femmes ployant sous des bottes de fourrage cheminent lentement suivies d'ânes non moins chargés, des hommes retournent la terre ou nettoient des séguias, ces canaux d'irrigation qui permettent une juste répartition de l'eau entre les parcelles. Votre passage soulèvera régulièrement des nuées d'oiseaux venus faire bombance dans ce petit coin de paradis.

Le village fantôme d'Aït Boujane

Arrivé à sa hauteur, bifurquez vers la droite pour traverser le pont de terre (seul passage garantissant de franchir l'oued à sec) et suivez le sentier sinueux jusqu'au lacis de ruelles et de passages couverts de cet ancien ksar en ruine. Plus personne n'habite derrière ses hauts murs de terre éventrés qui permettent de couler un œil à l'intérieur des maisons désertées. Revenez sur l'autre rive du Todra et prenez à gauche sur un chemin plus large qui aboutit à une rampe de marches en béton débouchant sur la R703, à une centaine de mètres de la **place des Chameaux**. La balade peut s'arrêter là ou être prolongée jusqu'aux **gorges du Todra**.

Les maisons abandonnées d'Aït Boujane

22

LE TAFILALT✧✧

Le Tafilalt, c'est la deuxième palmeraie du Maroc : une coulée fertile épousant le cours du Gheris et du Ziz, deux oueds capricieux, mais providentiels. Pour l'atteindre, on franchit des étendues sans fin de caillasses, on file sur des routes rectilignes grignotées par le sable. Chemin faisant, un chapelet d'oasis où de vieux ksour de terre, toujours habités, rappellent l'époque des guerres tribales et des caravanes de marchands. Et tout au bout de l'asphalte, à quelques encablures de la frontière algérienne, on finit par atteindre les plus hautes dunes du désert marocain.

PRATIQUE

• Plan p. 294-295
• Nos adresses p. 341

Accès

50 km par la N10, puis la R702 depuis Tinerhir ou par la N13 depuis Errachidia.

Se déplacer

En bus avec la compagnie Supratours de Marrakech à Merzouga : arrêts à Ouarzazate, Boumalne Dadès, Tinerhir, Tinejdad, Goulmima, Erfoud et Rissani. En grand taxi entre Tinerhir, Erfoud, Rissani et Merzouga.

Meilleures saisons

D'avril à juin et de septembre à octobre. Et pendant le Salon international des dattes à Erfoud qui a lieu fin octobre ou début novembre.

L'ESSENTIEL

À ne pas manquer

Le musée des sources de Lalla Mimouna, l'œuvre d'un Facteur Cheval berbère.

Expériences

Tester la déconcertante psammatothérapie (le bain de sable !) dans l'erg Chebbi ; passer la nuit à la belle étoile dans ce même erg Chebbi.

De Tinerhir à Erfoud ✧

Circuit de 161 km par la N10, la P7105, puis la R702.

Au-delà de l'oasis de Tinerhir, l'asphalte file droit à travers une steppe désertique bornée à gauche par les reliefs de l'Atlas et à droite par les premiers contreforts du jbel Sarhro puis, après Tinejdad, du jbel Ougnat. Au printemps, à la faveur des pluies, cette étendue aride se couvre d'herbes folles qui font le bonheur des dromadaires. Car ici commence leur vrai pays. Vous les verrez arriver de loin, ondulant de leurs pas flegmatiques, et traverser l'asphalte devant vous sans se soucier le moins du monde des voitures. Il vous revient de leur céder le pas tout en dégainant votre appareil photo !

Le Tafilalt est aussi la charnière entre deux types d'habitats : vers le Drâa prédomine la **kasbah**, maison familiale érigée en hauteur ; vers le Tafilalt, le **ksar**, village ceint de remparts et habité par de nombreuses familles.

MUSÉE DES SOURCES DE LALLA MIMOUNA ✧✧

À 43 km E (35 min) de Tinerhir sur la N10, 10 km avant Tinejdad, sur la g. de la route 📞05 35 78 67 98 ou 06 61 35 16 74. T.l.j. 8h jusqu'au coucher du soleil. Plein tarif : 50 Dh. Café et boutique avec vente des calligraphies de Zaid Abbou.

Adresse utile

Bureau d'information touristique
Ksar Hassilabiad, à Taouz
📞05 35 57 87 98.

Excursions à pied ou à dos d'âne dans les dunes et jusqu'aux anciennes mines de plomb ou jusqu'aux sites des gravures rupestres (p. 339).

Conseils

Si vous craignez la foule, évitez le bivouac dans les dunes en novembre et décembre.

Dans les dunes, les nuits sont fraîches toute l'année : équipez-vous de vêtements chauds. En hiver, les températures peuvent descendre au-dessous de zéro.

Dans la mesure du possible, évitez les portions de route recouvertes par le sable.

→

C'est l'œuvre d'une vie ! Celle de Zaid Abbou, un artiste calligraphe originaire de Tinejdad qui avait deux rêves : sauver la source d'eau gazeuse naturelle de Lalla Mimouna, et raconter l'histoire de son peuple à travers une riche collection d'objets ethnographiques. Mission accomplie ! L'exposition thématique se déroule sur 3 ha, tantôt à l'air libre, tantôt dans des cabanes construites en terre.

Après une petite incursion du côté de la Préhistoire où vous pourrez caresser des bifaces et des haches du Néolithique, le parcours se poursuit par une présentation de la vie des nomades et des différents métiers du quotidien. Sans oublier la section sur le thème de l'eau, regroupée autour d'un bassin où frissonne celle de la source de Lalla Mimouna. Zaid se fera un plaisir de vous expliquer le fonctionnement d'un objet fondamental de la vie des oasis : la tanast, une clepsydre hydraulique qui servait à contrôler la répartition équitable de l'eau entre les villages.

KSAR EL-KHORBAT ✧✧

À 48 km E de Tinerhir. Panneau indicateur sur la dr., env. 4 km après la source de Lalla Mimouna. En cas de crue de la rivière, continuez sur la N10, franchissez le pont, puis prenez une autre piste à dr. et poursuivez-la sur 2 km. Vis. guidées possibles : rens. au musée des Oasis.

De hauts murs de pisé hérissés de tours, un labyrinthe de ruelles en terre battue et de passages couverts en bois de palmier, tout un peuple de villageois qui vaque à ses occupations, des échoppes d'artisans, des coopératives féminines, une école, un hammam, une mosquée, des placettes où résonnent les cris des enfants courant après un ballon improvisé, le ksar el-Khorbat est bel et bien revenu à la vie !

Pourtant, au début des années 2000, son nom, qui signifie « ruines » en arabe, sonnait comme un funeste présage : il était presque complètement abandonné et semblait prêt à retourner à la terre. Sauvé par la volonté d'un homme qui voulait redonner vie au ksar de son enfance, le village compte aujourd'hui 86 familles résidentes !

Musée des Oasis ✧

Maison d'hôte Ksar el-Khorbat ☎ 05 35 88 03 55 ou 06 76 52 73 92, www.elkhorbat.com. T.l.j. 7h-16h. Plein tarif : 20 Dh.

Plein feu sur la culture vivante du Sud marocain dans ce musée installé dans trois maisons du ksar el-Khorbat. Photos, maquettes, objets usuels antiques et panneaux didactiques décortiquent le fonctionnement complexe des sociétés du désert dans des domaines aussi variés que l'agriculture, le commerce, le système tribal, la guerre, le culte, etc. Pour peu que le propriétaire guide vos pas, la visite est vraiment passionnante.

GOULMIMA ✧

À 75 km (1h10) de Tinerhir par la N10 et à 21 km de Tinejdad.

Posée sur les berges du Gheris, un oued aux crues dévastatrices,

PRATIQUE (SUITE)

↓ Bon à savoir

La plupart des hôtels et maisons d'hôtes organisent à la demande des méharées et bivouacs dans le désert, mais aussi des sorties en 4×4, en quad ou des séances de surf sur les dunes. Les tempêtes de sable sont imprévisibles et peuvent conduire à annuler une excursion ou un bivouac.

Paysage de *khettaras* >

Goulmima est connue pour sa palmeraie et la vingtaine de ksour (pluriel de ksar) qui y sont disséminés. La plupart de ces villages-forteresses possèdent encore des enceintes dont les portes d'entrée sont défendues par des tours d'une hauteur imposante. Cette monumentalité n'était pas gratuite : elle rappelle le temps des razzias où les habitants devaient se protéger des attaques répétées des Aït Atta, une puissante fédération de tribus berbères qui déboulaient sur la ville après les récoltes.

Certains de ces ksour, désormais en ruine, ont perdu une grande partie de leurs habitants, d'autres en revanche ont conservé leur vitalité.

Ksar Goulmima ✧

Traversez Goulmima (en venant de Tinejdad), passez la porte monumentale de la ville, puis tournez à dr. (dir. Touroug) au grand carrefour et continuez pendant env. 1,5 km. Un guide peut s'avérer utile : plusieurs attendent les touristes à l'entrée du ksar.

Derrière ses murailles en pisé se dissimule une de ces villes qualifiées de « souterraines ». Il s'agit en réalité d'un dédale obscur d'impasses, de ruelles et de passages couverts qui mettent à mal notre sens de l'orientation. En été, pour échapper au cagnard, tout le monde s'y réfugie. La récente restauration du ksar (*igherm* en berbère), à grand renfort de béton, n'est pas du goût de tous.

La place de l'ancien souk, à l'entrée du village, sert encore au séchage des **dattes**. Au moment de la récolte (nov.), elle se couvre d'un tapis mordoré de fruits où s'affairent des femmes vêtues de haïks bleu nuit ornés de liserés de couleurs.

CULTURE

Les khettaras

Véritables taupinières géantes, les *khettaras* sont formées de puits à ciel ouvert, reliés entre eux par des canalisations souterraines parfois longues de plusieurs dizaines de kilomètres. Ces galeries en pente très douce, plus faible que celle de la surface du sol, collectent les eaux d'infiltration et celles des nappes phréatiques pour les acheminer par gravité vers les canaux d'irrigation des terrains agricoles. Cet ingénieux système, qui serait né en Perse il y a plus de 3000 ans, requérait un travail titanesque, réalisé par des dizaines de milliers de puisatiers.

VALLÉE DU GHERIS ✧

Circuit de 87 km (1h40) entre Goulmima et Erfoud. À la sortie de l'Igherm n'Igoulmimen, poursuivez sur la même petite route pendant env. 7 km (15 min), puis récupérez la P7105 en dir. de Touroug. Après 20 km, vous rejoindrez la R702 qui mène à Erfoud (p. 336), c'est-à-dire 60 km plus loin.

Les dunes frissonnent, le vent hulule, le sable semble dévorer la route. Vous êtes bel et bien aux portes d'un autre monde. Un parfum de désert flotte dans l'air tandis que le regard ricoche sans fin jusqu'à l'horizon. Quelques nuages jouent à saute-mouton sur le sol bosselé de la plaine et les kilomètres défilent, uniformes. Une monotonie à peine rompue par la traversée de l'oued Gheris, véritable tranchée de plusieurs mètres de profondeur, et par celle du village de **Touroug**, avec son ksar bâti en bordure de palmeraie.

< Des dattes d'Erfoud

Khettaras ✧

À env. 50 km (50 min) de Goulmima.

Soudain, une dizaine de kilomètres avant Jorf, de curieuses éminences coniques font leur apparition au bord de la route : ce sont les cratères des puits de creusement et de curage des *khettaras (encadré p. 335)*. Aujourd'hui hors d'usage, ils sont devenus une attraction touristique. Des concessions ont été attribuées à des familles qui en organisent la visite. Laissez-vous tenter par une petite descente dans les entrailles de la terre : obscurité et choc thermique garantis (Chez Bachir, un dromadaire bleu en signale l'entrée, une dizaine de kilomètres avant Jorf ☎ 06 68 69 01 46 ou 06 11 74 79 84, donation).

Architectures rêvées de Hannsjörg Voth ✧

27 km de pistes mal tracées depuis la route Touroug-Erfoud. Départ au niveau des khettaras visitables. 4×4 fortement recommandé pour le passage de l'oued, souvent ensablé, et guide conseillé (rens. par exemple Chez Bachir, voir ci-avant).

Une apparition onirique en plein désert ! L'œuvre de l'artiste allemand Hannsjörg Voth a tout du mirage : plantées au beau milieu de la plaine aride de Marha, trois architectures monumentales, séparées de quelques kilomètres, jaillissent solitaires au milieu de nulle part. L'*Escalier céleste*, trait d'union entre la terre et le ciel, *La Spirale*, en forme d'ammonite, et *La Cité d'Orion*, avec ses sept tours, transcription terrestre des principales étoiles de la constellation du même nom.

D'Erfoud à l'erg Chebbi ✧✧✧

Circuit de 62 km (1h) par la N13.

Cet itinéraire vous fera découvrir quelques **palmeraies du Tafilalt** et les premières dunes du Sahara. La route goudronnée aboutit aujourd'hui à Taouz, 20 km au-delà de Merzouga. Du coup, Erfoud, ancien camp de base d'où partaient les excursions dans les dunes, a perdu beaucoup de son intérêt. D'autant que la multiplication de l'offre hôtelière à Merzouga, le village le plus près de l'erg Chebbi, permet de dormir sur place pour aller assister au lever ou au coucher du soleil sur les dunes sans s'arracher du lit à 4h du matin.

ERFOUD ✧

À 87 km de Goulmina par la P7105, puis la R702.

Au milieu des palmiers, ce gros bourg se déploie au pied du jbel Erfoud, le long de la rive droite du Ziz. Le tracé quadrillé de rues rappelle son origine militaire. Elle fut fondée par les Français en 1913 pour servir de camp de base à une garnison qui contrôlait les portes du Tafilalt. Chaque année, à la fin du mois d'octobre ou au début du mois de novembre, se tient à la sortie de la ville (dir. Rissani) le **Salon international des dattes**. Sur les étals des marchands se bousculent des fruits venus de tout le Maroc et même d'autres pays arabes. Mais tout le monde ici vous dira que la reine des dattes, la meilleure, est la mejhoul, une variété originaire du Tafilalt, particulièrement sucrée et charnue.

D'ERFOUD À RISSANI ✧

Circuit de 22 km par la N13.

La route traverse d'abord une zone dénudée où s'alignent les petits monticules de terre des *khettaras (encadré p. 335)*. Leur présence témoigne de la régression de l'oasis de Rissani qui ne commence maintenant qu'à une dizaine de kilomètres d'Erfoud.

Dans la palmeraie, il est encore possible de voir des **puits à delou** dont le système de poulies est actionné par des animaux ou des hommes : l'eau est remontée des profondeurs de la terre dans des outres en peau de chèvre, puis déversée dans un canal.

Musée-boutique Tahiri des fossiles ✧

À 11 km au S d'Erfoud, ksar Siffa ☎ 05 35 57 68 74. T.l.j. 8h-19h. Entrée libre.

Vous le repérerez de loin aux squelettes de (faux) dinosaures qui encadrent son parking. C'est l'occasion d'en connaître un peu plus sur les fossiles, d'apprendre à repérer les faux des vrais (le gardien ne se fait pas trop prier pour vous expliquer comment les différencier) et de visiter les ateliers où des ouvriers les taillent et les polissent.

Véritable ruée vers l'or, la chasse aux fossiles, bien qu'en théorie réglementée au Maroc, fait vivre ici une grande partie de la population : des paysans, des jeunes sans emploi, des employés à la retraite fouillent quotidiennement la terre et les carrières à la recherche de trésors.

Ruines de l'ancienne Sijilmassa

À 20 km d'Erfoud, à l'entrée de Rissani, sur la dr. de la N13. Accès libre.

Il faut faire preuve d'une solide imagination pour parvenir à évoquer la splendeur de Sijilmassa. Seuls quelques vagues pans de murs attestent encore de la présence de l'ancienne capitale du Tafilalt qui, avec ses 100 000 habitants, pouvait rivaliser au Moyen Âge avec Fès ou Marrakech.

Fondée en 758, la ville était la plaque tournante du trafic caravanier en provenance du Soudan et de la Guinée : on exportait des dattes, du sel, des étoffes, des céramiques, des métaux, et les caravanes rapportaient de l'or, de l'ivoire, des esclaves, des autruches, etc.

Supplantée par Rissani, la ville disparut au XIXe s. Victime d'un raid ? D'un tremblement de terre ? Personne ne le sait.

RISSANI ✧

À 22 km d'Erfoud par la N13.

Ce gros bourg doté d'une **porte monumentale** est la dernière agglomération importante avant le Sahara. Ancien port caravanier par lequel transitaient les marchandises, ville sainte et berceau de la dynastie alaouite, qui règne sur le pays depuis la moitié du XVIIe s., on y respire déjà un petit air d'Afrique noire.

PAUSE

La Baraka

La pizza berbère s'appelle en réalité *medfouna* et vous ne l'oublierez pas de si tôt ! Il s'agit d'une sorte de tourte farcie à la viande de bœuf, aux oignons, amandes et œufs. Un pur régal qui n'est jamais aussi bon que chez l'habitant… et qu'au restaurant La Baraka de Rissani !

> À Rissani. Rue des Cafés, à côté du marché couvert ☎ 06 68 56 53 18. T.l.j. 10h-20h. Si vous avez du mal à trouver, demandez de l'aide : la plupart des habitants connaissent l'adresse !

^ Le mausolée de Moulay Ali Chérif

Souk ✧✧

En plein centre-ville. Sollicitations constantes que vous pouvez ignorer en souriant et en poursuivant votre chemin. Particulièrement intéressant les mar., jeu. et dim.

Presque entièrement couvertes, ses ruelles qui se coupent à angle droit regorgent de toutes les marchandises imaginables. N'hésitez pas à en arpenter chaque recoin : tout au fond sont relégués les bouchers dont les étals attirent bon nombre de mouches. Tout s'y vend, de la graisse de chameau au fossile. Le centre est le domaine des marchands de dattes qui font le plein les mardis, jeudis et dimanches. Ces mêmes jours, vous pourrez vous rendre sur une place fermée, à l'extérieur du marché principal, pour assister à la vente des bestiaux, des moutons en majorité qui attendent leur destin, entravés en rang d'oignons.

Ksar el-Fida ✧

À 3,5 km de la sortie de Rissani : prenez la route de Merzouga, puis à g. après 1,5 km. Entrée libre.

Vous ne pouvez pas le rater ! Ses murailles restaurées se dressent, majestueuses, sur la dr. de la route. Elles protègent une immense esplanade qui donne accès à une seconde enceinte percée d'une porte monumentale. À l'intérieur, vous pourrez visiter un ancien riad (musée El-Fida, 8h-12h et 14h-17h30, donation 20 Dh env.) qui conserve quelques belles décorations. N'hésitez pas à déambuler dans le reste du ksar : au premier abord, il a l'air déserté, mais en tendant l'oreille vous percevrez les voix qui s'échappent des demeures.

AUX ENVIRONS DE RISSANI

Circuit fléché de 21 km (sans compter les déviations) sur la P7107. Départ du grand rond-point, à l'entrée de Rissani quand on vient d'Erfoud.

Cette jolie route fait une boucle au sud de Rissani. Elle côtoie, ou bifurque vers, de nombreux ksour encore habités, longe des murets de terre crue, enjambe le lit du Ziz et traverse des villages assoupis et de petites portions d'une palmeraie malheureusement bien clairsemée. C'est que le parasite du bayoud, conjugué aux effets de la sécheresse, a décimé un nombre incalculable de palmiers. Dans cette lointaine province, aux confins du désert, la dynastie alaouite avait pour habitude d'exiler les cadets des familles et les prétendants potentiels au trône, histoire de garder un œil sur eux. Elle y conservait aussi une part de ses richesses, dans un ksar ceint d'une triple muraille, elle-même protégée par des canons et des centaines de soldats.

Ksar Tinghras ✧

À 3 km du début du circuit, prenez à dr. et roulez encore 4 km.

Il a belle allure du haut de sa colline ! Si vous prenez la peine d'y grimper, vous serez récompensé par la vue qui embrasse dunes et palmeraie.

Ksar Tabouassamt

À 5 km du début du circuit sur la R710.

C'était l'un des plus grands du Tafilalt. Il date du XIVe s. et a conservé sa belle porte d'accès (restaurée), tout comme le ksar Abderrahmane situé sur le bord de la route 7 km plus loin.

Ksar Oulad Abdelhalim ✧✧

À 18 km du début du circuit.

Ses hautes tours aux dessins géométriques gravés dans la brique crue le distinguent de ses congénères. Fondé au XVIe s., mais reconstruit au XIXe s., il était entouré de trois enceintes concentriques.

Les portes des deux premières ont été préservées. Vous y visiterez l'ancien palais du calife Moulay Rachid (1829-1911), fils du sultan Sidi Mohammed ben Abderrahmane (ultérieurement appelé Mohammed IV). Ses descendants, qui habitent toujours sur place se feront un plaisir de vous le faire visiter (moyennant rétribution). Il a conservé de beaux **plafonds en bois de cèdre**, les chambres des quatre épouses, le hammam surmonté de sa coupole et son *minzeh*, balcon donnant sur un jardin où le maître des lieux aimait à prendre le frais.

Mausolée de Moulay Ali Chérif ✧

À la fin du circuit, tournez à g. entre les deux tours en pisé. Le mausolée se trouve 800 m plus loin. Grand parking. Les non-musulmans ne peuvent accéder qu'au jardin. Entrée libre.

Depuis sa rénovation en 1997, le tombeau du fondateur de la dynastie alaouite resplendit. Il suffit de voir sa porte d'entrée magnifiquement ciselée pour s'en convaincre.

Un petit tour dans le luxuriant **jardin** où murmure une fontaine vous permettra peut-être de couler un regard discret dans la salle de prière de la mosquée, peut-être même dans celle où repose l'ancêtre de Mohammed VI.

MERZOUGA

À 34 km au S de la sortie de Rissani par la N13.

C'est le camp de base de tous les voyageurs qui veulent découvrir l'erg Chebbi. Les hôtels et maisons d'hôtes y ont poussé comme des champignons ainsi que les loueurs de quad ou de 4×4. Méharées, randonnées à cheval, nuit en bivouac, sandboarding, psammatothérapie (bain de sable pour soulager les rhumatismes), etc. : l'offre s'est démultipliée ! Mais si l'erg Chebbi concentre à lui tout seul la grande majorité des activités locales, la région offre d'autres curiosités : gravures rupestres, mines de plomb, carrières de fossiles que vous dénicherez en recourant aux services d'un guide (rens. au Bureau d'information touristique de Taouz, 22 km de Merzouga par la N13, tout au bout de la route goudronnée).

^ Les dunes de l'erg Chebbi

Erg Chebbi ✧✧✧

Sa masse de dunes ondulantes s'élève en toile de fond le long de l'ancienne piste (R702) reliant Erfoud à Merzouga. Difficile d'en détacher les yeux ! Les changements de lumière, au cours de la journée, le font passer par toutes les nuances de roux, du rose doré à l'orangé. Long de plus de 20 km, le massif dépasse en hauteur celui de l'erg Chegaga (à l'O de M'Hamid) : sa plus haute dune caracole à 160 m d'altitude.

> *Lire aussi la balade secrète : Nuit étoilée dans les dunes de l'erg Chebbi (p. 344).*

Dayet Srji ✧

À 2,5 km de Merzouga, par la piste qui part sur la dr. (en venant de Rissani) au niveau du carrefour d'entrée de la ville. Praticable avec une voiture de tourisme.

Une étendue d'eau bleutée cernée d'herbes folles qui jaunissent au soleil avec, en toile de fond, les dunes rouges de Merzouga ? Non, vous ne rêvez pas ! Le dayet Srij est bien un lac, une résurgence de l'oued Ziz qui se forme uniquement lors des années pluvieuses et peut atteindre plusieurs kilomètres de long. Cerise sur le gâteau, il sert alors de refuge à des colonies de flamants roses et d'autres oiseaux migrateurs !

Khamlia ✧

À 6 km au S de Merzouga par la N13, dir. Taouz.

Insolite, ce « village africain » est habité par une petite communauté de **Gnaouas bambaras**, des musiciens descendant des esclaves d'Afrique noire. Plusieurs formations se produisent régulièrement. En particulier celle des Pigeons du Sable (☎ 06 66 14 67 13 ou 06 67 32 06 19 ou 06 61 81 55 76) qui chantent le Koyo, une mélopée héritée des chants que leurs ancêtres entonnaient en chœur pour se donner du courage lorsqu'ils traversaient le Sahara à pied et enchaînés. Ils s'accompagnent de tambours, de *guembri*, instrument traditionnel à cordes pincées, et de *qaraqebs* ou crotales, des castagnettes métalliques supposées évoquer le bruit des chaînes qui entravaient les esclaves.

• NOS ADRESSES •

ERFOUD

FÊTES ET FESTIVALS

Fête des Dattes

Fin oct.-déb. nov. Rens. : Délégation du tourisme à Errachidia 05 35 57 09 44.

Pour marquer la fin de la récolte des dattes, trois jours de festivités ont lieu à Erfoud : danses folkloriques, élection de la « princesse des dattes », compétition traditionnelle de dromadaires dans les dunes de Merzouga, etc., et concours des plus belles dattes. L'occasion de déguster la medjoul du Tafilalt, une variété de dattes très sucrée.

Transahara Festival

Début mai. Rens. : https://dunescandance.com.

Un festival qui joue la carte de l'électro pour célébrer la vocation de carrefour culturel de Merzouga avec des concerts et spectacles sous les étoiles.

GOULMIMA

OÙ DORMIR

La Berberina

Gheris el-Ouloui, ksar Hart 06 61 55 87 98. 6 ch. avec wifi : 600-750 Dh. Moins de 70 € (700 Dh)

Une belle étape dans cette maison d'hôtes située à 2 km du centre-ville, en bordure de palmeraie. Agréable jardin et maîtresse de maison aux petits soins. Bon repas.

OÙ MANGER

Touga Chez la Famille

Au village de Khamlia, route de Taouz, au S de Merzouga 06 71 07 91 15. T.l.j. 8h-20h. Plats : 60-100 Dh. Autour de 10 € (110 Dh)

Depuis le petit déjeuner jusqu'au dîner, vous goûterez ici toutes les spécialités de la région dont la célèbre pizza berbère *(medfouna)* farcie à la viande. Un délice comme les tajines et couscous servis ici. Ambiance décontractée et chaleureuse.

Café Moreno

Centre de Merzouga 06 73 28 38 98. T.l.j. 7h-23h. Menu : 55 Dh. Autour de 10 € (110 Dh)

Un petit café-restaurant qui sert une cuisine traditionnelle vraiment goûteuse : brochettes, *kefta*, tajines, *medfouna*, etc. Tout est bon ! Cerise sur le gâteau : la personnalité attachante du patron qui insuffle joie de vivre et décontraction !

MERZOUGA

OÙ DORMIR

Auberge Africa

Au pied des dunes 06 66 73 84 05, www.auberge-africa.com. Ch. avec salle de bains commune : 220 Dh (doubles) et 275 Dh (triples). Ch. doubles avec salle de bains privative : 330 Dh. Emplacement camping : 45 Dh/pers. Nuit sous une tente nomade : 65 Dh/pers. Suppl. demi-pension : 135 Dh/pers. Moins de 45 € (500 Dh)

Une maison en pisé où profiter pleinement de la douceur de vivre et des relations humaines. Tranquillité garantie face aux dunes. Table d'hôtes généreuse. Organisation d'excursions, de bivouac dans l'erg Chebbi, de bain de sable (45 Dh), de balade à dos de dromadaire (110 Dh/pers./heure).

Casa Hassan

Village d'Hassi Labied 06 72 75 51 50, www.maisonhassan.com. 4 ch. dont une suite familiale. Wifi dans les parties communes. Moins de 45 € (500 Dh)

Des chambres confortables et colorées pour cette petite maison d'hôtes où vous serez accueilli avec chaleur et simplicité. Jardin et terrasse pour regarder le jour tomber sur la petite palmeraie du village. Les maîtres des lieux se plient en quatre pour vous aider à organiser votre séjour.

Riad Madu

Ksar Hassi Labied, Merzouga 06 61 35 28 95, www.riadmadu.com. 10 ch. et 7 suites avec clim. et wifi. Piscine. Autour de 110 € (1150 Dh)

Au pied des dunes, un riad qui vous enveloppe dans la chaleur de sa belle décoration traditionnelle. Les chambres avec leur plafond en roseau sont spacieuses et confortables. Terrasse avec vue sur les dunes. L'hôtel propose aussi un bivouac de luxe en plein cœur de l'erg Chebbi.

Caravanserail Luxury Desert Camp

Erg Chebbi 06 61 30 16 04, www.caravanserai-luxurydesertcamp.com. Tente : 1100 Dh (simple), 2200 Dh (double), 2800 Dh (triple), 3500 Dh (quadruple). Enf. 7-10 ans : 700 Dh. Les tarifs incluent l'A/R à dromadaire, le dîner et le petit déj. Plus de 180 € (2000 Dh)

C'est la version luxe du bivouac dans les dunes avec tentes individuelles de 24 m² dotées de salle de bains privative, de véritables lits avec des draps, et d'une multitude de lanternes et bougies pour un éclairage romantique à souhait. Il y a même un chemin de tapis colorés entre les tentes. Des tables basses et des poufs sont disposés en extérieur. La salle à manger est sous une vaste tente commune.

TINEJDAD

OÙ DORMIR

Gîte El-Khorbat

Au ksar el-Khorbat, 6 km avant Tinejdad en venant de Tinerhir 05 35 88 03 55, www.elkhorbat.com. 7 ch. avec clim. et wifi. Piscine. Menus : 90-160 Dh. Moins de 75 € (800 Dh)

Un charme fou pour cette maison d'hôte installée en plein cœur d'un ksar habité par des dizaines de familles. Une occasion de se mettre au diapason de la vie locale tout en dormant au frais (ou au chaud) dans une jolie chambre portant le nom d'un village des environs.

Sports et loisirs dans les dunes

Excursions en quad, buggy et 4 × 4

> ***Desert Dream***
> *05 24 88 53 43 ou 06 68 96 17 96, https://sahara-desert-dream.com.*

> ***Merzouga Excursions***
> *06 48 41 99 25, https://merzougaexcursions.com.*

Méharées et bivouacs

> ***Nature Dream***
> *05 24 88 57 79, www.circuit-maroc.org.*

> ***Camel Trek Morocco Tour***
> *06 28 56 84 05, www.cameltrekmoroccotour.com.*

> ***Désert et Montagne***
> *05 24 85 49 49 ou 05 24 85 49 46, www.desert-montagne.ma.*

Bain de sable brûlant

Psammatothérapie, arénothérapie, sablothérapie, etc., quel que soit le nom qu'on lui donne, cette pratique très appréciée des Marocains est de plus en plus tendance. Elle soulagerait les maux dus aux rhumatismes, à la polyarthrite, apaiserait les lombalgies et névralgies diverses, aurait un effet bénéfique sur la circulation sanguine et contribuerait même à réduire l'embonpoint. Attention cependant, cet ensevelissement, formellement interdit aux personnes souffrant de problèmes cardiaques ou d'hypertension, doit se faire sous contrôle médical.

> ***Auberge Africa*** *06 66 73 84 05, www.auberge-africa.com. Bain de sable : 45 Dh.*

Surf sur les dunes

La petite folie du moment : le surf sur les dunes avec prêt ou location de matériel par les hôtels. À pratiquer de préférence en fin de journée, lorsque les dunes ont emmagasiné la chaleur du soleil.

> ***We go to Morocco*** *06 68 69 01 46 ou 06 25 52 80 67, www.wegotomorocco.com.*

Bivouac de luxe au cœur du désert

Balade secrète

NUIT ÉTOILÉE DANS L'ERG CHEBBI

La brûlure du soleil relâche peu à peu sa morsure, la lumière crue du zénith s'adoucit, il est temps de répondre à l'appel du désert, de prendre le chemin de l'erg Chebbi, baluchon de vêtements chauds dans une main, appareil photo dans l'autre.

Au crépuscule, les derniers rayons du soleil embrasent les dunes, tandis que la nuit pose sur le ciel son manteau flambant d'étoiles.

Un dromadaire pour destrier

L'aventure commence au bord de la route, à l'instant même où les yeux se posent sur les dromadaires qui patientent placidement au soleil. Première mission, se hisser sur leur bosse qui disparaît sous un empilement de couvertures faisant office de selle. Jusque-là tout va bien. Second objectif, se cramponner au large pommeau métallique et ne pas se laisser impressionner par le tangage de l'animal qui se lève en dépliant d'abord ses pattes arrière, entraînant avec lui son cavalier vers l'avant. Passées les premières minutes de raideur, le corps épouse le pas chaloupé du dromadaire, l'esprit se détend et le regard se libère, tout entier accaparé par la houle orangée des dunes où le vent dépose des dessins éphémères.

L'ASCENSION DE LALLA MERZOUGA

Après une progression d'un peu plus d'une heure dans ce décor à 360°, la caravane s'immobilise. On est presque au sommet de la **grande dune**, la plus haute du pays, qui doit son surnom respectueux de Madame *(Lalla)*, Merzouga à ses 160 m d'altitude. Les dernières dizaines de mètres se gravissent à pied, avec application et déférence. Le souffle se fait court, les chaussures disparaissent dans le sable, la sueur inonde les dos, mais arrivé au sommet quelle émotion ! À la lueur du couchant, les courbes sensuelles des dunes s'empourprent, leur contour animé par les jeux d'ombre et de lumière semblent mouvants, leurs crêtes sinueuses tracent des lignes limpides sur l'azur rougeoyant de l'horizon.

Au campement

Une demi-heure de dromadaire plus loin, la silhouette brune du campement se profile. On avale un verre de thé à la menthe pour apaiser la sécheresse de la gorge et, avant la tombée de la nuit, planche de surf sous le bras, on attaque un dernier raidillon pour se mesurer à la pente sablonneuse. Vient ensuite l'heure du tajine partagé autour d'un feu de camp dans une atmosphère chaleureuse. C'est que, perdu au milieu de nulle part, la fraternité humaine prend toute sa mesure. Les instruments de musique traditionnels surgissent, les chants résonnent dans la nuit désormais tombée. Après l'extinction des voix et des feux, avant de se glisser sous la tente, sur un épais matelas de tapis, on se sépare un moment pour aller s'enivrer d'étoiles, allongés dans l'obscurité. Au matin, après un adieu à l'astre solaire en pleine ascension, on remonte en selle pour prendre, à regret, le chemin du retour.

PRATIQUE

Où dormir ?

Libre à chacun d'opter pour un bivouac plus ou moins confortable. Celui de l'Auberge Africa (p. 341) est rudimentaire, mais il a l'avantage de l'authenticité et respecte l'environnement. Pas de construction en dur défigurant les dunes, pas de gabegie inutile, mais l'assurance d'une nuit mémorable.

Conseil

Prévoyez eau et habits chauds.

AGADIR
et l'Anti-Atlas

D'Agadir à Guelmim, il n'y a que 200 km. Mais tout un monde ! Agadir et son immense plage de sable doré continuent de séduire les amateurs de soleil. Elle ne se réduit pas pour autant à un *sea, sun and surf* (« mer, soleil et surf »). Guelmim et son marché de dromadaires sont aux portes du désert : la ville est restée à bien des égards une ville-frontière, bien que le Sahara occidental soit entré pour une très grande partie dans le giron du Maroc. Entre les deux, vous ferez d'étonnantes découvertes. Au sud d'Agadir, le parc national de Souss Massa a ses ibis chauves, de drôles d'oiseaux, et ses antilopes, que l'on tente de réintroduire dans leur milieu d'origine, le Sahara. L'Anti-Atlas et Tafraoute offrent leurs paysages fantastiques, entre blocs de granit rose et amandiers en fleurs. Tiznit a conservé ses remparts ocre, sa source Bleue qui fut à l'origine de sa naissance et ses bijoutiers.

N
OCÉAN
ATLANTIQUE
MARRAKECH
Imi-n-Tanoute
A7
N1
N8
Izourki
Oufella
Argana
Agadir et le Souss p. 348
23
Cap Rhir
Taghazoute
Cascades
Imouzzèr
Route du miel
Vallée du
Paradis
★★
plan p. 352
Aourir
Ameskroud
plan p. 355
Agadir
Taroudannt
P 1706
N 10
Réserve
de Rokein
Inezgane
AÉROPORT AGADIR-MASSIRA
Aït Melloul
Parc national
de Souss Massa
★★
Tifnit
Biougra
R 105
Amagour
Balade secrète p. 364
Sidi R'bat
Aït Baha
Imchguiguiln ★★
Had Belfa
★★ Route
des igoudar
Oued Massa
Anti-Atlas
Tizourgane
★★
Vallée des
Ammeln
Cirque de
Tafraoute
★★
Tafraoute
Agard Oudad
Vers le Grand Sud p. 366
Aglou-Plage
plan p. 368
Tiznit
R 104
R 106
Gourizim
Mirleft
Arbaa
Sahel
Tighmi
C. du Kerdous
1100
Tlata Tasrite
Gorges d'Aït
Mansour
★★
Aït
Mansour
★★★ Plage de
Legzira
Sidi Ifni
Illigh
Izerbi
Tleta
Akhssass
25
Au cœur de l'Anti-Atlas p. 376
★★ Plage
Blanche
N 12
Foum Assaka
Amtoudi
R 107
Bouizakarne
R 102
Fort
Bou Jerif
Tizgui
Guelmim
Sources
Aït Bekkou
Taghjicht
Foum el-Hassan
R 103
Targoumaït
C. d'Amzloug
772
Assa
ALGÉRIE
0
100
200 km

23

AGADIR et le Souss

Avec 300 jours de soleil par an et une plage de sable fin qui s'étire sur plus de 6 km, Agadir est la station balnéaire historique du Maroc et la plus grande. Mais cette ville blanche, occidentalisée, a bien d'autres atouts dans son jeu. Son hôtellerie confortable, voire luxueuse, a misé sur la thalasso. Les sportifs trouvent leur vie entre jet-ski et golf. Et la nuit y pétille au casino ou sur une piste de danse. Enfin, l'arrière-pays ne manque pas de belles balades à faire dans la vallée du Paradis ou le parc national de Souss Massa.

PRATIQUE

- Plans p. 347 et 352
- Nos adresses p. 358

Accès

En avion

L'aéroport d'**Agadir-Massira** (05 22 43 58 58 ou 0801 000 224, www.onda.ma) est à 25 km au S-E de la ville.

Pour rejoindre le **centre-ville** : taxi (200-250 Dh) ou voiture de location.

En bus

Agadir : la **gare routière** est située av. Abderrahim Bouabid (hors plan p. 352 par B4). Nombreuses liaisons en provenance de Marrakech, notamment avec **CTM** (0800 0900 30, www.ctm.ma) : au moins 3h de trajet (110 Dh minimum).

Pour rejoindre le **centre-ville**, qui est à 4 km : en taxi (15-20 Dh).

L'ESSENTIEL

À ne pas manquer

La plage d'Agadir, longue comme un jour sans soleil ; l'époustouflant musée de la Reconstruction et de la Mémoire d'Agadir dès son ouverture.

Expériences

Goûter à l'amlou, spécialité du Souss, que ce soit à l'hôtel ou au souk ; participer à un safari photo en 4x4 et à pied dans le parc national de Souss Massa pour y observer les plus ahurissants des oiseaux : les ibis chauves.

Agadir ✧

Agadir est bien souvent synonyme de farniente. On bulle sur la plage, dans les piscines (souvent chauffées) des hôtels. « La » station balnéaire du Maroc a parfois mal vieilli. Elle bénéficie aujourd'hui d'un ambitieux plan de développement (2020-2024). On réhabilite à tout va, kasbah comprise !

KASBAH ✧

Agadir Oufella

Hors plan par AB-1 – Petite route à dr. avant le port (fléchage). En taxi ou par tout autre moyen de locomotion individuel. Parking payant au gardien. Accès libre.

Toute visite d'Agadir devrait commencer par là. À plus de 5 km au nord du centre-ville, véritable nid d'aigle dominant l'océan de 236 m, la kasbah – *Agadir Oufella* pour les locaux – offre une vue panoramique fabuleuse. Toute la ville est à vos pieds : le port et la plage en croissant.

Cette kasbah, dont il reste une partie des remparts, fut édifiée au XVIe s. par le sultan Mohammed ech-Cheikh pour servir de base d'attaque contre les Portugais. Sa **porte d'entrée** garde une inscription en arabe et en hollandais datée de 1746 : « Crains Dieu et honore ton roi. » Mais à errer dans les ruines, on peine à reconnaître la mosquée, le théâtre, l'école, le jardin public, etc.

Taroudannt : liaisons **CTM** entre Agadir et Taroudannt (2 fois/j., 1h45 minimum de trajet, 35 Dh).

Parc national de Souss Massa : le **bus** n° 42 d'Inezgane (banlieue d'Agadir) ou un **grand taxi** vous déposeront à Sidi Bibi ou à Massa.

En voiture

Agadir est à 248 km S-O de Marrakech (dont 198 km d'autoroute avec la n° 3 ; 91 Dh de péage ; 2h30-3h de trajet) et à 172 km d'Essaouira (2h30 de trajet).

Se déplacer à Agadir

En bus

La ligne n° 5 de la compagnie **Alsa Bus** (📞 05 28 33 13 33, www.alsa.ma/agadir) permet de se rendre de la vallée des Oiseaux au souk el-Had (4 Dh).

→

PORT DE PÊCHE ET MARINA

Plan A1 – Au pied de la kasbah. Parkings : dans la marina, payants (5 Dh). Gargotes : ouv. à partir de 11h30 jusque tard dans la soirée.

À l'entrée du port de pêche, dont l'accès est réservé aux professionnels, de nombreuses **gargotes sont établies**, comme « Bienvenue chez les filles » (stand n° 10) qui détonne parmi d'autres enseignes plus classiques. On peut y déguster calamars, crevettes, soles, merlans (34 Dh la petite assiette), mais aussi gambas, langoustes, homards (300 Dh/kg), etc. Sur de grandes tablées, vous y ferez un petit festin de poissons et crustacés, grillés sur place (surveillez balance et addition !). À moins que vous ne vous contentiez plus sagement d'un tajine de poissons (70 Dh), pour lequel la note, griffonnée sur un bout de papier, sera sans surprise.

Changement d'atmosphère à la **marina** voisine (entrée à g. de celle du port) : les petits voiliers se balancent dans le bassin, et des restaurants chics avancent leur terrasse sur l'eau.

PAUSE GLACÉE

Pistachios

Sur le front de mer, ce **glacier** artisanal propose une vingtaine de parfums, dont un très marocain « fleur d'oranger ». Mais aussi « pêché » *(sic)*, mangue, ananas ou bubble gum.

> Sur le front de mer (plan A3) 05 28 82 83 95 ou 06 26 34 92 61. T.l.j. 9h-2h. Comptez 15 Dh la boule, 25 Dh les deux, 35 Dh les trois, chantilly ou « ping chocolat » en sus (5 Dh).

^ La marina d'Agadir

PLAGE ✧✧

Plan A3-4 – Accès libre malgré de nombreux secteurs « privatisés » par les hôtels. À l'arrière, parkings payants, notamment bd du 20-Août. À faire à pied, avec le petit train (ci-dessous). Plage surveillée l'été. Douches, toilettes et aires de jeux pour enfants. Loc. de transats et parasols (35 Dh). Possibilités de pratiquer de nombreux sports nautiques (jet-ski, surf, planche à voile, etc., voir p. 361).

Six kilomètres de sable fin, doré, qui s'étirent en croissant : Agadir est incontestablement dotée de l'une des plus belles plages de la côte atlantique. Elle est protégée des vents, mais la température de l'eau ne dépasse

PRATIQUE (SUITE)

En taxi

Les petits taxis sont de couleur orange ; une petite course en ville revient à moins de 10 Dh (3 pers. maxi). Les grands taxis, bleus (6 pers. maxi), peuvent être retenus à la journée, ou plus, pour se rendre à l'extérieur d'Agadir.

En voiture

Parkings à Agadir : 2 Dh en journée, 3 Dh la nuit (sauf à la marina : 5 Dh).

En scooter, moto ou quad

Dans le secteur balnéaire d'Agadir, on peut louer un 2-roues.

En petit train

Il circule entre la plage et le centre d'Agadir : départ bd du 20-Août (plan p. 352 / A3) toutes les 40 min à partir de 9h15,

^ La plage d'Agadir et son allée piétonnière

guère les 22 à 23 °C, même sous 40 °C et un soleil de plomb. D'où une brume vaporeuse qui enveloppe souvent la côte, surtout en matinée.

Derrière la plage, Agadir s'est offert une large **allée piétonnière**, éclairée dès la tombée de la nuit. Une vraie Croisette. Familles, amoureux, rollers, joggeurs et touristes arpentent cette promenade ombragée par les palmiers, quelque peu mangée par les terrasses des cafés et restaurants. Ici, la nuit va se prolonger à l'arrière dans les casinos ou sur les dancefloors au sein des hôtels. Quand Agadir se prend pour Rio et Copacabana...

VILLE NOUVELLE ✧

Plan AB-3 – À pied et en petit taxi.

Agadir rasée, Agadir reconstruite... C'est simple : il a d'abord fallu rassurer une population, profondément traumatisée par le séisme. La nouvelle Agadir est donc en béton apparent, aux normes antisismiques. En flânant dans ce qu'on continue à appeler « la ville nouvelle » 60 ans plus tard, les bâtiments de cette époque post-tremblement de terre se reconnaissent au premier regard : sans fioritures, presque brut de décoffrage, leur style, inspiré par Le Corbusier (qui n'a pas participé à cette reconstruction), est dit « brutaliste ».

35 min de balade, 18 Dh (adultes) et 12 Dh (2-10 ans).

↓ Adresses utiles

Infos touristiques

Conseil régional du tourisme : www.promovisitagadir.com.

Association des guides (ARGAT)

Pour une visite guidée d'Agadir, une demi-journée à Taroudannt (voire dans la vallée du Paradis) ou dans le parc national de Souss Massa : 83, rue Oujda (plan p. 352 / B4), page Facebook.

Agadir

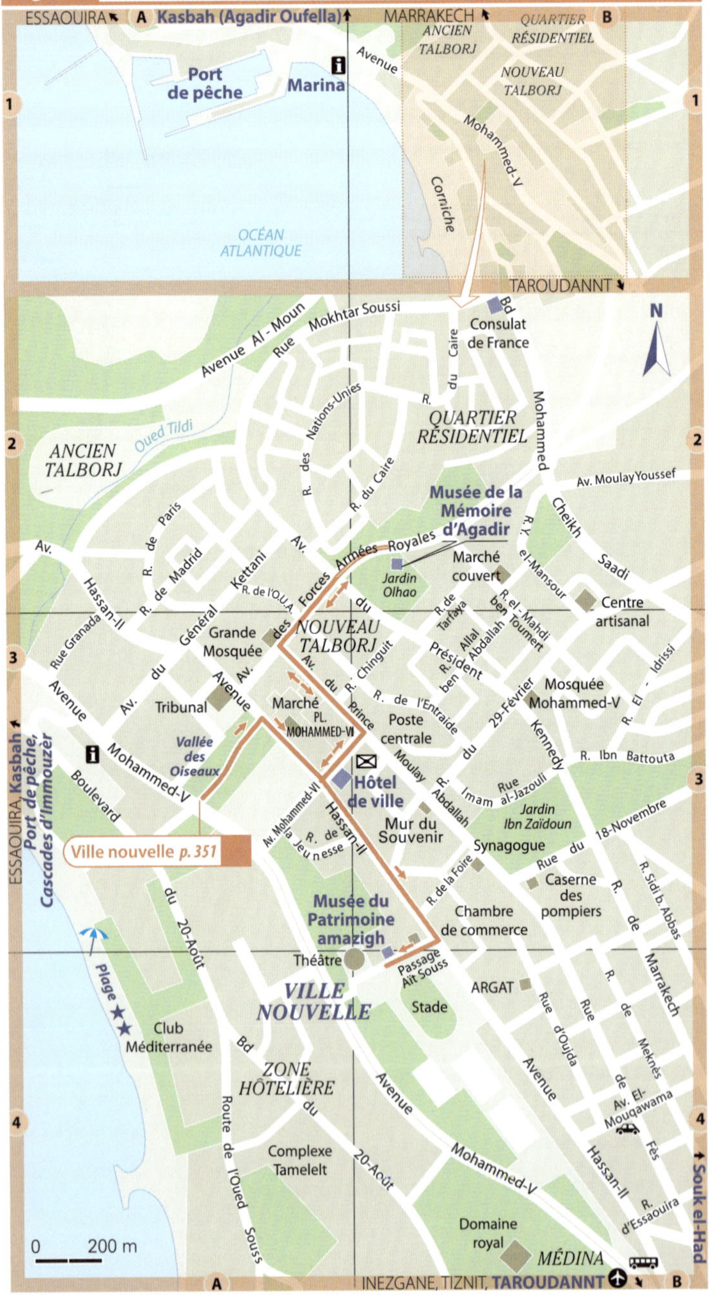
ESSAOUIRA
Kasbah (Agadir Oufella)
MARRAKECH
QUARTIER RÉSIDENTIEL
ANCIEN TALBORJ
NOUVEAU TALBORJ
Port de pêche
Marina
Avenue Mohammed-V
Corniche
OCÉAN ATLANTIQUE
TAROUDANNT
Avenue Al-Moun
Rue Mokhtar Soussi
Consulat de France
Bd Mohammed
R. du Caire
R. des Nations-Unies
Oued Tildi
Av. Moulay Youssef
Musée de la Mémoire d'Agadir
Cheikh Saadi
R. Y. el-Mansour
Marché couvert
Jardin Olhao
Av. des Forces Armées Royales
Centre artisanal
R. de Paris
R. de Madrid
Av. Hassan-II
Kettani
R. de l'O.U.A.
Av. du Général
Grande Mosquée
Rue Granada
R. de Tarfaya
R. el-Mahdi ben Toumert
R. Allal ben Abdallah
R. Président
R. Chinguit
Av. du Prince Moulay Abdallah
R. de l'Entraide
Av. du 29-Février
Kennedy
Mosquée Mohammed-V
R. El - Idrissi
Avenue Mohammed-V
Tribunal
Marché
PL. MOHAMMED-VI
Poste centrale
R. Ibn Battouta
Vallée des Oiseaux
Hôtel de ville
Rue al-Jazouli
Imam
Jardin Ibn Zaïdoun
Boulevard du 20-Août
Av. Mohammed-VI
R. de la Jeunesse
Hassan-II
Mur du Souvenir
Synagogue
Rue du 18-Novembre
Ville nouvelle p. 351
R. de la Foire
Caserne des pompiers
R. Sidi b. Abbas
R. de Marrakech
Chambre de commerce
Musée du Patrimoine amazigh
Théâtre
Passage Aït Souss
ARGAT
VILLE NOUVELLE
Stade
Rue d'Oujda
Rue de Meknès
Plage ★★
Club Méditerranée
Bd du 20-Août
ZONE HÔTELIÈRE
Avenue
Av. El-Mouqawama
R. de Fès
Route de l'Oued Souss
Complexe Tamelelt
Hassan-II
R. d'Essaouira
Domaine royal
MÉDINA
0 200 m
INEZGANE, TIZNIT, TAROUDANNT
ESSAOUIRA Kasbah Port de pêche, Cascades d'Immouzèr
Souk el-Had
A
B
1
2
3
4

Vallée des Oiseaux

Plan A3 – Entrées bd du 20-Août et av. Hassan-II. F. pour rénovation du site jusqu'à fin 2024.

Avec ses volières et sa « ménagerie », ce petit zoo (3 ha) représentait un intermède idéal pour les familles. Malgré son état déplorable, les enfants l'adoraient, pour peu que le paon fasse la roue. Avec l'aménagement d'une passerelle aérienne, on veut en faire aujourd'hui un vrai « zoo-immersion » à dominante ornithologique.

Circuit architectural ✧

Plan B3 – Des panneaux orientent vers la poste principale.

De grands architectes ont participé à la reconstruction d'Agadir. La **poste principale** a été ainsi conçue par Jean-Michel Zevaco. L'**hôtel de ville**, signé Émile Duhon, réussit le tour de force d'évoquer un grenier collectif amazigh avec ses cases. De Louis Rioux et Henri Tastemain, l'immeuble A – c'est son nom – est un véritable immeuble-pont, lancé sur un ravin comblé par les décombres.

Musée de la Reconstruction et de la Mémoire d'Agadir

Plan A3 – Av. du général-Kettani. Réouverture prévue en 2022-2023.

Le musée de la Reconstruction et de la Mémoire d'Agadir, a déménagé dans l'ancien siège de la Banque Al-Maghrib. Un bâtiment des années 1950 qui a résisté à la catastrophe. La nouvelle scénographie est annoncée comme décapante avec une séquence choc, reproduisant le séisme, vibrations comprises.

Musée du Patrimoine amazigh ✧

Plan B4 – Av. Moulay-Abdallah. F. pour rénovation jusqu'en 2024.

Encore un déménagement ! Le musée du Patrimoine amazigh doit s'installer à proximité du mur du Souvenir, où sont gravés les propos du roi Mohammed V après le séisme : « Si le Destin a décidé la destruction d'Agadir, sa reconstruction dépendra de notre foi et de notre volonté... » Le nouveau musée, qui entend témoigner de la richesse de la culture régionale, se veut écologique.

Souk el-Had

Hors plan par B4 – À plus de 3 km du centre-ville. Accès par l'av. Abderrahim Bouabid. Grand parking (payant). Mer.-lun. 8h-19h.

Dans ce gigantesque marché couvert, vous trouverez tout et le reste (CD, vêtements, etc.). Mais c'est surtout le ventre d'Agadir. Les étals regorgent de fruits et légumes, pastèques, tomates, cardons, courgettes, etc. Vous suivrez en direct la fabrication rudimentaire, sur une meule en pierre, de l'***amlou***, préparation à base d'huile d'argan, d'amandes et de miel, spécialité du Souss. Au petit déjeuner, au goûter, les Gadiris (habitants d'Agadir) raffolent de cette pâte semi-liquide, très énergétique, dans laquelle on trempe son pain. Testez !

Aux environs d'Agadir : le Souss ✧

Carte p. 347 – Au N d'Agadir.

Agadir est la capitale du Souss Massa-Drâa, une région propice aux balades en plein maquis. Sans parler de Taroudannt, une ville où le temps s'est arrêté, et du parc national de Souss Massa le long de l'océan Atlantique.

ROUTE DU MIEL ✧

Carte p. 347 – Entre Aourir et Imouzzèr des Ida Outanane.

Sinueuse et étroite, elle grimpe dans les premiers contreforts du Haut Atlas. Entre arganiers et reliefs chahutés, elle est pittoresque. Surtout quand on vous propose de vous installer carrément dans le premier oued venu, pieds dans l'eau, pour un thé ou un *fish spa* (pédicure par poissons carnivores) !

Vallée du Paradis ✧✧

Carte p. 347 – À 35 km N-E env. d'Agadir par Aourir ; sortie d'Agadir par l'av. Mohammed-V dir. Essaouira. Panneau à dr. sur la route d'Imouzzèr des Ida Outanane. Accès en grand taxi ou voiture (parking payant sur place). Les agences de voyages programment cette excursion (p. 360). **Sentier panoramique** : 2,7 km aller simple (possibilité d'une boucle plus courte) ; dénivelé 235 m ; comptez 4h A/R. Prévoir maillot de bain.

Enchanteur, le nom. Et mérité. Les roches rouges, l'eau si cristalline ou si turquoise sont magnifiques. Encaissée, cette vallée du Paradis (*Paradise Valley* en anglais) remonte l'oued Ankrim sur 7 km. Un **sentier** escarpé et poussiéreux, parfois rocailleux, cisaille le maquis, où les lentisques diffusent leur parfum ambré. Entre arganiers et thuyas, le chemin vous emmène jusqu'à des **bassins naturels**, dans lesquels on se jettera à l'eau (froide, au regard de la température extérieure).

En été, essayez d'y arriver tôt le matin : l'excursion est très prisée, et le soleil tape dru. Mais vous ne mourrez ni de soif ni de faim sur le circuit : des gargotes, installées dans des cabanes en roseaux, proposent leurs services, l'un pour un tajine, l'autre pour un thé à la menthe. Dommage que, malgré les bacs à déchets, ce petit éden soit mal entretenu, surtout à la fin de l'été.

PAUSE

Le miel d'Imouzzèr

Sur la route d'Imouzzèr, vous trouverez de nombreuses **ruches** et quelques apiculteurs prêts à vendre leur miel aux arômes d'arganier, d'oranger, de thym, de lavande ou de cactus (un peu « épicé »). Confidentielle, la production annuelle est estimée à environ 120 t. Arrêtez-vous à l'auberge **Le Panoramic**. On peut y tester une belle variété de miels. Ces nectars sont vendus en pot de 200 g, 500 g ou 1 kg.

> Route d'Imouzzèr, à 40 km d'Agadir. ☎ 06 61 62 37 79. Entre 200 Dh et 300 Dh/kg, le miel de thym étant le plus cher.

La vallée du Paradis

Taroudannt

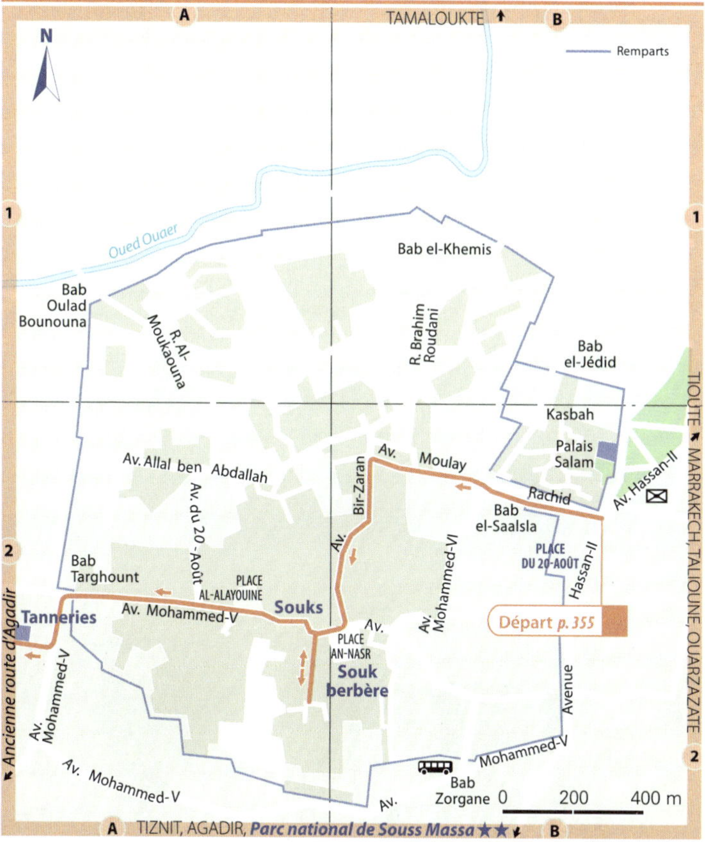

Cascades d'Imouzzèr ✧

Carte p. 347 – À 60 km N-E env. d'Agadir via Aourir. Cascades à l'ext. du village d'Imouzzèr des Ida Outanane (3-4 km). Parking : à l'entrée du site, payant. De ce parking, grimpez tout droit dans la pente, en évitant le hameau et ses marchands, pour arriver aux cascades (en activité surtout de janv. à mars). Accès libre.

La vallée du Paradis a capté toute la lumière ! Du coup, le village d'Imouzzèr des Ida Outanane, à 1160 m d'altitude, est délaissé. Au prix d'une petite grimpette entre oliviers et chênes verts, on pourra se rendre quasiment au pied du **Voile de la Mariée**, la plus célèbre des cascades d'Imouzzèr. L'illusion est presque parfaite, même si l'eau vient à manquer : dans ces rochers calcaires, les chutes, bien alimentées seulement en hiver, laissent une trace blanche sur les parois abruptes.

TAROUDANNT ✧

Plan ci-dessus – À 82 km E d'Agadir par la voie express (pas de péage). Parking : av. Moulay Ismaïl, devant l'hôtel Salam (plan B1), payant ; on peut aussi se garer à l'intérieur de la médina, pl. An-Nasr (plan A2-B2). Se déplacer à Taroudannt : calèches (60-70 Dh, voire 100 Dh/h selon la saison). Grand souk : le dim. hors les murs en dir. de Tamaloukte.

Au pied des cimes enneigées du Haut Atlas, Taroudannt se niche dans la **plaine du Souss**, dont les vergers opulents (oranges, clémentines) doivent tout à l'irrigation et au travail des hommes. Le temps s'est figé dans celle que l'on continue à surnommer affectueusement la « perle du Souss » ou la « petite Marrakech ».

Cette cité médiévale a perdu néanmoins beaucoup de sa superbe et de ses touristes. Est-ce parce que tous les noms de rue, en caractère latin, ont disparu, rendant impossible à l'étranger toute orientation ? Dommage !

Capitale éphémère des sultans saâdiens, la ville, frondeuse, possède une riche histoire, émaillée de turbulences et de rébellions. La dernière en date fut celle d'El-Hiba, dit aussi le « sultan bleu » (1876-1919), qui prit la tête, dans le Sud marocain, de la résistance contre l'instauration du protectorat français en 1912.

Remparts ✧

Une très belle enceinte crénelée en pisé enserre la ville. Longue de près de 8 km, elle est flanquée de tours carrées et de bastions. Sans cesse remaniée et entretenue, elle daterait du début du XVIIIe s.

On peut en faire le tour en voiture ou en calèche, le soir de préférence, afin de profiter de l'embrasement de la muraille au coucher du soleil. Vous pouvez aussi grimper sur une toute petite partie de ces remparts (accès derrière Bab el-Saalsla, plan B2, sous laquelle se faufile l'av. Moulay Rachid) : superbe vue sur la **place du 20-Août** en contrebas, et l'occasion de rencontrer à ce poste stratégique Hafid, un sculpteur de

petits animaux en général et de chouettes en particulier. Notre homme utilise la **pierre de Taroudannt**, un calcaire assez tendre, gris et rose, qualifié parfois pompeusement de « marbre de Taroudannt ».

Souks

Plan AB-2 – Parking : pl. An-Nasr (plan B2), payant. F. en grande partie le ven.

Il y a le **souk berbère** (au fond de la pl. An-Nasr, sur la g.) : couvert, il est réservé plutôt à l'alimentaire et aux produits courants, vêtements, téléphones portables, etc. Et le **souk arabe** (en allant sur la pl. Al-Alaouyine, plan A2) qui s'est réservé l'artisanat : cuir, bijoux en argent et surtout le travail de la pierre de Taroudannt. N'oubliez pas d'y jouer le jeu du marchandage !

Le dimanche, en prime, vous avez le souk hebdomadaire, à l'extérieur de la ville (hors plan par B1, dir. Tamaloukte au N, accès par l'av. Brahim Roudani). Très rustique, très authentique, « plein de tout et de rien ». Acheteurs et vendeurs y débarquent des montagnes et des campagnes voisines.

Tanneries

Plan A2 – À l'extérieur de Bab Targhount, porte O de la ville. Petite boutique sur place.

Des ouvriers tanneurs s'activent sous vos yeux, dans des conditions dignes du Moyen Âge. Ils transforment les peaux de chèvre, de mouton, de dromadaire, de chacal, etc. Il faut un mois et demi entre le moment où ils reçoivent les peaux de l'abattoir et celui où elles sont prêtes. Leur travail passe pour être de très bonne qualité.

PARC NATIONAL DE SOUSS MASSA ✧✧

Carte p. 347 – Deux entrées possibles à partir de la N1 : à 35 km S d'Agadir, à hauteur de Sidi Bibi, pour la faune dans la réserve de Rokein ; et à 65 km S d'Agadir, à hauteur de Massa, pour les oiseaux, https://explore-agadirsoussmassa.com. Safari à la journée : comptez entre 60 et 80 € selon les prestations et le nombre de participants. Accès pédestre gratuit à Massa, payant (45 Dh) dans la réserve de Rokein.

Le bout du monde... Une fois quitté la N1 et ses nombreux camions, on entre dans un autre univers, plein de silence, froissé seulement par le roulis des vagues, les pépiements d'oiseaux ou les cavalcades des gazelles. Le parc national de Souss Massa s'étire tout en longueur, en bordure de l'océan Atlantique, sur plus de 33000 ha, entre Agadir et Tiznit. C'est le dernier refuge de l'**ibis chauve** et aussi un sanctuaire pour toute une faune saharienne, antilopes ou autruches, qui avaient disparu du secteur.

> Lire aussi la balade secrète : Safari au pays des ibis chauves (p. 364).

La découverte du parc peut se faire à pied sur deux sentiers aménagés ou lors de circuits en 4×4 dans les réserves de Rokein (2000 ha) et Arrouais (1200 ha) ; les deux options peuvent se combiner dans la même journée. Pour ce safari, vous pouvez vous adresser à une agence d'Agadir ou à votre hébergeur sur place (p. 361). Les prix sont un vrai casse-tête !

‹ Dans le souk de Taroudannt

^ Oryx dans le parc national de Souss Massa

Réserve de Rokein ✧

Carte p. 347 – Quittez la N1 à Sidi Bibi, dir. Takate. T.l.j. 9h-16h (18h en été). Plein tarif : 45 Dh. Guides et centre d'info sur place. Aire de pique-nique.

Un sentier pédestre (2 km), aménagé dans la réserve, permet d'approcher (et de photographier) la faune saharienne, qui vit ici en liberté, depuis le début de sa réintroduction en 2005. Et notamment l'**oryx**, la plus grosse des antilopes, dont les cornes peuvent dépasser 1 m.

Embouchure de l'oued Massa

Carte p. 347 – Quittez la N1 à Massa, dir Sidi Binzarne (piste sableuse carrossable) après Massa. Entrée libre. Guide sur place : M. Lahossine ☎ 06 59 20 11 00 ; comptez 2h et 150 Dh pour 2-3 pers., 300 Dh à la journée.

Bordé de roselières, de tamaris et de mimosas propices à la nidification des oiseaux, le sentier (3 km) longe l'oued Massa jusqu'à l'embouchure. Hélas ! Tous les panneaux d'information sur la faune ont disparu. Et l'écomusée annoncé ne verra sans doute jamais le jour, bien que le bâtiment prévu pour l'accueillir soit opérationnel. Mais vous avez quelques chances d'y voir des **ibis chauves**, présents à l'année, des flamants roses et des balbuzards pêcheurs, plus particulièrement en hiver.

Plages et villages de pêcheurs ✧

Carte p. 347.

Bonus : le parc national vous donne accès à de superbes plages, ourlées de dunes, comme celle de **Sidi R'bat** (mais la baignade y est dangereuse). Et à de surprenants villages de pêcheurs, semi-troglodytiques, tels **Tifnit** ou **Douira**.

• NOS ADRESSES •

AGADIR

OÙ DORMIR

Résidence Sacha

Plan A3 – Pl. de la Jeunesse ☎ 05 28 82 55 68, www.residencesacha.com. 25 studios, 6 suites, 2 appart., 3 bungalows avec jardin privatif. Piscine. Parking. Autour de 45 € (500 Dh)

En plein centre-ville et à 700 m de la plage, la résidence offre une gamme d'hébergements très élargie pour familles et tribus. Tous les studios disposent d'une kitchenette, et le ménage est fait chaque jour. L'une des meilleures options petit prix d'Agadir.

Odyssée Park

Plan A3 – Av. Mohammed-V, à côté de la vallée des Oiseaux ☎ 05 28 84 33 26, www.odysseepark.com. 125 ch. et 15 suites. En paiement, anticipé ou dernière minute, les offres sont intéressantes. Hammam-spa. Piscine extérieure (chauffée de déc. à fév.). Piano-bar. Parking : devant l'hôtel, gratuit. Autour de 45 € (500 Dh)

Cela a beau être un hôtel de chaîne, donné comme un 4-étoiles, l'adresse tient du bon plan : c'est à quelques pas de la plage (où des jetons vous assurent un transat). Derrière la façade relookée, les chambres sont spacieuses, et le petit déjeuner copieux. Mais attention : il y a une discothèque à proximité (bien demander des chambres à l'arrière qui ont une vue vers la piscine).

Blue Waves Surf House

Hors plan par A1 – À Anza, à 8 km N d'Agadir sur la route d'Essaouira ☎ 06 66 12 12 52 ou 06 67 75 76 41, https://bluewavesmorocco.com. 1 ch.-dortoir pouvant accueillir jusqu'à 4 pers. (à partir de 50 €/pers. la nuit sans petit déj.) et 2 ch. doubles, avec salle de bains privative et terrasse (à partir de 65-80 €/pers. la nuit). Petit déj : 7 € ; dîner : 15 €. Location de planches. 2 nuits minimum. Autour de 100 € (1050 Dh)

Dans un village de pêcheurs, cette adresse adorable est située sur la plage. Elle peut vous organiser des excursions dans la vallée du Paradis (p. 354), par exemple. Mais si le surf n'est pas votre tasse de thé, oubliez-la.

Hôtel Timoulay & Spa

Hors plan par A4 – Cité Founty F6, baie des Palmiers, sur la route de l'Oued Souss ☎ 05 28 23 42 20, www.timoulayhotel.com, 58 ch. Tarifs intéressants en paiement anticipé. Hammam et sauna. Piscine. À partir de 75 € (800 Dh)

Décor « berbéro-marocain » tendance Art déco, ce « petit » hôtel – pour les normes d'Agadir – ne manque pas de style. On y aime les chambres soignées (40 m² minimum) et leur terrasse, le hammam *beldi* (« traditionnel ») sous un ciel étoilé et son accueil attentionné.

Dar Maktoub

Hors plan par B4 – À Inezgane. Av. Moulay Ali Cherif, à 9 km env. du centre-ville ☎ 06 61 37 63 44, www.darmaktoub.com. 4 ch. et 4 suites. Table d'hôtes : menu unique à 250 Dh, sert de l'alcool. Cours de cuisine : 150-200 Dh. Piscine. Forfaits golfeurs. Possibilités de sorties dans le parc national de Souss Massa. Moins de 95 € (1 000 Dh)

À proximité de trois parcours de golf (sur les quatre que compte Agadir), cette villa, qui a décroché le label Clef verte, est implantée dans un beau jardin. Cette bulle de sérénité est un peu excentrée. Il est donc préférable d'être motorisé, sinon ce sera taxi pour se rendre en ville (15-20 Dh la course).

Sofitel Agadir Thalassa sea & spa

Hors plan par A4 – Cité Founty P4, baie des Palmiers, sur la route de l'Oued Souss ☎ 05 28 38 80 00, www.sofitel-agadir-thalassa.com. 124 ch. et 49 suites. 4 restaurants et 3 bars. 2 piscines extérieures (dont 1 chauffée). Hammam : 200 Dh et spa. Parking privé. Plage privée avec possibilité de sports nautiques. Autour de 200 € (2100 Dh)

La valeur sûre en classe palace (où l'on a souvent des déceptions). L'hôtel a une position royale sur la plage. L'une des deux piscines extérieures, hollywoodienne, est immense (1800 m²) avec plein de recoins et d'îlots. En plein été, avec le paiement anticipé, on arrive encore à dénicher des chambres en B&B autour de 150 € (autour de 120 € l'hiver).

OÙ MANGER

Vous pouvez également vous restaurer dans l'une des gargotes du port (p. 350) pour un prix ne dépassant pas 110 Dh.

Le Jardin d'eau

Plan A4 – Bd du 20-Août ☎ 05 28 84 01 95, www.jardindeau-agadir.com. T.l.j. à partir de 10h. À la carte. Plats : 95-180 Dh. Musique live en soirée. Plus de 25€ (260 Dh)

C'est une institution à Agadir. On y va pour goûter le soleil sur sa terrasse ou pour un dîner romantique le soir, toutes lumières tamisées. La cuisine allie les classiques de la cuisine française (le foie gras maison) et marocaine (l'agneau confit de 7h). Vous y trouverez l'occasion de goûter les huîtres de Dakhla (sud marocain)ou une fricassée de langouste.

Le 20

Plan A4 – 12, bd du 20-Août, près de l'embranchement avec la route de l'Oued Souss ☎ 05 28 84 08 05, www.le20.ma. T.l.j. 10h-2h. Menu du jour : 90 Dh (entrée + plat + dessert). Dîner : à la carte. Entrées : 40-85 Dh ; plats : 80-190 Dh ; desserts : 35-50 Dh. Sert de l'alcool. Terrasse. Chanteur chaque soir + karaoké. Autour de 20 € (200 Dh)

Un bon numéro ! Le 20 mise sur tous les tableaux, avec une carte très étoffée, en proposant aussi bien des plats marocains (tajine de dromadaire pour les amateurs, couscous le vendedi), que des *pastas* à gogo, voire de la langouste Thermidor et du filet de saint-pierre safrané ou à l'orange.

Les Blancs

Plan A1 – Route Marina, à l'entrée de la marina par la plage côté E 05 28 82 83 68. T.l.j. 9h-23h (service en continu). Plats : 180-200 Dh. Sert de l'alcool. Terrasse avec transats. Musique live (flamenco et jazz) à partir de 20h. Plus de 25 € (270 Dh)

Devant soi, la plage à l'infini : ce restaurant-bar lounge, à l'architecture audacieuse, possède sans doute l'une des plus belles terrasses qui soient, où l'on peut s'allonger dans un transat, pieds dans le sable. Avant de passer aux choses plus sérieuses. La cuisine, poissons et fruits de mer, y a des accents espagnols, la spécialité étant ici la paëlla (10 variétés !)

PÂTISSERIES

Boulangerie-pâtisserie-salon de thé Tafarnout

Plan p. 256/B3 – À l'angle du bd Hassan-II et de la rue de la Foire 05 28 84 44 50. T.l.j. 6h-23h. Petit déj. : 30-80 Dh. Tartes : 18 Dh. Cocktails : 17-25 Dh.

Le palais de Dame Tartine ! On y prend son petit déjeuner éventuellement *beldi* (marocain avec jben, *amlou*, miel et huile d'olive). Mais ne vous alarmez pas si votre voisin réclame un panier de « pistolets » (des petits pains variés !). Dans l'après-midi, on fera plutôt une razzia sur les tartes, les éclairs au café, les macarons ou sur les cocktails nature style orange-carotte.

BARS, CLUBS

La plupart des hôtels organisent des soirées-spectacles, et plusieurs ont des nightclubs. Dress code ? Pas facile à définir, les videurs choisissant à la tête du client.

Le Papagayo

Hors plan par A4 – Hôtel Tikida Beach, route de l'Oued Souss 06 15 79 55 96 ou 06 21 26 16 52. Tous les soirs à partir de 1h. F. pendant le ramadan. Entrée : 300 Dh incluant une boisson (entrée gratuite le jeu.).

On y voit défiler les DJ les plus en vue du moment. D'ailleurs, on mesure leur succès à la longueur des files d'attente.

SPORTS ET LOISIRS

Casino

Shem's Casino

Plan A3 – Av. Mohammed-V (entre av. du Général-Kettani et la vallée des Oiseaux) 05 28 82 11 11, http://casinoshems.ma. T.l.j. Minuit-4h pour les machines à sous (20h pour les jeux de table, 20h pour le poker).

Black jack, stud poker, roulette et une centaine de machines à sous, où les mises démarrent à 100 Dh. Possède un restaurant, le Jean Cocteau, et un bar.

Excursions

Vallée du Paradis Ride Tours

06 61 17 80 61, www.bestridetours.com. De 25 à 70 €/pers. selon le nombre de participants. Départs : 9h et 14h.

L'excursion (120 km) comprend un thé chez l'habitant, avec pain maison, miel de thym et huile d'argan.

Golf

Royal Golf Club Agadir

Hors plan par B4 – Km 12, route d'Aït Melloul (au S-E d'Agadir) 05 28 24 85 51, http://royalgolfagadir.com. T.l.j. 8h-18h. Green fees : 250 Dh (9-trous) et 400 Dh (18-trous). Navette pour certains hôtels.

Au milieu des cyprès, eucalyptus et mimosas, l'un des plus anciens golfs du Maroc. Convient bien aux débutants.

Journée en mer

Mostapha 06 71 20 64 20. Selon la météo, 9h30-15h. Transfert assuré depuis l'hôtel. 350 Dh/pers. repas compris. Résa obligatoire 24h avant.

Prendre le large, pour s'initier à la pêche ou simplement se laisser vivre au fil de l'eau et découvrir la baie XXL d'Agadir.

Quad

Agadir Loisirs Quad

06 61 09 95 87 ou 06 76 12 18 02, agadirloisirsquad.com. Résa obligatoire 48h avant. Demi-journée : 350 Dh (2h-2h30). Journée : 1200 Dh. Transfert assuré jusqu'au point de départ (1h A/R).

L'aventure est au coin de la piste. Les quads peuvent vous emmener dans les dunes jusqu'à Sidi R'bat. Ou vous balader dans une forêt d'arganiers et d'eucalyptus. Sans négliger la pause thé chez l'habitant.

Sports nautiques

Agadir ? Ça déménage ! Vous pourrez pratiquer tous les sports nautiques : bananes-bouées, planche à voile, surf, ski nautique, flyboard, jet-ski, etc.

Agadir Expérience

06 62 22 43 12, http://agadirexperience.com. Horaires selon la météo. Séquence 30 min de jet-ski : 40 €. Transfert assuré depuis l'hôtel.

Dans la baie d'Agadir, le plein d'adrénaline ! Sur ces scooters des mers, il suffit d'accélérer.

Agadir Adventure

06 00 03 65 91 ou 06 00 03 65 90, page Facebook. T.l.j. 8h-20h30. Initiation au flyboard, 650 Dh pour 25 min en individuel. Transfert assuré depuis l'hôtel.

Si vous voulez tâter du nouveau sport en vogue, le flyboard, et de ses acrobaties. Les séances se déroulent sur la plage d'Imourane à 14 km N d'Agadir.

Thalasso

Institut de Thalassothérapie

Hors plan par A4 – Sofitel Agadir Thalassa sea & spa, Cité Founty P4, baie des Palmiers (accès par route de l'Oued Souss) 05 28 38 82 21, www.sofitel-agadir-thalassa.com. T.l.j. 9h-20h30. Entrée pour profiter des installations (piscine, hammam, etc.) : 300 Dh. 16 cabines de soins ouv. sur la mer ou les jardins. Soins à la carte, massage à partir de 885 Dh.

Ce Sofitel possède un institut de thalassothérapie, un espace immaculé, blanc, épuré, censé préparer l'esprit à un repos total. Des cures express entre un et six jours, et des soins à la carte sont proposés, combinant parcours aquatique dans une eau de mer chauffée à 32 °C, enveloppement aux algues et soins à base d'huile d'argan ou d'huile de figue de Barbarie.

FÊTES ET FESTIVALS

Festival Timitar

Déb. juil. Rens. : www.festivaltimitar.ma.

Entre musiques traditionnelles et musiques actuelles (pop, rap, etc.), le festival a trouvé en une quinzaine d'éditions son créneau. L'occasion de voir sur fond de chants envoûtants les danses ahidous et ahwach des tribus de l'Atlas.

< Les remparts de l'ancienne kasbah d'Agadir

PARC NATIONAL DE SOUSS MASSA

OÙ DORMIR

La Dune

À Sidi R'bat ☎ 06 66 80 78 24 ou 06 67 01 60 92, www.ladune.de. 7 ch. et 7 tentes nomades (linge non fourni, entre 390 et 650 Dh/nuit, petit déj. inclus). Restaurant sous tente : pas d'alcool, mais vous pouvez apporter votre bouteille. Safari en 4 × 4 dans le parc national de Souss Massa (voir « Safari dans le parc » p. 364). Autour de 45 € (500 Dh)

On apprécie, dans cet hôtel aux couleurs pétantes, la vue de rêve sur l'Atlantique qu'offre chaque chambre depuis sa terrasse. Mais aussi que toutes les chambres bénéficient de leur propre accès (escalier extérieur).

Ksar Massa

Plage de Sidi R'bat ☎ 06 61 28 03 19, www.ksarmassahotel.com. 13 ch. dont la plupart avec vue sur océan. Hammam : 500 Dh. Piscines (extérieure et intérieure chauffées). Restaurant : menu à 180 Dh (déj.) et 250 Dh (dîner), sert de l'alcool. Découverte du parc national de Souss Massa (voir « Safari dans le parc » ci-dessous). Autour de 140 € (1500 Dh)

Posé face à l'océan, cet hôtel a un charme fou, même si son architecture cubique peut désarçonner. Toutes les chambres aux larges baies vitrées sont aussi différentes que faire se peut. Cuisine raffinée au restaurant, où l'on vous prévient gentiment que vous pouvez partager un seul menu hyper copieux.

SPORTS ET LOISIRS

Safari dans le parc national de Souss Massa

Les tarifs pratiqués varient en fonction du nombre de participants et du programme proposé. Attention, certaines agences sacrifient dans les safaris à la journée une des deux réserves (Rokein ou Arrouais) au profit d'une visite de Tiznit et de ses souks. Faites-vous bien préciser le programme.

La Dune

À Sidi R'bat ☎ 06 66 80 78 24 ou 06 67 01 60 92, www.ladune. Voir « Où dormir? » p. 361.

On peut vous organiser un safari en 4×4 dans le parc à la demi-journée (700 Dh/pers.), à la journée (1200 Dh/pers.), ce prix pour 2 ou 3 pers. inclue le 4×4 et la rémunération du guide.

Ksar Massa

Plage de Sidi R'bat ☎ 06 61 28 03 19, www.ksarmassahotel.com. Voir « Où dormir? » ci-contre.

Vous pourrez observer les oiseaux dans l'estuaire proche avec un guide (400 Dh, que vous soyez seul ou 8 pers. max). Si vous voulez explorer les deux réserves de Rokein et d'Arrouais et si vous avez votre 4x4, prévoyez l'entrée dans les réserves (100 Dh/pers.) et un guide (500 Dh/véhicule). Sinon, tablez sur 850 Dh/pers., tout inclus.

Agadir Visite

Plan B4 – Bloc C , complexe Tivoli (secteur touristique et balnéaire) ☎ 05 25 10 28 33 ou 06 61 75 20 25, www.agadir-visite.com. Excursion à la journée dans les réserves du

Parc national de Souss Massa : mode d'emploi

Accès aux deux sentiers pédestres
En individuel, vous pouvez vous rendre avec votre véhicule à l'entrée de la réserve de Rokein et à l'embouchure de l'oued Massa. Et vous continuerez à pied sur les sentiers aménagés.

Se déplacer dans les réserves animalières de Rokein et d'Arrouais
Vous avez l'obligation de passer par une agence que vous trouverez en petit nombre à Agadir. Cette règle a évidemment son exception : si vous séjournez dans un hébergement qui a signé la charte du parc, comme ksar Massa sur la plage de Sidi R'bat (voir « Où dormir? » et « Sports et Loisirs »ci-dessus), vous pouvez utiliser dans les réserves votre véhicule personnel, à condition que ce soit un 4×4 et qu'un guide vous accompagne (voir Balade secrète p. 364).

> *Pour effectuer un safari dans le parc, reportez-vous à la rubrique « Sports et loisirs » ci-dessus.*

parc (170 € si vous êtes seul ; 90 €/pers. si vous êtes deux ; 70 €/pers. si vous êtes trois, etc.)

Cette agence a le mérite d'afficher l'excursion en mettant cartes sur table. Vous savez en vous engageant le nombre de km que vous allez faire à bord d'un 4x4 (250 km). Vous en connaissez le prix (dégressif selon le nombre de participants). Enfin, il est clairement indiqué ce qui est inclus ou pas. Un déjeuner chez l'habitant peut être prévu.

ROUTE DU MIEL

OÙ DORMIR

Auberge Bab Imouzzèr

Km 31, route d'Imouzzèr 06 70 13 10 06, www.aubergebabimouzer.com. 20 ch. Piscine. Restaurant : à la carte, plats entre 40 et 70 Dh, pas d'alcool. Entre 30 et 45 € (330 et 500 Dh).

À deux pas de la vallée du Paradis, adresse sans prétention. Atout majeur : la piscine, immense, suspendue à flanc de montagne. Vue panoramique aussi au restaurant.

Hôtel Les Cascades

À Imouzzèr des Ida Outanane 05 28 21 88 08 ou 06 14 28 62 34, cascades-hotel.net. 27 ch. Piscine, tennis. N'accepte pas les cartes bancaires. Entre 30 et 45 € (330 et 500 Dh)

Perché à 1160 m d'altitude, l'hôtel est victime de la désaffection pour Imouzzèr. Il est pourtant niché dans un jardin luxuriant, splendide de 15 ha où poussent orangers, figuiers, rosiers, etc. On y bénéficie d'une paix royale.

FÊTES ET FESTIVALS

Fête du Miel

Mi-août. À Imouzzèr.

L'occasion de goûter à ce nectar (thym, cactus, etc.). Le secteur comporte une centaine de ruchers.

TAROUDANNT

OÙ DORMIR

Riad Maryam

Plan A2 – 140, derb Maalem Mohammed (médina), accès par l'av. Mohammed-V 06 66 12 72 85, www.riadmaryam.com. 6 ch. Autour de 45 € (500 Dh)

Vous trouverez ce riad soigné (XIXe s.), aux chambres spacieuses, près de la porte Bab Taghount. Une cuisine est mise à votre disposition si vous souhaitez préparer vous-même vos repas, mais ce serait dommage de ne pas profiter des talents de la cuisinière du riad, qui sont vraiment à louer.

Dar Zitoune

Hors plan par A2 – À Boutarial el-Berrania, 3 km avant Taroudannt, sur la g., quand on vient d'Agadir 05 28 55 11 41/42, www.darzitoune.com. 12 bungalows, 12 suites et 10 tentes caïdales de luxe. 3 piscines extérieures, 1 Jacuzzi chauffé. Hammam : 300 Dh. Salon de massages. Restaurant : plats entre 130 et 160 Dh, sert de l'alcool. Autour de 120 € (1300 Dh)

♥ Tentez dans ce lieu enchanteur le *glamping (encadré p. 279)* sous des tentes caïdales, pourvues de tout le confort (climatisation, salle de bains, télévision). Sinon, vous pouvez choisir une option plus classique et au même tarif, celle de bungalows, disséminés dans le grand jardin (1,5 ha) de l'hôtel. Entre orangers, citronniers, oliviers et papayers, le séjour passe comme un rêve. À envier les tortues résidentes.

OÙ MANGER

Jnane Soussia

Plan A2 – Av. Mohammed-V (hors médina), à 200 m de Bab Zorgane 05 28 85 49 80. T.l.j. 9h-23h. À la carte. Menu à 130 Dh. Pas d'alcool. Autour de 15 € (160 Dh)

Le cadre est agréable, surtout en été, où l'on peut manger au bord de la piscine. Cuisine marocaine classique : briouates, tajines en tout genre et couscous de rigueur le vendredi.

Dar Zitoune

Hors plan par A2 – Voir « Où dormir ? » ci-avant 05 28 55 11 41/42. T.l.j. 12h-17h et 17h30-21h30. À la carte au déj. : plats entre 90 Dh et 160 Dh. Le soir : menu à 300 Dh avec fromages. Autour de 30 € (330 Dh)

Réputée et raffinée, la cuisine est un bon mix franco-marocain, associant par exemple raviolis au bleu, tajine de calamars et gambas. Pour s'installer, selon la saison et l'heure, on a le choix entre déjeuner au bord de la piscine, dîner à l'intérieur ou dans la véranda chauffée avec vue agréable sur le jardin.

Balade secrète

SAFARI AU PAYS DES IBIS CHAUVES

Au sud d'Agadir, le **parc national de Souss Massa** abrite l'une des plus importantes colonies d'**ibis chauves** au monde. La faune saharienne – antilopes, gazelles, etc. – y a trouvé aussi refuge. Aujourd'hui, des safaris sont organisés dans le parc, combinant marche à pied et balade en 4×4. À vos jumelles et appareils photo !

Le parc national de Souss Massa abrite une espèce rare : l'ibis chauve. Vous pourrez l'observer ainsi que de nombreux autres oiseaux.

Un oiseau rare et menacé

Avec sa tête rose et déplumée, entourée d'une collerette noire de plumes ébouriffées, *Geronticus eremita* – l'ibis chauve – est un drôle d'oiseau ! En 2017, le parc national de Souss Massa hébergeait une colonie de 589 individus, soit **95 % de tous les ibis chauves vivant à l'état sauvage dans le monde**. Où l'apercevoir au bout de ses jumelles ou du zoom de son appareil photo ? Dans l'**estuaire** de l'oued Massa, près de Sidi R'bat, où il trouve sa pitance, mais aussi dans les **falaises côtières** plus au nord où il niche. Avec un guide, vous en apprendrez plus sur les mœurs de cet échassier, haut sur pattes (70 à 80 cm), qui pèse entre 1 kg et 1,5 kg. Omnivore, il picore insectes, lézards, scorpions ; mais aussi lentilles d'eau et petits mollusques qu'il attrape en plongeant son bec, rouge, effilé et incurvé. Enfin, sachez que papa et maman élèvent ensemble leur progéniture, qui voit le jour vers mai ou juin.

250 ESPÈCES

Le parc comptant quelque **250 espèces d'oiseaux**, vous aurez néanmoins, même sans ibis chauve, votre content de pépiements et de battements d'ailes. Aux abords de l'oued Massa, la balade à pied est sympathique. Croiser le regard sévère d'une **chevêche d'Athéna**, la plus diurne des chouettes, vous donne des frissons ! On peut aussi surprendre le vol chaloupé d'un courvite isabelle, qui hiverne dans les parages. Vous verrez peut-être des spatules blanches se livrer à leur passe-temps favori, le lissage mutuel des plumes. Entre **flamants roses**, serins et Rougequeue de Moussier au poitrail flamboyant, le parc vous en fait voir de toutes les couleurs !

Et deux réserves

En piste, cette fois ! Vous allez manger du sable pour rejoindre les réserves, clôturées, de Rokein et d'Arrouais plus au nord. Dans ces deux réserves ont été réintroduites, en 2005, cinq espèces en grand danger d'extinction dans leur Sahel d'origine et qui avaient totalement disparu du Maroc. En sortant du 4×4, on peut admirer de très, très près des oryx – antilopes dont les cornes peuvent dépasser 1 m –, des **gazelles dama Mohrr**, qui piquent des pointes à 100 km/h, et des **autruches à cou rouge**.

PRATIQUE

Accès
À 35 km S d'Agadir, à hauteur de Sidi Bibi, pour la réserve de Rokein, et à 65 km S d'Agadir, à hauteur de Massa, pour les oiseaux. Cette balade peut être organisée depuis Sidi R'bat/Massa ou Agadir.

Budget
Le sentier pédestre dans l'embouchure de l'oued Massa est gratuit ; celui dans la réserve de Rokein est payant (45 Dh). Pour le circuit complet (avec guide et 4×4) qui permet d'en voir et d'en savoir plus, il faut passer par une agence (p. 362) ; comptez au minimum 850 Dh/pers.

Meilleure période
Les ibis chauves sont présents toute l'année mais de nombreux oiseaux hivernent.

En savoir plus
www.especes-menacees.fr/ibis-chauve.

24 VERS LE GRAND SUD

On louait l'authenticité de Tiznit, ville berbère enclose derrière ses murailles. Aujourd'hui, sans rien renier de ses racines, elle s'est offert une spectaculaire métamorphose de son centre historique. L'arrière-pays, d'Aglou-Plage à Mirleft, ne vous décevra pas non plus : vous irez de criques secrètes en plages de sable fin et falaises plongeant dans l'océan. Plus au sud, Sidi Ifni, ancienne enclave espagnole, conserve un charme et une indolence très hispaniques. De son passé caravanier, Guelmim (Goulimine), elle, a gardé son souk aux dromadaires, où les « hommes bleus » font de la figuration.

PRATIQUE

- Plan p. 347
- Nos adresses p. 374

Accès

En avion

L'aéroport de **Guelmim** est à 4 km du centre-ville, que l'on rejoint en taxi.

En voiture

Tiznit est à 96 km S d'Agadir par la très fréquentée N1.

En bus

Tiznit : les grandes compagnies sont à la **gare routière** située après le rond-point, sur la route de Tafraoute (plan p. 368/B2). Elle est desservie par les bus **CTM** (www.ctm.ma) en provenance d'Agadir (7 fois/j., 1h35 minimum de trajet, à partir de 40 Dh) et de Tafraoute (1 fois/j., 2h25 de trajet, 35 Dh).

Guelmim : la gare routière de Guelmim se trouve au

Legzira

L'ESSENTIEL

À ne pas manquer

Le nouveau Tiznit, réhabilité par Salima Naji : la Source Bleue et la citadelle.

Expériences

Apprendre à choisir son dromadaire au marché de Guelmim ; s'éclater en surf à Legzira ou à Mirleft.

Tiznit ✧

Parking : sous les remparts, payant. Souk : le jeu.

En arrivant, on ne voit qu'eux : les magnifiques **remparts** ocre en terre (7 km de long) de la vieille ville, dotés de 56 tours et 5 portes historiques. Leur construction fut décidée par le sultan Moulay Hassan Ier. En 1882, désireux d'asseoir son autorité sur le Souss, il réunit dans une même enceinte ce qui n'était qu'un ensemble de bourgs fortifiés : Tiznit était née.

Aujourd'hui, la ville s'est lancée dans une spectaculaire réhabilitation de son cœur historique, confiée à l'architecte Salima Naji, utilisatrice résolue des matériaux locaux (pisé, pierre, chaux, bois de palmier, etc.).

MÉCHOUAR

Plan A2 – Accès par Bab Jadid.

Débarrassé de ses bus depuis la migration de la gare routière en périphérie, le méchouar (ancienne place d'armes) reste l'effervescente place centrale de la ville. Les arcades qui la bordent ombragent les terrasses des cafés et des restaurants ainsi que de nombreuses boutiques.

N de la ville, à l'angle des boulevards Moulay Rachid et Ibn Battouta. Elle est desservie par les bus **CTM** en provenance de Tiznit (8 fois/j., 1h20 minimum de trajet effectué de nuit, à partir de 45 Dh). Près de la gare, vous trouverez des grands taxis.

Se déplacer

En taxi

Tiznit : en **petits taxis** (rouges), la petite course est d'env. 10 Dh (jour et nuit). Ne pas hésiter à les prendre car il est difficile de s'orienter entre le méchouar et la source Bleue, les deux centres historiques de la vieille ville. Depuis Tiznit, les **grands taxis** permettent de se rendre à **Aglou-Plage** (départ av. Hassan-II, plan p. 368/A1-2), à **Guelmim** (départ au S du grand rond-point, plan p. 368/B2), à **Mirleft** et à **Sidi Ifni** (départ en face de la poste principale, plan p. 368/A2).

→

Tiznit

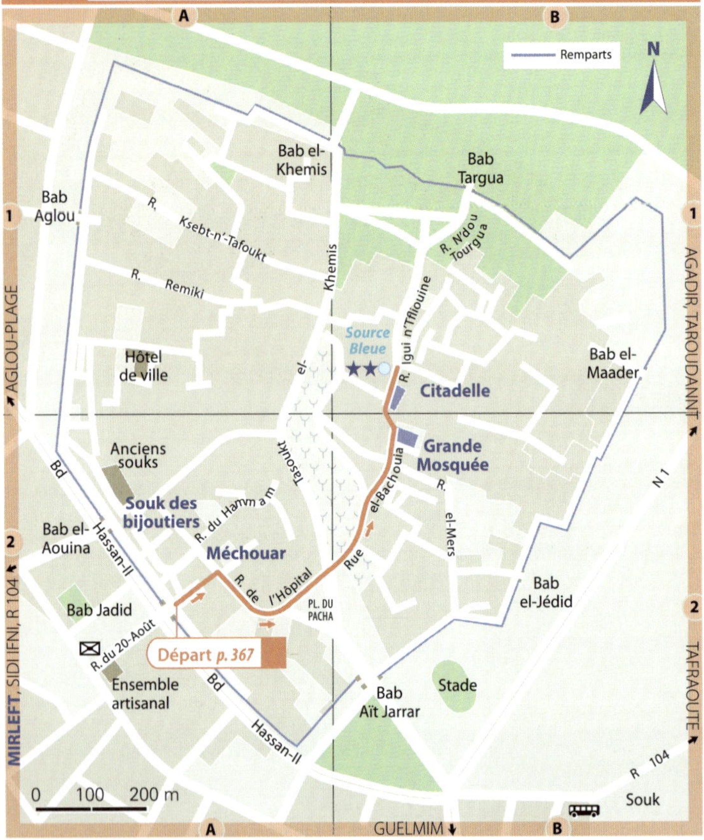

Souk des bijoutiers ✧

Plan A2.

Sur le côté sud du méchouar, il existe toujours un rutilant souk couvert consacré aux bijoux (une *kissaria*). Tiznit est réputée pour ses **bijoux berbères** en argent : parures pectorales, fibules (broches utilisées pour fermer un vêtement), lourds bracelets, etc. Cet artisanat ferait encore vivre

PRATIQUE (SUITE)

En voiture

Un **4×4** est indispensable sur les pistes, au-delà de Mirleft et Goulmim. Il faut être équipé d'un **matériel de désensablage**.

Tiznit : l'exiguïté des rues ne permet pas de se déplacer facilement en voiture.

Parking : sous les remparts, payant (au gardien).

↓ Adresse utile

Infos touristiques : www.portailsudmaroc.com.

une centaine d'ateliers. En été, il a même son **festival**, Timizart d'argent, où s'enchaînent expositions de bijoux, tables rondes et spectacles.

> Vous pouvez emprunter un taxi pour rejoindre la Grande Mosquée (à 1 km env.). Le trajet à pied ne présente pas un grand intérêt et cela évite de se tromper de chemin.

^ Le minaret de la Grande Mosquée de Tiznit

GRANDE MOSQUÉE ✧

Jemaa Lkbir

Plan B1-2 – Accès le plus court par la rue El-Bachouia. Ne se vis. pas.

Au Maroc, elle fait figure d'exception. Comme au Mali, son **minaret** est hérissé de pieux en bois – ici en bois d'arganier – plantés à l'horizontale dans les angles afin que les âmes des morts, selon la légende, puissent entreprendre leur ascension au paradis. Plus prosaïquement, le bois est chargé de renforcer les structures en pisé. Une technique architecturale propre à la région.

SOURCE BLEUE ✧✧

Aïn Zerka

Plan B1 – En accès libre.

En plein centre-ville, cette source – à l'origine un bassin recueillant les eaux de résurgence des plateaux avoisinants – a retrouvé toute sa beauté. Une balustrade semi-circulaire contient à l'écart les visiteurs, nombreux à venir prendre le frais en fin d'après-midi dans le jardin contigu, près des puits en pierre donnant accès aux khettaras (p. 335) reproduites. Le murmure de l'eau qui ruisselle couvre presque les conversations et les jeux d'enfants. En contrebas, dans le bassin en pierre réaménagé, l'eau est limpide, bleu turquoise.

D'après la légende, cette source serait à l'origine de la fondation de la ville aux XVIe-XVIIe s. Une femme, Lalla Zninia, aurait demandé pardon à Allah pour ses péchés avec tant de sincérité que celui-ci, pour lui prouver son absolution, aurait fait jaillir cette source en plein désert. Comme toujours, la légende a sa part de vérité historique. Aïn Zerka – dite aussi « Aïn Aqdim », l'« ancienne source » – a vraiment donné naissance à la ville, qui était initialement une **palmeraie** : cette eau irriguait l'oasis grâce à des séguias (canaux). Qui dit eau, dit commerce aussi : les caravanes, qui se dirigeaient vers Essaouira, faisaient escale dans cette cité-oasis. Retour aux sources en somme : c'est à Tiznit qu'aboutit la nouvelle voie express en provenance de Dakhla (1055 km !) et du Grand Sud (p. 373).

^ Un bâtiment Art déco à Sidi Ifni

PAUSE AVEC VUE

Le Nid d'aigle

Cette auberge mérite bien son nom : perchée à 300 m d'altitude, elle bénéficie d'une vue imprenable sur la côte atlantique. On y mange face à l'océan, en se régalant du ballet des parapentes dans le ciel. Le site de décollage est en effet réputé.

> Douar el-Borj, entre Aglou et Mirleft ☎ 06 58 45 82 23, www.nidaigle.com. T.l.j. 10h-21h. plats : 40-140 Dh.

CITADELLE ✧

Kasbah Aghenaj

Plan B1 – ☎ 06 68 58 56 34. En cours de restauration ; on peut cependant demander à la visiter le matin.

À l'arrière-plan de la Source Bleue, la citadelle se dresse de toute sa masse imposante, ocre et crénelée. Le bâtiment, qui abrita à l'origine – début du XIXe s. – un arsenal de guerre, a entamé sa reconversion en Centre d'interprétation du patrimoine et en théâtre de plein air. La réhabilitation de cette kasbah a été confiée à l'architecte Salima Naji.

Aux environs de Tiznit ✧

Au large de Tiznit, prenez la route (R104) qui longe la mer et ses déferlantes. Elle joue aux montagnes russes en avalant des collines accidentées, tapissées d'euphorbes et d'herbes à chameaux. De nombreuses **criques**, presque désertes, sont à découvrir.

AGLOU-PLAGE ✧

À 13 km N-O de Tiznit. Souk : le mar.

Il fait bon aller se rafraîchir sur la longue plage de Tiznit quand il fait trop chaud en ville. Attention, des **courants sous-marins** rendent la baignade dangereuse. Contentez-vous d'y faire trempette !

La station, faite de bric et de broc, n'est pas tout à fait dénuée de charme. Mais en longeant à pied la plage vers le nord sur 1 à 2 km (en voiture, prendre la petite route à dr., au niveau du camping et du parc aquatique),

on arrive à une falaise criblée de surprenantes **habitations troglodytiques**, dans lesquelles logent encore des familles de pêcheurs.

MIRLEFT ✧

42 km S-O de Tiznit. Souk : le lun.

Des maisons-cubes aux volets bleus, une rue principale bordée d'arcades... Ce gros bourg, dominé par une forteresse en pisé (1935) laissée à l'abandon, offre aussi une demi-douzaine de belles plages sous ses falaises à pic. Mais attention, la baignade y est dangereuse. En revanche, les conditions idéales sont réunies ici pour la pratique du surf ou de la planche à voile. Ce secteur est également réputé pour la pêche au gros, mais les pêcheurs amateurs y trouvent aussi leur bonheur.

Marabout de Sidi Mohammed ben Abdallah ✧

À 2 ou 3 km du centre-ville.

Au sud de Mirleft, une charmante crique sableuse abrite ce marabout dont le moussem, très animé, a lieu à la mi-juillet. Il est possible d'y faire une halte pour une pause fraîcheur, mais attention à la baignade, car ici aussi les courants sont violents.

Sidi Ifni ✧

À 74 km S-O de Tiznit par la côte ou 82 km par l'intérieur. Souk : le dim. sur l'ancien aéroport.

À la latitude des îles Canaries, c'est une petite ville toute blanche et bleue, aux larges avenues. Impossible quasiment de s'y perdre. Elle se tapit sur le rebord d'un balcon rocheux dominant l'océan d'une cinquantaine de mètres, corniche où se retrouve la jeunesse le soir.

La plupart des constructions date des années 1930, époque où la petite enclave de Sidi Ifni se trouvait dans le giron espagnol. D'ailleurs, la ville ne fut rétrocédée au Maroc qu'en 1969, sous la pression des Nations unies, non sans une guerre et un siège (oct. 1957-avr. 1958). Ne vous étonnez donc pas d'être salué par un nonchalant *holà*. Et tout le centre, autour de la place Hassan-II (l'ancienne place d'Espagne), a conservé un indéniable cachet Art déco : l'hôtel de ville, le tribunal, etc.

Pour se protéger du soleil et du chergui (vent chaud), les femmes s'enroulent dans leurs *melhfas*, de grands voiles bigarrés (3,50 m de long sur 1,60 m !), que vous pourrez acheter au marché.

PLAGE DE LEGZIRA ✧✧✧

À 12 km env. au N de Sidi Ifni. Puis une centaine de marches à descendre ou piste carrossable avec parking payant (+ 5 à 10 min de marche).

Ses arches rouges, ciselées par la mer et les vents, l'ont rendue célèbre. Elle est même entrée dans le classement des 40 plus belles plages au monde.

CULTURE

Une huile précieuse

La région de Sidi Ifni est une grande productrice de **figues de Barbarie**, qu'on apprécie en fruit (débarrassé de ses épines). De ses pépins, on tire une huile de cosmétique. C'est véritablement une huile précieuse : une tonne de fruits et plusieurs jours de travail sont nécessaires pour en obtenir un seul litre. Ne vous étonnez pas de vous voir proposer ce litre entre 4 000 et 10 000 Dh.

Cela reste une vraie œuvre d'art nature, même si l'une de ses quatre arches – surnommée la « patte d'éléphant » – s'est effondrée en 2016.

En tout cas, Legzira Beach, où l'on trouvera de nombreuses gargotes, est un spot réputé de surf (p. 374).

Guelmim (Goulimine) ✧

À 108 km S de Tiznit. Souk aux dromadaires : le sam. Moussem : en juin.

Entourée d'un chapelet d'oasis comme Tighmert ou Abaynou, Guelmim se veut la porte du Sahara au Maroc. Mais la ville, qui fut effectivement un centre caravanier de première importance sur la route de Tombouctou, a perdu beaucoup de son aura.

L'attraction principale reste le **souk aux dromadaires**, le Grand Sud atlantique concentrant au Maroc les deux tiers de ce cheptel « camelin ». Avec ses chameliers dans leur tenue bleu indigo ou délavé (les fameux « hommes bleus »), il se tient chaque samedi dès le lever du soleil à l'extérieur de l'agglomération, 2 à 3 km plus loin sur la route de Tan Tan au sud-ouest. Venez y tôt pour profiter de l'ambiance et du spectacle offert par les marchandages serrés. On s'amusera peut-être à « négocier » l'une de ces montures, qui s'achète au minimum 10 000 Dh, et beaucoup plus si l'animal n'a pas son pareil pour renifler l'eau, qualité précieuse dans le désert. À ce souk, les éleveurs présentent aussi moutons, chèvres ou vaches.

Le marché a également son secteur fruits et légumes, sans oublier les stands des bouchers, qui débitent steaks et côtes de dromadaire. Testez donc cette viande : elle a un léger côté « sucré », selon l'avis des amateurs.

Le souk aux dromadaires à Guelmim

PLAGE BLANCHE ✧✧

À 163 km S de Tiznit, 55 km S-O de Guelmim. Accessible par une route goudronnée.

La plage Blanche se mérite. Pour y arriver, on traverse un désert de caillasses et de figuiers de Barbarie. Attention, s'aventurer sur la piste de la plage, même en 4×4, sans matériel performant de désensablage est pure folie !

Son nom, elle le doit aux marins espagnols, qui ne voyaient qu'un long trait blanc sous un ciel insondable tant la plage, protégée par des cordons de dunes, semble s'étirer à l'infini (sur plus de 40 km).

Cette fantastique plage déserte fait le bonheur des constructeurs automobiles, qui l'utilisent parfois pour leurs essais ou leurs films publicitaires. Mais aussi de tous les amoureux de vraie solitude, qui peuvent néanmoins y rencontrer des nomades et se voir proposer un thé sous la tente. Un projet d'aménagement d'une nouvelle station balnéaire, dans le cadre du plan Azur (p. 399), s'est enlisé, pour l'instant, dans les sables...

VERS LE SAHARA OCCIDENTAL

Après Guelmim, l'aventure vers le Sahara occidental commence sur l'interminable N1, où les camions sont rois en direction de Tarfaya (à 342 km), Laâyoune (à 437 km) et Dakhla (à 965 km).

Pour les amateurs de silence, les fans d'Antoine de Saint-Exupéry *(encadré ci-contre)* ou les mordus de kitesurf, **Dakhla**, avec ses vents constants et ses températures clémentes toute l'année, s'est imposée comme la capitale de cette discipline au Maroc.

HISTOIRE

L'épopée de l'Aéropostale

Entre Toulouse et le Sénégal, ce fut, après 1918, une **ligne aérienne** consacrée au courrier, qui devait être délivré coûte que coûte, entre ses 40 escales (Tanger, Casablanca, Mogador – future Essaouira –, etc.). Après Agadir, l'aventure et le désert attendaient les pilotes, dont firent partie Jean Mermoz et l'écrivain Antoine de Saint-Exupéry, futur auteur du *Petit Prince* (1943). Entre atterrissages de fortune et pilotes pris en otages par des tribus maures, les « incidents » furent nombreux. En 1930, Guelmim signala ainsi le crash d'un petit avion de l'Aéropostale, mais sans qu'on ne déplore de pertes humaines.

• NOS ADRESSES •

AGLOU-PLAGE

OÙ DORMIR

Camping Aglou Plage

Sur la plage 05 28 61 32 34, www.camping-aglou.com. Restaurant self service, supérette, parc aquatique, WiFi, boutique matériel pêche. Chalet 4 pers., terrasse vue mer 600 Dh/j. en été incluant l'entrée au parc.

À deux pas de la plage, des chalets tout équipés sont la grande nouveauté de ce camping, qui accueille par ailleurs une foule de vans. La location longue durée (1 mois) est privilégiée l'hiver.

GUELMIM

OÙ DORMIR

Fort Bou-Jerif

À 40 km O de Guelmim, en dir. de Plage Blanche, à la sortie de la ville quand on vient du N. Puis piste finale de 9 km, balisée et praticable par tout véhicule 06 72 13 00 17, www.boujerif.com. Nuit en camping : 45 Dh/pers. (emplacement du véhicule non compris). Nuit à l'hôtel en demi-pension : 550 Dh/pers. Restaurant. Forfaits demi-pension et pension complète. Autour de 95 € (1000 Dh)

Au milieu de nulle part, le site est de toute beauté et tient du caravansérail à certains moments. Ici, vous avez le choix entre cinq formules d'hébergement : hôtel, logement sous *khaïma* (grande tente), etc. Vous goûterez au désert et aux nuits étoilées. On ne s'en remet pas.

LEGZIRA

SPORTS ET LOISIRS

Surf et paddle

Legzira Surf School

House n°30, Legzira Beach 06 62 53 37 17, www.ifnisurf.com. Propose surtout des forfaits (7 nuits en pension complète, équipement et 6 j. de surf ou paddle inclus) : 432€/pers. à 462€/pers. en ch. double.

Avril-octobre est la période idéale pour ceux qui recherchent un « surf amusant » dans une eau à bonne température. Pendant l'hiver, les vagues prennent vie. Avis aux amateurs.

L'argan, huile miraculeuse

L'arganier, arbre à feuilles persistantes, est un oléagineux qui n'existe qu'au Maroc, dans un triangle compris entre Essaouira, Taroudannt et Guelmim. La dureté de son bois fait de celui-ci un excellent bois de chauffage. Les dromadaires se nourrissent de son feuillage, et les chèvres de ses fruits – elles grimpent sur l'arbre pour en atteindre les branches les plus hautes. Son fruit a la taille d'une grosse olive. On en extrait l'huile d'argan. Trente-huit kilos de fruits sont nécessaires pour obtenir un litre d'huile d'argan alimentaire ! On s'en sert comme ingrédient pour préparer l'amlou, une pâte à tartiner revigorante à base, en plus de l'argan, de miel et d'amandes grillées. Elle est également utilisée en cosmétique.

MIRLEFT

OÙ DORMIR

Les Trois Chameaux

05 28 71 91 87 ou 06 66 54 85 79, www.3chameaux.com. 8 ch., 12 suites et 1 maison. Tarifs donnés en demi-pension. Hammam. Restaurant : menu à 250 Dh, sert de l'alcool. Piscine chauffée. Stages de cuisine. Autour de 95 € (1000 Dh)

Sur l'emplacement d'un ancien fort militaire français, cette maison d'hôtes offre une charmante base de départ pour explorer la région.

SPORTS ET LOISIRS

Surf

Biscou Surf School

Mirleft centre 06 76 23 02 47, www.biscousurfschool.com. Cours à partir de 20 €, location de matériel et combinaison : 10 € la j. (pour chaque)..

Location de planches de surf ou de bodyboard, de combinaison et même de cannes à pêche !

TIZNIT

OÙ DORMIR

Idou Tiznit

Plan B2 – Av. Hassan-II, à l'entrée de la ville, au grand carrefour entre Tafraoute et Guelmim 05 28 60 03 33/04.44, www.idoutiznit.net. 87 ch. et 6 suites. Restaurant : à la carte, plats entre 75 et 300 Dh, pas d'alcool. Piscine. Parking privé, gratuit. Autour de 50 € (550 Dh)

Dans cet hôtel confortable et fonctionnel, les chambres sont immenses. La cuisine étant sans originalité, mieux vaut se restaurer dans la vieille ville, qui est à deux pas.

Riad Janoub

Plan B2 – 193, rue de la Grande-Mosquée, à mi-chemin entre Bab el-Maader et Bab el-Jedid (contre la muraille) 05 28 60 27 26 ou 06 79 00 55 10, www.riadjanoub.com. 10 ch. Massages (30 €/h). Restaurant : dîner à partir de 15 € le menu, pas d'alcool. Piscine. Autour de 70 € (750 Dh)

Une ravissante chambre d'hôtes, qui revendique un style « minimaliste » (pas tant que ça !). Un massage, plus un dîner aux chandelles au bord de la piscine et c'est le bonheur assuré.

OÙ MANGER

À l'ombre du Figuier

Plan A2 – 2, passage Akchouch (accès par la rue du Hammam) 05 28 86 12 04 ou 06 68 98 89 06. T.l.j. 12h-23h. À la carte. Plats : 65-75 Dh. Pas d'alcool (en principe). Moins de 10 € (100 Dh)

À l'ombre d'un figuier dans une courette, on vous sert une cuisine du marché, savoureuse. Sur la carte, très courte, on trouve aussi bien des tajines, que de la côte de... dromadaire !

SHOPPING

Ahmed Elguerche

Plan B2 – Pl. du Méchouar, en étage (à côté d'une boutique de literie) 06 78 69 41 25. Sur r.-v.

L'un des meilleurs artisans-bijoutiers de Tiznit, sinon le meilleur.

Village de pêcheurs sur Aglou-Plage

25

AU CŒUR de l'Anti-Atlas ✧✧

Chapeauté par le jbel Lekst (2 359 m d'altitude), Tafraoute est entourée de paysages d'une beauté fantastique. Elle est située dans une cuvette où la lumière joue d'une manière incroyable avec les blocs de granit rose qui jonchent le site. Au soleil couchant, tout s'embrase ! Mais cette partie de l'Anti-Atlas offre aussi d'autres échappées étourdissantes : vers une oasis de montagne comme Agard Oudad, perdue au fond d'un canyon, ou vers les greniers fortifiés – les *igoudar* –, témoignages émouvants de l'ancien mode de fonctionnement des sociétés berbères.

PRATIQUE

- **Plan p. 347**
- **Nos adresses p. 381**

↓ Accès

En avion

L'aéroport le plus proche est celui d'**Agadir-Massira**, à 135 km N-O. Celui de Marrakech-Ménara est à 370 km N-E (dont 171 km d'autoroute, sur la n° 3, à péage). Pour **rejoindre Tafraoute** : vous trouverez voitures de location et grands taxis dans ces deux aéroports.

En bus

Tafraoute : la compagnie de bus **CTM** (www.ctm.ma) assure une liaison entre Agadir et Tafraoute via Tiznit (1 fois/j., 5h15 de trajet, 70 Dh). Mais il y a pléthore d'autres compagnies sur cette ligne, le trajet pouvant être réduit à 4h avec Jaouharat, Sahara Voyage, etc. À Tafraoute, CTM vous dépose en centre-ville, route d'Agard Oudad.

Aux alentours de Tafraoute

L'ESSENTIEL

À ne pas manquer
Le cirque de Tafraoute qui s'embrase au coucher de soleil ; le grenier fortifié, admirablement restauré, d'Imchguiguil.

Expériences
Enfourcher un VTT pour traquer les Rochers bleus de Jean Verame, du pur land art ; vadrouiller toujours à VTT dans la palmeraie luxuriante d'Aït Mansour.

Cirque de Tafraoute ✧✧

Au bout d'une route tortueuse surgit une vision étonnante : celle d'un cirque, entouré de montagnes comme le jbel Lekst (2 359 m d'alt.), où des rochers de granit rose émergent dans un beau désordre, au milieu des habitations et de la végétation. Saurez-vous identifier, entre autres reliefs, la Tête du Lion ? Tout y est : les yeux plissés, la crinière, le mufle, que le soleil révèle en milieu d'après-midi.

Tafraoute ✧

Au cœur du cirque *(ci-avant)*, à 1200 m d'altitude, les maisons de la bourgade de Tafraoute se fondent dans ce paysage minéral et onirique : elles ont l'allure de gros cubes couleur rose, bordeaux ou fraise écrasée, aux portes et fenêtres surlignées de chaux.

Les arganiers, les oliviers et les amandiers tempèrent ce côté brut, surtout en février-mars, au moment de la floraison des amandiers.

Se déplacer
Tafraoute n'étant pas très bien desservie par les transports en commun, la voiture de location reste le moyen de locomotion le plus pratique pour explorer la région. Mais nul besoin de 4×4 (il peut y avoir quelques portions de « piste », mais dues le plus souvent aux travaux de réfection de la chaussée). En hiver, la neige, très sporadiquement, peut aussi être un souci.

Les plus sportifs trouveront à Tafraoute des **vélos et des VTT** à louer (p. 382). Mais aussi des porte-vélos pour pouvoir combiner vélo et voiture.

En voiture
Si vous venez d'Agadir, le chemin le plus court passe par Aït Baha (151 km) ; vous arrivez dans Tafraoute par le N sur la place Moulay Rachid. Idem depuis Marrakech (377 km), itinéraire qui passe au large d'Agadir.

‹ Les Rochers bleus à Agard Oudad

SOUK DES BABOUCHES ✧

En plein centre, près du petit marché aux fruits et légumes et de la mosquée (entre l'hôtel Salama et le restaurant L'Étoile d'Agadir). Tafraoute se revendique comme la **capitale de la babouche berbère** : une babouche à bout rond, dotée d'une languette qui tient le talon. Mais ce petit souk pétant de couleur n'est pas facile à trouver ! En plein centre-ville, on peut passer cent fois devant sans penser à s'enfoncer dans les ruelles à l'écart des rues principales. Ici, vous verrez à l'œuvre les artisans, qui ne se contentent plus des couleurs traditionnelles (jaune pour les hommes, rouge pour les femmes).

MAISON TRADITIONNELLE À TAZEKKA

À 1,5 km env. du centre-ville, dir. hôtel Les Amandiers ; ne prenez pas la route qui conduit à cet hôtel, mais continuez tout droit. Parking sous la mosquée 📞 06 73 82 90 54. Ouv. en principe t.l.j. 9h-18h. Tarif laissé à l'appréciation de chacun.

Dans ce magnifique hameau de Tazekka, qui semble abandonné au premier abord, Mahfoud fait visiter la maison familiale, perchée en haut d'une volée de marches et reconvertie en écomusée. Les plafonds avec les troncs de palmiers, le séchoir à dattes, le coin pour faire l'huile d'argan, etc. : une tranche de vie berbère.

Dans le même hameau, en redescendant de chez Mahfoud et en partant sur la gauche, vous trouverez à 100 m environ la **gazelle de Tazekka** : elle passe pour une gravure rupestre, mais son authenticité est remise en question. Sur le chemin, des points bleus sur votre gauche orienteront votre regard vers un talus et le rocher sur lequel est gravé la gazelle juste au-dessus.

PAUSE

Tout à l'amande

Tafraoute est réputée pour ses **amandes**, qui se dégustent de bien des façons. « Nature », en pâtisserie. Et en cuisine : pastilla poulet-amandes ou tajine aux amandes et aux pruneaux. Si ce tajine est au menu du petit restaurant **La Kasbah**, choisissez-le sans hésiter !

> Route d'Agard Oudad
📞 06 72 30 39 09. T.l.j. 11h-23h. Menu : 90 Dh.

PRATIQUE (SUITE)

Conseil

Attention : faites bien le **plein d'essence avant de quitter Tafraoute,** les stations-service sont rares dans le secteur.

Adresse utile

Infos touristiques
https://maroc-tourisme-rural.com.

Agard Oudad et les rochers peints ✧

Entrée du site à 10 km S de Tafraoute. À faire en voiture ou en VTT. Sortir de Tafraoute dir. Tiznit via Izerbi. Au-delà du village d'Agard Oudad, piste carrossable sur la dr. (fléchage).

À 3 km de Tafraoute, le village d'Agard Oudad est surmonté par un rocher surnommé « le Doigt », ou encore « le Chapeau de Napoléon », que l'on reconnaîtra... ou pas ! Tassé contre la montagne, ce village aux ruelles serrées offre de coquettes maisons berbères aux motifs traditionnels.

Non loin de là, en plein désert, Jean Verame, un artiste français d'origine belge adepte du **land art**, a peint en 1984 ces **Rochers bleus**, qui osaient aussi le rouge et le violet. Dix-neuf tonnes de peinture furent nécessaires à leur réalisation ! Dispersés sur 5 km environ, ils ont été passablement délavés par le temps, même s'ils bénéficient de « rafraîchissements » intempestifs réguliers. Mais dans cet amoncellement hallucinant de blocs érodés aux formes étranges, chacun pourra laisser libre cours à son imagination pour reconnaître ici un lapin, là un champignon.

Gorges d'Aït Mansour ✧✧

À 31 km S de Tafraoute. Accès en voiture : sortez de Tafraoute en dir. Tiznit via Izerbi, dépassez le village d'Agard Oudad, à l'embranchement prenez à g. Route goudronnée de bout en bout.

La **palmeraie** d'Aït Mansour, un vrai joyau, vous attend au bout d'une route spectaculaire. Pour commencer, elle s'élève à flanc de montagne parmi les arganiers, offrant une vue aérienne sur la vallée de Tafraoute et le jbel Lekst.

Après **Tlata Tasrite**, la descente en lacets se fait ardue. Vous

˅ Balade dans les gorges d'Aït Mansour

CURIOSITÉ

Petite devinette

À quoi pouvait bien servir, dans l'*agadir* d'Imchguiguiln, la petite anfractuosité tout à côté de la porte d'entrée? Une autre serrure cachée, deux précautions valant mieux qu'une? Non, une chatière à coup sûr! Les architectes avaient prévu un passage pour les chats afin qu'ils puissent faire la chasse aux souris, attirées par les grains stockés.

finissez par vous retrouver au fond d'un véritable canyon, où les maisons se dissimulent à l'ombre des palmiers. Terminus : vous êtes arrivé dans une petite merveille d'oasis, coincée sur une quinzaine de kilomètres entre d'immenses parois rocheuses orangées. Le bruissement du vent dans les feuillages se mêle au murmure de l'eau dans les canaux qui irriguent de petits jardins méticuleusement cultivés sous les oliviers et les figuiers. Cela a tout du petit paradis. Avec même un café-épicerie! Celui de Messaoud.

Route des igoudar ✧✧

Au N de Tafraoute.

Très sinueuse, la pittoresque route qui vous emmène vers Agadir pourrait être baptisée la « route des *igoudar* », igoudar étant le pluriel d'*agadir* (« grenier fortifié »).

Ces **greniers-citadelles** surgissent devant vous, cramponnés à un piton rocheux. Il y en aurait 80 dans la région, si le compte est bon. Il s'agissait de greniers communautaires, qui se sont multipliés à partir du XVIe s., à une époque de grande insécurité. Construits sur des hauteurs, habités ou non, c'étaient en effet de véritables coffres-forts, une sorte de banque où les paysans déposaient leurs récoltes, leurs titres de propriété et tout ce qui avait de la valeur (bijoux, tapis, voire miel, huile d'argan et amlou). Chaque famille y disposait d'une **case de stockage** pour mettre ses trésors à l'abri des rapines. Certains greniers ont pu comporter jusqu'à 365 cases!

TIZOURGANE ✧✧

À 50 km N de Tafraoute ☎ 06 61 78 84 75. Parking : en contrebas, gratuit. Ouv. en principe entre 9h30 et le coucher du soleil. Plein tarif : 20 Dh.

Vision magnifique à l'approche de cet *agadir*. Il se dresse sur une éminence rocheuse, à l'écart de la route. Impérieux. Enroulé dans ses remparts. Tout en granit.

Du parking, une volée de marches vous emmène jusqu'à la monumentale **porte** d'entrée ouvragée, en bois de cèdre. Tizourgane est sans doute le mieux conservé de tous les *igoudar*, bien qu'on le date du XIIIe s. Deux familles y habitent encore. Une maison d'hôtes (p. 382) y a pignon sur falaise : c'est son propriétaire, Jamal Moussali, qui a mené, avec une association, la restauration de son hameau natal.

Dans les ruelles enchevêtrées, livrez-vous à un petit jeu de piste pour dénicher les **78 cases de stockage**. Bonus : les remparts et leur chemin de ronde offrent une vue à 360° sur la vallée et les sommets arides de l'Anti-Atlas.

IMCHGUIGUILN ✧✧

À 100 km N-O de Tafraoute. À 3,5 km au N d'Aït Baha, tournez à dr. au panneau et continuez sur 1,5 km env. Gardien à proximitéqui peut faire la visite (contribution libre) ☎ 06 62 81 27 28. Téléphonez avant de vous déplacer : ce grenier peut être fermé pour travaux, mais d'autres greniers proches vous seront proposés en remplacement. Possibilité de commander un tajine.

À sa manière, Imchguiguiln est tout aussi spectaculaire que Tizourgane bien que le grenier émerge à peine au milieu du village, derrière une haie de figuiers de Barbarie. Dans cet *agadir* en pierre aux allures de forteresse, vieux de sept siècles, une allée offre à elle seule un bel alignement de **131 cases de stockage**. Cadenassés, ces « entrepôts » s'empilent sur trois niveaux ; les étages supérieurs sont accessibles par des marches, en fait de simples pierres encastrées dans le mur : cela nécessitera quelques acrobaties.

Sous la houlette de son gardien improvisé Mbataka ben Homer, la visite guidée est passionnante. D'autant plus que l'*agadir* avait d'autres fonctions plus « nobles » : c'était un lieu de pouvoir, où se réunissaient les élus de la communauté amazigh (les *inflass*), mais aussi un lieu de prière avec sa mosquée.

Cases de stockage d'un *agadir* >

• NOS ADRESSES •

TAFRAOUTE

OÙ DORMIR

Azur

Route de Tazzeka, en face du lycée 📞 05 28 80 01 39 ou 06 43 84 14 59, page Facebook. 4 ch. avec chacune leur salle de bains. Pas d'alcool, sur résa. Parking gratuit. Autour de 45 € (500 Dh)

L'adresse authentique, sans chichis, dont vous rêvez peut-être. Un peu excentrée, elle a sa terrasse sur laquelle, aux beaux jours, vous prenez votre petit déjeuner (ultra copieux). Mhamed Boulam, le propriétaire, se met en quatre pour vous renseigner. Aïcha peut vous préparer le repas du soir, mais n'y apparaîtra pas.

Chez Amaliya

À 4 km S de Tafraoute au départ de la vallée des Ammeln 📞 05 28 80 00 65 ou 06 10 58 39 31, www.chezamaliya.com. 18 ch (dont 1 appart. familial et 1 suite familiale jusqu'à 7 pers.). F. 3 sem. en été. Piscine extérieure (non chauffée). Restaurant : menu à 135 Dh et carte, sert de l'alcool. Autour de 60 € (650 Dh)

Construit dans le style kasbah, l'hôtel offre des chambres confortables, réparties de plain-pied, autour d'une très grande piscine. Et plein cadre, de cette piscine, on a vue sur la fameuse Tête du Lion (2 350 m d'alt.) du jbel Lekst.

• NOS ADRESSES •

El Malara

À 5 km de Tafraoute, sur la route de Tiznit, à l'entrée O de la piste des Rochers peints ☎ 06 58 18 18 36 (Maroc) ou 06 62 99 25 21 (France), www.elmalara.com. 8 ch. F. en juil. Table d'hôtes : 165 Dh, résa obligatoire pour les non-résidents. Chambre double avec demi-pension : 530 Dh/pers. Piscine. Location de vélos. N'accepte pas les cartes bancaires. Autour de 60 € (650 Dh)

Cette kasbah (moderne) se dresse presque au milieu de nulle part (on exagère), face au jbel Lekst. La vue est magnifique. Spacieuses, les chambres ont le look du cru sans surcharge : tapis, placards aux bois peints, Tadelakt *(encadré p. 364)*. Et les propriétaires sont de bon conseil pour tout ce qui est découverte de la région. Bref, l'adresse coche toutes les cases pour être retenue.

OÙ MANGER

Café-restaurant Le Marrakech

Dans le centre-ville. Sur la R104, entre la station-service et la poste ☎ 06 63 22 92 50. T.l.j. 12h30-15h et 19h-23h. Terrasse sur la rue ou en salle. Couscous : 50 Dh (sur commande). Pas d'alcool. Moins de 10 € (110 Dh)

On peut manger pour pas cher de bons plats marocains : couscous et tajine.

BARS

Hôtel Les Amandiers

Dans le centre-ville ☎ 05 28 80 00 08, www.lesamandiers-hotel.com. Bière : à partir de 20 Dh.

Isolé sur sa colline, l'hôtel est resté dans son jus. Un peu trop même. Mais de sa terrasse, on se régale d'une vue superbe sur tout Tafraoute. Et il sert de l'alcool. Vous pourrez même profiter de la piscine contre participation (adulte 60 Dh).

SHOPPING

La spécialité locale est la fabrication artisanale de babouches à bout rond (p. 378).

Coopérative Azerg Oudrar

Av. Mohammed-V ☎ 06 76 26 53 74, http://azergoudrar.com. T.l.j. sf dim. 9h-14h et 16h30-20h (horaires fluctuants en réalité suivant la disponibilité des femmes qui y travaillent). Huile d'argan cosmétique : 550 Dh/l ; huile d'argan alimentaire : 450 Dh/l ; elles sont 100 % bio. Amlou : 150 Dh/l.

Les prix sont affichés et ils sont très corrects, mais le conditionnement est quelconque. Vous aurez peut-être la chance d'assister à l'extraction de l'huile d'argan *(encadré p. 374)* ou à la fabrication de l'amlou *(p. 374)*, les locaux ayant le droit d'apporter les fruits de leurs arganiers ou ceux de leurs amandiers pour que la coopérative les transforme.

SPORTS ET LOISIRS

Tafraout VTT

Dans le centre-ville. Av. Mohammed-V (sur la route de l'hôtel Les Amandiers) ☎ 07 07 55 66 68, page Facebook. T.l.j. 9h jusqu'au coucher du soleil. Location : 70 à 100 Dh/j.

La maison dispose de porte-vélos, si vous voulez combiner balade en auto et balade en vélo, par exemple dans les gorges d'Aït Mansour, d'où la remontée est ardue.

TIZOURGANE

OÙ DORMIR

Tizourgane Kasbah

☎ 06 61 94 13 50, www.tizourgane-kasbah.com. 10 ch. et 4 suites dt 2 familiales (4 pers.) chauffées l'hiver. Monte-charge pour les bagages ! Possibilité d'organiser des randonnées ou des visites d'igoudar (p. 380) et des tours VTT. Table d'hôtes : 160 Dh ; pas d'alcool. Parking. Autour de 60 € (650 Dh)

Perchée sur son piton, cette kasbah qui doit avoir dans les huit siècles d'existence séduira amateurs de solitude et de randonnées. Voyage garanti dans le temps !

Kasbah de Tizourgane

TOUT SAVOIR SUR...

_'histoire

LA GASTRONOMIE,

.A RELIGION

LA CULTURE...

Vous voulez en apprendre plus sur l'architecture de terre du Maroc, architecture dont on redécouvre les vertus ? Savoir comment vous comporter au hammam ou si vous êtes invité dans une famille marocaine ? Apprécier les raffinements d'une pastilla au pigeon ? Ces pages sont faites pour répondre à vos questions et à bien d'autres.

SOMMAIRE

PAYSAGES

ATLAS, PLAGES ET DÉSERT

Plus grand que la France, le Maroc s'étend sur plus de 710 000 km², si on y inclut le Sahara occidental. Il offre tout : la montagne, la haute montagne même, paradis de la randonnée à la belle saison ; le désert, avec ses vagues de dunes pour seul horizon ; un littoral qui s'étire sur plus de 3 500 km entre mer Méditerranée et océan Atlantique.

À première vue, et même après réflexion, le Maroc a tout d'un pays de cocagne. Où, en quelques tours de roue, on peut passer de la plage à une piste de ski, et d'une piste de ski à une mer de sable.

Un pays de haute montagne

L'image du Toubkal, encapuchonné de neige, qui s'inscrit en hiver sur l'horizon de Marrakech, frappe l'imagination. On ne l'associe pas automatiquement au Maroc, terre de soleil. Et pourtant, un quart du territoire est perché au-dessus de 1000 m d'altitude. Plus de **400 sommets dépassent les 3 000 m**. Cinq d'entre eux figurent même dans le cercle très fermé des plus de 4 000 m.

Il n'est donc pas étonnant que la montagne ait pris ici, à l'exception du Rif dans le Nord, le nom d'**Atlas**, géant de la mythologie grecque condamné à porter sur ses épaules la voûte céleste. Cet Atlas-là est formé de **trois chaînes** parallèles, qui s'étirent du Sud-Ouest au Nord-Est, la pièce maîtresse de cet ensemble qui chatouille le ciel étant le **Haut Atlas**. D'une superficie plus grande que les Alpes françaises et italiennes réunies, il naît près d'Agadir et traverse le pays sur plus de 700 km jusqu'à Midelt. Au Nord, il est flanqué du **Moyen Atlas**, riche de ses cédraies. Au Sud, il est bordé par l'**Anti-Atlas**, assiégé par les sables. Les trois n'ont pas pour autant une histoire géologique commune ou des paysages similaires.

‹ Vue sur le Toubkal enneigé

^ Le cap Spartel, près de Tanger

Datant de l'ère primaire, le **jbel Toubkal** (4167 m), point culminant de toute l'Afrique du Nord, et situé dans le Haut Atlas, doit au granit et aux laves volcaniques (rhyolite, andésite) son relief déchiqueté d'arêtes rocheuses, de couleur brun sombre. Né à l'ère tertiaire, le **M'Goun** (4068 m d'altitude), qui fait partie aussi du Haut Atlas, est une jeunesse : 250 à 150 millions d'années à peine ! Son calcaire, dont les couleurs vont de l'ocre au gris bleu, est entaillé par des canyons spectaculaires.

Entre mer et désert

L'Atlas est un château d'eau, même s'il est relativement sec : le Toubkal, par exemple, ne reçoit que 700 à 800 mm de précipitations par an. Ces pluies sont concentrées en principe sur un petit nombre de jours entre novembre et février : 30 jours en moyenne dans le Sud et 70 dans le Nord. Même s'il bénéficie d'un climat à dominante méditerranéenne, le Maroc peut être considéré comme un pays semi-aride. Urbanisation, tourisme... ses besoins en eau vont croissant. Il fait déjà appel pour 2 % de sa consommation au dessalement de l'eau de mer. Et d'ici 2030, il table sur une vingtaine d'usines de dessalement.

Par chance, le Maroc compte près de **3530 km de côtes**, dont plus de 2900 km sur la seule façade atlantique entre Tanger et Dakhla. Bas et rectiligne, ce rivage atlantique offre peu de ports, mais d'immenses plages de sable fin. Parcouru de courants violents, l'océan est dangereux pour la baignade, sauf dans quelques baies protégées. À Essaouira, l'eau reste fraîche toute l'année tandis que dans la baie d'Agadir, le Gulf Stream, un courant « chaud » qui passe à proximité du littoral, permet de se baigner en toute saison. Partout, la mer est poissonneuse et les ports de pêche développent des conserveries de poissons.

Le Maroc, qui contrôle à 80 % l'ancien **Sahara** espagnol, a aussi sa part de **désert**, qui s'étend sur 264000 km^2, soit un tiers de son territoire. Le mot évoque une étendue plate, brûlante, écrasée de chaleur. Mais si la fournaise est bien au rendez-vous (45 °C et plus au mois d'août !), le désert offre des paysages dont ses amoureux ne se lassent pas : *foums* (« cluses ») et leurs rivières fantômes qui cisaillent l'Anti-Atlas, *regs* (éboulis de cailloux) qui mettent à mal les pneus des 4×4, ergs où se succèdent en vagues des trains de dunes.

LA FLORE ET LA FAUNE

La biodiversité n'est pas un vain mot au Maroc, pays riche, selon des estimations gouvernementales, de 7000 ou 8000 espèces végétales connues et pas moins de 25000 espèces animales identifiées, dont beaucoup d'insectes il est vrai !

^ Des fruits de l'arganier

Parmi une quarantaine d'écosystèmes, deux dominent au Maroc : les **forêts** et les **steppes**. Partout où l'arbre renonce, les steppes prennent le relais. Steppes à alfas et armoises des hauts plateaux à l'Est ; steppes des confins sahariens, où acacias et tamaris tentent de survivre. Les forêts, elles, représentent moins de 13 % du territoire, mais leur importance économique et humaine est sans commune mesure avec ce faible pourcentage.

Cèdres et arganiers

Les forêts humides se rencontrent entre 1400 et 2500 m d'altitude ; elles sont le royaume du majestueux **cèdre de l'Atlas** *(Cedrus atlantica)*. Cet arbre emblématique, qui dépasse parfois 50 m de hauteur, peut vivre plus de 1000 ans. Éparpillées entre le Rif près de Chefchaouen (p. 78), le Moyen Atlas au sud de Fès (p. 202) et l'est du Haut Atlas, les cédraies couvrent plus de 130000 ha. On y trouve, associés, chênes verts et genévriers thurifères, vieux comme Mathusalem parfois : on identifie cet arbre à son tronc très ramifié, à son écorce grisâtre et à son feuillage vert.

À plus basse altitude, jusqu'en bordure de mer, prospère une forêt de type méditerranéen, supportant l'aridité climatique. Elle se compose de chênes verts, de chênes-lièges, de **thuyas de Berbérie** qui font le bonheur des marqueteurs à Essaouira (p. 142), ainsi que des providentiels arganiers *(Argania spinosa)*, dont on tire la précieuse huile d'argan. Pour résister à la sécheresse, ces arganiers sont capables de se dépouiller de leur feuillage. On les croit morts, mais ce n'est qu'une simple stratégie de survie.

Le sauvetage de la palmeraie

Autre image emblématique du Maroc : celle de ses palmeraies, où l'eau froufroute dans les séguias (canaux d'irrigation), alimentant vergers et jardinets. Dans le Sud, les vallées sont autant de coulées vertes au milieu des sables et de nulle part : la **vallée du Drâa** (p. 302) ou celle du **Todra** avec la palmeraie de **Tinerhir** (p. 320) en offrent de fascinants exemples.

Ces palmeraies, dont la luxuriance défie le désert, doivent pourtant tout à l'homme. Dès le XIe s., le Maroc développait l'astucieux système des ***khettaras***. Par gravité, ce système consiste à amener l'eau des nappes phréatiques à fleur de sol, via des galeries souterraines. Certes, le procédé était connu en Orient depuis l'Antiquité. Mais ce sont les ingénieurs de l'Islam qui ont déployé cette technique sur une grande échelle. Un vrai travail de titan ! Il a mobilisé des centaines de puisatiers, de terrassiers, voire de géomètres. Il est encore visible sur la route entre Tinejdad et Erfoud (p. 335), où l'on repère un alignement de curieux monticules de terre séchée : c'est la terre retirée des puits d'aération créés.

Au XXe s., en 50 ans, la superficie de la palmeraie au Maroc a diminué de moitié. Urbanisation, maladie du bayoud due à l'attaque d'un champignon microscopique, salinisation des sols, abandon des *khettaras*, etc. Les explications ne manquent pas. Mais, plan de sauvetage après plan de sauvetage, aujourd'hui, la **palmeraie a cessé de reculer**, elle regagne même du terrain, occupant plus de 50 000 ha, dont presque la moitié pour la seule vallée du Drâa.

À chacun son royaume

Il n'est pas toujours possible d'associer un animal à un écosystème défini. Les **singes magot** *(encadré ci-dessous)*, des macaques, se rencontrent hors des cédraies, notamment aux cascades d'Ouzoud (p. 262), les cédraies étant pourtant l'un de leurs habitats préférés,

TRAFIC DE MAGOT

Le magot *(Macaca sylvanus)*, un singe de la famille des macaques, s'est vu reconnaître le statut d'**espèce très protégée**. Est-ce que cela mettra fin pour autant à l'exhibition scandaleuse de ces singes sur la place Jemaâ el-Fna à Marrakech ? Mais ce n'est pas là sans doute le pire. Selon la Fondation 30 Millions d'Amis, il y aurait plus de magots détenus illégalement en France qu'en liberté dans le monde ! « Adoptés » petits, ils se révèlent vite d'embarrassants animaux de compagnie, devenant agressifs. Au point qu'on les compare à des pitbulls.

comme on peut le vérifier près d'Azrou (p. 202). La gracile **gazelle dorcas**, la gazelle des dunes, qui avait disparu de la région de M'Hamid, s'aventure désormais hors de son Sahara : elle a fait l'objet de tout un programme d'acclimatation dans le parc national de Souss Massa (p. 357) au sud d'Agadir, en vue de sa réintroduction dans son milieu d'origine.

En revanche, l'**ibis chauve**, dont le Maroc s'enorgueillit de posséder la plus importante colonie au monde (à peine 600 individus), ne quitte pas son territoire : les falaises et l'embouchure de l'oued Massa (p. 358). Quant au **mouflon à manchettes**, il n'abandonne pas ses montagnes.

Vous pouvez également rencontrer d'autres animaux, plus ordinaires mais tout aussi sympathiques. Comme les **cigognes** *(encadré ci-contre)*, par exemple, dont les claquements de bec vous accompagnent dans la visite de la nécropole du Chellah à Rabat (p. 104), ou celle du palais el-Badi à Marrakech (p. 238). Grimpant aux murs, les gentils petits **geckos casqués** – des lézards de 8 à 10 cm – troubleront peut-être vos nuits par leurs « chants » au moment des amours.

DES CIGOGNES PANTOUFLARDES

Avec le réchauffement climatique, les cigognes blanches du Maroc changent leurs habitudes. En hiver, elles renoncent à poursuivre leur voyage au Sahel. Elles se sédentarisent, économisant énergie et évitant accidents de parcours. Du coup, elles se multiplient. Mais leur régime alimentaire, en principe équilibré entre insectes, petits reptiles, voire escargots, en souffre : elles ont tendance à se nourrir dans les... décharges ! Elles se sont mises à la *junk food* (la nourriture pourrie).

Singe magot devant les cascades d'Ouzoud

< Le parc national de Talassemtane

Dix parcs nationaux

Le tableau compte quelques ombres : plus d'une espèce au Maroc est considérée en danger, voire en voie d'extinction. Braconnage, périodes de sécheresse, incendies de forêt, pression d'une société en plein développement, etc. : les causes en sont multiples. Les doigts d'une seule main suffiraient presque pour recenser les **gypaètes barbus**, un rapace de l'Atlas, un charognard casseur d'os dont l'envergure peut atteindre 3 m. Toute apparition, rarissime, dans le ciel du parc national du Toubkal, son dernier sanctuaire, fait la une des journaux locaux.

Justement, les parcs nationaux, sans gros moyens, sont en première ligne dans cette défense de la biodiversité. Ils sont au nombre de 10, dont celui de **Talassemtane**, près de Chefchaouen (p. 78), et celui d'**Ifrane** aux portes de Fès (p. 202). Le **Toubkal** a aussi le sien, qui est d'ailleurs le plus ancien (p. 277), tout comme le lac Iriki (p. 308), à l'ouest de M'Hamid.

Le parc national de Souss Massa (p. 357) s'illustre particulièrement dans cette bataille en faveur de la biodiversité. Depuis sa création en 1991, il a entamé un ambitieux programme de **réhabilitation de la faune disparue du Sud marocain**. Quitte à prélever des autruches sauvages au Tchad ou à se procurer des gazelles dans les zoos européens... En 2005, près de 2000 antilopes (oryx, addax, gazelles dorcas, gazelles dama de Mhorr) et autruches à cou rouge débarquaient dans le parc. Quatorze ans plus tard, ce dernier peut envisager la réintroduction de ces espèces dans la nature, non sans passer par des « sas » d'acclimatation, notamment dans les stations de M'Cissi, près d'Errachidia, ou de Safia, près de Dakhla dans le Grand Sud atlantique.

SOCIÉTÉ

LA SOCIÉTÉ MAROCAINE AUJOURD'HUI

Pour une superficie supérieure à la France, le Maroc est pourtant presque deux fois moins peuplé. Vous allez découvrir une société citadine, jeune. L'égalité entre hommes et femmes dans le couple y est, en principe, assurée par la Moudawana, le Code du droit de la famille. Est-elle pour autant entrée dans les mœurs ?

Plus que les statistiques, des faits divers révèlent parfois les profondes fractures qui existent dans la société marocaine entre une jeunesse avide d'aller de l'avant et une frange islamo-conservatrice, opposée à tout changement.

Portrait-robot

Au dernier recensement fin 2014, le Maroc comptait près de **34 millions d'habitants**. Un chiffre en augmentation de plus de 13 % par rapport au précédent recensement de 2004. On peut raisonnablement estimer la population marocaine autour de 37 millions aujourd'hui.

Autre enseignement de ce recensement : le Maroc enregistre une forte **majorité de citadins** (6 Marocains sur 10). Un quart de la population se concentre dans sept grandes villes. Évidemment, Casablanca caracole en tête (3400000 habitants) et Meknès ferme la marche avec plus de 521000 habitants. Dans ce peloton de tête, Tanger et Marrakech se tiennent au coude à coude, avec près d'un million d'habitants chacune.

Enfin, la population marocaine est une **population jeune** : plus d'un quart des Marocains (28,5 % exactement) ont moins de 15 ans. Néanmoins, le **cercle de famille est restreint** : les femmes marocaines ne donnent naissance en moyenne qu'à 2,4 enfants (contre 7,2 en 1962). Certes, il y a des disparités entre villes et campagnes. Mais en 50 ans, le Maroc a réalisé ce que la France a mis 160 ans à faire. C'est dire l'ampleur des bouleversements dans le Maroc d'aujourd'hui. Non sans répercussions politiques ou législatives.

Un Code de la famille

Depuis 2004, le Maroc dispose d'un Code du droit de la famille, la **Moudawana**. Il devenait alors le deuxième pays arabe, après

^ Un écolier dans la médina de Chefchaouen

la Tunisie, à établir l'égalité hommes-femmes dans le couple, la famille étant placée « sous la responsabilité conjointe des deux époux ». Entre autres avancées, l'âge légal du mariage a été relevé de 15 à 18 ans pour les femmes, la répudiation, qui ne peut plus faire l'objet d'une simple déclaration verbale, est passée sous contrôle judiciaire, et le divorce consensuel a même été introduit. Balayé, l'ancien Code, qui faisait de la femme une éternelle mineure sous la tutelle du père, puis du mari. Commandeur des croyants, le roi Mohammed VI avait pesé de tout son poids pour faire adopter cette réforme, contre laquelle les autorités religieuses étaient vent debout.

Quinze ans plus tard, plus d'une féministe réclame, en vain, sous un gouvernement dominé par les islamo-conservateurs, que la Moudawana soit correctement appliquée. Dans presque tous les cas, des juges accordent facilement des dérogations pour marier des mineures de 15 ou 16 ans. Et la polygamie regagne du terrain. Parallèlement, le nombre de femmes au foyer a augmenté, un Premier ministre les encourageant d'ailleurs à rester à la maison, pour illuminer celle-ci « comme un lustre ».

NE MONARCHIE CONSTITUTIONNELLE

D'après la Constitution de 2011, adoptée par référendum, le roi, qui nomme le Premier ministre, est tenu de le choisir dans la formation politique arrivée en tête aux élections législatives. En 2011 et de nouveau en 2016, le PJD (Parti de la justice et du développement), islamo-conservateur, bien implanté dans les milieux populaires, remportait ces élections. En 2021, il était mis en déroute, n'obtenant que 13 sièges. Le rassemblement National des Indépendants (centre droit) arrivait en tête, raflant 102 sièges. Pour constituer une majorité, il a conclu un accord de coalition avec le Parti Authenticité et Modernité (centre gauche) et celui de l'Istiqlal. Son chef, Aziz Akhannouch, est devenu Premier ministre.

LES DIFFÉRENTES COMMUNAUTÉS

Tiraillé entre ses racines berbères et arabes, le Maroc n'est décidément pas un pays simple. Ce royaume, fondé par des moines-soldats, n'en a pas moins accueilli en son temps les juifs d'Espagne, chassés en 1492 par la Reconquista catholique, donnant l'image d'une terre de tolérance.

Aujourd'hui, la société marocaine reflète cette histoire compliquée, même lointaine. Nul doute, par exemple, que Fès doit à l'apport andalou, dès le IXe s. (p. 159), une grande partie de son charme et de son originalité.

Les Berbères

Qui sont les Berbères? Incontestablement, ce sont les premiers arrivés au Maghreb il y a au moins 10 000 ans. Mais le mot « berbère » dérive au Moyen Âge de l'arabe *barbar* : à l'origine, le terme désigne « ceux dont on ne comprend pas la langue ». Les tenants de la « berbérité » préfèrent, aujourd'hui, pour désigner les Berbères, employer les termes *Amazigh* (au singulier) et *Imazighen* (au pluriel), ce qui signifie « **hommes libres** ». Et c'est loin d'être innocent.

Ces hommes ont toujours créé des difficultés à ceux qui se prétendaient leurs maîtres. Pour eux, depuis toujours, le pouvoir doit revenir au meilleur, désigné par la communauté des musulmans, la *umma*. Et pas seulement aux descendants du prophète Mahomet. De là à faire des sociétés berbères des sociétés démocratiques, il n'y a qu'un pas, que certains historiens franchissent. Revers de la médaille : ce sont des sociétés turbulentes, minées par les guerres entre chefs locaux, ce qui explique la surveillance tatillonne du pouvoir central. Ou la répression féroce dont ces tribus berbères ont pu faire l'objet dans l'histoire.

Les Arabes

Paradoxe : la majorité des Marocains s'identifie culturellement comme Arabes, bien qu'ils soient plus proches, historiquement, voire génétiquement, des Berbères. Selon les régions, entre 55 % et 85 % des Marocains auraient une origine berbère, mais seulement une minorité d'entre eux se revendiquent comme tels. Le fait est là : les Berbères ont précédé les Arabes, seulement arrivés au VIIe s. avec les troupes d'Oqba ibn Nafii (p. 425). Sans doute faudrait-il parler de « Berbères arabisés » ou d'« Arabes berbérisés » pour ne fâcher personne.

Les juifs marocains

Au Maroc, autour de 1948, la communauté juive comptait 300 000 membres. Aujourd'hui, il en resterait à peine plus de 2 000, essentiellement à Casablanca. La création d'Israël le 14 mai 1948, l'indépendance du Maroc le 2 mars 1956, avec son lot d'incertitudes, et la guerre des Six-Jours en 1967 ont entraîné un véritable exode vers la Terre sainte. L'histoire de cette communauté n'est pas sans grandeur. Des inscriptions hébraïques à Volubilis prouvent la présence d'une communauté juive dans le Maroc romain. Tolérés, les juifs auront dès le XIVe s. leurs quartiers attribués, les **mellahs**, du nom d'un terrain à Fès (p. 171) près de l'oued el-Maleh. Certaines professions leur étaient quasi réservées, comme l'orfèvrerie ou la frappe de la monnaie. Mais ils pouvaient aussi exercer des métiers plus humbles, comme savetier ou matelassier. Au même titre que les chrétiens, on les disait *dhimmis*, c'est-à-dire « protégés », en tant que « gens du livre », le message divin leur ayant été révélé par l'Ancien Testament.

Les minorités

D'autres minorités existent au Maroc, comme les Harratines (littéralement « homme libre de second rang » ou « esclave affranchi »), reconnaissables à leur peau sombre. Ils seraient les descendants des esclaves noirs enrôlés au XVIe s. sur les plantations de canne à sucre ou plus tard avec Moulay Ismaïl comme mercenaires (p. 183). La communauté européenne, quant à elle, se concentre dans les grandes villes (Casablanca, Rabat, Marrakech et Tanger). Le dernier recensement enregistrait plus de **80 000 résidents étrangers**, dont une bonne majorité d'expatriés français (plus de 49 000).

Orchestre berbère

LES LANGUES

Le Maroc a deux langues officielles : l'arabe et l'amazighe, langue des Berbères. Le français, introduit lors du protectorat, reste très répandu. L'espagnol n'est pratiqué que dans le Rif et le nord du pays ou dans le Sahara occidental. Cela n'exclut pas l'existence de dialectes et d'une langue argotique, la *darija*.

Le Marocain est (presque) bilingue, voire trilingue, jonglant entre *darija* et français, arabe et espagnol, anglais et amazighe. Vous arriverez quasiment partout à vous faire comprendre.

Arabe et *darija*

L'arabe classique ou « littéraire », celui des élites, n'est pas l'arabe dialectal des campagnes et du peuple des villes, la fameuse ***darija***. Au point que certains Marocains, en affaires ou en voyage dans d'autres pays arabes, préfèrent utiliser l'anglais, plutôt que d'embarrasser ou d'amuser leurs interlocuteurs. Mais la *darija*, parlée par 30 millions de Marocains, a trouvé ses lettres de noblesse avec le rap. Dans cette « langue » verte, drue, les mots « cognent » en paroles sur tout ce qui bouge ou pas. Tendez l'oreille : vous allez retrouver *drab* (« frapper ») à toutes les sauces : *Drabt wa7ed tajine* (« j'ai frappé un tajine », « j'ai mangé un tajine »), *drabt wa7ed douche* (« j'ai pris une douche »), etc.

L'amazighe et ses dialectes

Depuis la constitution de 2011, l'amazighe, la langue des Berbères, est au même titre que l'arabe une **langue officielle**. Que de chemin parcouru en peu de temps! Sous le règne de Hassan II (1961-1999), l'amazighe avait tout juste droit à un bulletin d'information de 10 minutes quotidiennes sur la chaîne nationale. Elle a désormais une chaîne dédiée. Sous Mohammed VI, une étape importante a été franchie au tout début de son règne avec la création d'un **Institut royal de la culture amazighe** (IRCAM). Rapidement, l'école a intégré l'enseignement de l'amazighe. Il a fallu créer des manuels. Sacré défi, puisque la culture berbère était avant tout une culture orale!

Il a fallu aussi composer avec **trois dialectes régionaux** : le *tarifit* des gens du Rif, le *tamazight* des tribus du Moyen Atlas et le *tachelhit* du Souss. Autant de dialectes utilisés par plus de 8,5 millions de Berbères. **L'alphabet *tifinagh***, qui comprend 31 lettres de base (plus deux lettres composées), a finalement été retenu. Désormais, ce néo-*tifinagh* s'affiche partout, surtout dans le Sud. Sur la route, notamment, les panneaux ont intégré cette écriture, truffée de triangles, de carrés, de ronds et autres signes cabalistiques.

INCH ALLAH !

Les Marocains ponctuent chaque fin de phrase d'un vibrant *Inch Allah*, à savoir « Si Dieu le veut... » L'étranger y voit une marque de fatalisme, le philosophe une façon d'accueillir par avance le bonheur ou le malheur avec la même soumission impavide. D'autres petites phrases vont devenir vite familières, comme *Ma kayn mouchkil*, qui signifie : « Il n'y a pas de problème », et qui généralement vous alerte de la survenue imminente desdits problèmes. Mais *inch Allah* !

ÉCONOMIE

⌄ Tanger Med

LE PAYS DES GRANDS CHANTIERS

Le Maroc entend rejoindre « le concert des pays émergents » tels le Brésil ou l'Afrique du Sud. En peu d'années, sous Mohammed VI, les grands chantiers se sont multipliés : Tanger Med, ligne à grande vitesse, etc. On en oublierait les zones d'ombre : une agriculture à la traîne et un fort taux de chômage.

Le Maroc change à une allure TGV. Mais pas partout. Des régions comme le Rif, en particulier vers Al-Hoceima, s'estiment exclues de ces mutations.

Un Plan Vert pour l'agriculture

L'agriculture reste un des piliers de l'économie marocaine. « Gouverner, c'est pleuvoir », disait le résident général Lyautey. Même sous Mohammed VI, l'adage a conservé toute son actualité. De mauvaises récoltes dues à une sécheresse persistante ? Malgré le réseau de barrages mis en place et les progrès de l'irrigation, tout le pays tousse, et son taux de croissance en est fortement affecté. Cela a notamment été le cas en 2016.

^ La centrale solaire Noor près de Ouarzazate

Lancé en 2008, un Plan Vert, consacré à l'agriculture, ne semble pas avoir produit tous les effets escomptés, même si le **revenu annuel moyen des paysans a presque doublé en 10 ans**, passant de 5400 à 9500 Dh (870 €) par personne. Les céréales (blé, orge) occupent encore une bonne partie des surfaces cultivées, couvrant à 60 % les besoins du pays. Les exploitations restent très morcelées : plus de 70 % ont moins de 2 ha. Il n'est pas rare de voir, en contrebas d'une route, un attelage tiré par un mulet ou un bœuf s'escrimer à retourner une parcelle grande comme un mouchoir de poche avec un araire antique.

Les phosphates, l'or blanc

Après la Chine, le Maroc est le **deuxième producteur au monde de phosphates**, une roche sédimentaire utilisée pour la fabrication d'engrais. Ces phosphates, « l'or blanc » comme on les surnomme, sont la première richesse du pays. Et ils ne sont pas près de s'épuiser : les trois quarts des réserves mondiales seraient enfouis dans son sous-sol. Les principaux gisements se trouvent à Khouribga (au sud de Casablanca) et Gantour (au nord de Marrakech), mais aussi à Boucraâ Laâyoune, dans le Sahara occidental, revendiqué à la fois par le Maroc et le Front Polisario (p. 428).

Sur cette manne veille l'Office chérifien des phosphates, le tout-puissant OCP qui est la première compagnie marocaine. À ce jour, ce géant, dont l'État est actionnaire à 95 %, extrait 45 millions de tonnes de phosphates et produit près de 12 millions de tonnes d'engrais. Depuis Khourigba, un pipeline d'un mètre de diamètre achemine de la boue phosphatée jusqu'à Jorf Lasfar, au sud d'El-Jadida, soit sur plus de 200 km. Ici, sur la côte atlantique, une **ville-usine** s'est édifiée en quelques années. Ce complexe tout en tuyaux et cheminées est capable de produire plus de 45 variétés d'engrais !

Les grands chantiers

Depuis l'avènement de Mohammed VI, le Maroc a multiplié les grands chantiers. Construction d'**autoroutes** à tout va : 1800 km relient aujourd'hui les principales villes du pays. Ouverture en 2018 d'une **LGV** (ligne à grande vitesse) entre Casablanca et Tanger. Création de **Tanger Med**, au Nord : ce port en eau profonde devrait compter, à terme, parmi les plus grandes plateformes mondiales, captant le trafic des gros porte-conteneurs en provenance ou à destination d'Amérique du Nord, d'Europe, du Moyen-Orient ou de l'Asie via le canal de Suez.

Avec Renault, implanté à Tanger Med, et Peugeot à Kénitra, près de Rabat, le royaume chérifien est aussi devenu le **deuxième constructeur d'automobiles** en Afrique après l'Afrique du Sud. Et Noor, une **centrale solaire**, près de Ouarzazate, fait le buzz. Pour l'instant, elle occupe le 7e rang sur la planète, après cinq centrales américaines et une centrale espagnole. Mais son extension programmée devrait lui faire gagner quelques places, voire la première place. Imaginez : Noor (480 ha) a l'allure d'un vaste champ où des miroirs courbes concentrent les rayons du soleil. Le Maroc prévoit de construire quatre autres centrales de ce type dans le Sud (Midelt, Laâyoune, etc.). D'ici 2030, 52 % de la capacité de production électrique du pays devraient provenir des énergies renouvelables, se répartissant entre solaire, éolien et hydraulique. Objectif : réduire la quasi totale dépendance du Maroc pour tout ce qui est énergies fossiles, pétrole en tête.

LES CHIFFRES CLÉS

Taux de croissance : -7 % en 2020 ; +5,7 % en 2021 (estimation).

Revenu par habitant : 3177 $ (2775 € environ).

Taux de chômage : 12 % en 2021 contre 9,2 % en 2019.

Onze millions de touristes

Le tourisme, autre secteur clé ! C'est le **deuxième employeur après l'agriculture**. Et il contribue pour 11 % environ au PIB (produit intérieur brut), en générant près de 70 milliards de dirhams (plus de 6 milliards d'euros) de recettes. En 2017, le Maroc a accueilli plus de 11 millions de touristes, chiffre en progression de 10 % par rapport à 2016. Belle performance inattendue, même si dans ces bataillons de touristes sont comptabilisés les MRE (Marocains résidents à l'étranger) qui reviennent au bled pour les vacances. Il est loin le temps où le Maroc tablait à l'horizon 2020 sur 20 millions de touristes. Mais cela, c'était avant : avant les « printemps arabes » (2011) qui ont secoué de nombreux pays, Maroc compris ; avant l'attentat de Marrakech (2011 encore) sur la place Jemaâ el-Fna. Et avant la pandémie. En juin 2022, toutefois les arrivées (plus d'un million de touristes) avaient quelque peu dépassé celles de juin 2019.

Les touristes sont donc revenus, malgré la réussite très mitigée du **plan Azur** qui a créé, à partir de rien, de nouvelles stations balnéaires comme Mogador, aux portes d'Essaouira (p. 148). Avec près d'un tiers des arrivées, les Français sont toujours en première ligne, devant Espagnols, Allemands et Britanniques. Russes et Chinois dépassent à peine les 100 000 visiteurs. Ce sont les villes qui bénéficient en premier lieu de cette embellie : avec 2 millions de visiteurs, **Casablanca** réussit une superbe percée. **Ouarzazate et le Grand Sud**, avec son désert, font aussi partie des destinations en pointe.

RELIGION

L'ISLAM AU QUOTIDIEN

L'islam, qui est au Maroc religion d'État, rythme les moindres gestes de la vie quotidienne. Depuis l'appel du muezzin pour la prière jusqu'à l'obligation du jeûne pendant le mois du ramadan. Et dans ce pays, les grandes fêtes sont d'abord religieuses : on connaît l'Aïd el-Kebir, où un mouton est traditionnellement sacrifié.

L'islam marocain est **sunnite, de rite malékite** : il suit les enseignements modérés de l'imam Mâlik (710-795). Le roi, dit « chérif », car descendant direct du prophète Mahomet, en est le chef religieux, le commandeur des croyants.

Les cinq piliers de l'islam

L'islam, mot qui signifie « soumission à Dieu », est avec le judaïsme et le christianisme la troisième religion monothéiste révélée. Il se fonde sur le **Coran**, livre transmis au dernier des prophètes, Mahomet, dans lequel Allah a dicté son message, et sur la **sunna**, récits interprétant les paroles, les actes et les préceptes du Prophète. Le Coran s'étudie dans les écoles coraniques, où les enfants psalmodient les sourates (chapitres) du livre saint. Au nombre de cinq, les règles fondamentales du croyant ont été édictées par Mahomet.

La profession de foi : *chahada*

Le croyant témoigne : « Il n'y a pas de divinité sauf Allah, et Mahomet est Son envoyé. » Prononcée devant deux musulmans, la formule résume la cérémonie de conversion à l'islam.

La prière : *salat*

Elle est annoncée **cinq fois par jour** par le chant du muezzin, dont l'appel est souvent préenregistré. Le fidèle prie pieds nus, le regard tourné vers La Mecque. La prière est précédée d'ablutions, pour une purification préalable du corps, avec un rituel très codifié (se laver les mains jusqu'aux poignets, le bras droit trois fois jusqu'au coude, puis le bras gauche, etc.). Une **seule prière collective est obligatoire** : celle du vendredi à la mosquée.

L'aumône légale : *zakat*

Zakat, qui signifie à l'origine « purification » au sens moral, a pris le sens de « charité » et de « don ». La *zakat* est une contribution prélevée auprès des musulmans les plus riches, au profit des plus pauvres (en

Musulman lisant le Coran dans la cour de la zaouïa de Tamegroute

priorité, toute personne ne possédant pas le montant imposable). Ce versement est obligatoire si vos ressources financières (épargne, placements, héritage, etc.) dépassent 85 g d'or : au-delà de ce seuil, indexé sur le cours de l'or, le taux est de 2,5 %. Les terrains, immeubles ou voitures ne rentrent pas dans ce calcul. Cette aumône peut être versée directement ou à des collecteurs, investis par les autorités religieuses. Mais elle ne peut être utilisée à la construction d'une mosquée ou à quelque usage d'intérêt public.

Le jeûne : *ousaoum*

Pendant la période du ramadan, au neuvième mois de l'année musulmane, le musulman doit s'abstenir de manger, de boire, de fumer et d'avoir des relations sexuelles dès les premières lueurs de l'aurore jusqu'à une demi-heure après le coucher du soleil. Le jeûne est rompu avec un bol de *harira* (p. 410). La fin du ramadan est marquée par l'Aïd es-Seghir (p. 402), jour de grâce et de pardon. Le calendrier musulman étant lunaire, les mois ont 28 ou 29 jours : les **dates du ramadan sont donc décalées d'une dizaine de jours d'une année sur l'autre**. Quand le ramadan tombe en été, il arrive que les fidèles jeûnent 15 heures de suite. Malades, voyageurs, femmes enceintes et jeunes enfants en sont dispensés. Le ramadan est observé strictement, du moins en apparence, car la pression sociale est forte. Les musulmans moins rigoristes évitent toute provocation sous peine d'encourir amendes et peines de prison *(encadré p. 403)*. Le jeûne apprend au fidèle à supporter les privations, à cultiver la générosité et la maîtrise de soi.

Le pèlerinage à La Mecque : *hadj*

Il doit être accompli par ceux qui en ont les moyens matériels. Le pèlerin peut alors se faire appeler *hadji*. Certains fidèles épargnent toute une vie pour pouvoir s'offrir ce pèlerinage coûteux. Des entreprises paient parfois le voyage à leurs employés méritants.

Interdits issus du Coran et fêtes religieuses

Il existe un certain nombre de recommandations et d'interdits issus du Coran et du droit musulman. Parmi les interdits, citons le meurtre, le vol, l'adultère, l'usure et la consommation d'alcool. Au niveau alimentaire, un musulman doit proscrire la viande de porc, la viande d'une bête morte avant qu'elle ne soit égorgée rituellement, la viande d'un animal sacrifié au nom d'un autre qu'Allah, et le sang. Enfin, la circoncision n'est pas une obligation, mais une tradition. Quant au port du voile, il n'est pas une obligation canonique.

Des accommodements avec le Ciel

L'islam est présent également au plus haut niveau de l'État avec un ministère aussi influent que celui des Habous (fondations religieuses) et des Affaires islamiques, qui « encadre » les mosquées et l'enseignement coranique. Sur la religion veillent les **Oulemas**, terme que l'on pourrait traduire par « théologiens ». Créé en 1981, leur conseil supérieur, présidé par le roi, donne son avis sur tout. Il fixe par exemple les dates du ramadan *(encadré ci-dessous)*.

Toutefois, il existe au Maroc des arrangements avec la religion. Par exemple, l'alcool, interdit par le Coran, est en vente libre dans certains magasins. Tel restaurant, qui n'a pas de vin à sa carte, vous en trouve dans les cinq minutes ou accepte que vous apportiez votre bouteille. Mais la « tolérance » a ses limites *(encadré ci-contre)*.

Les *aïd*

Les grandes fêtes *(aïd)* sont d'abord religieuses. Et mobiles, selon le calendrier musulman, qui a pour point de départ l'**hégire**, date à laquelle Mahomet, indésirable à La Mecque, se réfugie à Médine, ce qui correspond à l'an 622 pour les chrétiens. Ce calendrier est basé sur des mois lunaires, de 29 à 30 jours. Chez les musulmans, **l'année comporte donc seulement 354 ou 355 jours**. Ainsi, l'année 2022 correspond partiellement à l'an 1444 de l'hégire, qui a démarré le 30 juillet.

Aïd es-Seghir ou Aïd el-Fitr : également appelée la « Petite Fête », l'Aïd es-Seghir clôture les 30 jours du ramadan, qui se déroule au neuvième mois de l'année musulmane *(encadré ci-dessous)*.

Aïd el-Kebir : 70 jours après l'Aïd es-Seghir, c'est l'Aïd el-Kebir, la « Grande Fête ». Elle commémore

CALENDRIER DES FÊTES RELIGIEUSES

Les dates des fêtes religieuses sont déterminées par rapport au calendrier musulman : elles sont **fondées sur l'observation de la Lune**. Les dates ci-dessous sont donc mentionnées à titre indicatif et peuvent être décalées d'un jour.

Ramadan : 22 mars-20 avril 2023 ; 10 mars-8 avril 2024 ; 28 février-29 mars 2025.

Aïd es-Seghir : 21 avril 2023 ; 9 ou 10 avril 2024 ; 31 mars 2025.

Aïd el-Kebir : 29 juin 2023 ; 17 juin 2024 ; 27 mai 2025.

Nouvel An musulman : 19 juillet 2023 ; 8 juillet 2024 ; 27 juin 2025.

Mouloud (anniversaire du Prophète) : 27 septembre 2023 ; 16 septembre 2024 ; 5 septembre 2025.

le sacrifice du prophète Abraham : Dieu lui demanda d'immoler son fils Isaac et, juste avant le sacrifice, substitua à celui-ci un mouton. Dans chaque famille, on tue ainsi le mouton, acheté parfois à crédit.

Achoura : suit de 10 jours le Nouvel An musulman. Les enfants sont à la fête, c'est un peu leur Noël : on leur offre cadeaux et jouets. Contes et jeux de percussion font aussi partie des festivités.

Zem-Zem : le lendemain de l'Achoura, les enfants aspergent voisins, amis et passants d'une eau censée être purificatrice.

Mouloud : une fête familiale de 2 jours célèbre la naissance du Prophète.

L'ARTICLE 222 DU CODE PÉNAL

Chaque année, des « dé-jeûneurs » enfreignent à leurs risques et périls le fameux article 222 du Code pénal marocain : « Toute personne qui, notoirement connue pour son appartenance à la religion musulmane, rompt le jeûne ostensiblement en période de ramadan, sans motif admis par cette religion, est passible d'un à six mois de prison et d'une amende de 200 à 500 Dh. » Des associations appellent à l'abrogation de cet article au nom des libertés individuelles.

⌄ Deux femmes musulmanes à la mosquée Hassan II de Casablanca

ARCHITECTURE ET HABITAT

MÉDERSAS ET PALAIS

À partir du XIe siècle, sous les sultans almoravides, établis de part et d'autre du détroit de Gibraltar, l'art arabo-andalou va trouver son second souffle au Maroc. Né dans l'Espagne musulmane (Al-Andalus), il était alors au seul service du sacré, que ce soit dans les mosquées ou les médersas. Avant de s'introduire dans les palais.

La médersa Ben Youssef à Marrakech

Quand on entre dans une médersa comme la **médersa Bou Inania** à Fès (p. 166) ou dans un palais tel que celui de **la Bahia** à Marrakech (p. 240), on est admiratif : du sol au plafond, pas 1 cm^2 qui n'ait été travaillé, sculpté, ciselé, voire peint ! D'abord, les zelliges avec leurs tesselles, petits carreaux colorés : ils recouvrent la partie basse des murs. Une frise sépare ces mosaïques de la partie stucs. En dernier, le cèdre apporte sa touche sombre. Pourtant, la médersa Bou Inania et le palais de la Bahia appartiennent à des

Détail d'arabesques dans le palais de la Bahia à Marrakech

siècles bien différents : l'une est du XIVe s., l'autre du XIXe s. On pourrait prendre aussi en exemple les **tombeaux saâdiens** à Marrakech (p. 236) : ils datent du XVIe s. Preuve que cet art, pour avoir traversé les siècles, fait vraiment partie de l'identité marocaine.

Figures de base

L'architecture arabo-andalouse a ses figures de base. À commencer par l'arc outrepassé (arc en fer-à-cheval). À Marrakech, la **koubba almoravide** en offre déjà, dès le XIIe s., un bel échantillon (p. 225). Autre constante : en pays musulman, toute représentation humaine, voire animale, est totalement bannie. L'art islamique est un **art abstrait**, qui a trouvé trois autres sources d'inspiration. Sous une forme stylisée, la **nature** y est représentée, dans un ensemble d'arabesques suggérant la vie promise au paradis. Avec seshampes entrelacées, la **calligraphie** y a sa place. Les frises sur les murs et en encadrements de portes affichent les sourates du Coran dans une écriture coufique (de Koufa, en Irak), à la fois géométrique et anguleuse, ou dans une écriture cursive, avec pleins et déliés. Mais c'est surtout l'emploi de **figures géométriques**, simples ou diablement complexes, qui focalise l'attention. On repérera ce qu'on appelle le « sceau de Salomon », formé de deux carrés imbriqués ; il comporte de nombreux motifs dérivés.

Les zelliges

Place aux matériaux. Commençons par les zelliges, une marqueterie de céramique, qui n'est pas sans lien de parenté avec les mosaïques byzantines. Cet art en est à ses balbutiements à Marrakech, au XIIe s., sur le **minaret de la Koutoubia** (p. 211), ceinturé par deux bandeaux à filet blanc sur fond turquoise. Plus tard, les zelliges font leur entrée en force dans les mosquées, les médersas et les palais, tapissant le bas des murs et des piliers, voire les sols. Partant de formes géométriques simples comme le carré, le cercle ou le triangle, le maître « zelligeur » aboutit à des compositions d'une stupéfiante virtuosité : en les examinant de près, on découvre un monde hallucinant d'étoiles comportant jusqu'à 96 branches ou pétales. Pour seuls outils, le maître ne dispose que d'un compas, d'une règle et d'un marteau aux extrémités affûtées. Les pièces, découpées après cuisson, sont assemblées sur le sol à l'envers comme un puzzle, un mortier fixant au final les zelliges.

Les stucs, la « dentelle au fer »

Entre zelliges et plafonds, c'est le règne du stuc (ou *gebs*), une dentelle d'un blanc laiteux et soyeux réalisée « au fer » (ciseau fin) dans le plâtre. Une vraie résille ! Les stucs des médersas, à Salé (p. 107) comme à Marrakech (**médersa Ben Youssef**, p. 226), offrent une revue prodigieuse d'arabesques, qui associent feuillages, palmes, palmettes, fleurons et pommes de pin.
Le plâtre est étalé en couches épaisses, puis lissé et sculpté à même le support. Seul le travail des ***muqarnas*** (stalactites,

nids-d'abeille) fait appel au moulage.

Le cèdre et les *zouakeurs*

Le bois est employé pour les portes, les linteaux, les coupoles, les plafonds et les moucharabiehs (« grilles à jour »), écrans ajourés qui isolent les femmes des hommes dans les mosquées. Parmi les essences, le cèdre, abondant dans les forêts du Moyen Atlas, prédomine nettement. L'art arabo-andalou a développé la technique du *zouak* (bois peint), où des artisans *zouakeurs* révèlent de véritables talents de coloristes.

Plafond peint dans le palais de la Bahia à Marrakech

TADELAKT : DES MURS SOYEUX

En principe réservé à la salle de bains ou au hammam, le Tadelakt habille les murs d'un enduit soyeux, coloré, lisse, brillant et imperméable. Mélange de chaux et de pigments, cet enduit est appliqué à la taloche. Une fois sec, il est poli inlassablement à la pierre et au savon noir. D'où son nom : Tadelakt provient du verbe arabe *dalaka* qui veut dire « masser », « frotter », « polir ».

LES MÉDINAS

Pour l'étranger, malgré tous les circuits fléchés mis en place à Tanger, Fès ou Marrakech, la médina reste un labyrinthe incompréhensible, dans lequel il adore néanmoins se perdre. Et pourtant, enserrée dans ses remparts, elle possède une organisation très logique.

Dans une médina, vous ne verrez jamais un Marocain lever la tête pour déchiffrer le nom de la rue dans laquelle il déambule. Ça, c'est un réflexe d'Occidental! Notre Marocain peut même ignorer le nom de la rue où il réside. Il a d'autres points de repère : une mosquée, une fontaine, etc. Peut-être que les portables et leur géolocalisation changeront tout cela. Pour l'instant, force est de reconnaître que nous n'avons pas le même rapport à l'espace.

HÉRITAGE DES ROMAINS

À l'extérieur, la maison marocaine, le *riad*, n'offre que des murs aveugles. Elle est entièrement tournée vers son patio-jardin, une ouverture centrale, qui peut être à ciel ouvert. À l'étage, les chambres sont réparties autour de ce puits de lumière. En cela, le riad reproduit le schéma de la maison romaine avec son atrium (cour).

La médina et son dédale

À l'abri de ses remparts en pisé, que ce soit à Marrakech (p. 235), Essaouira (p. 140) ou Tiznit (p. 367), la **médina** se pelotonne dans un labyrinthe de ruelles et impasses (*derbs*). Ici, pas de ségrégation sociale : on trouve tout, côte à côte, des palais fastueux, des riads coquets ou de vrais taudis. C'est sûr : l'étranger s'y perd. Cet apparent désordre a pourtant sa logique. Chaque quartier y dispose encore de son autonomie, avec un four collectif où l'on porte le pain, un hammam, une fontaine, une épicerie, une école. Et au centre, il y a la mosquée, avec son minaret, d'où le muezzin appelle à la prière, et les **souks** en sont tout proches. Les activités y étaient soigneusement cloisonnées : les ***kissariat*** (ou *kessarias*), dont les portes se fermaient le soir, accueillaient par exemple le commerce des objets précieux.

Riad et *dar*

Le terme ***riad*** (les puristes l'écrivent *ryad*) est employé à tout bout de champ : il y a des hôtels-riads avec un nombre incalculable de chambres, ou encore des villas-riads. À l'origine, il a le sens très précis de jardin. Ceux qui ont fondé Marrakech venaient du désert. Et pour eux, le paradis annoncé par l'islam ne pouvait être qu'un **jardin**. Le mot a fini par désigner toute maison construite autour de ce jardin. Ce jardin était traditionnellement divisé en quatre parties égales par des allées, disposées en croix ; ce qui fait référence à une sourate du Coran, promettant « des fleuves d'eau qui ne se gâte jamais, des fleuves de lait dont le goût ne s'altérera jamais, des fleuves de vin doux à boire, des fleuves de miel pur ». À Rabat, le jardin de la kasbah des Oudayas (p. 70), conçu par un paysagiste français vers 1920, respecte cette ordonnance. Au cours de vos visites, vous croiserez d'autres exemples, publics ou privés. À l'opposé, ***dar*** désigne, en principe, une demeure qui n'a pas de jardin. En principe...

La kasbah des Oudayas à Rabat >

UNE ARCHITECTURE DE TERRE

Au Maroc, ksour et kasbahs des vallées du Drâa, du Dadès, du Todra ou du Ziz témoignent encore d'une vraie architecture, dépouillée, de terre crue ou pisé. Aux portes de Ouarzazate, le ksar – village fortifié – des Aït Benhaddou, classé au patrimoine mondial de l'Unesco, en est sans doute le plus bel exemple.

^ Le ksar el-Khorbat

Après avoir été délaissé pour le béton ou le ciment, le pisé aujourd'hui fait un retour en force, même en ville! Écolo avant l'heure... Le matériau? Il est peu coûteux et disponible localement en abondance : de la terre, qui est malaxée, tassée et retassée entre des planches en bois. Il assure, qui plus est, une bonne isolation thermique et phonique. Et la climatisation reste naturelle!

Kasbah des villes, kasbah des champs

En ville, comme à Tanger (p. 46) et Rabat (p. 96), la **kasbah** désignait le **centre administratif et politique**, la citadelle du prince, souvent disjointe de la médina. En milieu rural, c'était la **maison fortifiée**, sinon du caïd qui possédait l'autorité locale, du moins d'un notable.

Dans le Sud, miné par les luttes tribales ou les dissensions entre nomades et sédentaires, les **ksour** (« villages fortifiés » ; ksar au singulier) et kasbahs se sont multipliés. Au point que le Maroc a sa **route des kasbahs** (p. 314), qui en compterait mille et une. Elles parsèment la route entre Ouarzazate et Tinerhir. Souvent, on ne sait rien de l'histoire de ces citadelles qui fondent au soleil, s'effritent sous les assauts du temps, et se délitent sous les coups de boutoir d'un vent chargé de sable.

L'organisation de la kasbah

Dans ce système de constructions, les murs peuvent atteindre une dizaine de mètres de haut sans problème de stabilité. Les pièces sont couvertes par des planchers de petite portée, reposant sur des poutres, souvent un tronc de palmier mal équarri pour la kasbah en plaine, ou une solive de peuplier argenté pour celle en montagne. Pour réaliser le toit-terrasse, un lit de branchages est disposé sur le plancher du dernier étage ; dessus, on dame de la terre, en prévoyant une petite dénivellation pour que les eaux de pluie ruissellent vers une gargouille sculptée.

Beaucoup de kasbahs se sont reconverties en maisons d'hôtes ou en musées, comme à Tissergate, près de Zagora (p. 304). On en comprend vite l'organisation ancienne. Chaque kasbah avait son **étage noble**, celui où l'on recevait, qui était généralement le second. Souvent, un escalier indépendant permettait d'y accéder directement. Les invités évitaient ainsi le rez-de-chaussée, presque obscur, qui servait d'étable. Le premier étage était celui où l'on préparait les repas et où l'on stockait huile, céréales, fruits secs et autres denrées. Au second se situaient les pièces à vivre, disposées autour de l'ouverture centrale du patio, considéré comme l'œil qui s'ouvre sur le ciel. Lumineuses, ces pièces pouvaient servir tour à tour de salon, de salle à manger, de chambre à coucher. Dans cet espace de représentation, tapis, nattes et coussins ornaient les murs et le sol.

DES SIGNES MAGIQUES

Sur les murs des kasbahs, comme celle de Taourirt à Ouarzazate (p. 297), vous remarquerez de curieux motifs. En forme de croix, celui qu'on appelle ***warda*** fait référence à la fleur ; le ***tasfit***, lui, évoque un épi de blé. Dans ces demeures-greniers, ces ornements avaient sans doute une fonction protectrice, à l'image du fameux médaillon central (*mraüz*, « miroir »), sur les portes d'entrée, qui repousse le mal. Kasbahs et maisons berbères sont emplies de signes magiques, dont l'interprétation reste difficile.

⌄ La kasbah de Tamedakhte

GASTRONOMIE

UN ART CONSOMMÉ DES ÉPICES

Parfumée, savoureuse, généreuse, colorée, la cuisine marocaine est épicée sans être pimentée. Elle sait utiliser à merveille safran ou curcuma, coriandre et menthe, cardamome et clou de girofle. Toutes ces épices font la saveur des viandes mijotées en tajines ou servies en grillades ; ces viandes étant accompagnées de légumes gorgés de soleil.

Des cônes d'épices >

À peine serez-vous assis dans un restaurant que l'on vous apportera la kesra, un pain rond, aplati et moelleux qui, à la campagne et parfois encore en ville, est pétri à la maison et cuit dans le four collectif. Il est accompagné d'un petit bol d'olives *(zitoun)*, noires ou vertes, lisses ou ridées, épicées ou parfumées.

Quelques entrées

Les hors-d'œuvre peuvent représenter un véritable repas. Le serveur apporte une ribambelle de petites assiettes, à ne plus savoir où donner de la fourchette. Par exemple, une salade de carottes râpées assaisonnées d'un jus d'orange... c'est étonnant et rafraîchissant ! Ou un *zaalouk* d'aubergines qui peut se manger froid ou chaud. Ou encore une *méchouia* (poivrons grillés, tomates, thon). Autre délice : les ***briouates***, des petits pâtés feuilletés, frits et croquants, de forme le plus souvent triangulaire, farcis de *kefta* (viande hachée parfumée d'épices) ou de fromage frais.

En entrée, on peut aussi vous proposer une soupe acidulée, la ***harira***, qui rompt le jeûne du ramadan, mais que l'on peut déguster en toute saison et à tout moment, même au petit déjeuner. Onctueuse au final, elle se prépare avec des tomates, des lentilles blondes, des pois chiches, des fèves, du céleri, du safran, parfois de la viande de mouton, des gésiers ou bien encore du foie de poulet.

Cela dit, les entrées peuvent se réduire à une salade marocaine, énoncé peu compromettant qui a le mérite de rassurer tout le monde. Tomates, concombres, oignons, etc. : sa composition fluctue selon l'inspiration du cuisinier !

Et la pastilla

Fait surprenant pour un Européen : la pastilla, la plus exquise des spécialités marocaines originaires de Fès, figure parmi les entrées. Il s'agit d'une sorte de tourte composée de feuilles de brick *(ouarka)*, enveloppant farce au pigeon (souvent remplacé par du poulet, des fruits de mer, voire de la langouste) et aux amandes pilées. Un palais délicat pourra identifier les multiples épices qui en font la saveur : gingembre, muscade, clou de girofle, safran, cannelle. Vous pourrez passer commande de ce mets raffiné, qui demande 48 heures de préparation, au Ruined Garden *(encadré p. 168)*. La pastilla a aussi sa version sucrée (p. 412).

Tajines et *tanjias*

Les tajines constituent au quotidien un plat de base. Le **contenu porte le nom du contenant** : un plat en terre cuite, coiffé d'un chapeau conique, dans lequel mijotent, durant plusieurs heures, poulet, agneau, mouton ou bœuf avec épices, légumes, éventuellement amandes, raisins secs, abricots, poires, citrons confits ou pruneaux. Tajine de poulet aux citrons confits, tajine d'agneau aux coings caramélisés, etc. : il existerait une recette de tajine pour chaque jour de l'année !

Dans tous les cas, c'est une surprenante alchimie de saveurs.

Si vous découvrez à la carte un **tajine *maqfoul***, même en dehors de Fès d'où il est originaire, sachez que cela peut être aussi bien un tajine d'agneau qu'un tajine de veau, où cannelle, gingembre et safran (ou curcuma) apportent couleurs et parfums. Essaouira, elle, nous a donné un **tajine de boulettes de sardines** des plus goûteux. À savourer au Chalet de la Plage (p. 151).

La ***tanjia*** est en revanche le **plat emblématique de Marrakech**. Il suffit de placer tous les ingrédients dans une jarre en terre cuite *(tanjia)* en forme d'amphore. À savoir : viande (jarret de veau ou de mouton, voire collier d'agneau), cumin, safran, *smen* (beurre ranci), citrons confits, et de porter le tout, fermé, au four du hammam voisin. On récupère le pot 6 à 8 heures plus tard. Selon une légende que rien n'étaye, la *tanjia* serait une affaire d'hommes car ils seraient les seuls à maîtriser la complexité de ses épices.

Tajine ›

En tout cas, la recette convenait parfaitement à des artisans, bloqués toute la journée dans leur atelier-échoppe. Au restaurant, c'est un plat qu'il faut commander pour deux au minimum. Mais la meilleure *tanjia*, vous la dégusterez en passant commande à l'avance dans votre riad.

LE RAS EL-HANOUT

Ras el-hanout signifie littéralement « le meilleur du magasin ». C'est un mélange d'épices qui peut comporter jusqu'à une quarantaine d'ingrédients : muscade, gingembre, cardamome, paprika, curcuma, parfois même lavande ou boutons de rose... mais dont on se gardera bien de vous révéler la composition.

Vendredi, c'est couscous

D'origine berbère et pourtant considéré par l'étranger comme le plat national du Maroc, le couscous (***seksou*** en arabe) était le plat du vendredi en particulier et des fêtes en général. Mais aujourd'hui, on le déguste indifféremment chaque jour de la semaine ! Un bon couscous est celui dont les graines, moelleuses, se détachent parfaitement. Un art qui réclame plusieurs cuissons à la vapeur, généralement entre trois et sept. La semoule peut être de maïs ou d'orge, surtout dans les régions du Sud. Classiquement, le couscous s'accompagne de viande de mouton ou de bœuf avec des légumes comme des carottes, des courgettes, des pois chiches, des oignons, des tomates, etc. Attention ! Le **couscous *bidawi* aux sept légumes** n'est en rien un plat végétarien. Enfin, il ne faut pas confondre le couscous *t'faya*, préparé avec une compotée d'oignons aux raisins secs et à la cannelle, et la *seffa*, le couscous en version dessert, saupoudré de cannelle, intégrant sucre glace et amandes.

Quid du méchoui ?

Le **méchoui**, qui serait d'origine turque, est connu de tous. Le mot est même passé dans la langue française. Au Maroc, il n'est pas rare d'être invité à ce qui constitue, au fond, un barbecue géant, même en dehors de l'Aïd el-Kebir (p. 402), où est traditionnellement sacrifié un mouton ou un agneau entier. La préparation du méchoui, au-dessus d'une fosse remplie de charbons ardents ou dans un grand four de terre à ciel ouvert, est un véritable rite. Grésillante, la peau doit être arrosée constamment afin que la viande reste fondante. Vous pouvez aussi déguster un méchoui dans les gargotes de rue : il est servi saupoudré de *camoun* (cumin).

Tentations au dessert

Avis aux gourmands : il existe un choix infini de **pâtisseries** à base d'amandes pilées et de miel. À se damner ! Les **cornes de gazelle**, farcies de pâte d'amandes, parfumées à la fleur d'oranger, qui sont de toutes les réceptions et de tous les mariages, sont à découvrir absolument, en particulier chez Bennis à Casablanca *(encadré p. 124)*. Mais il faut goûter aussi les *ghoribas* aux amandes, qui ressemblent à nos macarons. Autre tentation : les ***makroutes***, fourrés à la pâte de dattes et arrosés de miel. Dans sa version dessert, la **pastilla** est accompagnée d'une crème au lait, la *kneffa*, aux arômes de cannelle et de fleur d'oranger, épaissie par une cuillerée à soupe de farine de maïs. La ***chebakia***, composée de farine, œufs, anis et amandes, est, quant à elle, emblématique du ramadan. Frite à l'huile, enduite de miel et de graines de sésame, on s'en pourlèche les doigts!

Vous surveillez votre ligne? Des plaisirs plus diététiques s'offrent à vous : ici, les **fruits** sont exquis. La salade d'oranges saupoudrées de cannelle est, au dessert, l'un des grands classiques. Quelques feuilles de menthe en font tout le raffinement.

Cornes de gazelle

À BOIRE !

La « boisson nationale » est sans conteste le thé à la menthe, servi brûlant et très sucré, avant, pendant et après le repas. En affaires, il amorce et conclut une négociation. Mais à côté, il existe d'autres options, le Maroc étant, aussi paradoxal que cela paraisse, un grand producteur de vins, avec quelque 50 millions de bouteilles par an.

Les **jus de fruits** frais – notamment les jus d'orange, qu'on vous proposera à chaque coin de rue ou presque – sont délicieux. Dans les grandes villes, des bars plus huppés se mettent à proposer des cocktails à base des fruits les plus divers : fraise, pêche, abricot, poire, etc. Pour ce qui est du lait aux amandes, fait avec des amandes pilées, il n'est servi que lors des grandes occasions.

Bien entendu, vous vous abstiendrez par précaution de boire l'eau du robinet. Il existe huit marques d'**eau minérale** au Maroc. Sur le marché, Sidi Harazem et Sidi Ali pour l'eau plate, Oulmès pour l'eau gazeuse sont les plus anciennes. On trouve aussi des **bières blondes** locales très désaltérantes, qui sont brassées à Tanger ou à Casablanca, comme la Flag ou la Casablanca. Leur teneur en alcool tourne autour de 5°.

Quant aux **vins marocains**, il est fini le temps des « vins couscous », de la piquette pour tout dire. La plupart ont un titre d'alcool élevé (12°), le soleil étant fort généreux. Ils peuvent faire le plaisir d'amateurs éclairés, mais leur stockage, parfois effectué en dépit du bon sens, peut réserver quelques mauvaises surprises. Les vignes se concentrent dans le nord du Maroc, à Meknès ou Rabat, à une exception près, notoire, Essaouira et son **Domaine du Val d'Argan** (p. 149). Il existe trois AOC (appellation d'origine contrôlée) : les **coteaux-de-l'atlas**, le **crémant-de-l'atlas**, appellations décrochées par les Celliers de Meknès, et les **côtes-de-rommani**, à une soixantaine de kilomètres au sud de Rabat. En **coteaux-de-l'atlas**, les meilleures parcelles ont bénéficié d'un classement en premier cru : **Château Roslane**, qui produit des rouges épicés, des rosés et des blancs élégants.

UN PETIT DÉJ' MAROCAIN

Des crêpes sont servies au petit déjeuner : les fameuses *beghrir* (mille trous), rondes, un peu spongieuses, à arroser de miel. Les *msemen* sont des crêpes feuilletées et carrées qui se prêtent davantage à un achat dans la rue. Un vrai petit déjeuner berbère, lui, ne comporte que du pain à tremper dans de l'huile d'olive ou d'argan, voire du miel ou de l'**amlou** à tartiner, une spécialité super-énergétique du Souss, où se mixent miel, huile d'argan et amandes *(encadré p. 374)*.

À LA TABLE DES MAROCAINS

Au cours d'une randonnée ou d'une balade, les Marocains accueillent de plus en plus l'étranger, le temps d'un « thé chez l'habitant » ou d'un « déjeuner chez l'habitant ». Il sera pris sur une table basse, les convives s'asseyant le plus souvent à même le sol sur un tapis garni de coussins. Voici une petite revue des impairs à ne pas commettre.

Premier réflexe à acquérir : en entrant, n'oubliez pas de vous déchausser. Un petit alignement de babouches vous signalera l'endroit où abandonner baskets et autres mules.

Le thé à la menthe, un rituel ›

La fourchette d'Adam

Au tout début du repas, l'hôte, ou un serviteur, passe au milieu des invités avec une aiguière et verse un peu d'eau parfumée sur les paumes offertes. Après les ablutions, personne ne commencera à manger avant d'avoir prononcé « Bismillah », qui signifie « Au nom de Dieu ».

Traditionnellement, chacun puise alors dans le plat commun, les Marocains mangeant avec les **trois doigts de la main droite** : c'est « la fourchette d'Adam ». C'est le cas même pour le couscous, compacté en boulettes entre le pouce, l'index et le majeur. En général, vous pourrez sauver la face en utilisant les couverts fournis. Ne gâchez pas le pain, considéré comme un don de Dieu, et qui fait office… de cuillère pour la sauce.

On clôt le repas en rendant grâces : « Hamdou'lillah » (« Dieu soit loué »). Si vous êtes accueilli dans un milieu traditionnel, les femmes ne partageront sans doute pas votre repas, mais une visiteuse pourra demander à les rencontrer.

La cérémonie du thé

Incontournable ! Le **thé à la menthe**, sucré, surnommé avec humour le « whisky berbère », fut introduit au Maroc en 1854 par… les Anglais, à la recherche de nouveaux débouchés ! Il s'agit de thé vert chinois, aux grains fins et allongés. Il se boit en apéritif, en digestif ou à toute heure de la journée. Et cela donne lieu à un véritable cérémonial. Une fois la théière ébouillantée et les grains rincés pour en éliminer impuretés et amertume, le maître de maison introduit les deux ou trois variétés de menthe nécessaires, menthe poivrée, menthe sauvage, etc. Il ajoute le sucre et arrose le tout d'eau bouillante. Le thé est transvasé plusieurs fois avant d'être servi, brûlant et fort.

Servir le thé est tout un art : il s'agit en effet de verser le liquide de très haut, en longs jets bouillonnants, afin d'en développer l'arôme. Les verres ne sont remplis qu'à moitié et l'on en boit plusieurs d'affilée. Il est très impoli, si vous acceptez un thé, d'expédier ce « rituel ».

LOISIRS

^ Des tapis dans les souks de Marrakech

AU SOUK

Le Maroc a ses artisans, dotés d'un réel savoir-faire et d'un sens du marketing qui en étonnera plus d'un. Cuirs ou textiles, Marrakech ou Fès savent prendre la mode en marche. Essaouira, elle, réalise boîtes et merveilles avec le bois de thuya. Autre spécialité de la région Souss-Massa-Drâa : l'huile d'argan. Allez, entrez « juste pour le plaisir des yeux » !

Combien de fois allez-vous entendre cette invitation dans les souks, qu'ils soient à Tétouan, Fès ou Marrakech ? « Juste pour le plaisir des yeux... » En bon commerçant, votre interlocuteur sait qu'un badaud ayant franchi le pas de sa porte est presque un client acquis, et que s'il accepte un thé à la menthe l'affaire est quasi faite. « Dis-moi un prix ! » Il ne dévoile pas d'emblée ses batteries. À vous de jouer !

Le marchandage, un sport épicé

Le marchandage, art subtil, occupe une bonne partie du temps que les Marocains consacrent aux échanges commerciaux. Parfois, même, ils s'en plaignent ! « Dis-moi un prix ! » La balle est dans votre camp. Biaisez. Tentez d'obtenir un « prix » pour deux ou trois articles proches de l'objet convoité. Mais mieux vaut s'engager dans l'aventure en ayant une petite idée de la réelle valeur de l'article que vous souhaitez emporter et de la somme maximum que vous êtes prêt à mettre sur la table.

À ce stade, les « enchères » peuvent démarrer. Quand elles ont atteint la limite que vous vous êtes fixé, restez ferme et affichez l'indifférence. Au besoin, faites mine de partir en déclarant que vous achèterez dans une autre boutique, où c'est moins cher, ce que votre commerçant niera évidemment avec la dernière énergie. Dans la majorité des cas, si la limite est raisonnable, le marché se conclut assez vite. Une certitude : tant que le marchand vous rattrape sur le pas de sa porte, c'est que vous n'avez pas été trop chiche. Soyez surtout patient et courtois, le marchandage est affaire de psychologie. Une règle d'or : marchandez sans intermédiaire local, celui-ci touchant une commission qui grève autant le prix final. Et puis, l'achat fait, balayez les regrets. Les choses ont le prix qu'on leur accorde.

Affaires de peaux

À Fès ou à Marrakech, le cuir est une longue tradition. Le produit de base, ce sont bien sûr les **babouches**, exposées en rangs serrés dans le souk Smata (p. 219) de la ville rouge. Ou dans les boutiques surplombant les tanneries Chouara à Fès (p. 170). Elles déclinent toutes les couleurs de l'arc-en-ciel, s'affichant en rouge électrique, en vert cru, en bleu profond. Elles se font en lézard, autruche, *sabra* (soie marocaine), velours et raphia. Elles s'autorisent également le strass, les perles et les rayures. Bref, c'est devenu un accessoire de mode à part entière.

Toujours dans le domaine du cuir, les artisans marocains, surtout à Marrakech, excellent aussi dans le **prêt-à-porter** : blousons annoncés sans complexe comme étant de type Perfecto, pantalons, etc. Dans leurs ateliers, vous pouvez choisir sur pièces, ce qui est un vrai luxe, votre cuir, sa couleur et enfin le modèle dans votre taille. Mais faut-il encore disposer d'un peu de temps : en général, quatre à cinq jours sont demandés pour réaliser votre commande. Sont aussi recherchés par les *fashion addicts* les sacs et chaussures copiant avec suffisamment d'habileté les derniers modèles à la mode pour ne pas tomber sous les fourches de la loi *(encadré ci-dessus)*.

Sabras marocains

ATTENTION AUX CONTREFAÇONS

Ne vous risquez pas à acheter un faux sac de luxe dans un souk. Vous risquez gros à votre retour en France. Outre la confiscation de l'objet litigieux, vous pouvez avoir à payer une amende représentant jusqu'à deux fois la valeur de l'article authentique. La loi prévoit aussi de la prison ferme (trois ans maximum).

De fils en caftan

Autre domaine où le Maroc tire son épingle du jeu : le textile. Ses ***sabras*** ont envahi le domaine de la déco, presque jusqu'à saturation. On présente ces tissus comme de « la soie marocaine ». Ils en ont la douceur, les couleurs chatoyantes, et, quasi infroissables, passent en machine. Coussins, jetés de lit, chemins de table, tentures, etc. : tout est possible. Sont-ils pour autant de la « soie végétale », qualité qui leur est attribuée d'office, mais souvent à tort ? Au départ, le *sabra* marocain provient d'une plante, l'aloès *(Aloe vera)*. Comme pour le lin et le chanvre, les feuilles de cette vivace sont mises à tremper pour faciliter la séparation entre les fibres. Aujourd'hui, sauf très rares exceptions, les *sabras* nouvelle génération associent viscose et laine, viscose et coton, produisant de jolis contrastes mat/brillant. Il est très difficile d'identifier « vrais » et « faux » *sabras*. Même le test de la flamme (en brûlant, le fil de viscose « boule »), difficile par ailleurs à mettre en œuvre sans dégât, n'est pas probant!

Le *sabra* peut servir à la réalisation de caftans, qui peuvent se reconvertir, une fois la Méditerranée franchie, en tenue de soirée estivale. Dans le Maroc traditionnel, cette robe à manches longues, mais sans col, ouverte sur le devant, parade dans toutes les fêtes. En velours, en soie, elle s'enrichit alors de passementeries au fil d'or, de lourdes broderies, voire de pierreries.

L'huile d'argan

Parée de toutes les vertus *(encadré p. 374)*, l'huile d'argan (ou d'argane) est victime de son succès. Elle était, et continue à être, produite n'importe où et n'importe comment. La législation a tenté de remettre un peu d'ordre dans ce marché anarchique. Depuis 2010, cette huile bénéficie en principe de l'**IGP Argane** (indication géographique protégée). Examinez attentivement les étiquettes pour savoir si l'huile que vous allez acheter détient ce label. C'est un gage de qualité. N'ont droit à cette appellation que les huiles produites dans la zone de l'arganeraie, un triangle compris entre le nord d'Essaouira et Tiznit, ce qui représente plus de 800 000 ha. En outre, pour en bénéficier, elles doivent respecter un cahier des charges qui assure leur traçabilité. Sachez que cette production est la seule source de revenus pour des femmes en milieu rural. Il existe une centaine de coopératives féminines. Mais ces coopératives sont aujourd'hui sévèrement concurrencées par les industriels, qui ont investi ce marché.

Veillez aussi à ce que vos achats comportent une **date de péremption**. Torréfiée, l'huile alimentaire, qui a un léger goût de noisette, se conserve un an en moyenne ; l'huile cosmétique, obtenue par pression à froid, davantage : dans les deux ans.

Poterie traditionnelle de Tamegroute, peinte au henné

Autres mines de cadeaux

On n'y pense pas d'emblée : à Marrakech, la **passementerie** est une mine de cadeaux peu onéreux. Longtemps cantonnée à la confection des caftans et autres vêtements traditionnels, elle a investi d'autres secteurs comme la bijouterie fantaisie (colliers, bracelets). Elle produit aussi des porte-clés ou des ronds de serviette amusants.

Autre idée de cadeau, à rapporter cette fois d'Essaouira : des **petits objets en bois de thuya**, et surtout en loupe de thuya (p. 142), qu'on peut glisser dans la valise : coffrets, boîtes à cigare, porte-stylos, etc. Ils peuvent s'enrichir d'incrustations, qui en font de véritables bijoux.

Vous pouvez aussi vous tourner vers les **poteries**, les principaux centres de production étant Salé (p. 112), Fès *(encadré p. 177)*, Safi (p. 137) et Tamegroute (p. 307) dans la vallée du Drâa, célèbre pour son émail vert.

AU HAMMAM

Les hammams, ou bains maures, ont pour ancêtres les bains romains. Dans ces lieux, où pénombre et chaleur facilitent le lâcher-prise, offrez-vous au moins une fois une « parenthèse peau neuve » et suivez le rituel, de bout en bout, avec savon noir, ghassoul et huile d'argan. Il s'achève dans la salle de repos, par un thé à la menthe.

« La propreté fait partie de la foi », assure un propos attribué à Mahomet. Construire un hammam, terme qui signifie « eau chaude » en arabe, était même considéré comme un geste pieux, puisque les revenus de cet établissement, souvent donné à la collectivité par un généreux bienfaiteur, pouvaient assurer le fonctionnement d'une fondation religieuse.

Pause bien-être dans un hammam à Casablanca >

JOUR DE FÊTE AU HAMMAM

Pour une future mariée, c'est au hammam que se déroule, l'avant-veille des noces, ce qui est tout à la fois une cérémonie de purification et une fête. Le hammam est privatisé pour elle et ses invitées. Bain de lait, bain de pétales de roses... Au milieu des chants et des youyous, boissons fraîches et pâtisseries sont distribuées.

Il y a hammam et hammam

En ville, chaque quartier compte au moins un hammam. Hommes et femmes fréquentent cet établissement à des heures différentes, voire des jours différents. Rien ne vous interdit de partager, en tant qu'étranger, ce qui est présenté comme une « expérience ». Et ça l'est réellement! Pas de rendez-vous, mais vous devez apporter savon, serviette, gant, socques, sous-vêtements de rechange, voire tapis et seau. La première fois, il vaut mieux vous faire accompagner, pour savoir où laisser vos affaires dans l'*el-guelsa* (salle de déshabillage), ce que vous devez garder sur vous, comment vous placer dans les salles communes et rémunérer la *tayyaba* (masseuse ; pour un homme, on dit *kiyyass*). Ça, c'est le hammam *beldi* (traditionnel). Ce qui vous sera le plus souvent proposé, c'est le hammam-spa, compromis entre le hammam oriental et le spa occidental. Tous les soins prodigués le sont en solo, hors de toute présence étrangère. Peignoir, socques et serviettes sont fournis. Les prix font, bien sûr, la culbute.

Savon noir et *kessa*

Le hammam-spa comporte rarement deux ou trois salles chauffées à des températures différentes (entre 38 et 45 °C) comme le hammam traditionnel. La peau commence par être enduite de savon noir (***saboun***). Composé d'une pâte végétale épaisse, à base de pulpe d'olives, le produit a déjà un effet exfoliant. On dit qu'il faut 30 g par application. Illico, vous passez dans un bain littéral de vapeur – un vrai brouillard – où la sudation ouvre les pores et élimine les toxines accumulées... Dix à quinze minutes semblent une durée raisonnable. Avant de passer aux étapes suivantes : rinçage et gommage. Le gommage s'effectue au ***kessa***, un gant rêche qui vous étrille le corps et en détache des copeaux grisâtres – les peaux mortes.

En complément, on peut offrir à ses cheveux, pour qu'ils deviennent soyeux et brillants, un cataplasme de ***ghassoul*** (prononcez « rassoul »), une argile saponifère du Moyen Atlas riche en sels minéraux. Autre petit plaisir : un massage à l'**huile d'argan**, extraite des fruits de l'arganier (p. 388), rend la peau douce et satinée. Le hammam/gommage dure entre 30 à 45 minutes, selon les spas, certains raccourcissant les préliminaires.

^ *Saboun* et *kessa* pour gommage

FESTIVALS

^ Festival des musiques sacrées du monde

TAPIS ROUGE

Il existe une cinquantaine de festivals au Maroc, en majorité gratuits. Au départ, le concept est tout à fait étranger à ce pays, dont la culture est celle des moussems, des fêtes agraires. Pourtant, la greffe a pris, comme en témoigne la success-story incroyable du festival Gnaoua et Musiques du monde, qui submerge toujours Essaouira au printemps.

Disons-le : une poignée de festivals réussissent à tirer leur épingle du jeu. Les autres jouent à chaque édition leur survie. Ceux qui réussissent ont sans doute su utiliser à bon escient un ancrage local.

L'esprit de Fès

À Fès, capitale spirituelle du royaume, le **Festival des musiques sacrées du monde** a déjà vécu son quart de siècle. Il veut refléter l'esprit de la ville, son histoire, où la tolérance et l'ouverture sur le monde ont toujours prévalu. Aussi, musiciens et chanteurs viennent des quatre coins de la planète, de Tunisie, de Madagascar ou de Bosnie-Herzégovine, comme la star Goran Bregović, ou encore de Bolivie. Le programme accueille tous les genres, de la musique de l'Afrique soufie au gospel. Quitte à ce qu'il y ait quelques dissonances : invitée, la chanteuse islandaise Björk, sous une monumentale perruque rouge feu, a littéralement médusé le public venu l'écouter. Parallèlement aux concerts se déroule un forum, destiné à favoriser le dialogue entre les cultures.

Le Woodstock marocain

À Essaouira, le **festival Gnaoua et Musiques du monde**, qu'on a surnommé le « Woodstock marocain », a rencontré un succès phénoménal, qui a sans doute dépassé ses organisateurs. Vingt mille festivaliers lors de la première édition en 1998. Plus de 300 000 spectateurs 20 ans plus tard. Comme toujours, le festival démarre tambour battant sur la principale avenue d'Essaouira, l'avenue de l'Istiqlal, avant d'investir pour les grands concerts la place Moulay Hassan. Les Souiris entretiennent une relation ambiguë avec cet événement, certains même préférant fuir la ville en cette période. En tout cas, il a remis sur le devant de

⌄ Festival Gnaoua et Musiques du monde

la scène les Gnaouas, ces descendants d'esclaves noirs auxquels on attribue des pouvoirs de guérisseurs (p. 144).

Musique urbaine à Casablanca : un vrai tremplin

Fidèle à ses origines, **L'Boulevard**, qui s'étalait dans sa dernière édition sur 10 jours, essaie de se partager équitablement entre toutes les nouvelles musiques urbaines, rap/hip-hop, rock/metal, fusion/world. Ça décoiffe ! Il met un point d'honneur à offrir un vrai tremplin à de jeunes talents, en leur permettant de toucher, sur la grande scène intimidante du stade du RUC, un public élargi d'amateurs et de professionnels. Au départ, la sélection sur dossier est sévère. À l'arrivée, les gagnants font la première partie de vedettes du hip-hop, comme NessYou ou Toto, en fin de festival. L'accès est gratuit de bout en bout. Et ça marche ! H-Kayne, groupe hip-hop originaire de Meknès, est sorti de ce creuset.

À Tanger, le jazz dans tous ses états

Au début de l'automne, le jazz déboule dans les rues de Tanger et squatte pour la première fois en 2018 Tanja Marina Bay. Ici, tous les jazz ont droit de cité : aussi bien celui de La Nouvelle Orléans que l'électro-jazz ou le nu-jazz, qui marchent sur les plates-bandes de la musique électronique. Circular Time, un groupe de New York, peut venir y rendre hommage à John Coltrane ou Herbie Hancock, deux géants du jazz du XXe s. Et le quintet d'United Colors of Méditerranée peut y participer pour défendre son jazz oriental, nourri de flamenco et de musique arabe. BMCI Palais (le Palais des institutions italiennes) prête son cadre, jardins et fontaines, aux principaux concerts (payants). Consécration ? **Tanjazz** a même son « off », baptisé « Off Soul Jazz », qui veut offrir une programmation plus pointue.

Paillettes et réalités

Très médiatisé, le **Festival international du film** se déroule à Marrakech en novembre. Pas question de rivaliser avec le Festival de Cannes ou la Mostra de Venise, la ville rouge n'en a pas les moyens. Mais c'est bon pour l'image. Cet événement people – on y a vu Sharon Stone, Martin Scorsese, Marion Cotillard – conforte le positionnement jet-set de Marrakech. Il déplace aussi les foules : en 2018, en neuf jours, le festival a réuni plus de 100 000 personnes, venues assister aux projections ou participer aux activités. La scène, installée sur la légendaire place Jemaâ el-Fna, a réuni à elle seule 70 000 spectateurs ; les projections y étaient gratuites. Lors de cette dernière édition, la production nationale a bénéficié d'un coup de projecteur : sur 80 films à l'affiche, 12 étaient marocains. En 2019, avant une interruption de deux ans, l'Étoile d'or, récompense suprême, avait été décernée au film colombien *Valley of Souls*.

LE CALENDRIER DES FESTIVALS

Festival des musiques sacrées du monde : en juin, à Fès.

Festival Gnaoua : en juin, à Essaouira (et alentours).

L'Boulevard : fin septembre-début octobre à Casablanca.

Tanjazz : en septembre, à Tanger.

Festival international du film : en novembre, à Marrakech.

HISTOIRE

^ Drapeau marocain devant la Koutoubia à Marrakech

TEMPS FORTS

Dans toute l'histoire du Maroc, politique et religion sont indissociables. Tant avec les dynasties berbères, arc-boutées sur un islam pur et dur, qu'avec les dynasties arabes, qui se réclament de la famille du Prophète. Le pays a vu s'épanouir une civilisation brillante et raffinée, que le protectorat français, avec un Lyautey visionnaire, sut respecter.

Le Maroc serait-il le **berceau de l'humanité** ? Il est permis de poser la question après la découverte, dans la région de Safi, d'ossements de cinq *Homo sapiens*, les plus vieux jamais retrouvés en Afrique ou ailleurs ! En 2017, leur datation évaluait l'âge de ces fossiles à 300 000 ans au bas mot, et ceci même en intégrant la marge d'erreur. Cela repousserait de 100 000 ans l'origine de notre espèce. De quoi secouer la communauté scientifique.

La Préhistoire

Au Maroc, les fouilles archéologiques ont aussi exhumé des outils en silex taillé vieux de plus de 700 000 ans, appartenant à des ancêtres d'*Homo sapiens*. On peut estimer que l'agriculture, l'élevage et la poterie y sont arrivés vers la fin du VIe millénaire av. J.-C., et les métaux au milieu du IIIe millénaire av. J.-C.

L'évolution des ancêtres des Berbères peut être suivie à travers les **gravures rupestres**, que ce soit sur le plateau d'Oukaïmeden (p. 276), dans le Haut Atlas, ou à Foum Chenna (p. 304), dans la vallée du Drâa. Dans le premier cas, des gravures de poignards et de hallebardes témoignent de leur maîtrise des techniques métallurgiques. Le second site comporte les plus anciennes inscriptions connues au Maroc en écriture amazighe, celle des Berbères. En l'état actuel des connaissances, elles ne pourraient pas être plus anciennes que 750 ans av. J.-C.

Le royaume de la pourpre

La plus ancienne mention d'un roi maure remonte à 206 av. J.-C. L'Empire romain va finir par s'intéresser à cette « Maurétanie », située à l'ouest de l'oued Moulouya (non loin aujourd'hui de la frontière entre l'Algérie et le Maroc). Auguste y place sur le trône un prince maure élevé à Rome : Juba II, qui régnera de 25 av. J.-C. à 23 apr. J.-C. La Maurétanie fournit à Rome la **pourpre**, colorant indispensable dans l'Antiquité, extrait à Essaouira d'un coquillage, le murex (p. 146). Elle lui procure aussi du **garum** (saumure de poisson), comme en témoigne le site de Lixus (p. 91). Rome s'y approvisionne également en animaux de cirque tels que lions, panthères, éléphants, ce qui prouve l'existence d'une faune tropicale entre désert et Méditerranée.

En 42-43 apr. J.-C., la **Maurétanie devient une province romaine** : la Maurétanie tingitane (de *Tingis*, « Tanger »). La présence des Romains s'y limite à quelques cités, comme Volubilis (p. 190). À la fin du IIIe s., l'Empire romain évacue peu à peu la Maurétanie.

La conquête arabe

En 632, la mort de Mahomet donne le signal des conquêtes arabes. Mais quatre campagnes, entre 681 et 715, seront nécessaires pour que l'Afrique du Nord, le Maroc et déjà une partie de l'Espagne passent sous contrôle des califes, installés alors à Damas.

Selon la légende, en 681, Oqba ibn Nafii, parti de Kairouan (Tunisie), atteignit l'Atlantique trois ans plus tard, à l'embouchure de l'oued Massa (près d'Agadir, p. 358). Poussant son cheval dans les flots, il prit Dieu à témoin qu'il ne pouvait aller plus loin. Le **Maroc devient ainsi terre d'islam** et le restera.

AU FIL DES DYNASTIES

Le Maroc a eu plus d'une capitale : Fès, Meknès, Rabat aujourd'hui. Pour leur part, Almoravides, Almohades et Saâdiens ont choisi Marrakech.

Les **Idrissides** (788-974) : dynastie d'origine arabe.

Les **Almoravides** (1055-1147) : dynastie d'origine berbère (tribu Sanhaja, Sahara occidental).

Les **Almohades** (1147-1269) : dynastie d'origine berbère (Atlas).

Les **Mérinides** (1269-1465) : dynastie d'origine berbère (confins sahariens).

Les **Wattasides** (1472-1554) : dynastie d'origine berbère (Rif).

Les **Saâdiens** (1554-1659) : dynastie d'origine arabe (région du Drâa) dite « chérifienne » (descendants du Prophète).

Les **Alaouites** (de 1666 à nos jours) : dynastie d'origine arabe (Tafilalt) dite « chérifienne » (descendants du Prophète), dont le nom fait référence à Ali, le gendre du Prophète.

Idriss Ier, la naissance d'un État

Dans l'immense califat qui a pris pour nouvelle capitale Bagdad, des provinces s'émancipent peu à peu de cette tutelle. C'est ainsi qu'un prince arabe ambitieux, Idriss Ier (r. 788-791), va créer le premier État marocain, dont la capitale provisoire sera Oualili ou Oualila (Volubilis) avant la fondation de Fès. Il impose ainsi le principe de la monarchie, qui ne sera jamais sérieusement remis en question, malgré des périodes d'anarchie. Il inspire aussi un mode de développement urbain pour toutes les dynasties à venir.

L'« Empire des deux rives »

Du désert allait surgir la dynastie des **Almoravides** *(encadré p. 425)*. D'origine berbère, portée par des moines-soldats attachés à une lecture littérale du Coran, elle multiplie les conquêtes. **Youssef ben Tachfine** (r. 1061-1106) passe pour le véritable fondateur de Marrakech. Cet homme austère, qui se nourrit frugalement d'orge et de lait de chamelle, va se tailler entre Niger et Tage un immense empire hispano-africain, l'« **Empire des deux rives** », **de part et d'autre du détroit de Gibraltar**. Il englobe une grande partie de l'Espagne et du Portugal (Al-Andalus). Cet empire allait se laisser gagner par la « douceur andalouse » tandis que savants, artistes, poètes, philosophes accourent à Marrakech. Les Almoravides laissent à leurs successeurs une civilisation brillante, qui a assimilé tous les raffinements du califat de Cordoue.

Le fastueux Ahmed el-Mansour

Entre les Portugais, qui jalonnent la côte atlantique de l'Afrique de comptoirs fortifiés (Safi, Agadir, Essaouira), et les Saâdiens, arrivés au pouvoir à Marrakech *(encadré p. 425)*, s'engage une véritable guerre sainte. Dont émerge, victorieux, **Ahmed el-Mansour**, au lendemain de la bataille dite des « Trois Rois », près d'Assilah. Ce sultan (r. 1578-1603) va développer une vigoureuse politique saharienne, lançant à travers le désert la plus grande expédition jamais vue. Ses troupes parviennent jusqu'au Soudan, d'où elles reviennent chargées de l'or échangé contre du sel. Le tombeau où il est enterré à Marrakech (p. 236) témoigne des fastes de son règne. Cette période voit le regain du soufisme (courant mystique musulman).

La création d'Essaouira

Essaouira, que crée en 1764 le sultan alaouite Sidi Mohammed ben Abdallah (r. 1757-1790), symbolise sa volonté d'ouvrir le Maroc sur la mer. Et de concentrer la plus grande partie du commerce extérieur dans un port qu'il contrôle. De nombreux traités de commerce sont conclus avec le Danemark, l'Angleterre, la Suède, Venise et même la France. Tout un quartier d'Essaouira est réservé aux commerçants étrangers, les *Tujjârs al-soltân*, négociants du roi.

Le protectorat français

S'étant rendue maîtresse de l'Algérie, la France pratique la politique de la « tache d'huile » pour grignoter le territoire marocain : un colonel y participe, Hubert Lyautey *(encadré ci-contre)*. Les nuages s'amoncellent au-dessus du royaume chérifien, miné par des rébellions internes. Au point que le sultan Moulay Hafid aurait demandé officiellement l'aide

^ Visiteurs à l'entrée du mausolée de Mohammed V à Rabat

UN PERSONNAGE DE ROMAN

Hubert Lyautey, promu maréchal en 1921, est un personnage fascinant, dont les contradictions ont inspiré nombre de romanciers (Proust, Montherlant, etc.). Mondain, homosexuel, colérique, esthète, monarchiste « aux heures de bureau » selon sa formule, ce militaire, qu'un piano accompagne dans ses déplacements au Maroc, fut pour beaucoup un visionnaire, anticipant déjà la décolonisation. « Je veux nous faire aimer de ce peuple », écrit-il en 1920. Il interdit l'entrée des mosquées aux non-musulmans et crée des villes nouvelles à l'intention des Européens afin de les tenir à l'écart des médinas.

de la France pour réprimer une énième révolte, celle des Chrarda, dans la région de Fès. Mal lui en prit. Sous la pression de 5000 soldats français, il doit abdiquer le 30 mars 1912. **Hubert Lyautey** (1854-1934) devient **résident général auprès du sultan**.

L'indépendance du Maroc

Mohammed V, monté sur le trône en 1927, à l'âge de 18 ans à peine, symbolise la lutte pour l'indépendance du Maroc. Pour lui, la souveraineté de son pays n'est pas négociable. Les résidents qui succèdent à Lyautey vont l'apprendre à leurs dépens. Mohammed V ira jusqu'à faire « la grève du sceau », refusant de signer les textes de lois qui lui sont présentés. Ce bras de fer aboutit à la **déposition du sultan en août 1953**, déposition à laquelle contribue le Glaoui *(encadré p. 286)*, accusant Mohammed V de « mener le Maroc à sa perte ». Deux ans plus tard, la France se voit contrainte de rappeler Mohammed V et d'entamer avec lui des négociations. **L'indépendance du Maroc est finalement reconnue par la France**

le 2 mars 1956. En avril, l'Espagne renonce de son côté à sa souveraineté sur la côte nord du Maroc, sauf dans les enclaves de Melilla et de Ceuta. En 1961, Mohammed V décède lors d'une intervention chirurgicale. Son fils Hassan II, associé tôt au pouvoir, lui succède.

La « Marche verte »

En 1970, le Sahara occidental, vaste région s'étendant au sud de Guelmim, est encore une possession espagnole, dont le Polisario (Front populaire pour la libération de la Seguia el-qui Hamra et du Rio de Oro), appuyé par l'Algérie, revendique l'indépendance. Abandonner le Sahara, qui fut le creuset de plusieurs dynasties marocaines ?

Forçant le destin, Hassan II (r. 1961-1999), juridiquement en position de force puisque la Cour internationale de justice saisie venait de reconnaître le 16 octobre 1975 l'existence de liens anciens d'allégeance entre le sultanat du Maroc et certaines tribus du Sahara occidental, déclenche la « Marche verte », le vert étant la couleur sacrée de l'islam. Le **6 novembre 1975, 350 000 personnes franchissent pacifiquement la frontière séparant le Maroc du Sahara occidental**, Coran en main. L'Espagne donne l'ordre à ses troupes de se retirer. Dès le 14 novembre 1975, un accord tripartite est trouvé entre le Maroc, la Mauritanie et l'Espagne. La situation se complique avec, en février 1976, l'autoproclamation d'une République arabe sahraouie et démocratique (RASD) par les indépendantistes du Front Polisario, reconnue immédiatement par l'Algérie. En 1991, le principe d'un référendum d'autodétermination, préconisé par l'ONU, est accepté par les deux parties, mais la date en est constamment repoussée.

Verso d'un billet de 100 dirhams marocains émis en 1987 avec une image de la Marche verte dans le Sahara espagnol

^ Le pont à haubans Mohammed VI entre Rabat et Salé

Fin 2018, après des années durant lesquelles les négociations furent dans l'impasse Maroc, Polisario, Algérie et Mauritanie ont enfin accepté de s'asseoir à la même table à Genève (Suisse).

Les années « M6 »

Sous un Mohammed VI – familièrement surnommé « M6 » – arrivé au pouvoir en 1999, le Maroc se modernise à vive allure : un nouveau Code du droit de la famille (p. 392), de grands chantiers (p. 398), etc.

Cela n'a pas empêché le pays de connaître son « printemps arabe » en 2011 : ce sera le mouvement du 20-février, date à laquelle les premières manifestations éclataient. La rue réclamait des changements profonds. Pêle-mêle : la fin de la corruption, davantage de justice sociale, voire un « roi qui règne, mais ne gouverne pas ». Proposée par le roi dans la foulée, la réforme constitutionnelle a accentué le côté parlementaire de la monarchie *(encadré p. 393)* et désamorcé la contestation.

Depuis, en 2016-2017, le Rif, que le pouvoir central a toujours « surveillé comme le lait sur le feu », s'est réveillé. En 2018, les leaders du Hirak, en pointe dans les protestations, ont écopé de lourdes peines de prison « pour atteinte à la sécurité de l'État ».

La crise du Covid-19 a durement touché le Maroc en 2020-2021. Le pays s'est confiné et les touristes ont déserté. Près de deux millions de personnes se sont officiellement retrouvées au chômage, et sans doute deux fois plus si l'on compte les travailleurs non déclarés. Néanmoins, le pays a mieux négocié la sortie de crise que la plupart de ses voisins, et le pays retrouve des couleurs au niveau de la fréquentation touristique dès 2022.

CARNET PRATIQUE

Tout pour réussir vos vacances...

CARNET PRATIQUE

FORMALITÉS

Passeport en cours de validité (sans visa pour un séjour inférieur à trois mois).

Permis de conduire national.

Autorisation de sortie du territoire pour les mineurs non accompagnés par l'un de leurs parents.

BUDGET

Devise : le dirham (1 € = 10,8 Dh).

Budget en haute saison :

–	+	+ +
30-40 €/j.	≈ 70-80 €/j.	+ 100 €/j.

TÉLÉPHONE

Depuis l'étranger vers le Maroc :

00 212 **n° du correspondant**

(sans le 0 initial).

Depuis le Maroc vers l'étranger :

00 + **indicatif du pays**

+ n° du correspondant sans le 0 initial.

ÉLECTRICITÉ

Le courant est en 220 V.

SANTÉ

Assurance (assistance médicale, rapatriement).

DÉCALAGE HORAIRE

- 1H **en été (excepté pendant le ramadan).**

SAISON ET CLIMAT

Meilleure période : printemps et automne.

À éviter : décembre-janvier (froids dans les villes du Nord) et juillet-août dans le Sud et à Marrakech.

Pics de fréquentation : août et fêtes de fin d'année.

Festivals : juin-septembre.

BON À SAVOIR

Réservations : pendant la haute saison (été et fêtes de fin d'année) et lors des festivals (festival Gnaoua et Musiques du monde à Essaouira, par exemple), il est préférable de s'y prendre tôt pour réserver.

Conduite : à droite.

Adresse utile

Office de tourisme

Office national marocain du tourisme (ONMT) :
www.visitmorocco.com.

Comment y aller

En avion

Vols directs et low cost
3h à 3h30 de vol séparent la France des principaux aéroports marocains. Dans chaque aéroport, vous trouverez au moins un bureau de change et des comptoirs de location de voitures.

Air Arabia
www.airarabia.com.

Air France
www.airfrance.fr.

Brussels Airlines
www.brusselsairlines.com.

EasyJet
www.easyjet.com.

Royal Air Maroc
www.royalairmaroc.com.

Ryanair
www.ryanair.com.

SWISS
www.swiss.com.

Transavia
www.transavia.com.

TUIfly
www.tuifly.fr
et www.tuifly.be.

Poids des bagages
Avant votre départ, vérifiez le **nombre de bagages** (en soute et en cabine) et le **poids** de ces bagages autorisés par votre compagnie aérienne. Ces mentions figurent sur votre billet et sur le site de la compagnie. En cas de dépassement, les pénalités peuvent être très lourdes au comptoir de l'aéroport.

Placez bien en soute tout **liquide** et crème excédant 100 ml, sous peine de confiscation à la douane. En revanche, les **batteries** ne sont pas autorisées en soute.

Aéroports d'arrivée
Rens. : www.onda.ma.

Agadir Al-Massira : à 25 km de la ville.

Casablanca Mohammed V : à 30 km de la ville.

Essaouira-Mogador : à 16 km de la ville.

Fès-Saïss : à 15 km de la ville.

Guelmim : à 4 km de la ville.

Ouarzazate : à 3 km de la ville.

Marrakech-Ménara : à 3,5 km de la ville.

Rabat-Salé : à 10 km de la ville.

Tanger Ibn Battouta : à 11 km de la ville.

Zagora : à 15 km de la ville.

Rejoindre votre destination

<u>En bus</u>

Les liaisons par bus de l'aéroport jusqu'aux centres-villes sont rares (Marrakech fait exception). Mais certaines compagnies aériennes peuvent avoir mis en place des **navettes** (Air Arabia, Ryanair, TUIfly).

<u>En train</u>

Seul l'aéroport de Casablanca héberge une gare, d'où l'on peut rejoindre le centre-ville en quelques minutes.

<u>En taxi</u>

Les prix des transferts pour rejoindre le centre-ville le plus proche sont affichés (mais pas toujours respectés).

TROUVER LE MEILLEUR PRI

Comparez les billets d'avion et réservez un vol au meilleur prix parmi de nombreuses compagnies aériennes :
www.kayak.fr, www.liligo.fr, www.skyscanner.fr, www.algofly.fr, www.edreams.fr, www.opodo.fr, www.govoyagescom.

En voiture individuelle

De Paris, il faut 3 jours pour arriver à Marrakech (2550 km) ou Agadir (2800 km env.), en ayant réservé sa traversée Tarifa-Tanger ou Algésiras-Ceuta. Cette option n'est intéressante que si vous séjournez longtemps au Maroc et/ou si vous voyagez en famille.

En bateau

Ferries
De nombreux ferries accostent à **Tanger-Med,** à l'exception de ceux en provenance de Tarifa (Espagne), qui débarquent leurs passagers dans le **port de Tanger**. Autre exception : les ferries en provenance d'Almeria (Espagne) qui, eux, accostent à Nador.

De la France, les liaisons pour Tanger-Med ou Nador sont assurées depuis Sète, via Barcelone, par **GNV (Grandi Navi Veloci).**

Renseignements :

Tanger-Med
www.tangermed-passagers.com.

GNV (Grandi Navi Veloci)
www.gnv.it/fr.

Plaisanciers
La **marina de Tanger** propose le plus grand nombre d'anneaux du royaume (800 en 2019, 1400 à terme, répartis entre deux bassins) : www.tanjamarinabay.ma/fr. **Bouregreg-Salé** en offre 250 pour l'instant : www.bouregregmarina.com.
La **marina d'Agadir** dispose de 300 places : ☎ + 212 (0)5 28 82 82 98.

Voyagistes

Choisir un forfait vol + hôtel (voire location de voiture) revient souvent moins cher que de réserver séparément.

Spécialistes du Maroc

En France

ATES

www.tourismesolidaire.org/destinations/maroc.

Comptoir du Maroc

☎ 01 53 10 30 15, www.comptoir.fr.

Dessine-moi le Maroc

☎ 06 14 13 47 79, www.dessinemoilemaroc.com.

Trace Directe

☎ 04 58 00 53 93, www.tracedirecte.com.

Voyageurs dans le monde arabe

☎ 01 42 86 16 00, www.vdm.com.

Localement

Étapes marocaines

www.etapes-marocaines.com.

Expéditions berbères

☎ + 212 (0)6 61 61 82 36, expeditions-berberes.com.

Rural Tourism

☎ + 212 (0)5 28 82 88 48, www.maroc-tourisme-rural.com.

Terres nomades/Cyber Berbères

☎ + 212 (0) 5 24 42 04 32, www.terresnomades.com.

Séjours golf

Golf autour du monde

☎ 01 53 43 36 36, https://golf.voyages-gallia.fr.

Tee Off Travel

☎ 04 99 52 22 02, www.teetravel.com.

Séjours randonnée

Randonnées pédestres, chamelières, cavalières, muletières, à vélo, etc., il y en a pour tous les goûts et pour tous les massifs (Toubkal, jbel Sarhro).

Allibert

☎ 04 76 45 84 84, www.allibert-trekking.com.

Atalante

☎ 04 72 53 24 80, www.atalante.fr.

Cavaliers du monde

☎ 01 48 69 24 49, www.cavaliers-du-monde.com.

Explorator

☎ 01 53 45 85 85, www.explo.com.

Huwans

☎ 01 44 32 09 30, www.huwans-clubaventure.fr.

Tamera

☎ 04 78 37 88 88, www.tamera.fr.

Terres d'Aventure

☎ 01 70 82 90 00, www.terdav.com.

LE FIL D'ARIANE

Ariane est un fil de sécurité. Ce service a été mis en place par le **ministère de l'Europe et des Affaires étrangères** : il vous permet, lorsque vous êtes en déplacement à l'étranger, de recevoir toutes les informations utiles, à votre sécurité. Il suffit de s'inscrire sur :

https://pastel.diplomatie.gouv.fr/fildariane/dyn/public/login.html.

Séjours surf

Kazaden

☎ 01 79 75 71 72, www.kazaden.com.

Fun and Fly

☎ 05 67 31 16 11, www.fun-and-fly.com.

UCPA

www.ucpa.com.

Formalités

Par prudence, scannez avant le départ tous ces documents pour en avoir une copie sous format électronique.

Passeport

Un passeport, **valable jusqu'à 3 mois** après votre retour, y compris pour les **mineurs**, est exigé pour entrer au Maroc, même si vous participez à un voyage organisé en groupe.

Les mineurs doivent être aussi en possession d'une **autorisation de sortie du territoire (AST)** si aucun de leurs deux parents ne les accompagne. À télécharger sur : www.service-public.fr/particuliers/vosdroits/F1359.

Visas

Ils sont nécessaires pour des séjours supérieurs à trois mois, et il faut fournir une foule de justificatifs. Le formulaire est sur le site de l'ambassade du Maroc : www.amb-maroc.fr.

Permis de conduire

Le permis de conduire (format carte ou à trois volets) suffit pour les conducteurs des pays d'Europe occidentale

LE COIN DES INTERNAUTES

Sites d'informations
http://fr.le360.ma.
www.h24info.ma.
www.bladi.net/maroc.html.

Tourisme, sorties
lifeismorocco.com.
Marrakech : www.madein-marrakech.com.
Rabat : www.babelfan.ma.
Tanger : https://tanger-experience.com.

Environnement
www.eauxetforets.gov.ma/fr.
Parcs nationaux au Maroc : ma.chm-cbd.net.

Se déplacer

En avion

Air Arabia s'est positionnée sur les lignes intérieures, notamment au départ de Fès (liaisons avec Agadir, Errachidia et Marrakech) et de Tanger (Tanger-Marrakech, Tanger-Nador et Tanger-Agadir). Elle exploite aussi Agadir-Rabat, Marrakech-Dakhla, Marrakech-Tanger, Casablanca-Dakhla, Casablanca-Nador et Casablanca-Rabat.

Au départ de Casablanca, **Royal Air Maroc** dessert Guelmim, Tétouan, Ouarzazate et Zagora.

En voiture

Le Maroc comporte un **bon réseau autoroutier** (1800 km). Et nombre de petites routes pittoresques. Il est recommandé de **ne pas rouler de nuit**, piétons, cyclistes, charrettes circulant bien souvent sans éclairage. Enfin, rouler dans une ville comme Casablanca est difficile car il y a des embouteillages et des chantiers en cours de réalisation dans la ville.

Assurance

Le règlement de la location de voiture avec votre carte bancaire peut vous dispenser de prendre l'assurance complémentaire qui est proposée avec insistance par les loueurs de voiture.

Conduite et limitations de vitesse

La vitesse est limitée à **120 km/h sur autoroute, 100 km/h hors agglomération** (ce qui n'exclut pas des limitations plus strictes, ici ou là), **entre 40 km/h et 60 km/h en ville.**

Attention aux **contrôles de vitesse**, fréquents ! Les amendes peuvent être salées (500 à 1000 Dh pour un dépassement de la vitesse autorisée compris entre 20 et 30 km/h).

Le paiement de la **contravention** peut être exigé sur place. Sinon, l'agent verbalisateur garde le permis de conduire contre un récépissé : cela autorise le contrevenant à conduire pour une période de deux jours ouvrables (à compter du jour suivant la rétention du permis) avant de récupérer son permis contre règlement de la contravention. Solution que vous avez intérêt à choisir, ne serait-ce que pour ouvrir les « négociations ».

Location de voiture

La plupart des **sociétés internationales** sont présentes au Maroc. Faites-vous bien préciser les garanties offertes par l'assurance choisie (montant de la franchise en particulier), certains loueurs ayant la fâcheuse habitude de proposer un prix d'appel, et ensuite de tout faire à votre arrivée à l'aéroport pour vous persuader de prendre des garanties supplémentaires, onéreuses. Comptez 300 €/sem. pour une voiture « compacte ».

On peut exiger que le conducteur soit âgé de 25 ans.

Procédez à un examen attentif de la voiture à la livraison (pneus, pare-brise, estafilades).

Avis ☎ 0821 290 760, www.avis.fr.

Europcar ☎ 0825 358 358, www.europcar.fr.

Holiday Autos ☎ 0892 39 02 02, www.holidayautos.fr.

Les **loueurs locaux** affichent des tarifs moins élevés, le paiement devant se faire en général en liquide, et parfois en euros. Il existe une nouvelle génération de compagnies locales :

Medloc + 212 (0)5 24 43 57 57, www.medloc-maroc.com.

Essence

Pensez à **faire le plein régulièrement**. Les stations-service sont peu nombreuses sur les autoroutes, hors des agglomérations, et surtout dans le Grand Sud.

Signalisation routière

Elle est conforme à la signalisation française, sauf que le panneau « **Stop** » peut être libellé en caractère arabe. Dans le Sud, les directions sont données en amazighe (p. 396), avec traduction en caractères latins.

Parkings

Partout, vous aurez affaire aux **gardiens de parkings**, qui réclameront leur dû, le tarif pouvant être affiché ou pas (2 Dh dans la journée à Agadir). Les grandes villes ont commencé à se doter de **parcmètres**, voire de **parkings souterrains** (à Rabat et Tanger). Et les sabots de Denver peuvent immobiliser la voiture des contrevenants (50 Dh l'amende à Tanger, à régler aux agents qui patrouillent).

Cartes routières

Pour les routes du pays, vous pouvez utiliser la carte Michelin n° 742. Il est possible d'acheter des cartes détaillées sur place.

Vous pouvez acquérir avant le départ la **carte Maroc pour votre GPS** ou télécharger des cartes utiles (plans de villes, randonnées) sur votre mobile pour pouvoir les consulter sans connexion. Un site tel que www.mapsdumaroc.com actualise en théorie tous les mois les cartes, utilisables sans connexion une fois téléchargées.

En bus

À la gare routière, ne vous laissez pas influencer par les rabatteurs, payés à la commission par les compagnies ; tenez-vous en à votre choix initial.

Compagnies de bus

Les **principales compagnies** se sont modernisées. Selon les options choisies (Confort Plus, Premium ou Supra Confort), plus chères bien sûr, on peut disposer du wifi, de la climatisation, de sièges inclinables.

CTM ainsi que **Transports Ghazala** rayonnent dans tout le pays. Filiale des chemins de fer marocains, **Supratours** s'en veut complémentaire, les gares vendant ainsi des billets rail-route. La **Satas**, qui a bonne réputation, opère dans le Sud.

Les **petites compagnies locales** partent quand elles ont suffisamment de clients et s'arrêtent à tout bout de champ.

Renseignements :

CTM www.ctm.ma.

Transports Ghazala www.transghazala.ma.

Supratours www.supratours.ma.

Réservations

Sur certaines lignes très fréquentées, en haute saison, comme Marrakech-Essaouira, il faut réserver **72 heures à l'avance** si vous n'avez pas de carte bancaire marocaine. De plus en plus, les **prix varient en fonction du jour, de l'heure et du confort**.

Les **enfants** peuvent payer plein tarif (à partir de 4 ans chez CTM) et un supplément bagages peut vous être réclamé.

En taxi

De couleur différente dans chaque ville, les **petits taxis** n'ont pas le droit de sortir de ses limites. En principe, ils sont pourvus de compteur. Si le chauffeur refuse de le mettre en route pour une raison ou une autre, entendez-vous sur le prix de la course avant d'embarquer. En général, une course revient entre 10 et 20 Dh. Mais s'il pleut, s'il fait nuit, la loi de l'offre et de la demande s'applique à fond. Les petits taxis peuvent se partager : vous êtes en droit de héler un taxi déjà occupé. Restera à savoir si le premier passager va dans votre direction et combien le chauffeur va vous réclamer.

Les **grands taxis**, qui peuvent accueillir six passagers, sont seuls autorisés à effectuer des liaisons interurbaines. Il faut vous rendre à la gare routière. Le prix de la place y est un peu supérieur à celui d'un siège dans un bus. Traditionnellement, on y est plutôt serré, mais les monospaces, de plus en plus nombreux dans ce domaine, ont amélioré le confort (mais vous ne pouvez pas choisir tel ou tel taxi, les chauffeurs partent dans l'ordre où ils sont arrivés sur place). Le véhicule ne démarre que lorsqu'il est plein, mais rien ne vous empêche d'acheter les places restantes, voire de « privatiser » totalement le taxi.

En train

Le réseau

Le réseau ferroviaire marocain est **peu dense** (2110 km) ; il dessert principalement les grandes villes et les ports du royaume (à l'exception notoire d'Agadir).

Al-Boraq (la **LGV**, ligne à grande vitesse) a été mise en service en 2018 : Tanger est à présent à 2h10 de Casablanca, contre 4h45 précédemment. Elle dessert aussi Kénitra et Rabat. Sur Facebook, une page intitulée « ONCF en retard » recense les tribulations des passagers, principalement sur le réseau classique (hors LGV), qui a néanmoins ses **TNR (trains navettes rapides)** entre Casablanca et Rabat.

Horaires et tarifs : www.oncf-voyages.ma.

Tarifs

Fini le billet à tarif unique, quels que soient le train, le jour et l'heure ! Les **prix sont flexibles** et varient en fonction de la classe, de la date de réservation, de la date et heure du voyage, et du niveau de flexibilité choisi.

Chaque billet est valable sur un train donné, un jour précis, voire une heure précise. Ce dernier point concerne uniquement certaines lignes, pour lesquelles la réservation est obligatoire *(voir ci-après)*. Monter à bord d'un autre train ou un autre jour que ceux indiqués par votre billet vous expose à une **amende** pouvant atteindre 1000 Dh. Il vaut mieux bien savoir quelles sont les possibilités d'échange ou d'annulation consenties : les **tarifs FLEX** offrent le maximum de souplesse.

Réservation obligatoire

Il s'agit des lignes Casablanca-Fès, Casablanca-Marrakech et Marrakech-Fès. La réservation est aussi obligatoire à bord des trains **Al-Boraq** (LGV) reliant Tanger à Casablanca. Elle peut se faire en ligne : www.oncf-voyages.ma.

Mais attention, début 2019, les cartes bancaires étrangères n'étaient pas acceptées, d'où l'obligation pour les touristes de se déplacer en gare.

TRANSPORTS : CENTRES D'APPELS

Aéroports ☎ +212 (0)5 22 43 58 58 ou 0801 000 224.

Autoroutes du Maroc ☎ 50 50.

Centre d'information routière ☎ + 212 (0)5 37 71 17 17.

CTM (bus) ☎ 0800 0900 30.

ONCF (train) ☎ 22 55.

Royal Air Maroc ☎ 0890 000 800.

LOCATION DE VOITURE

Une voiture est indispensable pour profiter de vos vacances au Maroc !

BSP Auto est un courtier français proposant toutes les grandes compagnies de location sur place. Les prix sont très attractifs et incluent le kilométrage illimité. Les + : vous ne payez votre location que 5 jours avant le départ + réduction aux lecteurs de ce guide avec le code « EVAS19 ». Bonne route !

> *La centrale basée à Paris vous accueille 7j/7 au ☎ 01 43 46 20 74, et en ligne sur bsp-auto.com.*

COMBIEN ÇA COÛTE ?

Hammam	Repas complet	Musée	Thé	Bière
Autour de 10 €	20 €	1-6,50 €	0,50-1,50 €	Autour de 3 €

Argent et budget

Monnaie

Le **dirham marocain** (Dh ou MAD) est divisé en 100 centimes. Il existe des pièces de 5, 10, 20 et 50 centimes ; des pièces de 1, 2, 5 et 10 Dh ainsi que des billets de banque de 10, 20, 50, 100 et 200 Dh.

En septembre 2022, 1 € = 10,8 Dh et 1 Dh = 0,09 €.

Change et distributeurs d'argent

Inutile d'acheter des dirhams dans votre aéroport de départ : le change n'y est pas avantageux. Attendez l'arrivée : vous trouverez des bureaux de change au sein de l'aéroport.

Vous trouverez à peu près partout des **DAB (distributeurs d'argent)**, y compris dans les principales médinas.

Dans tout le pays, vous pouvez échanger vos euros contre des dirhams à la poste marocaine (les agences sont souvent ouvertes aussi le samedi matin). Ou à des changeurs professionnels, qui ont pignon sur rue : vous pouvez parfois, en « négociant », obtenir davantage que le cours officiel.

Précaution élémentaire qui vous rendra service en cas de vol ou de perte : répartissez votre argent liquide entre deux porte-monnaie.

Carte bancaire

Dans les grands centres touristiques, les cartes bancaires internationales sont acceptées à peu près partout (hôtels ou restaurants d'un certain standing néanmoins), y compris dans un certain nombre de stations-service.

Frais bancaires

Vous avez intérêt à payer vos achats au fur et à mesure par carte bancaire plutôt que de retirer de l'argent au distributeur. Pour un retrait de 3 000 Dh, les frais s'élèvent à 10 € environ (contre 6,50 € pour un montant similaire en achat).

Perte ou vol de votre carte bancaire

Avant le départ, procurez-vous auprès de votre agence bancaire le numéro à composer depuis l'étranger pour pouvoir faire opposition en cas de perte ou de vol de votre carte de paiement. Notez-le, ainsi que le celui de votre carte bancaire.

Il existe un **numéro français commun à une dizaine de banques** : 📞 0892 705 705.

Si vous perdez votre carte bancaire au Maroc, une déclaration de perte doit être faite au consulat (p. 442) ; conservez-en une copie.

Carte Bleue Visa
📞 002 11 0011 (du Maroc) et 866 654 01 63 (numéro gratuit), www.visa.fr.

American Express
📞 01 47 77 72 00 (en France), www.americanexpress.fr.

MasterCard
📞 1 636 722 7111 (PCV accepté depuis le Maroc), www.mastercard.com.

Assurances

Prestations touristiques

En individuel ou même via un voyagiste, ni l'assurance (annulation du voyage, perte des bagages) ni l'assistance (rapatriement et assistance médicale sur place) ne sont comprises dans le prix d'achat des prestations touristiques. Sauf si vous avez réglé votre voyage au moyen de votre carte bancaire (surtout si c'est une carte haut de gamme comme Visa Premier ou Gold MasterCard) ; vérifiez toutefois les garanties offertes.

En cas de **vol annulé ou retardé** (de plus de 3h), les règlements européens prévoient une indemnisation pour le préjudice subi.

Pour les **bagages perdus, détériorés** ou **retardés**, la convention de Montréal peut s'appliquer. Renseignements : www.weclaim.com.

Annulation de voyage

Si elle est de votre fait, vous serez couvert par l'assurance de votre carte bancaire Visa Premier ou Gold MasterCard, uniquement en cas de décès d'un membre de la famille, d'un licenciement économique ou d'un préjudice grave survenu avant votre départ à votre domicile.

Assistance

Si vous avez réglé votre voyage avec votre carte bancaire, celle-ci pourra couvrir les frais médicaux engagés en cas d'accident ou de maladie, le rapatriement médical et le retour anticipé. Attention, ces dépenses de santé peuvent être plafonnées (de 11 000 € à 155 000 €), ou des franchises appliquées.

Avec votre carte bancaire, l'assistance débute si vous êtes à une distance de plus de 100 km de votre domicile, et ce pour une durée de trois mois. Elle concerne le titulaire de la carte, le conjoint (mais aussi le concubin ou le pacsé), ses enfants et petits-enfants de moins de 25 ans fiscalement à charge et célibataires.

Bakchich

La pratique du **pourboire** (*bakchich*) est enracinée dans la tradition marocaine. La tendance générale est de **donner peu et souvent** : 2 à 3 Dh au « gardien de voitures » qui accourt dès que vous vous garez, un peu plus à celui qui veille fidèlement à l'entrée des hôtels (surtout si vous découvrez qu'il a lavé votre voiture… sans vous en demander la permission, bien sûr), 5 à 10 Dh au porteur qui se charge de vos bagages, 10 Dh au guide de musée, 10 % au chauffeur de taxi, de 10 à 15 % dans les restaurants si le service n'est pas inclus, autrement entre 5 et 10 Dh.

Munissez-vous de menue monnaie et ne comptez pas trop sur les hôtels pour vous la fournir, car la demande est telle qu'ils en manquent fréquemment ! Récompensez uniquement les services rendus.

Vie quotidienne

Décalage horaire

Fin 2018, le Maroc a renoncé au système heure d'été/heure d'hiver, gardant toute l'année l'heure GMT+1. Avec la France, le décalage horaire sera donc d'**une heure en été seulement** (mais hors ramadan). Quand il est 12h à Paris, il est 11h au Maroc.

Douane

Au retour, côté douane française, la valeur globale des biens admis en franchise ne doit pas excéder 430 € par personne (150 € pour un enfant de moins de 15 ans). Mais les sommes indiquées ne peuvent pas être cumulées pour un même objet. Tout objet dont la valeur est supérieure à la franchise doit être déclaré et vous devrez payer les droits et taxes correspondants. Autres seuils à ne pas dépasser au retour en France : le tabac et l'alcool. Pour le **tabac**, 200 cigarettes ou 100 cigarillos ou 50 cigares ou encore 250 g de tabac à fumer. Ou en dernier lieu un assortiment. Pour les **alcools**, 4 litres de vin ou 16 litres de bière ou 1 litre de spiritueux (+ de 22 °C) ou 2 litres de spiritueux (- de 22 °C). Les moins de 17 ans ne peuvent pas bénéficier de ces franchises sur les alcools et le tabac.

Renseignements :
www.douane.gov.ma
www.douane.gouv.fr.

Fêtes et jours fériés

Les jours de congé hebdomadaire officiels sont le samedi et le dimanche. Cependant, dans les **médinas**, la plupart des échoppes sont fermées le vendredi, surtout le matin.

Fêtes religieuses

Les dates des fêtes religieuses sont déterminées par rapport au calendrier musulman, ou calendrier hégirien, l'année comptant 354 ou 355 jours. Il débute en l'an 622 du calendrier grégorien (lire aussi p. 402).

Horaires

Banques et administrations

Les administrations sont ouvertes du lundi au vendredi, de 8h30 à 16h30, avec une pause quotidienne de 30 minutes à la mi-journée. La durée de cette pause est prolongée d'une heure pour permettre aux salariés l'accomplissement de la prière du vendredi.

FÊTES NATIONALES

Aux fêtes laïques occidentales s'ajoutent les fêtes marocaines. Les jours fériés officiels sont :

1er janvier : Nouvel An.

11 janvier : anniversaire du manifeste de l'Indépendance (1944).

1er mai : fête du Travail.

30 juillet : fête du Trône (accession au trône du roi Mohammed VI).

14 août : allégeance de l'oued ed-Dahab (retour du Sahara occidental au Maroc).

20 août : fête de la Révolution, du Roi et du Peuple (en souvenir de la déposition de Mohammed V en 1953).

21 août : anniversaire du roi Mohammed VI.

6 novembre : anniversaire de la Marche verte (p. 428).

18 novembre : fête de l'Indépendance (discours en 1956 de Mohammed V).

Les **banques** sont ouvertes du lundi au vendredi, de 8h15 à 15h30-16h (9h15 à 14h ou 14h30 pendant le ramadan), avec parfois une pause lors de la prière du vendredi.

Musées

En général, ils sont ouverts de 10h à 17h, avec ou non une coupure à l'heure du déjeuner. Mais relevant d'autorités différentes (les autorités religieuses pour les médersas, la Fondation nationale des musées ou les délégations à la culture pour d'autres), ces horaires varient selon les musées. Les sites extérieurs comme Volubilis, qui ouvrent tôt, ferment au coucher du soleil. Enfin, les musées ont un jour de fermeture hebdomadaire ; il n'y a pas de jour fixe, mais c'est souvent le lundi ou le mardi.

Évitez le vendredi, jour où certains musées sont gratuits pour les ressortissants marocains et les résidents étrangers (le musée la Kasbah des cultures méditerranéennes à Tanger ou le musée Batha à Fès, par exemple). L'affluence risque alors d'être importante.

En période de Ramadan

Toute la vie du pays est profondément modifiée pendant le ramadan *(calendrier : voir encadré p. 402)*. Musées et boutiques ferment plus tôt (16h au grand maximum) afin que chacun puisse faire ses courses. Nombre de restaurants en profitent pour prendre leurs congés annuels. Même à l'hôtel, les petits déjeuners sont servis plus tardivement. Mais à la nuit tombée, tout le monde se retrouve sur une place comme Jemaâ-el-Fna à Marrakech ou à la plage (on y loue tables et chaises !). Les cafés sont pleins à craquer.

Souks

En ville, chaque commerçant étant libre de s'organiser comme il l'entend, il n'y a pas d'horaires établis. Mais le vendredi matin jusqu'en début d'après-midi, vous trouverez presque tous les souks déserts. À la campagne, les souks hebdomadaires commencent de bonne heure pour se clore tôt dans l'après-midi, les petits paysans venant parfois de fort loin à dos de mulet.

Photographie

Le Maroc vit à l'heure du numérique. Vous trouverez de quoi vous dépanner (piles et cartes mémoire).

Prises de vue et interdictions

Demandez la permission aux Marocains que vous souhaitez photographier. N'insistez pas en cas de refus.

Il est **interdit de photographier ou de filmer** :

- si un panneau le mentionne ;
- dans le métro, les bus et le tramway ;
- la police ou la gendarmerie royale, sans leur demander au préalable leur autorisation.

En ce qui concerne les palais royaux, il n'y a pas d'interdiction sauf si des militaires se trouvent en faction dans le cadre.

Drone

L'usage (et donc l'importation temporaire) de drones civils sur le territoire marocain est **strictement interdit**.

Politesse et usages

Le Maroc est un pays musulman. Adoptez une **tenue discrète**.

Évitez les shorts, les décolletés et les minijupes. Pour la visite des sanctuaires, il convient de porter une tenue décente et de se couvrir les épaules.

GUIDES : « VRAIS » OU « FAUX » ?

Le problème constant que rencontre tout voyageur au Maroc reste celui des jeunes qui se proposent avec insistance comme guides improvisés. Ces guides clandestins n'ont souvent qu'une idée en tête : vous conduire dans les boutiques où ils savent qu'ils toucheront une commission *(jaâba)* si vous achetez quelque chose. C'est leur gagne-pain, et ils s'y emploient avec acharnement.

Vous pouvez recourir aux services d'un **guide officiel**. La liste en est fournie sur le site www.data.gov.ma (annuaire des guides), hélas sans numéro de téléphone ni courriel.

En période de ramadan *(voir calendrier des fêtes religieuses p. 402)*, abstenez-vous de boire, de manger et de fumer en public devant des Marocains abstinents.

Visite des mosquées

Au Maroc, la visite des mosquées et des zaouïas est interdite aux non-musulmans depuis le Protectorat français (p. 426). En revanche, il est possible de pénétrer dans les médersas (écoles coraniques).

Politesse et hospitalité

Un Marocain qui vous invite à prendre le thé exprime ainsi la sympathie que vous lui inspirez ; il est naturel d'accepter. S'il s'agit d'un commerçant avec lequel vous avez fait affaire, c'est sa façon de vous remercier ; ne l'offensez pas en refusant.

Santé

Vaccins

Sauf pandémie, aucun vaccin n'est exigé pour entrer au Maroc. Recommandé : soyez à jour concernant les vaccins contre le tétanos, la poliomyélite et la diphtérie (rappels à dates fixes 25, 45, 65 ans, puis 75 et 85).

Trousse à pharmacie

Outre vos médicaments habituels (accompagnés si possible des ordonnances correspondantes) en quantité suffisante pour votre séjour, nous vous conseillons d'emporter : un **traitement antidiarrhéique**, les changements de climat et de nourriture pouvant temporairement déranger le système digestif ; un **antiémétique** (pour vomissements) en cas de mal des transports.

Pensez aussi à mettre dans vos bagages une **crème solaire** efficace (écran total pour l'Atlas).

Assurance rapatriement et assistance médicale : voir p. 437.

Téléphone et courrier

Internet

Wifi

La plupart des hôtels, des riads et des restaurants offrent le wifi gratuitement. La connexion peut être limitée à la réception ou aux parties communes. Sachez que la fibre optique vient d'arriver au Maroc avec ses connexions très haut débit.

Connexion avec votre téléphone portable

Connectez-vous uniquement en wifi. Supprimez le transfert de vos données, sinon votre facture de téléphone va littéralement exploser (à raison de 13,20 €/Mo). Utilisez WhatsApp *(voir ci-contre)* tant pour vos communications locales ou internationales.

Téléphone

L'indicatif du Maroc est le **212**.

Appeler de l'étranger vers le Maroc

Composez le 00, puis le 212, suivi du numéro d'appel sans le 0 initial.

Appeler du Maroc vers le Maroc

Composez les 10 chiffres indiqués par votre correspondant.

Tous les numéros de postes fixes commencent par 05. Les numéros verts débutent, eux, par 0800 0, les mobiles par 06 ou 07.

Appeler du Maroc vers l'étranger

Composez d'abord le 00, puis l'indicatif du pays (France 33, Belgique 32, Suisse 41, Canada 1), et enfin le numéro de votre correspondant sans le 0 initial.

Renseignements

Rens. internationaux ☎ 120.

Rens. nationaux ☎ 160.

WhatsApp

WhatsApp est une appli très utilisée au Maroc. Sachez que vous joindrez plus facilement votre interlocuteur par WhatsApp sur un numéro mobile que sur son téléphone fixe. Il vous répondra également par le même canal. Bon à savoir : beaucoup de petites entreprises ont abandonné leur site Internet pour communiquer uniquement sur un compte Facebook. Même si elles possèdent les deux, préférez néanmoins les contacter en priorité sur leur messagerie privée de FB ; en général, la réponse ne tarde guère. Le dialogue peut se poursuivre ensuite par mail.

TEMPÉRATURES DE L'AIR ET DE LA MER

Moyennes des températures maximales / Moyennes des températures minimales (en °C)

	J	F	M	A	M	J	J	A	S	O	N	D
Casablanca	17 9	18 9	19 11	20 12	22 15	24 17	26 19	26 20	26 19	24 15	20 12	18 10
Fès	16 4	17 5	20 8	23 9	26 12	31 15	34 18	34 18	32 16	26 13	21 8	16 6
Marrakech	18 6	20 8	22 10	24 12	28 15	32 17	37 20	36 20	33 19	28 16	22 10	19 8
Ouarzazate	17 3	19 5	22 9	26 12	30 15	35 19	38 23	37 22	33 18	27 14	21 8	17 4

URGENCES • ADRESSES UTILES

URGENCES

En cas de problème grave, adressez-vous au consulat le plus proche (p. 442).

En cas d'accident de la route

Évaluez en priorité si l'état des personnes impliquées dans l'accident nécessite une intervention médicale d'urgence. Si nécessaire, contactez immédiatement les secours.

Si possible, prenez des photos du lieu de l'accident, des personnes impliquées, des véhicules endommagés.

En cas de vol

Établissez la liste de ce qui vous a été volé (papiers d'identité, billets d'avion, sommes d'argent, cartes bancaires, etc.).

Portez plainte auprès des autorités de police, notamment pour l'assurance.

Contactez votre assurance afin de lui déclarer le sinistre dont vous avez été victime.

Contactez votre banque afin de faire opposition sur votre carte bancaire (p. 437).

En cas d'agression

Face à une agression violente ou à main armée, ne pas opposer de résistance.

Si votre état nécessite une intervention immédiate (blessure notamment), appelez le **numéro gratuit 19**. Il centralise les interventions de la police, des pompiers et des services de santé.

Portez plainte auprès de la police marocaine ; cette démarche est nécessaire pour le suivi de l'enquête et les suites judiciaires.

En cas d'agression sexuelle

Consultez un médecin en urgence, le plus rapidement possible après l'agression, sans vous laver ni vous changer.
Le médecin constatera l'agression et prescrira les médicaments nécessaires en fonction des risques de contamination (sida notamment).

En cas de perte de vos papiers

Par prudence, laissez les originaux de vos documents et titres de voyages en lieu sûr (coffre de votre chambre) et, dans la mesure du possible, circulez avec les photocopies.

Mais en cas de malheur, adressez-vous au consulat de France le plus proche. Il peut :

- vous établir des attestations de perte ou de vol de vos documents, passeport, carte d'identité ou permis de conduire sur présentation d'une déclaration des autorités locales ;
- vous établir un passeport d'urgence si vous poursuivez votre voyage. Il est délivré à titre individuel pour une durée d'un an non prorogeable. Mais ne comportant pas de composant électronique, il ne permet pas de se rendre aux États-Unis d'Amérique sans visa, par exemple ;
- vous indiquer, en cas de difficultés financières, le moyen pour que vos proches puissent vous envoyer de l'argent ;
- vous délivrer un laissez-passer pour votre retour en France.

Consultez aussi le site **https://ma.consulfrance.org**, très complet.

URGENCES • ADRESSES UTILES

NUMÉROS UTILES

Consulats

En dehors des heures de bureau de ces consulats, on est basculé sur un poste d'urgence accessible 24h/24.

- **Agadir** 📞 06 61 38 53 28
- **Casablanca** 📞 05 22 48 93 00
- **Fès** 📞 06 61 20 22 68
- **Marrakech** 📞 06 61 34 42 89
- **Rabat** 📞 06 61 43 34 23
- **Tanger** 📞 06 61 16 23 37

Forces de sécurité

Police 📞 19 ou 190 (centralise les interventions d'urgence de la police, des pompiers et des services de santé). Ou 112 depuis un portable.

Protection civile 📞 15

Gendarmerie royale (hors agglomération) 📞 177

Commissariat central ou préfecture de police

- **Agadir** (24h/24) 📞 05 28 82 22 43 / 05 28 84 52 08 (service des étrangers)
- **Casablanca** 📞 05 22 98 98 53 / 54
- **Fès** (24h/24) 📞 05 35 93 15 40
- **Marrakech** 📞 05 24 43 19 87
- **Meknès** (24h/24) 📞 05 35 52 01 25 / 26 / 29
- **Rabat** (24h/24) 📞 05 37 72 02 31
- **Tanger** 📞 05 39 94 04 77 / 05 39 94 06 72 / 05 39 94 08 10
- **Tétouan** 📞 05 39 70 29 61 / 62

Police touristique

- **Agadir** 📞 06 74 42 58 86 / 05 28 82 35 57
- **Fès** 📞 06 66 36 40 40
- **Marrakech** 📞 05 24 38 46 01
- **Meknès** 📞 05 35 52 16 71
- **Rabat** 📞 05 37 72 47 68

URGENCES MÉDICALES

SAMU

- **Agadir :** AMU (Assistance médicale d'urgence) 📞 05 28 82 88 88
- **Casablanca** 📞 05 22 98 98 98 / 05 22 25 25 25
- **Marrakech** : SAMU/SMUR 📞 141 ou 05 24 42 24 46
- **Rabat** 📞 05 37 20 85 00 / 05 37 73 73 73
- **Tanger** 📞 06 79 00 22 22

SOS Médecins

- **Rabat** 📞 05 37 73 73 76, http://sosmedecinrabat.com
- **Agadir** 📞 06.06.320.320, https://sosmedecinagadir.com
- **Casablanca** 📞 05 22 62 62 62, https://sosmedecincasablanca.com
- **SOS Médecin Maroc** (Casablanca) 📞 05 22 98 98 98
- **Fès** 📞 06 61 14 09 80, http://sosmedecinsfes.com
- **Marrakech** 📞 05 24 40 40 40 / 06 70 41 95 57

Hôpitaux urgences

- **Agadir** : SAMU de l'hôpital Hassan II 📞 06 61 80 50 86
- **Casablanca** : Ibn Rochd 📞 05 22 48 20 20 (poste 544 urgences service brûlé/réanimation/intoxication)
- **Fès** : CHU Hassan 📞 05 35 61 90 53
- **Marrakech** : Polyclinique du Sud 📞 05 24 44 79 99
- **Rabat** : Hôpital militaire Mohammed V 📞 05 37 71 44 17 / 05 37 71 44 19
- **Tanger** : Hôpital Mohammed VI 📞 05 39 93 08 56 / 05 39 93 24 44

GLOSSAIRE

Agadir : grenier collectif fortifié de l'Anti-Atlas.

Agdal : pâturage collectif, en berbère.

Aït : fils de, en berbère. Suivi d'un nom, il sert à désigner une tribu.

Alaouites : dynastie actuellement régnante. Elle descend du Prophète et prend le pouvoir en 1666.

Ali : cousin et gendre du fondateur de l'islam, Mohammed. Il est à l'origine du schisme qui oppose chiites, partisans d'Ali et sunnites (majoritaires au Maroc).

Assif : synonyme d'oued, rivière.

Bab : porte.

Baraka : bénédiction, protection divine que l'on obtient en se rendant dans un lieu saint ; par extension, désigne la chance.

Ben (plur. Beni) : fils. Titre de la même racine que Ibn.

Bled : campagne, village.

Borj : bastion.

Caïd : chef de district, représentant le pouvoir royal.

Calife : de Al-Khalifa, « le successeur » de Mohammed. Chef de la communauté musulmane.

Cheikh : maître, guide spirituel, chef d'une confrérie, d'une faction, d'un village.

Chergui : vent chaud du sud-est.

Chérif (plur. chorfa) : titre désignant un descendant de Mohammed par Ali.

Chleuh : tribu berbère habitant le sud-ouest, l'Atlas et l'Anti-Atlas.

Dar : maison.

Dayet (sing. daya) : dépressions où l'eau s'accumule, formant ainsi des lacs.

Derdeba : rite de possession pratiqué par les Gnaouas.

Dirham : unité monétaire marocaine, provenant du mot grec « drachme ».

Douar : groupe de tentes ou de maisons formant un village.

Émir : haut personnage détenteur, entre autres, des pouvoirs militaires, qui lui sont délégués par le chérif.

Erg : région de dunes.

Fantasia : fête durant laquelle des cavaliers galopent ensemble et tirent des coups de feu en l'air.

Fatima : fille chérie du Prophète et femme d'Ali *(voir ci-dessus)*. Elle fait l'objet d'un culte dans l'islam.

Fondouk : auberge servant de caravansérail et d'entrepôt.

Guembri : luth à trois cordes des Gnaouas.

Habous : biens appartenant à une fondation religieuse.

Hadji : titre porté par celui qui a fait le pèlerinage à La Mecque.

Haïk : voile sans couture porté près du corps et accompagné d'une voilette pour cacher le visage.

Hégire : point de départ du calendrier musulman le 16 juillet 622, lorsque Mahomet fut obligé de quitter La Mecque pour Médine.

Hijab : voile sans couture porté large et dissimulant entièrement la moindre partie de chair.

Igherm ou irherm : grenier collectif fortifié du Haut Atlas.

Jbel : montagne, mont.

Jorf (ou djorf) : falaise.

Kasbah : bâtisse monofamiliale de forme régulière, avec quatre tours d'angle, autrefois destinée au caïd.

Khaïma : tente nomade berbère.

Khettara : canal d'irrigation souterrain.

Koubba ou Qoubba : coupole et, par extension, tombeau d'un marabout qu'elle recouvre.

Ksar (plur. ksour) : village communautaire fortifié du Sud.

Lalla : titre de respect donné aux femmes.

Maghreb : « le couchant », ensemble des pays d'Afrique du Nord.

Makhzen : gouvernement du sultan.

Marabout : homme saint et, par extension, son tombeau, lieu de pèlerinage.

Méchouar : grande esplanade à l'intérieur de l'enceinte d'un palais.

Médersa : école coranique.

Médina : ville arabe, qui comprend la grande mosquée et les souks.

Mellah : quartier juif.

Mihrab : dans les mosquées, niche indiquant la direction de La Mecque.

Minaret : tour d'une mosquée.

Minbar : chaire d'une mosquée.

Moucharabieh : panneau de bois ajouré placé aux balcons, fenêtres, etc., permettant de voir sans être vu.

Moussem : pèlerinage au tombeau d'un marabout, où ont lieu des festivités et des échanges commerciaux.

Muezzin : musulman qui lance l'appel à la prière du haut du minaret.

Muqarna : stalactites en stuc, en bois ou en marbre disposées en encorbellement sous les coupoles ou sur les chapiteaux.

Oued : fleuve, rivière ou cours d'eau temporaire.

Oulema : savants, docteurs en théologie. Se considèrent comme seuls interprètes compétents du Coran.

Pisé : matériau de construction fait de terre crue, de paille et de cailloux mis en coffrage et séché au soleil.

Ramadan : 9e mois de l'année musulmane, consacré au jeûne obligatoire.

Reg : désert de cailloux.

Riad : jardin andalou à l'intérieur d'une maison ou d'un palais ; par extension, le palais lui-même. Aujourd'hui, ce terme désigne toute belle maison traditionnelle.

Ribat : monastère fortifié.

Sidi : seigneur et, par extension, monsieur.

Stuc : revêtement décoratif réalisé avec un mélange de plâtre, de poussière de marbre, d'eau et de colle.

Sultan : titre donné aux souverains musulmans, jusqu'à Mohammed V.

Tizi : en berbère, col ou passage dans un massif montagneux.

Zaouïa : école religieuse et sanctuaire dans lequel est enterré un marabout.

Zelliges : marqueteries de céramique géométriques variées, coupées et assemblées pour créer une composition décorative.

LEXIQUE

Vous n'aurez aucun problème de communication au cours de votre séjour.

Le **français est parlé**, plus ou moins bien, par une grande partie de la population, notamment celle qui est en contact avec les touristes.

Toutes les enseignes publicitaires, les cartes des restaurants et la signalisation routière sont en français. Il est bon cependant de connaître quelques mots d'arabe, ne serait-ce que pour faciliter les contacts amicaux avec votre interlocuteur.

L'arabe est l'une des deux langues officielles du royaume ; elle est utilisée dans les discours officiels. Mais il n'est pratiqué que par 5 % de la population. La seconde langue officielle est l'amazighe (p. 396). Au quotidien, la majorité des Marocains s'exprime dans une **variété de dialectes arabes ou berbères.**

EN ARABE

Formules usuelles

Bonjour	*sabah el-kheir*
Bonsoir	*masa el-kheir*
Bonne nuit	*lila mebrouka*
Au revoir	*besslâma, Allah ihennikoum*
Comment ça va ?	*ouâch khbâr-ek ?*
Ça va bien	*Labes*
Soyez le bienvenu	*marhababik*
S'il vous plaît	*min fadlak*
Merci	*choukrane, barak allahou fik*
Oui	*n'am*
Non	*la*
C'est bien, d'accord	*ouakha*
Il n'y a pas	*makaynch*
Combien ?	*ach-hal ?*
Comment dit-on... en arabe ?	*kif tkoulbal... Arbia ?*
Je ne sais pas	*ma na'rafch*
Je n'ai pas compris	*ma f'hemtch*
Peut-être	*yimkin*
C'est possible	*moumkin*
C'est impossible	*ma-imkanch*
Pardon	*issmah-liya*
Attention, prenez garde	*rod balek (ou baleuk)*
Je m'appelle	*smiti*
Comment vous appelez-vous ?	*smitak*
Je suis français (e)	*ana fransaoui (a)*
Parlez-vous français ?	*tatkellem aranciya ?*
Pouvez-vous m'aider ?	*ouach imkallik t'âouni afak ?*
Où est ?	*fayn ?*
Gauche	*lissar*
Droite	*limin*

Compter

Un	*wâhed*
Deux	*zouje ou tnin*
Trois	*tlâta*
Quatre	*rab'a*
Cinq	*khamsa*
Six	*setta*
Sept	*seb'a*
Huit	*tmania*

Neuf	*ts'a ou ts'oud*
Dix	*'achra*
Onze	*h'dâch*
Douze	*t'nâch*
Treize	*t'ltâch*
Quatorze	*ab'atâch*
Quinze	*kh'mastâch*
Seize	*settâch*
Dix-sept	*sb'attâch*
Dix-huit	*t'mentâch*
Dix-neuf	*ts'atâch*
Vingt	*'achrin*
Vingt-et-un	*wâhed ou'achrin*
Vingt-deux	*tnin ou'achrin*
Vingt-trois	*tlâta ou'achrin*
Trente	*tlâtin*
Quarante	*arb'in*
Cinquante	*khamsin*
Soixante	*s'ttin*
Soixante-dix	*s'biin*
Quatre-vingts	*t'manin*
Quatre-vingt-dix	*t'siin*
Cent	*mia*
Deux cents	*mitin*
Trois cents	*telt mia*
Quatre cents	*rab'a mia*
Mille	*elf*
Quatre mille	*reb'alaf*
Cent mille	*miat alaf*

Au restaurant

Addition	*l'haseb*
Agneau	*khrouf*
Beurre	*zebda*
Bœuf	*begri*
Brochette	*kabtane*
Café	*kahoua*
Couteau	*mouss*
Déjeuner	*l'ghda*
Dessert	*fakya*
Dinde	*bibi*
Dîner	*l'acha*
Eau	*l'ma*
Fourchette	*fourchetta*
Fromage	*formage*
Fruit	*fakiha*
Huile	*zit*
Lait	*hlib*
Mouton	*kabch*
Olive	*zitoun*
Pain	*khobz*
Porc	*halouf*
Poulet	*djaj*
Riz	*rouz*
Viande	*l'ham*

Voyager

Aéroport	*el-matar*
Avion	*et-tayara*
Gare	*el-mahatta*
Train	*tren*
Départ	*el-m'chi*
Arrivée	*er-roujou'e*
Retard	*el-outl*
Station de bus	*mahattat et-toubis*
Quand arrive ?	*imta i-oussal ?*
Quand part ?	*imta yamchi ?*
Je veux aller à	*bghit namchi ila*
Arrêtez-vous ici	*oukaf hena 'afak*
Valise	*valiza ou shanta*
Voiture	*tomobil*
Chauffeur	*echifour*
Gonfler	*nafakh*
Huile	*ez-zit*
Roue	*errouida*
Route	*et-tarik*

Se repérer dans le temps

Hier	*el-bareh*
Aujourd'hui	*el-youm*
Demain	*ghadda*
Quelle heure est-il?	*ach essa'a ?*
Matin, midi	*sbah, le-tnach*
Soir, nuit	*achiya, lil*
Avant	*akbal*
Après	*minbaad*

EN BERBÈRE

Formules usuelles

Bonjour	*as-salam alay*
Au revoir	*ma-as-salam*
Merci	*saha*
Excusez-moi	*semhee*
Comment allez-vous ?	*mmeneek aantgeet*
Oui	*eyeh*
Non	*oho*
De bonne heure	*zik sbah*
Aujourd'hui	*ghass*
Demain	*azkka*
Loin	*yagougen*
Près	*tamanou*
Où	*manza*
Ici	*ghi*
Homme	*argaz*
Femme	*tamrart*
Grand	*mkorn*
Petit	*eemzee*
Connaissez-vous le chemin ?	*is tessent agharas ?*
Est-ce la route des gravures ?	*agharas nkash nizran ?*
Tout droit	*neechan*
À droite	*fofaseenik*
À gauche	*fozelmad*
Maison	*taddart, tigmi*
Neige	*adfel*
Montagne	*adrar, idraren (plur.)*
Sommet	*afella*
Prairie	*agdal*
Eau	*aman*
Mulet	*asserdoun*
Rivière	*assif*
Bergerie	*azib*
Pluie	*anzar*
Lac	*iferd, tamda*

Compter

Un	*yen*
Deux	*sin*
Trois	*krad*
Quatre	*koz*
Cinq	*smus*
Six	*sddes*
Sept	*sa*
Huit	*tem*
Neuf	*tza*
Dix	*mrawet*
Vingt	*ashrint*
Quarante	*send id ashrint*
Cinquante	*snet id ashrint d mrawet*
Cent	*smust id ashrint/miya*

INDEX

INDEX

INDEX

INDEX

INDEX

INDEX

NOTES

CRÉDITS PHOTOS

AdobeStock

Aissam : p. 381 ; Alexmar : p. 406 ; amskad : p. 113 ; anilah : p. 73 ; Pierre-Yves Babelon : p. 61 ; bart :p. 14 bas ; Émilie Bélair : p. 404 ; Oleg Breslavtsev : p. 343 ; Ariane Citron : p. 302 ; Emmanuelle Combaud : p. 403 ; corradobarattaphotos : p. 182 ; Jonathan Coullet :p. 328 ; Craig : p. 238 ; dgmsgallery : p. 265 ; DorSteffen : p. 278 ; driendl : p. 408 ; dsaprin : p. 145 ; El Mehdi : p. 391 ; faberfoto : p. 5 ht ; fazeful : p. 411, p. 415 ; Hana : p. 148-149 ; Carmen Hauser :p. 108 ; jakezc : p. 418 ; jefwod : p. 297 ; marcin jucha : p. 240, p. 253 ; Vaios Karalaios : p. 409 ; Kicimici : p. 110 ; Luc Kohnen : p. 333 ; Yü Lan : p. 22 ; Laurens : p. 372 ; Nikolai Link : p. 410 ; Luaeva : p. 367 ; luengo_ua : p. 223 ; luisapuccini : p. 68 ; majonit : p. 7 ht, p. 338 ; Mark : p. 85 bas ; marketanovakova : p. 322-323 ; Mathias : p. 386 ; Oleksandr Matsibura : p. 128 ; Maurizio De Mattei : p. 21 ; mehdi33300 : p. 80 ; Vladimir Melnik : p. 388, p. 416 ; Martín Miró : p. 177 ; M.studio : p. 41 ; mitzo_bs : p. 32, p. 189 ; nemesis2207 : p. 147 ; Carlos Neto : p. 267 ; Elena Odareeva : p. 35, p. 173 ; Olenatur : p. 76 ; ondrejprosicky : p. 14 ht ; Overflightstock : p. 399 ; philipus : p. 419 ; Picture Partners : p. 420 ; Suzanne Plumette : p. 327, p. 379 ; Monique Pouzet : p. 26-27 ; praphab144 : p. 335 ; pszabo : p. 54 ; Thierry Rambaud : p. 330 ; Redouane : p. 70 ; Renar : p. 387 ; saiko3p : p. 159 ; Sappheiros : p. 375 ; Henry Schmitt : p. 405 ; szymon : p. 17 bas ; Tetastock : p. 280 ; Tjeerd : p. 290 ; Rui Vale de Sousa : p. 2 ; VanderWolf Images : p. 217 ; Nicolas Vincent : p. 264 ; Yvann K : p. 226 ; Stefano Zaccaria : p. 82-83, p. 390 ; zoryanchik : 58.

AGE Fotostock

Peter Erik Forsberg : p. 50 ; Funkystock : p. 286 ; Christian Goupi : p. 199 ; Alba Jerónimo : p. 287 ; Grent Rooney : p. 356-357 ; Daniel Schoenen/imageBROKER : p. 201.

Biosphoto

Jordi Bas Casas / Photoshot : p. 364 ; Martin Harvey / Biosphoto : p. 358.

Guy Crouzet

p. 85 ht, p. 114, p. 154.

Hemis.fr

Christophe Boisvieux : p. 293 ; Franck Charton : p. 261 ; Jean-Pierre Degas : p. 117 ; Stéphane Frances : p. 87 ; Bertrand Gardel : p. 349 ; Gil Giuglio : p. 316 ; Robert Harding : p. 133, p. 169, p. 235 ; Hervé Hughes : p. 275, p. 331 ; Jon Arnold Images : p. 51, p. 126-127, p. 220, p. 254, p. 337, p. 369, p. 370-371 ; Ludovic Maisant : p. 308 ; René Mattès : p. 63 ; Lionel Montico : p. 47, p. 276 ; Tuul et Bruno Morandi : p. 13, p. 42, p. 78, p. 378 ; Andrea Pistolesi : p. 107 ; Prisma : p. 321 ; Michel Renaudeau : p. 211 ; Bertrand Rieger : p. 10 bas, p. 15, p. 123, p. 179, p. 187, p. 421 ; Jacques Sierpinski : p. 11 bas, p. 120, p. 184, p. 285 ; Sylvain Sonnet : p. 97 ; Travel Collection : p. 5 bas, p. 90, p. 422 ; Pawel Wysocki : p. 319.

Hemis / Alamy

Africa : p. 131 ; Ilyas Ayub : p. 233 ; Cavan Images : p. 153 ; craft images : p. 152 ; Danita Delimont : p. 360 ; ilpo musto : p. 250 ; PM photos : p. 92 ; Mike P. Shepherd : p. 305.

René Mattès

p. 4, p. 6 bas, p. 9 ht, p. 19, p. 52, p. 53, p. 75, p. 79, p. 102, p. 141, p. 142, p. 170-171, p. 191, p. 195, p. 196-197, p. 207, p. 213, p. 214, p. 215, p. 225, p. 229, p. 230, p. 231, p. 237, p. 241, p. 245, p. 248-249, p. 257, p. 269, p. 271, p. 272, p. 282, p. 288-289.

Shutterstock

Tamer Adel Soliman : p. 428 ; Allik : p. 62 ; Azedine : p. 135, p. 318 ; Salvador Aznar : p. 354 ; baileyc1 : p. 424 ; Jens_Bee : p. 330-331 ; Stanislav Beloglazov : p. 340 ; Dariusz Bruhnke : p. 10 ht ; BZ Travel : p. 310 ; Alex Cimbal : p. 30 ; Color Chaser : p. 89 ; John Copland : p. 315 ; Igor Dymov : p. 167 ; Moha El-Jaw : p. 413 ; Fabecollage : p. 136 ; Galaxymix : p. 395 ; Alvaro German Vilela : p. 427 ; Guical : p. 8 ; Inu : p. 383 ; Isabel2016 : p. 273 ; Anton_Ivanov : p. 66 ; Kagan Kaya : p. 88 ; Graham Kitchen : p. 397 ; Sulo Letta : p. 155 ; Nikolai Link : p. 6 ht ; Alberto Loyo : p. 262 ; praphab louilarpprasert : p. 56, p. 134 ; MarleneVD : p. 407 ; Maroc Images : p. 429 ; Sekkal Mehdi : p. 125 ; Mikadun : p. 7 bas, p. 377, p. 417 ; milosk50 : p. 9 bas ; Mitzo : p. 344 ; Damian Pankowiec : p. 300 ; PaulienD_22 : p. 219 ; peacefoo : p. 393 ; Giacomo Pignatiello : p. 150 ; Roserunn : p. 17 ht ; saiko3p : p. 104, p. 350, p. 351 ; Rabie Stira : p. 204 ; Boris Stroujko : p. 65 ; Rudolf Tepfenhart : p. 236 ; The Visual Explorer : p. 306, p. 401 ; John_Walker : p. 163 ; Xandra R : p. 246 ; Yassmin Photo : p. 16 ; gary yim : p. 325.

L' édition originale de ce guide a été établie par
Annie Crouzet et **Nathalie Campodonico.**

Direction : Sidonie Chollet
Direction éditoriale : Cécile Petiau
Édition : Adam Stambul
Suivi éditorial : Nathalie Mayevski
Ont également collaboré : Jalal El Idrissi
Cartographie : Aurélie Huot et Frédéric Clémençon
Fabrication : Liza Sacco

Conception graphique de la couverture et de la maquette intérieure : Elsa Antoine
Illustrations du plat 1 et plat 4 : © Nicolas Galkowski / www.pekelo.fr
Mise en pages intérieure : Maogani

Contact presse : Rachida Mazef, rmazef@hachette-livre.fr ☎ 01 43 92 36 66
Contact publicité : partenariat-tourisme@hachette-livre.fr

Pour nous écrire : Hachette Tourisme / Guides Évasion
58, rue Jean-Bleuzen - 92170 Vanves
evasion@hachette-livre.fr

Édité par Hachette Livre, 58, rue Jean-Bleuzen, CS 70007, 92178 Vanves cedex
Imprimé en République tchèque par Finidr

Achevé d'imprimer : décembre 2022 – Dépôt légal : janvier 2023
Collection n° 29 – Édition n° 1
ISBN : 978-2-01-719323-4
83-7904-9